JN240607

小藩大名の家臣団と陣屋町4

― 東北・北関東 ―

米田 藤博

クレス出版

は　し　が　き

　著者が定年10年前となった50歳の時、定年後の生涯学習として何を
するべきかを考えました。その時に考えたのは、誰もできないこと、ま
た誰も真似をすることができないことをしょうと思い、2年間、寝ても
覚めてもそのことを考えました。思いついたのが、日本全国の大名陣屋
町の調査です。しかし、一人で大名陣屋町をすべて調査するのは不可能
ですので、陣屋町に幾つかの条件を付すことを思いつきました。その条
件とは、①参勤交代をする大名陣屋町、②幕末まで大名が居所とした陣
屋町、③少なくとも40〜50年間陣屋町として存続した陣屋町です。

　参勤交代をしない定府大名の陣屋町は、陣屋に在住する家臣が10〜
20名程度、多くても30名前後で、陣屋町の町場を形成していない場合
が多いです。町場があったとしても、陣屋の影響は極めて少なく、宿場
町や門前町・在町などとして存在した町場です。したがって、定府大名
の陣屋町を調査から除外しました。

　慶応4年＝明治元年（1868）に高直りをし、大名の列に加わった旗本
交代寄合表御礼衆は大名格の名家で、参勤交代を課せられていました。
高直り前から、彼らの居所は規模が小さいながら、小藩大名と同じよう
な陣屋町を形成しています。そこで、高直りをして大名となった諸家の
陣屋町も、調査の対象としました。調査地域では、出羽矢島の生駒氏、
常陸志筑の本堂氏の2陣屋町です。

　そこで、『藩史大事典』を購入し、これを基に上記条件にあう陣屋町
を数え上げました。すると80ヵ所前後であることが判明し、これなら
ば30年前後すなわち80歳前後には調査が完了すると考え、52歳から調
査を始めました。

　現在では、各市町で陣屋町の調査もおこなわれ、多くの史料も収集さ
れていますが、最初の頃は史料を集めるのに苦労をしました。初期の調
査では、同じ町へ5〜6回出向きましたが、後半は各陣屋町をすべて3
回ずつ訪れました。そして85歳になった本年、最後の調査報告『小藩

大名の家臣団と陣屋町（4）』を出版することができました。

　『小藩大名の家臣団と陣屋町（3）』を出版してから4年の歳月が過ぎました。この間、陸奥国の磐城地方の3陣屋町、北関東の13陣屋町の調査をしました。毎年5～7回の調査をしていますが、1回の調査には2～3の陣屋町を訪れ、いずれの陣屋町も最少3回は調査をしています。

　調査にあたり、陸奥国の磐城地方・北関東の一部では、史料の大部分がなくなった陣屋町もみられます。磐城地方の陣屋町は戊辰戦争で灰燼に帰し、北関東の一部の藩では藩主が幕府の要職に就き、国元に帰国する機会が少ないことに起因すると考えられます。また半年交代の参勤交代でも、国元に滞在する期間は短く、大部分は3～4ヵ月に過ぎず、家臣の大半は江戸定居です。そのため元から国元に存在する史料が少なかったのかも知れません。また文久以降、江戸から国元へ帰郷した家臣はその地になじめず、比較的早い時期に離散したこと、市町村合併による史料の散逸が考えられます。

　絵図類および分限帳、その他の史料の大部分は個人所有のものが多く、その地に居住しない限り、入手するのが困難です。市町村史作成に個人史料を借りても、完成後は返却されていますので、生の史料にお目にかかることは少ないです。個人史料でも、資料館や文書館に寄託している史料は入手できますが、寄託された史料は少ないです。本書では、入手できた史料を最大限に利用し、できるだけ詳細な検討を加えることとしました。

　本書で取り上げた下野茂木陣屋町は、開藩後わずか数年で谷田部へ藩庁を移し、以後谷田部藩の飛地領役所として存続、明治4年に再度茂木藩が開設されました。したがって、本書でいう陣屋町の範疇には入りませんが、江戸時代を通じ、常陸領より下野領が多く（約60％）、谷田部陣屋より多くの家臣を駐在させていましたので、あえて取り上げました。

　　令和元年8月吉日

　　　　　　　　　　　　　　　　　　　　　米　田　藤　博

目　　　次

※掲載した現況図はすべて、昭文社の「スーパーマップル・デジタル20」を使用して、作成いたしました。
※本書刊行に際し、収録した資料等の転載および掲載につきましては、可能な限り関係先からご了承をいただいております。

第1章
調査地域における
大名と家臣団

　江戸時代の大名数は時期により多少異なるが、江戸 270 年間を通じて260 ～ 270 家存在したと思えばよい。これらの大名には厳格な家格があり、将軍への拝謁順序が決まっていた。

　大名といっても加賀金沢の前田氏 100 万石から、1 万石の貧乏大名まで存在するが、2 万石未満の極小藩が 90 藩余りを占め、全大名の 1／3 に達する。大別して城持大名と陣屋住まいの大名に区分でき、その違いは藩領高と関係がなく、大名の家格によって決まる。幕末において、最も藩領高の少ない城主大名は美濃苗木城主遠山氏の 10,021 石、最も藩領高の多い無城大名は肥前佐賀支藩である肥前小城の鍋島氏 73,250 石であった。

　大名の家格は、御三家・親藩・譜代・外様の別、国持大名・準国持大名・城主大名・城主格大名・無城大名に区分される。城は国持大名・準国持大名・城主大名の居城であり、陣屋は城主格大名・無城大名の居所である。しかし城主格大名の国元は、いずれの『武鑑』をみても「居城」となっている。すなわち、城主格大名は陣屋住まいであるが、「城」と呼称することが許可されていたことを示す。城主格大名の大半は、江戸後期から末期にかけて格上げされた支藩大名や小藩大名で、貧弱な藩財政や幕府からの築城許可が下りなかったため、城郭建築ができなかったと推測する。幕末に築城したのは、北方警備のために築城した松前氏 30,000 石の蝦夷松前城、および西海警備のため五島氏 12,530 石が肥前五島に築いた福江城のみである。松前城は安政元年(1854)に、福江城は文久 3 年(1863)に完成している。

　旗本交代寄合表御礼衆は 1 万石未満であるが、大名格の名家で、参勤交代を必要とした。彼らの居所は規模は小さいが、無城大名に匹敵するような陣屋町を形成している。江戸末期の旗本交代寄合表御礼衆は 20 家であるが、うち 6 家は慶応 4 年（明治元年）に高直りをし、大名の列に加わった。

　大藩には 1 万石以上の家禄を受ける家臣がおり、これらの家臣を「万石陪臣」という。上田正和 (注1) によると、江戸末期の万石陪臣は 70 家を数えた。万石陪臣の居所も陣屋と呼ばれ (注2)、陣屋町を形成している

場合が多い。中には城を与えられていた万石陪臣もいた(注3)。このうち、慶応4年（明治元年）に6家が大名となっている。

　第1章では調査地域を主体に、大名の家格・分家大名・万石陪臣・高直り大名・城下町と陣屋町・大名の家臣と陪臣・家臣の家禄と米金銀銭の換算について簡単に述べてみたい。

　本書では3万石以下の城主格大名・無城大名の陣屋町22を調査の対象とした。これらの陣屋町については、第2章・第3章で詳述する。本書に記載した大名の藩領高（表高）は『藩史大事典』(注4)の「石高」に従った。

注および参考文献
1）上田正和：諸家万石陪臣録、城50（関西城郭研究会）、1968、pp28〜30。しかし、福井健二：三重の城、三重県良書出版社、1979、p219では73家と記す。
2）大半は「陣屋」と呼ばれているが、仙台藩では「要害」、長州藩では「田屋」、薩摩藩では「麓」と呼んでいる。
3）仙台藩片倉氏（陸奥白石）、金沢藩本多氏（加賀小松）、名古屋藩成瀬氏（尾張犬山）、和歌山藩安藤氏（紀伊田辺）、和歌山藩水野氏（紀伊新宮）、鳥取藩荒尾氏（伯耆米子）、熊本藩長岡氏（肥後八代）の7家である。
4）木村礎・藤野保・村上直編；藩史大事典、第1〜7巻、雄山閣、昭和60〜平成2年に記載された藩領高である。

1、大名家の家格

　大名の家格は御三家を除き、厳然たる家格があり、親藩・譜代・外様の別、5種に及ぶ家格によって江戸城内の溜りの間や将軍への拝謁順序が決まっていた。これらの家格はいつごろ設定されたのであろうか。加藤隆(注1)によれば、「元和から寛永年間（1615〜1644）にかけて、国持・準国持・城主・無城の四家格が制定されていたのではないかとおもわれる」と記している。しかし寛永11年（1634）、長門萩藩の下松藩分知の際に「城主格」に列するよう幕府へ要請している(注2)ことから、寛永の中頃にはすでに「城主格」という家格が存在していたと推測できる。いずれにせよ、大名の家格が制定されたのは、元和元年（1615）の「一国一城令」が出てから短い期間であったと考えられる。

（1）御三家と御三卿

　大名中、最も格式の高いのは御三家と呼ばれ、徳川家康の子が分家したもので、尾張名古屋・紀伊和歌山・常陸水戸の３家である。御三卿は８代将軍吉宗の代に分家したもので、田安・一橋・清水の３家であるが、御三卿は大名ではない。ともに徳川宗家に後継者がない時、徳川宗家を継承するために創設された。

①　御三家

　御三家はともに徳川姓を名乗ることができ、この３家以外の徳川氏の親戚関係はすべて松平姓である。

　調査地域の御三家は常陸水戸の徳川氏で、藩祖頼房は徳川家康の第 11 子である。最初は常陸下妻 10 万石、水戸へ転封して 25 万石、新田打ち出しにより 35 万石となった。水戸

国	居城	藩主	藩領高
常陸	水戸	徳川	350,000 石

表 1　調査地域における御三家

家は代々江戸定府で、一切国元へは戻らない。２代光圀は水戸黄門として有名で、『大日本史』の編集に着手した。15 代将軍慶喜は水戸藩主徳川斉昭の子で、一旦一橋家へ養子に入り、その後に将軍家を継いだ。

②　御三卿

　御三家に次ぐ家格で、３家とも江戸城内に住み、所領はいずれも 10 万石であるが、３家とも大名ではない。

　田安家の祖は８代将軍吉宗の第２子宗武で、江戸城の田安門内に屋敷を賜ったため、田安家と称した。

　一橋家の祖は吉宗の第４子宗尹で、江戸城一橋門内に屋敷を賜る。一橋家から 11 代将軍家斉、15 代将軍慶喜（水戸藩主徳川斉昭の子）を出す。

　清水家の祖は９代将軍家重の第２子重好で、江戸城内清水門内に屋敷地を賜った。

（2）国持大名＝国主大名

　国持大名は一国以上を完全に支配する大名と、一国全域ではないが、一国以上を支配する大名に匹敵した領地を支配する大名に区分され、前者を本国持大名、後者を大身国持大名と呼ばれている。

①　本国持大名

　江戸時代の本国持大名は10家あり、対馬府中の宗氏（10万石格＝実質5.2万石）以外はすべて20万石以上の大藩大名であった。これらの大名領内には幕領や他の大名領・旗本領など全く存在しない。しかし、領内に分知した分家大名（本章2項で詳述）が存在する場合も多い。

　本国持大名はすべて外様大名で、10家の内9家は中国・四国・九州の大名である。討幕運動の主体となったのは、これらの大名であった。調査地域に本国持大名は存在しない。

②　大身国持大名

　大身国持大名は本国持大名に匹敵する領地を支配するが、同国内に幕領または他藩領・旗本領などが存在する場合で、大部分は20万石以上の大大名である。このような大身国持大名は、面積の広い国または米の収穫高が多い国に存在し、江戸末期に10家を数える。これらの諸藩においても、大部分の藩では分家大名を創設している。

　10家のうち越前福井・出雲松江は親藩、他はすべて外様大名で、譜代大名はいない。調査地域では陸奥盛岡の南部氏、陸奥仙台の伊達氏、出羽秋田の佐竹氏、出羽米沢の上杉氏である。

国	居城	藩主	親疎別	藩領高（石）→維新後
陸奥	盛岡	南部	外様	200,000→130,000
	仙台	伊達	〃	620,057→280,000
出羽	秋田	佐竹	〃	205,800
	米沢	上杉	〃	180,000→140,000

表2　調査地域における大身国持大名

　これら4家のうち南部・伊達・上杉氏は、戊辰戦争で会津若松藩とともに奥羽越列藩同盟の主役をなし、戦後の明治元年に大きく減封された。

（3）準国持大名＝準国主大名

　準国持大名は「国持並」ともいわれ、本国持大名・大身国持大名ほどの藩領を持たない。準国持大名は、国持大名に準ずる領地を持つという意味であるが、必ずしもそうではなかった。準国持大名3家はいずれも10万石余りで、他にも10万石以上から20万石という大名も少なからず存在した。加藤隆 (注3) によれば、準国持衆として「外様衆の中に、細川中務少輔成経、佐々木加賀守高数二人は其身辺要に居住するを以て、

これを挙て準国持衆と称せられ……」と記し、藩領高によらず、辺要の地に城を構える外様大名を当てたと記載している。また、準国持大名は時代によって変遷があり、幕末には陸奥二本松・伊予宇和島・筑後柳川の3家であった。

　調査地域では陸奥二本松がこれにあたり、戊辰戦争で奥羽越列藩同盟に加盟したため、5万石に減封された。

国	居城	藩主	親疎別	藩領高（石）→維新後
陸奥	二本松	丹羽	外様	100,700→50,000

表3　調査地域における準国持大名

（4）城主大名

　幕府から城主と認められた大名で、江戸末期には126家存在した。いずれの『武鑑』にも、これらの大名の国元は「居城」と記す。しかし加賀大聖寺の前田氏（加賀金沢の支藩）・越前鯖江の間部氏は「城主」であるが、「陣屋」を居所としていた。

　幕末における城主大名の藩領高をみると、最多は会津若松の松平氏（親藩）23万石、次いで近江彦根の井伊家（20万石）となる。もと井伊家は30万石であったが、13代藩主直弼は大老となり、開港に反対する大名や浪士に弾圧を加え（安政の大獄）、万延元年（1860）に桜田門外で水戸浪士に襲撃されて死去した（桜田門外の変）。跡目を継いだ14代直憲は、20万石に減封された。

　藩領高の最も少ないのは美濃苗木の遠山氏10,021石、次いで下野大田原の大田原氏11,416石、三河田原の三宅氏12,000石となり、2万石未満の城主大名は10家を数える。城主大名のうち親藩は7家、譜代90家、外様29家で、譜代大名が圧倒的多数を占め、全体の71%余りとなる。

　調査地域で最も藩領高が多いのは会津若松の松平氏230,000石、次いで上野前橋の松平氏150,000石、出羽庄内の酒井氏140,000石となる。最も藩領高が少ないのは下野大田原の大田原氏11,416石、次いで常陸下館の石川氏20,000石、出羽本荘の六郷氏20,400石である。階層別にみると、10万石以上6家、5万〜10万石未満が9家、3〜5万石未満7家、3万石未満は4家であった。うち親藩は2家、譜代19家、外様5家となる。

国	居城	藩主	親疎別	藩領高（石）→維新後	国	居城	藩主	親疎別	藩領高（石）
	弘前	津軽	外様	100,000	常	笠間	牧野	譜代	80,000
	中村	相馬	〃	60,000		下館	石川	〃	20,000
陸	三春	秋田	譜代	50,000	陸	土浦	土屋	〃	95,000
	平	安藤	〃	30,000		太田原	太田原	外様	11,416
奥	福島	板倉	〃	30,000→28,000	下	烏山	大久保	譜代	30,000
	白河	阿部	〃	100,000	野	宇都宮	戸田	〃	67,800
	棚倉	阿部	〃	100,000→60,000		壬生	鳥居	〃	30,000
	会津	松平	親藩	230,000→廃絶→30,000		沼田	土岐	〃	35,000
	本荘	六郷	外様	20,400	上	前橋	松平	親藩	150,000
出	新庄	戸沢	〃	68,200		館林	秋元	譜代	60,000
	庄内	酒井	譜代	140,000→120,000	野	高崎	松平	〃	82,000
	松山	酒井	〃	25,000→22,500		安中	板倉	〃	30,000
羽	山形	水野	〃	50,000					
	上山	松平	〃	30,000					

表4　江戸末期における調査地域の城主大名

北関東では大田原を除けば、他はすべて親藩か譜代である。

　奥羽越列藩同盟の首謀者とみなされた会津藩は一旦廃絶後、嫡子に陸奥斗南 30,000 石を賜っている。他に棚倉は 40,000 石、庄内 20,000 石、松山 2,500 石、福島 2,000 石を減封された。

（5）城主格大名

　城主格大名は江戸時代に入ってからの家格と言われているが (注4)、いつ頃からこの家格が成立したのか定かではない。寛永 11 年（1634）、長門萩藩の支藩である周防下松藩が幕府から大名と認められた際、幕府に城主格を願い出たが許可されなかったという記録がある (注5)。これから考えると、寛永年間には城主格という家格が存在していたことになる。寛文 9 年（1669）、伊勢久居の藤堂氏が城主格を与えられたと記載するが (注6)、真偽のほどは不明である。また宝永 7 年（1710）に上野高崎の間部詮房が、安永 8 年（1779）に出羽松山の酒井氏が城主格を与えられ、後に築城したという (注7)。しかし城主格大名の大部分は、江戸後期の文政年間（1818 ～ 1830）以降に城主格となった。

　城主格大名の居所は陣屋であるが、「城」と公称することが認められ、いずれの『武鑑』にも「居城」と記される。城主格大名が築城を許可され、築城すると「城主大名」となる。城主格大名が城主大名となった例としては、前記の上野高崎・出羽松山の他、蝦夷松前の松前氏、肥前福江の

五島氏などがある。

　幕末における城主格大名は19家存在した。これら城主格大名は大藩大名の支藩や5万石未満の小藩大名である。最も藩領高が多いのは伊勢久居の藤堂家（53,103石）、次いで長門長府の毛利家と筑前秋月の黒田氏が50,000石で、5万石以上は上記3家のみであった。城主格大名は親藩1家、譜代10家、外様8家である。

　調査地域の城主格大名は6家で、泉本多氏・佐野堀田氏・小幡松平氏は譜代、七戸南部氏・八戸南部氏・亀田岩城氏は外様である。いずれも江戸後期から末期に格上げされ、最も早い泉藩でも寛政2年（1790）である。これらは20,000石以下の極小藩で、2家は陸奥盛岡南部氏の分家であった。うち七戸藩は定府大名であるため、調査をしなかった。

国	居城	藩主	親疎別	藩領高（石）→維新後	城主格（西暦）	備考
陸奥	七戸	南部	外様	11,000→10,000	安政5（1858）	定府
	八戸	南部	〃	20,000	天保9（1838）	
	泉	本多	譜代	20,000→18,000	寛政2（1790）	
出羽	亀田	岩城	外様	20,000→18,000	嘉永5（1852）	
下野	佐野	堀田	譜代	16,000	文政8（1825）	
上野	小幡	松平	譜代	20,000	嘉永1（1848）	

表5　江戸末期における調査地域の城主格大名

　七戸・泉・亀田の3藩は奥羽越列藩同盟に加盟し、戊辰戦争後の明治元年に藩領の10%を減封されている。

（6）無城大名

　無城大名は城郭を築くことが許可されず、居所を「陣屋」と呼ばれる大名で、幕末には100家存在した。5万石以上は佐賀鍋島家の支藩2家のみで、大藩や中藩の支藩および小藩大名に多く、76%余りは2万石未満の極小藩である。無城大名の陣屋は、書物によっては「城」と記載するが、幕府が無城大名と規定していること、城郭建築が許可されないことから、「城」として扱うのは間違っている。

　下野黒羽の大関氏18,000石、駿河小島の松平氏10,000石、丹波園部の小出氏26,700石、播磨山崎の本多氏10,000石、肥前鹿島の鍋島氏20,000石などは高い石垣を組み、または二重・三重に堀を廻らしていることか

ら、陣屋であるが「城構え」ということができる。しかし城郭建築は許可されず、一般に物見を兼ねた太鼓櫓（鐘楼櫓）と御殿・藩庁があった程度に過ぎない。

　無城大名100家のうち、親藩が8家、譜代42家、外様50家で、50%は外様大名となる。外様大名は3万石以上7家、3万石未満43家であるのに対し、譜代大名はすべて3万石未満である。親藩大名の8家は、大藩大名の分家となる。譜代大名では、3万石以上はすべて城主大名で、無城大名のすべては2万石未満である。外様大名では、3万石以上の無

国	居所	藩主	親疎別	藩領高（石）→維新後	備考
陸奥	黒石	津軽	外様	10,000	
	一関	伊達	〃	30,000→27,000	
	下手渡	立花	〃	10,000	
	守山	松平	親藩	20,000	定府
	湯長谷	内藤	譜代	15,000→14,000	
出羽	秋田新田	佐竹	外様	20,000	定府
	長瀞	米津	譜代	11,000	定府
	天童	織田	外様	20,000→18,000	
	米沢新田	上杉	〃	10,000	定府
常陸	麻生	新庄	〃	10,000	
	宍戸	松平	親藩	10,000	定府
	府中	松平	〃	20,000	定府
	下妻	井上	譜代	10,000	
	谷田部	細川	外様	16,300	
	牛久	山口	譜代	10,017	
下野	黒羽	大関	外様	18,000	
	茂木	細川	〃	16,300	
	足利	戸田	譜代	11,000	
上野	伊勢崎	酒井	〃	20,000	
	吉井	松平	親藩	10,000	定府
	七日市	前田	外様	10,014	

表6　江戸末期における調査地域の無城大名

城大名が7家、2〜3万石未満8家、2万石未満は36家であった。

　調査地域の無城大名は21家で、うち親藩4家、譜代6家、外様11家である。藩領高では一関の30,000石が最も多く、20,000石が5藩、20,000石未満が15藩となる。一関・亀田・天童の4藩は、戊辰戦争の際に奥羽越列藩同盟に加担したため、明治元年に藩領の10%を減封され

た。戊辰戦争に際し、湯長谷は戦わずして藩主以下家臣全員が逃亡したため、1,000石の減封に止まった。

　うち守山・秋田新田（岩﨑）・長瀞（ながとろ）・米沢新田・宍戸・府中・吉井の7藩は定府大名であるため除外し、調査したのは17陣屋町である。

注および参考文献
1 ）加藤隆；解説近世城郭の研究、近世日本城郭研究所、1969、pp104 ～
　　105。
2 ）加藤隆；幕藩体制期における大名家格制、鳥羽正雄博士古希記念論文集、
　　日本城郭史論叢、雄山閣、1969、pp295 ～ 296。木村礎・藤野保・村上直編；
　　藩史大事典、第6巻、中国・四国編、雄山閣、平2、p332。
3 ）前掲2)、加藤隆、p296。藩史大辞典 p342。
4 ）前掲1)、pp104 ～ 105。
5 ）前掲2)、加藤隆、p296。藩史大辞典、p332・342。
6 ）久居市史編纂委員会；久居市史、上、久居市役所、1965、p188。
7 ）前掲1)、p101。

2、分家（支藩）大名

　分家大名は領外新知分家大名（以後新知分家）、別朱印領内分知分家大名（以後分知分家）、無朱印領内分知内分分家大名（以後内分分家）、新田分家大名の4種に区分できる。

　分家大名を創設する目的は、宗家の無嗣断絶を防止すること、宗家の藩主が幼少の時に後見人を出すことである。実際、江戸時代を通じていずれの宗藩においても、分家から何人かの養子を藩主として迎えている。

　本書で取り上げる分家大名とは、新知分家の他、大名と認められた時、宗藩から藩領高を分知された分家を指す。宗家から数千石の分知を受けて旗本となり、後に幕府から加増を受け、大名となった分家は含まない。但し、宗家から数千石の分知を受けて旗本となり、後に宗藩から分知または廩米によって、万石以上の大名となった藩は分家大名として扱った。表の宗藩の藩領高は、分知当時の藩領高である。

（1）新知分家

　分家する際、幕府から新たに領地を賜った分家大名である。一般には親藩に多いが、江戸初期には外様にも新知分家が存在した。新知分家は新たに領地を賜ったため、藩領が宗藩と遠く離れている場合も多い。

　水戸徳川頼房の四男頼元は寛文元年（1661）、水戸家より 20,000 石の分知を受け、常陸額田に陣屋を構えた。元禄 13 年（1700）に幕府から新知を受け、額田領を宗家の水戸藩へ返上し、陸奥守山へ陣屋を移す。最終的には幕府から新知 20,000 石を受けたため、新知分家とみなしてよかろう。江戸定府。

国	居　所	藩主	親疎別	藩高（石）	大名取立	宗　家（石）	備考
陸奥	守　山	松平	親藩	20,000	寛文1（1661）	常陸水戸徳川（280,000）	定府
常陸	府　中	松平	〃	20,000	寛文1（1661）	常陸水戸徳川（280,000）	定府
下野	茂木（谷田部）	細川	外様	10,054	慶長15（1610）	豊前中津細川（300,000）	
上野	七日市	前田	〃	10,014	元和2（1616）	加賀金沢前田（1,200,000）	

表7　調査地域における新知分家大名

　水戸徳川頼房の五男頼隆は寛文元年（1661）、水戸家より 20,000 石の分知を受け、常陸保内に陣屋を構えた。元禄 13 年（1700）、幕府から新知 20,000 石を与えられ、旧保内領を宗家水戸藩に返却し、陣屋を常陸府中（石岡）に移す。守山藩と同様、新知分家と考えてよい。江戸定府。

　茂木細川家は、豊前中津細川忠興の弟で、慶長 15 年（1610）に下野国芳賀郡内で新知 10,054 石を受け、茂木に入部した。大坂の陣の功労により元和 2 年（1616）、常陸国筑波・河内郡内で 6,200 石を加増され、陣屋を常陸谷田部に移している。

　七日市前田家の祖は加賀金沢前田利家の五男利孝で、大坂の陣後の元和 2 年（1616）、上野国甘楽郡内で 10,014 石の新知を与えられ、七日市に陣屋を設置した。

（2）分知分家

　分知分家は分家する際、宗家の藩領を割いて成立した大名である。したがって、宗藩の藩領高は分知した分だけ減少する。藩領は旧宗藩の藩領内で、1ヵ所にまとまっている場合もあるが、数ヵ所に分散している場合も多い。また遠隔地の藩領を分知した場合もある。幕府からの朱印

状（領地目録）は、宗藩とは別に下付される。

　寛文4年(1664)、陸奥盛岡藩南部重直が後嗣を決めずに死去した。同年、盛岡領 100,000 石を 80,000 石と 20,000 石に分割し、前者を盛岡藩（兄重信）、後者を八戸藩（弟直房）とした。旧盛岡領を分割しているので、八戸藩は盛岡藩の分知分家とみなしてよかろう。

国	居所	藩主	親疎別	藩高(石)→維新後	大名取立	宗　家　(石)	備考
陸奥	八戸	南部	外様	20,000	寛文5（1665）	陸奥盛岡南部（200,000）	城主格
	湯長谷	内藤	譜代	15,000→14,000	寛文10（1670）	陸奥平内藤（70,000）	
常陸	宍戸	松平	親藩	10,000	天和2（1682）	常陸水戸徳川（280,000）	定府
上野	伊勢崎	酒井	譜代	20,000	延宝6（1681）	上野前橋酒井（150,000）	

表8　調査地域における分知分家大名

　湯長谷藩祖の政亮（まさすけ）は陸奥平藩主内藤忠興の次男で、寛文6年（1666）に 10,000 石を分与された。天和2年(1682)に 2,000 石加増、貞享4年(1687) 3,000 石を加増され、都合 15,000 石となる。戊辰戦争後に 1,000 石を減封され、14,000 石となった。

　宍戸藩は水戸徳川頼房の七男頼雄が、天和2年（1682）に水戸藩から 10,000 石を分知され、常陸宍戸に陣屋を設けた。江戸定府。

　伊勢崎藩祖忠寛（ただひろ）は上野前橋酒井忠挙（ただたか）の弟で、延宝9年（1681）、上野国佐位・那波両郡内で 20,000 石を分知され、伊勢崎に陣屋を置いた。

（3）内分分家

　一応、宗家から土地を分知され、幕府から大名と認められているが、大藩の知行取と同様な扱いを受け、施政に関しては宗藩の影響を大きく受ける。いわゆる半独立大名である。内分分家大名には幕府から朱印状は下付されず、宗藩の朱印状の中に分知分家の藩主・藩領が記載される。したがって内分分家を分知しても、宗藩の藩領高は変わらない。調査地域の内分分家は3家であり、すべて外様大名である。

　黒石津軽家は明暦2年（1656）、信英が陸奥弘前藩から 5,000 石の分知を受け、旗本に列する。寛文2年（1662）に2代信敏が、弟信純に 1,000 石を分知したため、4,000 石となる。文化6年（1809）、宗家弘前藩から廩米 6,000 石を受け、大名の列に加わった。

国	居所	藩主	親疎別	藩高(石)→維新後	大名取立	宗　家（石）	備考
陸奥	黒石	津軽	外様	10,000	文化6（1809）	陸奥弘前津軽（100,000）	
	七戸	南部	〃	11,000→10,000	文政2（1819）	陸奥盛岡南部（200,000）	定府
	一関	田村	〃	30,000→27,000	万治3（1660）	陸奥仙台伊達（620,000）	

表9　調査地域における内分分家大名

　七戸南部家は元禄7年（1694）、政信が盛岡藩から5,000石を分知され、旗本に列した。文政2年（1819）、宗家盛岡藩から蔵米6,000石を受け、11,000石の大名となる。安政5年（1858）、藩主信誉は城主格となった。江戸定府。

　万治3年（1660）、田村宗良は伊達宗勝とともに、幕府から仙台藩主伊達綱村の後見役を命じられ、ともに仙台領から30,000石の地を内分され、宗良は岩沼に陣屋を構える。2代建顕の延宝9年（1681）、陣屋を一関へ移した。

（4）新田分家

　宗家の新田の内から分与された大名である。新田は宗家の藩領内に分散するため、新田大名は定まった藩領を持たず、表高に準じた米または金子を宗藩から受ける。この場合、宗藩の藩領高は変わらない。また、新田大名は江戸定府で一切国元に戻らず、大部分の家臣も江戸に定居する。したがって居所を持たず、藩庁は宗藩の城郭の一部を間借りした恰好である。調査地域には秋田新田と米沢新田の2藩が存在した。

　秋田藩3代佐竹義処の弟義長に、元禄14年（1701）に新田20,000石を分与し、秋田新田藩が成立した。9代義理の明治3年、新田2万石分を領地に交換、岩崎に陣屋を設置したが、翌年には廃藩置県となる。

国	居所	藩主	親疎別	藩高（石）	大名取立	宗　家（石）	備考
出羽	秋田	佐竹	外様	20,000	元禄14（1701）	出羽秋田佐竹（200,000）	定府
	米沢	上杉	〃	10,000	享保4（1719）	出羽米沢上杉（150,000）	定府

表10　調査地域における新田分家大名

　享保4年（1719）、米沢藩5代上杉吉憲の弟勝周に新田10,000石を分与し、米沢新田藩が成立した。家臣団はなく、分限帳もなく、すべて米沢藩に依存。5代勝道の明治2年、封土を宗藩に返上している。

3、万石陪臣（万石以上の大藩家臣）

　大藩の家臣で1万石以上の家禄を受けながら、幕府から大名と認められていない諸家を指す。江戸幕府270年間に、これら万石陪臣の中には大名取立運動（主家からの独立運動）をする諸家もあった。しかしこの大名取立運動は、主家の反対により、ことごとく失敗に終わっている。大部分の万石陪臣は主家から知行地を与えられ、居所として城下町（注1）または陣屋町を形成していた。

（1）万石陪臣

　江戸後期の万石陪臣は70家を数え、万石陪臣を抱える大名は30万石以上の大藩大名が大部分を占め、20万石代は阿波徳島・土佐高知の2藩に過ぎない（注2）。しかし『藩史大事典』（注3）によれば、秋田藩の角館は藩主一族の佐竹氏 15,000 石であったという。

　万石陪臣の中には中藩程度の家禄を食む者もあり、最も家禄が多いのは長門萩藩の岩国吉川家で 60,000 石、次いで加賀金沢藩の小松本多家 50,000 石である。その他3〜5万石未満が14家、2〜3万石未満は10家、残る44家が2万石未満であった。このように3万石以上の万石陪臣が16家存在したが、慶応4年（明治元年）に大名となったのは僅か6家に過ぎない。

　主家が抱える万石陪臣の数は、加賀金沢の11家を筆頭に、5〜8家が7藩、2〜3家は5藩、1家のみが5藩である。

　万石陪臣の家禄総計が藩領高（表高）に占める割合をみると、岡山・萩・佐賀が30％以上、金沢・仙台・鹿児島は20％台、10〜20％未満が名古屋・和歌山・熊本・広島・水戸で、残りは10％未満であった。

　これら万石陪臣の出自は、御三家では幕府から付された付家老、他の諸藩では戦国大名の末裔や地方の大豪族、または大名の分流（分家）も多くみられる。

　調査地域の万石陪臣は、仙台藩の8家、水戸藩の2家である。仙台藩では 33,000 石の片倉家を筆頭に、万石陪臣の家禄合計が 168,000 石とな

国	知行所	知行主	知行高（石）	主家（藩領高＝石）	備　　　考
陸 奥	白石	片倉	33,000	陸奥仙台伊達（620,056）	城郭
	涌谷	伊達	28,000		要害
	登米	伊達	23,000		〃
	角田	石川	22,000		〃
	亘	伊達	18,000		〃
	水沢	伊達	18,000		〃
	岩出山	伊達	13,000		〃
	松山	茂庭	13,000		〃
出羽	角館	佐竹	15,000	出羽秋田佐竹（205,800）	
常陸	松岡	中山	25,000	常陸水戸徳川（350,000）	陣屋・定府・明治元年大名
	不詳	山野辺	10,000		不明

表11　調査地域における万石陪臣　　（『万石陪臣録』より作成）

り、その上内分大名である一関藩に 30,000 石、総計 198,000 石が仙台藩の藩領高から支出することになる。すなわち 32% 弱にあたる。水戸藩では、付家老の中山家が慶応 4 年（明治元年）、大名に列した。

（2）万石陪臣の居所

　万石陪臣といえども、仙台藩家臣の片倉氏（陸奥白石）、名古屋藩付家老の成瀬氏（尾張犬山）、和歌山藩付家老の安藤氏（紀伊田辺）・水野氏（紀伊新宮）、鳥取藩家老の荒尾氏（伯耆米子）、熊本藩家老の長岡氏（肥後八代）は城を構えていた。城を持たない万石陪臣の居所を「陣屋」と呼ぶが、仙台藩では「要害」、萩藩では「田屋」、鹿児島藩では「麓」と呼んでいる。

　万石陪臣 70 家の大部分は知行地を与えられているが、中には蔵米知行の家臣もいる。蔵米知行の場合は、定まった知行地や居所を持たない。知行地を与えられた家臣は、知行地内の適当な場所に陣屋を設け、主家の政策内で半独立的な施政を行っていた。彼らの陣屋町には 1 ～ 2 万石の大名の陣屋町に勝るとも劣らない陣屋も多々見受けられる。大きな陣屋や要害では、陣屋・武家屋敷地・町屋の区分も判然とし、町屋戸数も小藩大名の陣屋町に劣らない。

　調査地域における万石陪臣の居所として、仙台藩主伊達一門の涌谷要害を簡単に紹介しておこう。涌谷伊達氏は寛政年間（1789 ～ 1801）の所領 22,640 石(注4)となっているが、上田正和(注5)によれば 28,000 石である。

　涌谷要害は箟岳山（223m）から続く丘陵末端の台地上で、北西から南東

へ流れる江合（涌谷）川左岸の崖上に位置する。要害は南北に細長い本丸が、本丸の東から南にいたる細長い郭が二ノ丸である。本丸の御殿は南北に細長く、南東端に太鼓堂が存在した（注6）。

写真1　涌谷要害の模擬天守と太鼓堂
（左＝模擬天守、右＝太鼓堂）

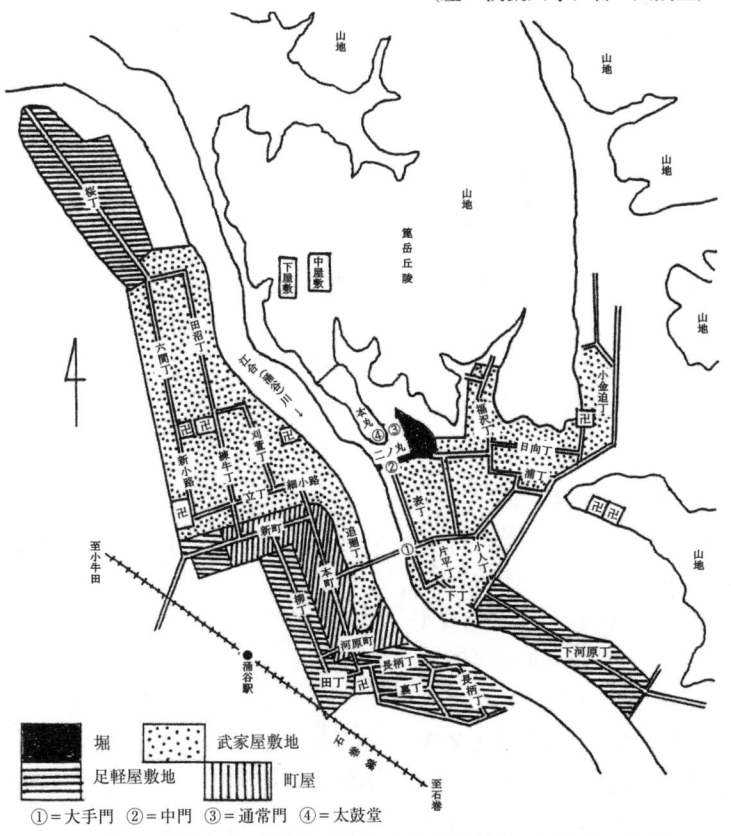

① ＝ 大手門　② ＝ 中門　③ ＝ 通常門　④ ＝ 太鼓堂

図1　仙台藩涌谷伊達家の要害（涌谷史料館掲載の図を基に作成）

　大手門（追手門）は江合川左岸にあって、これより東は武家屋敷地で、表丁・片平丁は「一の郭」、日向丁・浦丁は「二の郭」と呼ばれ、ともに重臣の屋敷地である (注7)。重臣の屋敷地周辺は上級武士の屋敷地であった。大手門から江合川を渡った追廻丁・細小路・立丁・刈萱丁・練牛丁・新小路・田沼丁・六軒丁は中・下級武士の屋敷地であり、足軽町は江合川左岸の南端、および江合川右岸の北端（桜丁）と南端から南西の柳丁・田丁・長柄丁・裏丁である。町屋は新町・本町・河原町で、武家屋敷地と足軽屋敷地に囲まれる。町屋戸数は判然としないが、町役賦課対象者は本町 65 軒、新町 36 軒、川原町 24 軒の計 125 軒 (注8) で、賦課対象外の者を加えると 200 軒以上であったと推測する。

　涌谷伊達家の家臣団を知る史料 (注9) としては、推定享保年間（1716 ～ 1736）の『涌谷伊達安芸家中分限帳』、推定宝暦年間（1751 ～ 1764）の『涌谷伊達安芸家中分限帳』、天保 8 年（1837）の『涌谷藩士名簿全』、天保 10 年（1839）の『涌谷伊達安芸家家士分限帳』、安政 4 年（1857）と安政 6 年の『涌谷藩士籍調』などが存在する。うち、天保 8 年の『涌谷藩士名簿全』と、安政 4 年の『涌谷藩士籍調』が活字化されている。『涌

御一家

一八貫文　　　　　　　　　　長谷三郎左衛門
一追廻丁
一下屋敷　百々
一御預山　大澤
一六貫三百三拾四文　亘理右仲
一同丁
一下屋敷　田沼
一家中寺　曹洞宗尊入山梅雲寺
一御預山　成澤　　　　　　　亘理善左衛門
一六貫文
一同丁
一下屋敷　小塚
一御預山　同村

御小性組

一九百八拾一文　　　　　遠藤元治
一沢
一下丁
一壱貫百八十七文　　　　桜井綾之助〔清力〕
一下丁
一壱貫文　　　　　　　　木邨喜覚
一小里
一九百三文　　　　　　　永瀬理左衛門
一下丁
一八百三十五文　　　　　小平松之丞
一川原丁
一七百五十文　御祐筆　　早坂藤兵衛〔惣兵衛〕
一北小々田

御足軽組

一七百文　　　　　　　　須田三太夫
一桜丁
一六百九十一文　　　　　桜井真十郎
一裏丁
一七百文　　　　　　　　荒加介
一新町
一七百文　　　　　　　　桜井吉助
一柳丁
一同　　　　　　　　　　斎藤萬五郎
一裏町
一四百文　　　　　　　　大友弥惣次
一同

史料1　涌谷伊達家の『天保八年九月調涌谷藩士名簿』の一部
（『涌谷伊達家の家臣名簿』より抽出して掲載）

谷藩士名簿全』は家臣団全員を記載し、御呼懸以上が上級武士、馬上・小姓組が中級武士、徒組・徒組並が下級武士である。『涌谷藩士籍調』は、中級武士以上の337人を掲載する。

『涌谷藩士名簿全』によれば、上級武士は80人、中級武士400人、下級武士449人、足軽240人、小人33人、合計1,202人の多きにのぼる。他に寺社方并禰宜分限として、36社寺を記載する。ちなみに幕府の軍役人数は、2万石418人、3万石601人である。家臣数が多いといわれる越後村松藩（3万石）が850人前後 (注10)、伊予吉田藩（3万石）は750人前後 (注11) となり、涌谷伊達家の家臣数が如何に多かったかを知ることができる。

　涌谷伊達家では江戸末期まで「貫高制」をとり、伊達氏の知行高の割に家臣数が多いため、家臣の家禄は少なく、幕末まで地方知行制を実施し、多くの武士は在所で百姓を兼ねていた (注12)。いわゆる半士半農である。1貫は10石に換算され (注13)、最高禄の17貫文は他藩の知行170石と同じである。記載方法は、上級武士は家禄・要害中の屋敷地・下屋敷（知行村）・御預山の順に記され、中には家中寺（菩提寺）を記載したのもある。中・下級武士は家禄と居住地を示すのみである。

注および参考文献

1）幕府から支城を認められていたのは、秋田藩の大館城・横手城、仙台藩の白石城、金沢藩の小松城、名古屋藩の犬山城、津藩の上野城、和歌山藩の田辺城・新宮城、鳥取藩の米子城、熊本藩の八代城の10城である。

2）上田正和；諸家万石陪臣録、城50（関西城郭研究会）、昭43、pp25〜31。

3）村上直・木村礎・藤野保編；藩史大事典、第1巻、北海道・東北編、雄山閣、昭63、pp372〜373。

4）涌谷町史編纂委員会；涌谷町史、上、涌谷町、昭40、p221。

5）前掲2）、p29。

6）前掲4）、pp202〜203の図。

7）涌谷町立史料館に掲載されている図。

8）前掲4）、p213記載の「涌谷町門数調」。

9）涌谷町文化財調査報告書、第五集、『涌谷町内の古建築調査』所収の「涌谷伊達家の家臣名簿」、涌谷町教育委員会、平14、pp1〜24。

10）拙著；小藩大名の家臣団と陣屋町（3）、−南関東・中部地方−、クレス出

版、平 27、pp146 ～ 151。
11）拙著；小藩大名の家臣団と陣屋町（2）、－中国・四国・九州地方－、クレス出版、平 23、pp174 ～ 180。
12）前掲 4）、p210。
13）前掲 9）、p1。

4、慶応 4 年（明治元年）藩列に加わった大名

　慶応 4 年は明治元年と同じ年で、9 月 8 日に改元された。この 1 年間に大名に列せられたのは 16 家で、廃藩置県の明治 4 年 7 月 14 日までのわずか 3 ～ 4 年の大名であった。これらの諸家は江戸幕府ではなく、明治新政府から認められた大名である。

（1）徳川宗家と御三卿
　15 代将軍徳川慶喜は大政を奉還し、事実上江戸幕府は滅亡した。幕府滅亡後は最後の将軍慶喜は隠居し、宗家を継いだ田安亀之助（家達）は駿河府中（静岡）へ移封、70 万石の 1 大名となった。その領地は駿河・遠江両国を主体としたため、駿河の大名 3 家、遠江の大名 4 家は、関東地方へ転封を命じられた (注1)。駿府へ移った徳川家は、諸家の旧城下町や陣屋町に多くの家臣（元旗本・御家人）を駐在させた。
　御三卿は 8 代将軍吉宗が御三家を抑え、将軍家の血縁関係を強固にするため、田安・一橋・清水の 3 家を設けた。この 3 家は各々 10 万石であるが、居城を持たず、江戸城内に居住していた。その名称は田安門・一橋門・清水門内の一角にそれぞれの屋敷を構えたことによる。御三卿の家臣団の大部分は旗本から付され、独自の家臣は少なかった。このうち田安・一橋の 2 家は、慶応 4 年（明治元年）に大名（家格は城主）に列せられたが、城地は不明である。なぜか清水家は大名になっていない。

（2）高直りして大名となった旗本
　慶応 4 年(明治元年)、明治政府に高直りを自己申告し、1 万石以上となった諸家が大名に取り立てられた。

①　旗本交代寄合表御礼衆

　旗本交代寄合表御礼衆が元の知行地のままで高直りをし、新政府から認められて大名の列に加わった。もともと旗本交代寄合表御礼衆は大名格（名家）であり、参勤交代を課せられた高禄の旗本である。しかしその大部分は外様であった。これら旗本交代寄合表御礼衆の居所は、小さいながらも無城大名と同様な陣屋町を形成している。

　旗本交代寄合表御礼衆は江戸末期に 20 家あり、うち 6 家が高直り大名となった。調査地域では出羽矢島の生駒氏（8,000 石）と常陸志筑の本堂氏（8,000 石）の 2 家である (注2)。

　矢島の生駒氏は元讃岐高松 171,800 石の大大名であったが、家臣の対立が長く続き（生駒騒動）、寛永 17 年(1640)に讃岐一国を召上げられ、堪忍料として

国	居所	藩主	元高(石)	藩高(石)	家格
出羽	矢島	生駒	8,000	15,200	無城
常陸	志筑	本堂	8,000	10,110	〃

表12　調査地域における高直り大名

矢島 10,000 石を与えられた。万治 2 年（1659）、弟に 2,000 石を分知したため 8,000 石となり、旗本交代寄合表御礼衆となった。高直り後は、15,200 石の大名となる。

　志筑の本堂氏は出羽 3 郷で 13,000 石を支配していたが、天正 18 年（1590）、豊臣秀吉に 4,000 石を取り上げられ、知行高 8,983 石となった。そして慶長 6 年（1601）、8,500 石の旗本交代寄合表御礼衆として志筑に入部した。正保 2 年（1645）、500 石を弟に分知、志筑領は 8,000 石となる。高直り後は、10,110 石の大名となった。

②　旗本高家

　遠江堀江に知行所を持っていた大沢氏は、元高 3,500 石の旗本高家で、江戸定府であった。明治元年に高直りをし、大名の列に加わった。この際、浜名湖の埋立予定地を含めて 10,006 石と新政府に申告した。その後、徳川家達に領地の明け渡しを命じられたが、虚偽の申告をしたため、明け渡しに応じることができなかった。このため、明治 4 年に当主は男爵の身分を剥奪、禁固 1 年の刑を言い渡された (注3)。

（3）大藩の高禄家臣（万石陪臣）

幕府から御
三家に付され
た付家老は、

国	居城	藩主	藩領高	元の主家と地位	家格
常陸	松岡	中山	25,000 石	常陸水戸藩付家老	城主

表13　調査地域で慶応4年（明治元年）に大名となった万石陪臣

慶応4年（明治元年）に藩列に加わった。すなわち、水戸藩の中山氏、名
古屋藩の成瀬氏・竹腰氏、和歌山藩の安藤氏・水野氏である。調査地域で
は中山氏（25,000石）がこれにあたり、常陸松岡に陣屋を構える。中山氏
の家格は城主であるが、松岡は陣屋であった。

　他に周防岩国の吉川家（60,000石）は、幕末まで萩藩の家臣として存
続したが、慶応4年、新政府から大名と認められた。御三家の付家老5
家を除き、65家あった万石陪臣で大名に列したのは吉川家のみである。

注および参考文献
1）上総国へ転封したのは駿河沼津・駿河小島・遠江相良・遠江掛川・遠江浜
　松の5家、安房国へは駿河田中・遠江横須賀の2家である。
2）調査地域外で大名となった旗本交代寄合表御礼衆は、大和田原本の平野氏、
　但馬村岡の山名氏、播磨福本の池田氏、備中成羽の山崎氏である。
3）木村礎・藤野保・村上直編；藩史大事典、第4巻、中部編Ⅱ、東海、雄山
　閣、昭64、p220。

5、城下町と陣屋町

　城は城持大名、すなわち御三家・国持大名・準国持大名・城主大名の
居城であり、陣屋は城主格大名および無城大名の居所である。しかし、
城主格大名の居所は「城」と呼ぶことが認められ、いずれの『武鑑』に
も「居城」と記載する。江戸末期の城持大名は152家あり、陣屋住まい
の大名は119家存在していた。

（1）城と城下町
　城下町は城・武家屋敷地・町屋・軽輩屋敷（下級武士・足軽）・寺町な
どで構成されている。これら城下町では城を中心に、城の周囲に武家屋

敷地を配置し (注1)、街道（往還）に沿って町屋、町屋を取り囲むように下級武士や足軽の屋敷・寺町を配置していることが多い。寺町は敵に攻め込まれた際の最初の防衛線であり、下級武士・足軽などの軽輩屋敷は平時における町の警備のためと考えられる。大藩や中藩の城下町は広大であるため、城下町特有の町名がみられる。例えば武家屋敷地では殿町・百石町・五十石町・徒士町・長柄町・鉄砲町など、町人町には紺屋町・呉服町・材木町・穀町・豆腐屋町・魚町・鍛冶町等がある。

　城は複郭をなし、少なくとも本丸・二ノ丸・三ノ丸を有する。大きな城郭では、さらにいくつかの曲輪（郭）を設け、北ノ丸・西ノ丸などと命名していた。一般に各郭の区画は、高い石垣や深くて幅の広い堀を二重・三重に廻らしている場合が多く、低い石垣や浅くて幅の狭い堀に囲まれた陣屋とは異なる。「城持大名」といえども小藩大名では天守閣がなく、3〜4基の小さな櫓が存在する程度の城も多々見受けられる。

　江戸時代の城の形態としては、中世に起源をもつ「山城」、織田・豊臣時代の「平山城」、江戸期の「平城」、堀に海水や湖水を取り込んだ「水城」がある。江戸時代に入ると、「山城」は不便であるため、山麓に「御根小屋」と呼ばれる御殿や藩庁が設けられた。

　大きな城の本丸には天守閣が聳え (注2)、大手門を入った三ノ丸から二ノ丸・本丸・その他の曲輪（郭）の高い石垣の上に、二層・三層、時には四層の櫓を何基も建て、防御とともに美観を考慮し、権力の保持と庶民へ威圧感を与えている。

　主として城の本丸・二ノ丸は、表御殿・奥御殿・藩庁などの公的建物、三ノ丸には家老や重臣の屋敷を設けている場合が多い。城を取り巻く城外に士分屋敷を、その外側の街道（往還）に沿って町屋敷、さらに町屋敷を取り囲むように軽輩屋敷を建設し、町外れに寺町を設け、防御に万全を期していた。また、外堀内に町屋を取り込んだ「総郭型（総構え）」の城下町も多々見受けられる (注3)。

　江戸幕府成立期には支城を有する大名もいたが、元和元年 (1615) の「一国一城令」によって、多くの支城は取り壊された。ここにいう「一国一城」とは、支藩を含む「一藩一城」のことであるから、陸奥・出羽など面積

の広い国では、一国に10ヵ所前後の近世大名の城下町が存在する場合もある (注4)。

（2）陣屋と陣屋町

　陣屋の定義については、『広辞苑』の「陣屋」の項に、①軍兵の集まっているところ、軍営。②地頭などの役所。③江戸時代、城郭のない小藩大名の居所。④幕府の郡代・代官の居所。⑤宿衛の詰所。と記載する。また土平博 (注5) は、①天領における幕府の郡代・代官役所。②無城大名の居所。③高禄の旗本居所。④大藩の重臣居所。⑤藩の飛地領役所。の５種に分類している。本書では『広辞苑』の③、土平の②を対象とした。うち比較的藩領高の多い藩を除外し、㋑３万石以下の城主格大名・無城大名の居所、㋺参勤交代をする大名、㋬幕末まで藩が存続、㊁少なくとも40〜50年間藩が存続したこと、以上の条件を満たした陣屋町を調査の対象とした。

　さらに高禄の旗本（交代寄合表御礼衆）で、慶応４年（明治元年）に高直りをし、大名に列した諸家も調査の対象としている。調査地域では出羽矢島の生駒氏、常陸志筑の本堂氏の２家であった。

　城主格・無城大名で参勤交代をしない定府大名は、東北に５家、北関東に３家の計８家である。これら８家の家臣の大部分は江戸に定居し、国元に在住する家臣は多くても20〜30人に過ぎず (注6)、陣屋の規模が極めて小さく、町場を形成していない場合も多い。このような陣屋には御殿がなく、藩庁の他、２〜３軒の武家屋敷と土蔵（米蔵）があるのみで、他の家臣は長屋住いである。

　大名陣屋は城主格大名と無城大名の居所で、前述のごとく、城主格大名の居所は「城」と呼ぶことが認められていたが、実際には「陣屋」と変わらない。これら城主格大名の大部分は、城主格に格上げされたのは江戸後期から末期で、幕府から築城を許可されなかったり、貧弱な藩財政から築城できなかったと推測できる。七戸では明治２年に、旧七戸城を修復し、藩庁を創設した (注7) とある。八戸藩では、城普請の計画がなされたが、実際には建設していない (注8)。泉・亀田についても、同様

なことが言える。佐野は築城当初から城主格大名であったが、平面形（周囲の形態）がやや複雑というだけで、櫓もなく、他の無城大名の陣屋と変わらない。

　陣屋は城に相当する部分であるが、郭数は少なく、単郭の場合が多い。複郭を有する陣屋でも、城のような高い石垣や、深くて幅の広い堀はなく、土手（土塁）や低い石垣、浅くて幅の狭い堀（2〜3間）で区画される。中には石垣も堀もない陣屋が存在する（注9）。

　城郭建築が許可されないため、真壁造りの物見を兼ねた太鼓（鐘楼）櫓がある程度で、天守閣や漆喰造の櫓はない。武家屋敷地として「郭内」（注10）、町人町として「町屋」が存在する。中には、町屋が存在しない陣屋町も見受けられる（注11）。これら三つの機能を持った地域を総称して「陣屋町」と呼び（注12）、小さいながらも城下町とほぼ同じような機能を有する。いわゆる未成熟な城下町である。

　武家屋敷地（郭内）をみると、郭内を幅の狭い堀や低い石垣、または低い土手や土塁で囲った陣屋町が多い。中には囲いのない武家屋敷地もある。士分のほぼ全員が郭内に居住する場合、半数前後の武士が郭内に居住する場合、郭内に上級武士と一部の中級武士が居住し大半の武士が郭外に居住する場合があり、多くの武士が在所に屋敷を構える場合もみられる（注13）。

　城下町に比べ、陣屋町の町屋戸数が少ないため、城下町特有の町名、すなわち魚町・紺屋町・呉服町・材木町などの名称は殆どみられない。しかし3万石大名の陣屋町では、越後村松の武家屋敷地に御徒士町・長柄町があり、町人町では越後村松の鍛冶町・寺町、周防徳山の糀町・呉服町・油屋町・寺町、出雲広瀬の魚町・鍛冶町、伊予吉田に魚棚町の町名がみられる（注14）。調査地域の陣屋町の大部分は、寺町を形成していない。しかし、町の要所要所に寺社を配置している。

　本書が対象としている陣屋町は、小藩大名であるために家臣数が少なく、一部を除き町屋戸数も少ない。大きな城下町のような大商人は少なく、大半の商人は農業と兼業していたようである。

　城下町で見られるように、堀で陣屋・武家屋敷地・町屋を取り囲んだ「総

郭型（総構え）」の陣屋は、調査した約 80 カ所のうち、上野伊勢崎・下総生実・美濃高須・備中岡田の 4 陣屋町であった。うち生実・高須は元城下町で、最初から総郭型陣屋町として建設されたのは伊勢崎と岡田である。武家屋敷が町屋を取り囲んでいるのは、陸奥八戸・陸奥一関・出羽亀田・越後村松・備中足守で、いずれも 2 〜 3 万石大名の陣屋町となる。1 万石大名では家臣数が少なく、家臣屋敷で町屋を取り囲むことは不能である。

注および参考文献

1）城の立地条件により、武家屋敷地が城の周囲を取り囲んでいない場合も多い。特に、山城や丘陵地・大河川の沿岸に城が築かれた場合がそうである。
2）大藩の城である仙台城・鹿児島城は、幕府に遠慮するため、最初から天守閣を建造していない。また、元和の「一国一城令」後に建設された城では天守閣の建造は認められず、天守閣に代わる「御物見」が建てられた。丹波篠山・播磨明石・播磨赤穂では天守台を建造したが、天守閣を建てていない。天守閣のない城は、全国に多数存在した。
3）矢守一彦；城下町、学生社、1990 重版、pp153 〜 181 に、伊勢津・備前岡山・長門萩・土佐高知・豊後大分・豊前中津が挙げられえている。
4）幕末において、城が多く存在したのは陸奥国 11 城、出羽国 8 城、信濃国 8 城である。
5）土平博；近世における「陣屋」の分布とその分類に関する一つの試み、教育と研究 11（桃山学院高等学校）、1995。
6）西大平陣屋の説明板に「大岡家は、江戸に常駐する定府大名で、参勤交代はありませんでした。家臣団の大部分は江戸藩邸に住んでおり、陣屋詰の家臣は、多い時でも郡代 1 人・郡奉行 1 人・代官 2 人・手代 3 人・郷足軽 4 〜 5 人でした」と記載する。
7）村上直・木村礎・藤野保編；藩史大事典、第 2 巻、北海道・東北編、雄山閣、昭 63、p80。
8）中野渡一耕；八戸城の築城計画「御城御普請向伺之覚」より、八戸地域史 45、2008、pp19 〜 30。
9）例えば信濃須坂・三河奥殿・播磨安志、長門清末などの陣屋である。
10）越後村松では「丸の内」、信濃田野口の「外城」、伊勢菰野の「藩内」、備中足守の「内家中」周防徳山の「関門」、肥後宇土の「門内」もある。
11）例えば、信濃田野口・三河奥殿・下野佐野（植野）
12）町屋地域のみを捉えて「陣屋町」と呼ばれている場合もあるが、陣屋・武家屋敷地・町屋を総称して「陣屋町」というのが本来の姿である。
13）例えば、陸奥黒石・信濃須坂・近江高島・讃岐多度津・長門清末・肥前鹿島などでは、武士の多くは領内の在所または町家と混住していた。

14）拙著；信越の大名陣屋町、関西地理学研究会、平 26、pp37 ～ 38。拙著；
　　小藩大名の陣屋町「周防徳山」について、パイオニア 90、2010、pp9 ～ 10。
　　安来市広瀬の富田山荘蔵の「藩政時代広瀬概況略図」。拙著；小藩大名の陣
　　屋町「伊予吉田」について、パイオニア 78、2006、pp10 ～ 11。

6、大名の家臣と陪臣

　昔から「大名は人を抱える」と言われるように、各藩では表高に応じ
て多くの家臣を抱えていた。家臣総数は藩の財政事情により大きな差が
みられる。家臣数の基準となるのは慶安 2 年（1649）に幕府によって定
められた「軍役人数」(注1) によるが、大幅に軍役人数を下回る藩、2 倍
以上の家臣を抱える藩もあった。

（1）表高と草高（裏高・実高）

　大名の藩領高には表高と草高（裏高・実高）があり、表高は公式の藩
領高で、草高は実際の藩領高である。幕府の御用は表高に準じて課せら
れた。陸奥八戸藩では開藩当初から 2 万石の表高に対し、草高は 4 万石
であった (注2)。越後村松藩は表高 3 万石、実高 4 万石となる (注3)。長門
萩藩の表高は 37 万石弱であるが、裏高は 54 万石であった (注4)。
　草高の少ない藩に比べれば、草高の多い藩は多い分だけ余裕があった
といえよう。江戸期に新田開発などを行い、草高を大きく増やした藩も
ある。例えば、長門清末藩は表高 1 万石で、草高は文化 11 年（1814）に
2 万 3 千石余 (注5)、備中成羽の旗本交代寄合表御礼衆山崎氏の知行地は
表高 5 千石であったのに対し、元禄年間（1688 ～ 1704）には 1 万石となっ
ている (注6)。また、数度にわたる検地により草高を増やしたのは周防徳
山藩で、幕末の表高 4 万石余りに対し、寛文 5 年（1665）の草高は 6 万
1 千石余 (注7) といった具合である。しかし、早くから開発された地域、
すなわち畿内の大名は新田開発を行う土地も少なく、大半の藩では表高
と草高の差は小さい。それだけ藩に余裕がなかったと推測できる。
　草高の多い藩は江戸や畿内から離れた地方に多く、それだけ参勤交代

の費用が多く必要となる。遠国地方で草高の少ない藩の藩財政は、非常に厳しかったと想像することができる。草高が多いことは藩財政に余裕がり、家臣への家禄も多かったのではなかろうか。

（2）幕府の軍役人数

軍役人数は、大名の藩領高（表高）により幕府によって規定されていた。1万石大名の軍役人数は総数225人、2万石大名では418人、3万石大名601人で、馬上・弓・鉄砲・槍・小荷駄などの他、士分（徒士を含む）・足軽・中間・小者および高禄家臣の家来（陪臣）が含まれる。ちなみに4万石

藩領高	騎士	弓	鉄砲	槍	旗	小荷駄	その他	人数計
1万石	10	10	20	40	9	10	120	225
2万石	20	20	50	67	15	15	231	418
3万石	35	20	80	95	15	20	336	601

表14　幕府の軍役人数　　　　（『江戸幕府役職集成』により作成）

は781人、5万石1,018人となり (注8)、1万石大名の家臣総数と比例しているとは言いがたい。1万石大名の軍役人数と比例するとすれば、2万石は450人、3万石675人、4万石900人、5万石1,125人となる。すなわち1万石大名の人数的比重が、2万石以上の大名と比べ相当に大きかったことがわかる。

（3）大名の家臣数

1〜2万石大名も大藩大名も、政務については大体同じような仕事があると考えられることから、弱小大名の士分数が大藩大名の士分数に比して、比率が高かったと思われる。すなわち、1万石大名の士分数は平均120〜130人であるのに対し、2万石大名は200人余り、3万石大名は300人弱が一般的である (注9)。そのため、弱小大名では譜代の足軽や中間を極力減じ、領内から農民や町人を徴収していた。例えば、駿河小島藩（1万石）では足軽40人を領内から徴集し、2班に分けて陣屋の警備に当たらせ、家禄は高1石5斗であった (注10)。大和柳本藩（1万石）では、足軽・中間を領内村落の戸数に応じて割り当て、総人数400人を徴集していたが、家禄の記載はない (注11)。但馬豊岡藩（1万5千石）は、

幕末に郷足軽191人を徴集し、家禄は米1俵であった (注12)。丹波山家藩（1万石）では、常に猟師鉄砲隊200人を組織し、譜代足軽を16人に減じていた (注13)。

　家臣を統率するために、各藩では種々の規則を制定していた。例えば家臣間の挨拶、武士の縁組、跡目・家督相続など、詳細な規則が存在していたようである。これらの規則については、『小藩大名の家臣団と陣屋町（3）』(注14) を参照されたい。

（4）陪臣＝家臣の家来

　陪臣数をみる前に、幕府の旗本・御家人の家臣（将軍からみれば陪臣）をみてみよう。100石と300石の家臣は50石に付き1人の割、200石・400石以上は50石に付き1人の割に1人をプラスした数である (注15)。すなわち200石は5人、400石は9人となっている。表中の侍は士分、甲冑・槍・立弓・鉄砲は足軽、その他は中間以下と考えられる。これらは幕府が規定している家臣数であるが、100石取は槍と中間に下男・下女が加わり、総勢4人を抱えているのが通常であったらしい (注16)。大名家臣の家来は、幕府の旗本・御家人の家来に準じたものと考えてよかろう。

家禄	侍	甲冑	槍	馬口取	小荷駄	草履取	挟箱	立弓	鉄砲	沓箱	計
100石（※1）			1								2
200石	1	1	1	1	1						5
300石	1	1	1	1	1	1					6
400石（※2）											9
500石	2	1	1	2	2	1	1	1			11
600石	3	1	1	2	2	1	1	1	1		13
700石	4	1	2	2	2	1	1	1	1		15
800石	4	2	2	2	2	1	1	1	1	1	17
900石	5	2	2	2	2	1	2	1	1	1	19

表15　幕府旗本・御家人の家臣　　（『江戸幕府役職集成』より作成）
（※1＝槍と中間とのみ記す、※2＝詳細は記載せず総人数のみ記す）

　1万石大名といえども、上級家臣は自前の家来を持たねばならなかった。これらの家臣を陪臣という。陪臣についての記録は少ないが、大和柳本藩・備中庭瀬藩・備中成羽の旗本交代寄合表御礼衆山崎氏に、陪臣

についての記録が残る。これらの記録をみると、陪臣の人数は旗本・御家人の家臣数にほぼ匹敵する人数となっている。これら諸藩の記録をみると、高50石につき1人の割合であるが、高50石未満の中級武士でも、上位の者は1人の従者を求められていた。

　大和柳本藩の元禄9年（1696）『当家之面々武役之節、召連候人数定』(注17)によると、高50石に付き1人の割合で、その末尾に「高百石以下并扶持方給人列之面々ハ若党一人、草リ取自分ニ召連可、其余者勤方役所ニ応シ従者之員数借シ人等申付事」とあり、また「家老用人者頭等右定之外、人数多召連候様、……」と記載され、重臣は規定以上の従者（陪臣）を召し連れるように求められていた。

　元禄12年（1699）の庭瀬藩『家中家来持可申定』(注18)では、150石以上は若党と中間の合計が50石に対して1人の割合である。特に300石以上は、この中に士分を含む。100石・80石・20人扶持は中間のみで各2人、50石・10人扶持・中小姓は中間1人となり、中級武士の上位者も家来を持たねばならなかった。

家　禄	陪　臣　数		
家　格	若党	中間	計
500石	4	6	1 0
350石	2	5	7
300石	2	4	6
200石	1	3	4
150石	1	2	3
100石		2	2
80石		2	2
20人扶持		2	2
50石		1	1
10人扶持		1	1
中小姓		1	1

表16　庭瀬藩の『家中家来持可申定』
（元禄12年）より作成

　備中成羽の山崎氏では、享保8年（1723）の『自分に召連る家来覚』(注19)によれば、若党・草履取・道具者の合計が200石4人、130石3人、100石・40俵・20人扶持・給人格がそれぞれ2人、給人部屋住・中小姓・給人格部屋住が各1人とな

家禄・家格	若党	草履取	道具者	計
200石以上	2	1	1	4
130石以上	1	1	1	3
100石以上	1	1		2
40俵以上	1	1		2
20人扶持以上	1	1		2
給　人　格		1	1	2
給人部屋住		1		1
中　小　姓		1		1
給人格部屋住		1		1

表17　成羽山崎氏の『自分に召連れる家来覚』
（享保8年）をまとめたもの

るが、40俵未満は中級武士であり、幕府の御家人に対する家来より、陪

臣の数が多くなっている。

　江戸中期以降は、知行取といっても蔵米知行であるため、知行地は与えられず、必要な時に知行地から人数を集めることができなかった。したがって、常に必要な人数を確保する必要があった。江戸後期に入ると、各藩では半知・借上などの減禄が行われ、規定通りの人数を抱えることができたかどうか不明である。

注および参考文献

1）笠間良彦；江戸幕府役職集成、雄山閣、昭 40、pp75 ～ 92。
2）村上直・木村礎・藤野保編；藩史大事典、第 1 巻、北海道・東北編、雄山閣、昭 63、p82。
3）木村礎・藤野保・村上直編；藩史大事典、第 3 巻、中部編 I、北陸／甲信越、平 1、p56 に「貞享四年（1687）書上げでは実高四万石に留まった」と記載する。
4）木村礎・藤野保・村上直編；藩史大事典、第 6 巻、中国・四国編、雄山閣、平 2、p347。
5）堀哲三郎；清末藩史資料（抄記）1、郷土 3（下関郷土会）、1961、pp116 ～ 117。
6）竹内明照；成羽史話、成羽町教育委員会、1964、p101。
7）前掲 4）、p336。
8）前掲 1）、pp75 ～ 92。その後、何度か改訂されているが、基本は慶安 2 年の軍役人数である。
9）拙著；西日本における小藩大名の家臣団について、パイオニア 85、2008、pp24 ～ 28。
10）若林淳之；ふるさと百話・小島略記（7）、静岡新聞社、1968。
11）天理市史編さん委員会；天理市史、史料編 2、天理市役所、1977、pp29 ～ 32 によると、宝暦 3 年に足軽 105 人、中間以下 295 人、計 400 人を徴集し、「御暇出又ハ病死欠落等在之候ハ、尤其村々江代リ人可申間、差出申候」とあり、お暇や病死・欠落（逃亡）があった時には、各村々から代人を差し出す必要があった。
12）亀城叢書、豊岡市立図書館史料整理室提供による。
13）山家史誌編集委員会；山家史誌、山家公民館、1951、p33。
14）拙著；小藩大名の家臣団と陣屋町（3）、－南関東・中部地方－、クレス出版、平 27、pp30 ～ 32。
15）前掲 1）、pp20 ～ 53。
16）前掲 1）、pp22 ～ 23。
17）秋永政孝；柳本織田家記録、共同精版、1974、pp82 ～ 84。
18）岡山県史編纂室；岡山県史 26、諸藩文書、1983、pp664 ～ 665。
19）岡山県地方史研究協議会；備中成羽史料、岡山県地方史資料叢書 3、1996、pp77 ～ 78。

7、家臣の家禄と米・金・銀・銭の換算

　家臣の家禄は、藩によって支給高や与え方が異なる。知行取（給人）と呼ばれる上級武士は「高」で示し、支給額は「物成」に従って支給される。物成は藩によって異なるが、「四ツ」(40%支給)が一般的である。「三ツ五分」(35%) や、中には「三ツ」・「二ツ五分」の藩もみられる。藩の最高禄（表高）は1万石で200石前後、2万石で300石前後、3万石は500石前後が一般的である。

　中級武士以下の家禄は、藩によって与え方が異なるが、その与え方は非常に複雑である。米を主体とする家禄、金や銀を主体とする家禄、米と金や銀を併用した家禄がある。中・下級武士の切米（現米）取・俵取・金銀給に、扶持が付く場合が多い。

（1）家臣の格と職
　格とは家臣の家格であり、職とは職種すなわち仕事の内容で、双方とも藩によって多少異なるが、小藩においては大同小異である。いずれの分限帳（着到帳）においても、格と職は混同して記載している。

①　家臣の格
　家臣は大別して士分・足軽・中間・小者（小人）に区分できる。士分はさらに給人・無足・大小姓・中小姓・小姓・徒士などに細分されるが、小藩においては無足〜徒士は2〜3種である。中藩・大藩においては、徒士は士分として扱われず、士分と足軽の間に位置し、明治の改革では卒分に組み入れられた。

　士分の大部分は譜代で代々家督を継ぐが、足軽や中間には譜代・一代限り・雇などがあり、領内の農民や町人から徴集していた藩も多々存在する。幕末には多数の足軽や中間を徴集し、郷足軽・郷中間として領内に配置した藩もある。

②　家臣の職
　小藩では家臣の職も大同小異であるが、主な職種を掲げると、家老（年寄）・中老・番頭・用人・物（者）頭・郡代・目付・奉行・代官・使番・

納戸・茶道・台所などである。藩によっては中老・番頭がいない藩も存在する。このうち家老（年寄）の中には、永代家老の藩もあれば、上位数家の中から選ばれる藩もある。概して家老〜目付（徒士目付を除く）は上級武士である給人から選ばれる場合が多い。奉行は仕事の内容によって、上級武士・中級武士・下級武士から選ばれる。例えば、寺社奉行などは上級武士から、町奉行などは中級武士から、山奉行などは下級武士である。代官は藩によって異なり、上級武士から選ばれる場合もあれば、下級武士から選ばれる藩もある。総じて奉行〜納戸は中級武士、茶道・台所は下級武士である。1〜2万石大名では、20種前後の職がみられる。

　足軽の職としては鉄砲・槍・弓・旗など、中間の職としては駕籠かき・六尺・馬の口取り・門番などに区分されていた。

（2）米を主体とした家禄
　米を主体とした家禄には高取（知行取）・扶持取・切米（現米）取・俵取がある。切米取・俵取には、扶持の付く場合が多い。

①　高取（知行取）
　一般に50石以上の上級武士で、藩によっては知行取または給人とも呼ばれている。知行取といっても殆どは蔵米知行で、一旦藩の米蔵に入った米を「物成」に従って支給されていた。開藩当初は地方知行であった場合も多いが、大部分の藩では寛文年間（1661〜1673）頃までに蔵米知行へ移行している。上級武士に支給される米は、分限帳などに示された「高」ではなく、物成（支給率）に応じて与えられる。「物成」は藩によって異なり、「四ツ」すなわち表高の40％支給が多くを占めるが、藩によっては五ツ・三ツ五分・三ツ・二ツ五分などがあって、いずれの藩が四ツなのか、三ツ五分・三ツなのか判然としない場合が多い。

　表高50石以上の上級武士に扶持が付かない場合が多く、藩によっては中級武士や下級武士でも「高」で示していることもある（注1）。この場合は最低で高10石となり、扶持が付く場合が多い。

②　扶持取
　江戸初期には、扶持米は上級武士の隠居や嫡子を主体に与えられてい

たようであるが、中期以降は中級武士や下級武士にも多数の扶持取がみえる。

　一般に男扶持 1 人は 1 日米 5 合の割合で、1 年分の米（1.8 石）が支給される。したがって 3 人扶持の家禄は米 5.4 石、5 人扶持は 9.0 石、10 人扶持は 18.0 石となる。しかし、男扶持 1 人が米 1.5 石で支給された藩もみられ (注2)、中には「1 人口」として年間に 1 人が消費する米 1 石程度を支給していた藩もある (注3)。

　女扶持は主として女中や後家に与える家禄で、女扶持 1 人は 1 日米 4 合で計算し、1 年分の米を支給する。したがって、1 年間の女扶持 1 人は 1.46 石の米となる。豊後森藩では、下級武士に男扶持 1 人（米 1.5 石）と女扶持 1 人（支給高不明）を支給していた (注4)。扶持取の大部分は下級武士や足軽以下で、その大半は 3 〜 5 人扶持である。

③　切米（現米）取

　現米で支給される場合は、12 石未満が大部分を占め、分限帳に表記された額の米が与えられ、扶持の付く場合が多い。一般に切米取の家禄は、高取（知行取）の家禄を超えないような額である。表高 50 石の支給高は「四ツ」として 20 石であるが、12 石 3 人扶持の切米取の支給高は 17.4 石、10 石 2 人扶持は 13.6 石となり、ともに上級武士を超えることがない。切米取の大部分は、10 石 2 〜 3 人扶持未満である。

④　俵取

　大半の藩では、下級武士や足軽以下に与えられる家禄で、俵数で示される。通常 1 俵は 4 斗であるが、藩によっては 5 斗・4.5 斗・3.5 斗・3 斗などがある。大部分の藩では分限帳に 1 俵の容量を記していないため、俵数だけでは比較できない。俵の中身であるが、一般には「玄米」であるが、少ないけれども「白米」や「籾」の場合もある。籾 1 俵は、現米 1 俵の半分にあたる。また蔵米知行に、表高ではなく俵で支給する場合（俵子給人）も存在する。この場合は 50 俵以上で、原則として扶持が付かない。下級武士の大部分には扶持が付き、1 俵「4 斗」として、10 俵 2 人扶持は米 4 石と扶持米 3.6 石で、計 7.6 石となる。30 俵 3 人扶持は、米 12 石と扶持米 5.4 石で、計 17.4 石である。

　以上は米を主体とした家禄であるが、藩によっては米の代りに大豆を支給していた藩もある。豊後森藩は阿蘇の火山灰台地が藩領の大部分を占め、地味が痩せて米の生産量が少なく、大豆の生産量が多かったため、士分全員の家禄の 30 〜 35％は大豆であった（注5）。

（3）金・銀を主体とした家禄

　金・銀給は、主として江戸詰の中・下級武士や足軽以下・女中などに与えられる家禄で、大部分の者に扶持が付く。

①　金給

　金給の場合は、黄金〇枚（注6）、金□枚（金□両）と記され、黄金（大判）1 枚は金 10 両、金 1 枚（小判）は金 1 両である。金貨で支給されるのは、主に中級武士や側女、および女中の上位者に多い。

　黄金（大判）を使用する際には「その筋」へ届け出ることが必要で、利用しようとしても使用できず、泥棒も「小判は盗っても、大判は盗らず」といわれた。大判は主として大名間、および大商人から大名への進物用に利用された。したがって大判を支給する場合は極めて稀で、殆どは「金□枚」または「金□両」と記され、一般に中級以下の江戸詰家臣、および国元の下級武士に与えられる。多くても金 10 枚＝小判 10 枚（金 10 両）であった。

②　銀給

　銀給は銀〇〇匁（目）または銀□枚と記され、銀の目方や枚数で支給される。銀 43 匁（目）が銀 1 枚、銀 60 匁（目）が金 1 両に相当する。主に下級武士や中級武士以下の嫡子、および下級の女中に支払われる場合が多く、大部分は銀 1 〜 5 枚または 43 〜 150 匁（目）である。1 〜 2 人の扶持が付く場合が多い。

（4）米と金・銀を併用した家禄

　金給を受ける者のうち、10 両以上の者に扶持が付かず、扶持が付くのは 10 両未満の者に多い。例えば、金 5 両 2 人扶持は金 5 両と 2 人の扶持（3.6 石）で、5 石 2 人扶持と同じである。3 両 1 人扶持は金 3 両と 1 人分の扶

持米1.8石が支給され、3石1人扶持と同等となる。

　銀給で扶持が付く場合は、銀○○匁（目）1人扶持、または銀□枚2人扶持のような記載方法である。銀100匁（目）1人扶持は、金1両と銀40匁（目）および1人分の扶持（1.8）と同じである。銀3枚2人扶持は、金2両に銀9匁（目）と2人分の扶持（3.6石）が与えられる。いずれにせよ、銀給を受ける者の大部分は中間以下の家臣か、女中の下位者で、3人扶持以上の扶持が付く者はいない。

（5）米・金・銀・銭の換算

　江戸時代の武士は「米」を主体とした経済構造を、町人は「貨幣」を主とした経済構造をなしていた。江戸時代も時代が進むにつれて、農村部にいたるまで「貨幣経済」が浸透してゆく。それなのに武家社会では廃藩置県にいたるまで、「米」を中心とした経済を貫いていた。これが封建社会に矛盾を生じさせ、封建社会を崩壊させる大きな要因の一つとなったのではなかろうか。

　貨幣経済が浸透してゆく中で、武士は種々の生活必需品を購入せねばならず、米を貨幣に交換する必要がある。米は時代により相場が異なるが、幕末を除けば、米1石は金1両に相当すると考えて支障がない。また金1両は大金であり、日用品を購入するため、一般に用いられる銀・

米	1石＝10斗＝2.5俵＝約金1両 男扶持1人＝米約1石8斗 女扶持1人＝米約1石4斗6升
金	黄金1枚（大判1枚）＝金10両＝小判10枚 金1枚（小判1枚）＝1両＝4分（歩）＝16朱＝銭4貫文 　　　　　　　　　　1分（歩）＝4朱＝銭100疋
銀	銀1枚＝43匁（目） 　　　　60匁（目）＝金1両（変動相場） 　　　　15匁（目）＝金1分（歩）（変動相場）＝銭100疋（1,000文） 銀1貫目＝銀1,000匁（目）＝金16両強（変動相場）
銭	銭4貫文＝金1両 銭1,000文＝銭1貫文＝金1分（歩）＝銭100疋 銭100文＝銭1結、銭10文＝銭1疋

表18　米および貨幣（金・銀・銭）の交換レート
（『江戸お留守居役の日記』の表に加筆）

銭に交換する必要がある。大きな支払いは「金」で行うが、少し値段の高い品物は「銀」で、日常生活に必要な品物は「銭」を使用するのが常であった。

そこで、米・金・銀・銭の交換レートを示しておく（注7）。江戸時代の貨幣はずっしり重く、吹けば飛ぶような「紙幣（藩札）」は全国に通用しない。参勤交代や個人の長旅では、常に重い硬貨を用意する必要があった。現在の大金は吹けば飛ぶような紙幣で、さらにカードの利用が可能となり、便利な世の中である。現在のずっしり重いお金はバラ銭にすぎない。

江戸後期になると、大半の藩では家禄の借上げ・上米・上知・半知などの減禄がおこなわれ、特に下級武士や足軽の収入が減り、非常に困窮したと思われる。藩によっては内職を奨励した藩もある（注8）。

上・中級武士は広い屋敷を与えられ、屋敷内に畑（菜園）を作り、使用人に耕作させている場合が多い。下級武士や足軽は、屋敷外に集団の畑を与えられ、野菜等は自給自足していたようである。住居は藩から与えられたもので家賃は不用。税金はかからず、食のうち主食は家禄、与えられた畑で必要な野菜を栽培したため、生活必需品で購入しなければならない物は、衣類・油・魚・薪炭などであったと思われる。それにしても、減禄された家禄での生活は、楽でなかったと推測できる。

江戸時代の武家や庶民の生活は、大商人を除き、質素であったと推測される。上級武士といえども贅沢な生活はしていない。現在の生活水準から考えると、上級武士でも年収300〜400万円の家庭より、食はつつましやかであったと想像できる。

注および参考文献
1）陸奥黒石藩・出雲広瀬藩・周防徳山藩・長門清末藩などがある。
2）豊後森藩の万延元年『知行物成切米切府帳』による。
3）岡山県成羽町文化財専門委員会会長細川寿美雄氏のご教示による。
4）前掲2）。
5）前掲2）。豊中市史編さん委員会：新修豊中市史5、古文書・古記録、豊中市、2001、p308によると、摂州麻田藩の上級武士に米の代りとして、「備中大豆」が2〜3％の割合で支給されていた。

6）家禄として、黄金（大判）を与えられていたのは出羽亀田藩の1人と、常陸谷田部藩の20人である。亀田では大判1枚と記すが、谷田部では切米金1枚3人扶持とあり、支給額は金7両2分と米5石4斗と記載する。

7）山本博文：江戸お留守居役の日記、読売新聞社。1994、p34。

8）例えば、出羽天童藩の「将棋の駒」、大和高取藩の「配置薬の製造」、讃岐丸亀藩の「ウチワ張り」などがある。

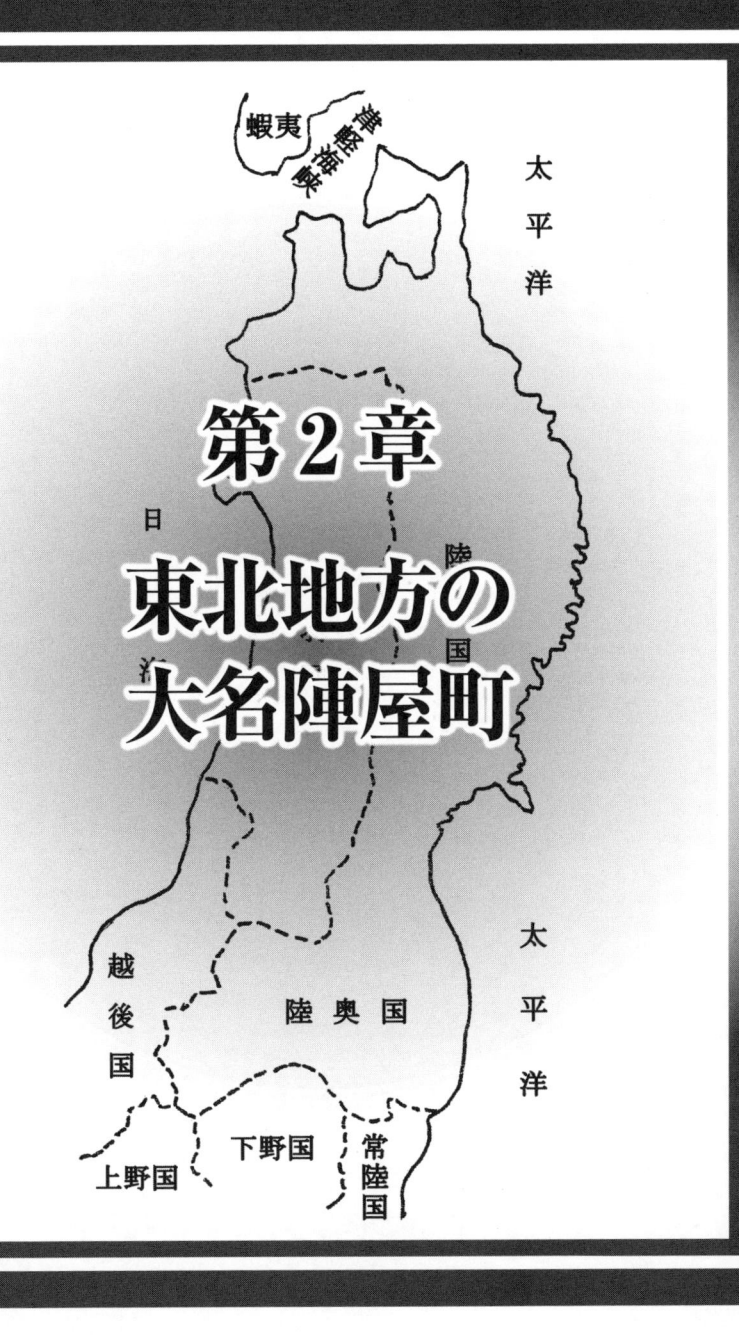

第2章
東北地方の
大名陣屋町

蝦夷

東海渡嶋

太平洋

日本

陸奥国

越後国

陸奥国

太平洋

上野国

下野国

常陸国

　江戸時代の東北地方は陸奥国と出羽国の 2 国しかなく、いずれも面積の広い国であり、陸奥国は南北 520km 足らず、出羽国は南北 300km 余りにおよぶ。 明治 2 年に、陸奥国は陸奥（青森県）・陸中（岩手県）・陸前（宮城県）・磐城（福島県）・岩代（福島県）の 5 国に、出羽国は羽後（秋田県）・羽前（山形県）の 2 国に分割された。

Ⅰ、陸奥国

　陸奥国はコ字型をなし、出羽国を抱え込むような形をなす。東部は太平洋、北西部は日本海に面し、奥羽山脈によって出羽国と区画される。

　60 余州のうち、陸奥国は最も面積が広く、幕末には北から弘前（津軽 10.0 万石）、黒石（津軽 1.0 万石）、七戸（南部 1.1 万石）、八戸（南部 2.0 万石）、盛岡（南部 20.0 万石）、一関（田村 3.0 万石）、仙台（伊達 62.0 万石）、中村（相馬 6.0 万石）、三春（秋田 5.0 万石）、守山（松平 2.0 万石）、平（安藤 3.0 万石）、湯長谷（内藤 1.5 万石）、泉（本多 2.0 万石）、白河（阿部 10.0 万石）、棚倉（阿部 10.0 万石）、下手渡（立花 1.0 万石）、福島（板倉 3.0 万石）、二本松（丹羽 10.1 万石）、会津（松平 23.0 万石）の 19 藩が存在した。

　これら諸藩の分布状態をみると、陸奥国南東部（磐城国）に 11 藩が集中するため、6 万石以下の小藩が分立する。新しい陸中・陸前・岩代国には 20 万石以上の藩が存在するため、大名数は極めて少ない。うち弘前・盛岡・仙台・中村・三春・平・白河・棚倉・福島・二本松・会津の 11 藩は城下町であり、七戸の陣屋成立は江戸末期、守山は江戸定府で一度も国許に帰らない大名なので、これら 13 藩を除外し、本書で取り上げるのは城主格大名の八戸・泉と、無城大名の黒石・一関・下手渡・湯長谷の 6 陣屋町である。

図2　江戸末期における陸奥国の大名配置

◎＝城下町　■＝陣屋町　○＝その他の町場

1、黒石陣屋（青森県黒石市内町）

　弘前4代藩主津軽信政が幼少のため、伯父の信英が津軽藩の後見役として、弘前津軽家から5,000石を分知されたのにはじまる。分知後は旗本交代寄合として、弘前藩主と交互に参勤交代をおこなった。信英の死後、黒石津軽家2代信敏の時、弟に1,000石を分知し、黒石津軽家は4,000石となる。

　文化5年（1808）、宗家弘前藩が10万石に高直しされるにおよび、翌6年に黒石津軽家は宗家より6,000石の蔵米を受け、1万石となって大名の列に加わった。

　黒石は津軽平野の南東端に近く、弘前の東北東約12km、青森の南西20km余りに位置する。東部は奥羽山脈で1000m級の山々が連なり、西部は開けて平野となる。黒石の南に浅瀬石（黒石）川が東から西へ流れ、浅瀬石川が形成した扇状地上で、北岸の段丘崖上に黒石陣屋が設置された。

（1）津軽家と黒石領の分知・黒石藩の成立

　南北朝頃の津軽地方は徐々に南部氏の勢力が浸透し、南部氏は土豪曽我氏・安東氏を攻め、享徳2年（1453）には失地回復を狙った安東氏を破って、ほぼ津軽を手中に収めた。この頃の黒石地方は、黒石南東の浅瀬石城に南部一族の千徳氏を置き、天正年間（1573～1592）頃の城下の町屋は700軒とみえる (注1) ことから、当時、浅瀬石は大きな城下町であったことがわかる。

　津軽家の祖為信は南部氏の一族で、為信は永禄10年（1567）に大浦氏の養子となり、元亀2年（1571）に大仏ヶ鼻城をはじめ、次々と周辺の城を攻略し、さらに慶長2年（1597）、盟友であった浅瀬石城の千徳氏を滅ばした。慶長5年の関ケ原の戦いには徳川方に味方し、津軽地方の領有権が認められた。

　明暦2年（1656）、弘前藩4代藩主津軽信政が10歳で、伯父信英は信政の後見人となり、津軽領内の陸奥国津軽郡黒石領2,000石、同郡平内

領1,000石、上野国勢多郡2,000石、都合5,000石を分知された。表高は以上のごとくであるが、草（内）高は黒石領分5,999石、平内領分3,030石余、上野国2,000石で、計11,029石となっていた。以後、信政と信英は交代で参勤交代をしている（注2）。

　寛文2年(1662)、信英は弘前城内で病死した。分知後わずか数年である。信英の遺領5,000石のうち、4,000石は長子信敏が継いだが、弟の信純に黒石領内で500石（北黒石4村）、上野国で500石、計1,000石を分知した。その結果、黒石領は黒石領分1,500石、平内領分1,000石、上野国1,500石の4,000石となる。しかし、元禄2年（1689）、分家2代目の信俗は病死し、無嗣断絶で、分家の黒石領は公収されて幕領となる。元禄11年、上野の黒石領500石と北黒石500石（旧分家領）との交換を幕府に願い出て許可され、北黒石4村は再び黒石領となった。

　寛文4年（1664）の弘前津軽家への朱印状によれば（注3）、黒石津軽家の4,000石および分家の1,000石は、弘前津軽家の藩領内に含まれている。

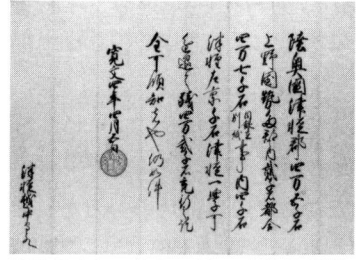

史料2-1A　寛文4年の「徳川家綱朱印状」（国文学研究資料館所蔵）
（津軽左京＝黒石の津軽信敏、津軽一学＝黒石分家の津軽信純）

史料2-1B　寛文4年の「徳川家綱細朱印状」（『黒石市史』を転載）

　津軽宗家の9代弘前藩主の種親（寛政3〜文政8＝1791〜1825）は、分家黒石から養子に入った人である。文化5年（1808）、弘前藩は新田高を加えられて10万石になったこと、および弘前9代藩主が黒石津軽家の出身であることから、黒石津軽家8代親足の文化6年に、宗家弘前藩から稟米6,000石を分与され、都合1万石となって大名の列に加わった。名目上は足石6,000石であるが、実質は3,000両とも1,000両の扶助であったともいわれている（注4）。すなわち宗家の財政状況によって、扶助額に増減があったのではなかろうか。黒石藩は弘前藩の内分大名で、半分近くは領地で、半分余りは蔵米で支給されていた。

天保10年（1839）、黒石はすでに1万石の大名となっているが、天保10年の領地目録（朱印状）では、弘前藩の領地目録の中に黒石領分の4,000石が記され、6,000石の廩米については記載されていない（注5）。

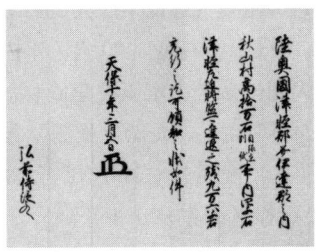

史料 2-2A　天保10年の「徳川家慶領知判物」（国文学研究 資料館所蔵）
（津軽左近将監＝黒石藩主の津軽親足）

史料 2-2B　天保10年の「徳川家慶領知判物」（『国立資料館所蔵津軽家文書抄』を）転載）

陸奥國津軽郡井伊達郡之内
秋山村高拾万石　目録在　事内四千石
津軽左近将監可進退之残九万六千石
充行之訖可領知之状如件
天保十年三月五日　（花押）
弘前侍従との へ

（2）黒石津軽家の家臣団

初代信英が弘前津軽家から5,000石を分知され、ここに黒石津軽家が誕生した。最初は旗本交代寄合に列せられるが、信英死後の寛文2年に黒石分家へ1,000石を分与し、4,000石の旗本小普請組となる。黒石津軽家が分知されてから文化6年までの153年間は旗本であり、大名に列してから廃藩置県までは60年余りに過ぎない。

黒石津軽家の家臣団は、分知当初の明暦2年（1656）、享保2年（1717）、寛延3年（1750）、弘化4年（1847）、文久元年（1861）の分限帳（注6）で判明する。明暦2年は旗本5,000石時代、享保2年と寛延3年は旗本4,000石時代、弘化4年・文久元年は10,000石の大名時代である。

明暦2年の分限帳は分知当初のもので、家臣総数80人は少ない。これらの家臣の大部分は、宗家の弘前津軽家から付された者であろう。幕府規定

家禄（石）	黒石	平内	計
50		1	1
30		2	2
15	2 9	2 2	5 1
10～15未満		5	5
5～10未満	1	1 1	1 2
5未満		9	9
計	3 0	5 0	8 0

表19-1　明暦2年の黒石家臣団
（5,000石時代）
（『黒石市史・資料編Ⅱ』より作成）

黒　石　領		平　内　領	
村　名	人数	村名	人数
黒　石	7	小湊	1 1
野木和	6	藤沢	9
山　形	2	山口	9
田　中	1	横峰	3
竹　鼻	1		
計	1 7	計	3 2

表19-2　黒石家臣の在地居住者
（明暦2年）
（『黒石市史・資料編Ⅱ』より作成）

によると、5,000 石の軍役人数は 103 人であるから、軍役人数に満たない。これら 80 人の家臣は、黒石領に 30 人、平内領に 50 人を配置している。このように、平内領に多数の家臣を配置した理由として、東の南部領と平野続きで境界が接しているためと推測できる。したがって、高 50 石・高 30 石の 3 人は平内に配属しており、黒石では全てが高 15 石未満である。5,000 石の割に、高禄者の家禄が少ない。全員に「○○村の内」と記されることから、高 3 石の者にいたるまで地方知行を行っていたことがわかる。これら 80 人の中には、1 ヵ寺と 8 人の肝煎が記載される。寺と肝煎を除く 71 人中、47 人に姓がなく名のみであることから、分知当初の家臣の大半は足軽以下であったと考えられる。また黒石の 17 人、平内の 32 人には居住地が記され、60 ％近くは在所に居住していたことが判明する。明暦 2 年は分知された年で、いまだ陣屋および平内の役所が建設されていなかったためであろう。

　享保 2 年の分限帳には 123 人の氏名と家禄が記される (注7)。この分限帳には徒士・足軽小頭まで記されるが、足軽以下の記載はない。したがって、資料は省略する。4,000 石の軍役人数は 79 人であるから、足軽以下を加えると、軍役人数の 2 倍以上の家臣を抱えていたことになる。家禄の内容をみると、その支給方法は大きく変わり、高で示される者、扶持・俵・金・銀もみえる。最高の家禄は 300 石 1 人、次いで 200 石 1 人、100 石が 5 人、50 ～ 80 石が 10 人となり、以上 17 人が上級武士で、家老は 10 人もいる。中級武士以下には扶持が付く。4,000 石の旗本としては、上級武士の家禄が極めて多く、人数も多い。これは表高に比して、草（内）高が多かったためであろう。一般に、4,000 石の最高禄は 100 石前後である。高 20 ～ 50 石未満・25 俵・金 10 両は中級武士と考えられ、総数 28 人である。扶持取は恐らく隠居であろう。高 15 石未満・金 10 両未満・銀給は 68 人で、これらは下級武士と考えてよかろう。

　寛延 3 年の家禄の支給方法は享保 2 年と同じであるが、ここには足軽以下・寺社・町人が含まれる。家臣 161 人中、足軽・同心が 31 人おり、これら足軽・同心・寺社・町人を除くと、享保 2 年の武士数に近くなる。最高禄は 100 石の 5 人となるが、4,000 石の旗本としては、100 石 5 人は

少し多いが、上級武士10人は一般的である。中級武士39人は少なく、下級武士94人は多い。扶持取の5〜10人扶持は隠居と思われ、1〜3人扶持は嫡子または下級武士と考えられる。寺社への禄の大半は5俵未満と

家	禄	家臣	合力	寺社	町人	計
高取	100石	5				5
	50〜80石未満	5				5
	30〜50石未満	24				24
	20〜30石未満	4				4
	10〜15石未満	20			10	30
扶持	5〜10人扶持	6	4		1	11
	1〜3人扶持	8	17	1	3	29
俵	25俵	3				3
	10〜15俵	31			7	38
	5俵未満			16	1	17
金	10〜12両	12				12
	5〜9両	27				27
	5両未満	15	1	3	5	24
銀給	600目				1	1
	100目	1				1
記載なし					2	2
計		161	22	20	30	233

表20　寛延3年の黒石家臣団（4,000石時代）
（『黒石市史・資料編Ⅱ』より作成）

少なく、庄屋・町年寄は16人で高15石または10俵である。平内土屋番人・平内浜廻の7人・足軽5人は「地方15石」と記され、15石前後の下級武士を「小知行」と呼んでいた。

　弘化4年は1万石となった大名時代で、江戸と国許に区分されている。この分限帳は「目見以上」と記され、後述の文久元年の分限帳から考えると、徒士を除いた士分と想像できる。国許は黒石と記されるが、この中には平内詰の武士も多数含まれると考えるのが妥当であろう。最高禄は80石2人で、50〜70石が12人となり、以上14人が上級武士である。1万石大

家	禄	黒石	江戸	計
高取	50〜80石	8	6	14
	30〜50石未満	21	5	26
扶持	5〜6人扶持	4	1	5
	4人扶持以下	19		19
俵	30〜50俵	14		14
	20〜30俵	10		10
	10〜20俵	29		29
金給	5〜8両		19	19
	5両未満	8	2	10
計		113	33	146

表21　弘化4年の黒石藩家臣団
（目見以上・10,000石時代）
（『黒石市史・資料編Ⅱ』より作成）

名としては、最高禄の 80 石は少なく、上級武士の 14 人も少ない。扶持給の 5 〜 7 人扶持は上級武士の隠居であろう。30 〜 50 石未満・20 〜 50 俵未満は中級武士と考えられ、50 人は少ない。20 俵未満・5 人扶持未満・8 両以下 58 人に徒士を加えた数が下級武士で、100 人前後であろうと推測する。士分の 80％近くは国元に居住し、江戸詰家臣の 60％以上は金給であった。

文久元年は総人数 361 人であるが、うち足軽までの 333 人は家臣と考えてよかろう。1 万石大名の軍役人数は 225 人であることから、黒石の家臣数は軍役人数より 100

家　　　禄		士分	徒士	足軽	扶持方	計
高取	150 石	1				1
	120 石	1				1
	50〜90 石	1 1				1 1
	30〜50 石未満	2 0			1	2 1
	20〜30 石未満	1			1	2
扶持	5〜7 人扶持	2	1		1	4
	5 人扶持未満	3 4	2 2	2 3	1 6	9 5
俵取	30〜50 俵	3 3				3 3
	20〜30 俵未満	2 6	1			2 7
	10〜20 俵未満	2	4 3	8 6	3	1 3 4
	10 俵未満			2	6	8
金給	5〜8 両	1 4	1			1 5
	5 両未満	9				9
	計	1 5 4	6 8	1 1 1	2 8	3 6 1

表22　文久元年の黒石藩家臣団（10,000 石時代）
（『黒石市史・資料編Ⅱ』より作成）

人余り多く、扶持方は寺社・名主（庄屋）などである。　最高禄は 150 石で、高 50 石以上の上級武士 13 人は少ない。高 20 〜 50 石未満・5 〜 7 人扶持・20 〜 50 俵の 82 人は中級武士となり、5 人扶持未満・20 俵未満・金給の 126 人は下級武士にあたる。徒士を含む士分は 222 人で、他の 1 万石大名に比して多く、上級武士の割合は極めて低い。足軽 111 人は多すぎる。

　　『藩制一覧』(注8)よれば、士族 178 軒、卒族 165 軒とあり、士族は文久元年の士分数 222 人より 50 人近く少ない。これは、士分のうち徒士が卒族に編入されたためと思われる。士族と卒族の数を合計すると、文久元年の家臣数に極めて近くなる。

（3）陣屋町の創設と幕末の陣屋町

　黒石は三戸南部からの最短路にあたり、南部氏と確執のあった津軽氏にとっては最重要地点であるため、天正5年（1577）、為信は三戸南部氏への備えとして境松に黒石城を築き、黒石代官を置いていた。慶長15年（1610）の弘前（高岡）城建設に伴い、黒石城は廃城となる。分知直前の慶安2年（1649）に黒石の町屋は314戸あり（注9）、黒石津軽家が分知される以前から、この地方第一の町場を形成していたことがわかる。

　陣屋町として成立するのは明暦2年（1656）以降であるが、明暦2年よりかなり前に7町（古町・本町・寺町・浦町・おいた町・上町・新八町）ができていたようで、信英が入部して後に侍町（市ノ町）や職人町（大工町・鍛冶町）が出来上がったという（注10）。すなわち、信英がすでに存在した在町を、陣屋町として整備したのであろう。

　陣屋町を示す絵図としては、元禄4年（1691）の『黒石絵図』（注11）、元禄7年の『御国中道程之図』（注12）、文化年間（1804～1817）の『黒石御絵図』（注13）を入手することができた。元禄4年の『黒石絵図』は黒石津軽家が4,000石となった初期のもので、図は黒石領のうち、黒石領分を描いた知行所図の一部である。黒石町街については、町名の記載はなく、黒石以外は緑色で示すが、黒石町屋および武家地は白色、道路のみ赤線で記している。記載されているのは愛宕・神明観音・八幡・稲荷と、御廟所は■印、堤堰の細流および土手と陣屋の柵のみである。しかし図をみれば、当時の町街の様子が判明する。

　元禄7年の『御国中道程之図』は道路図で、主要道路と町名が主体となり、上町の中央部南側に「御門」と「高札」、上町の中央東に「御門」と記すが、「陣屋」という文字は見えない。

　文化年間の『黒石御絵図』は元禄4年の『黒石絵図』と同様に、黒石領のうち黒石領分を描いた藩領図で、黒石の町街が詳細に記されている。文化年間は黒石津軽家が1万石大名となった頃の図で、図は道路と町名が主体に記載され、陣屋の三方（東・南・西）は柵で囲んでいる。他藩のような石垣や土塀はなかったようである。

　陣屋絵図としては、享保の頃と伝えられる『黒石陣屋ノ図』（注14）があ

り、幕末の陣屋に関しては佐藤雨山の『幕末の黒石陣屋』(注15)、佐藤清蔵の『幕末の黒石陣屋絵図』(注16) がある。

　『黒石陣屋ノ図』に家中29軒(うち1軒足軽)、寺7軒と記し、他に太鼓櫓・道場・常小屋および3棟の御蔵を示す。享保の頃には、すでに太鼓櫓が存在していたことがわかる。また、この図では横町と上町の間に門が記され、これが一般的な陣屋町の大手門で、後図のように枡形が存在するが、門も番所もないのは不自然である。後2図に記された大手門は記載していない。

　『幕末の黒石陣屋』には陣屋と武家屋敷地を記し、大手門は陣屋北側のほぼ中央で、門の東に町会所、門を入った所に太鼓櫓を記載する。陣屋は御殿と台所・蔵を記し、御殿の東は御廟道を経て、最も奥に「廟」と記した建物がある。陣屋の西は中央に2つの蔵が、蔵の北側に馬場を記載する。陣屋の南および西は植え込みで、その外側に柵がある。武家屋敷には姓を記す。上町と横町の間にある枡形・東門・不浄門・桝形のある西門の内側が郭内であろう。上町と横町との間の枡形東側に郷蔵があり、大工町に沿った東側の武家屋敷が郭外武家屋敷地と考えられる。武家地の南西端に2つの祠が記されるのは、八幡社と稲荷祠である。この図に記されるのは52軒の武家屋敷と、太鼓櫓・御廟・町会所・郷蔵・道場・小屋（享保の常小屋）・3棟の土蔵である。享保に比べ、武家屋敷が2倍近くに増加している。

　『幕末の黒石陣屋絵図』は鳥瞰図で、大手門・東門・西門・不浄門は冠木門となり、陣屋表門は薬医門をなす。大手門に向かって右側に2棟の道場、左側に町会所があ

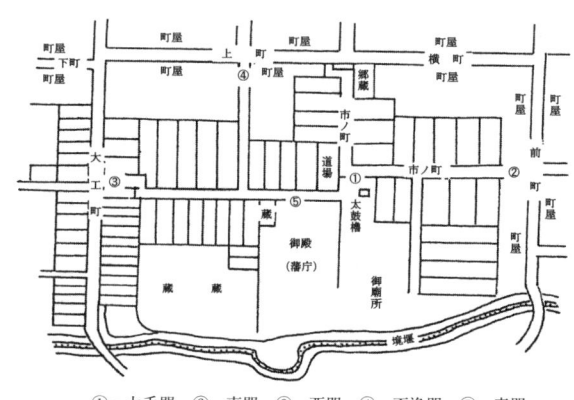

①＝大手門　②＝東門　③＝西門　④＝不浄門　⑤＝表門

図3　幕末の黒石陣屋と武家屋敷地

る。陣屋には 5 棟の建物が、東側に御廟の祠が、南西端に八幡社・稲荷社がみえる。上町と横町の間の桝形外側に郷蔵と制札が記される。武家屋敷や町屋には建物を示し、武家屋敷には「姓」を記しているので、武家屋敷と町家の区分が判然としている。『幕末の黒石陣屋』と比較すれば、郭内の武家屋敷はほぼ同じであるが、大工町の武家屋敷が大きく異なる。すなわち、『幕末の黒石陣屋』には大工町に沿って東側にのみ武家屋敷を描いているが、『幕末の黒石陣屋絵図』では大工町の西側にも 16 戸の武家屋敷が並んでいる。武家屋敷数は郭内に 38 戸、郭外に 30 戸、総計68 戸が描かれる。その他の建物については、『幕末の黒石陣屋』と同じである。また後述の『新撰陸奥国誌巻十六』[注17] に「大工町家数 35 軒、貫属屋敷」とあることから、『幕末の黒石陣屋絵図』と家数は異なるが、江戸末期の大工町は郭外武家屋敷地であったことに相違がない。

　士族の子弟教育のため、8 代親足の天保 3 年（1832）に藩校「経学教授所」を一ノ町（一説に横町）に創設された[注18]。藩校の最盛時には生徒数およそ 100 名で、優秀な子弟は宗家の弘前藩校「稽古館」に就学することができたという[注19]。黒石藩校の閉鎖については不明である。

　前述のように、明暦 2 年（1656）以前に 7 町・314 戸存在していたようであるが、黒石津軽家が陣屋を設置した後、町家は徐々に増加し、『新撰陸奥国誌巻十六』によれば、明治初期には町数 20・軒数 1,128 と記す。明暦 2 年頃から約 220 年間に、戸（軒）数は約 3.6 倍に増加している。一般に、1 万石大名の陣屋町における町家は 120 〜 130 戸であることを考えると、1,000 戸以上というのは 5 万石大名の城下町に匹敵する規模と考えてよかろう。小杉八郎[注20]によれば、「侍屋敷 4 町 14 畝 20 歩（12,440坪）、町屋面積 42 町 25 畝 15 歩（126,765 坪）」とあり、侍屋敷は町屋の10% にも満たない。これは黒石町の町家数が非常に多く、武家屋敷が少ないためと推測できる。武家屋敷 1 戸あたりの宅地面積は 180 坪余りとなり、町家の 1 戸あたり面積は 120 坪余りとなる。武士の総数から考えると、平内在住の武士を考慮に入れても、なお武家屋敷数が少ないことから、相当数の武士が在地（在所）居住していたのではなかろうか。

　黒石は 1 万石大名の割に町家戸数が多いため、1 万石大名の陣屋町に

ない寺町、さらに職人町（大工町・鍛治町・馬喰町）を示す町名がみられる。大工町は江戸末期に大工を後大工町へ移住させ、元の大工町を郭外武家屋敷地にしたと考えられる。

（4）重要伝統的建造物群「こみせ」

　黒石の町屋には「こみせ」と呼ばれる軒下通路がある。このような軒下通路は津軽地方独特なものではなく、日本海側の多雪地帯の市街地に多く分布し、新潟県では「雁木」と呼んでいる。「こみせ」は母屋から6尺（約1.8m）前後の庇を出し、多雪時の通路として、また雨天時・真夏の太陽を避けるために利用された通路である。したがって、「こみせ」は連続していなければならない。すなわち、町家が連続していることが条件である。「こみせ」の柱に細い溝を作り、多雪時には「しとみ戸」を嵌め、「こみせ」に雪が入らないように工夫されていた。

　黒石の「こみせ」については、『黒石城下誌』(注21)、『東北城下町の研究』(注22)、『歴史の町なみ』(注23) に記載されている。

　『黒石城下誌』によれば、元禄7年（1694）頃にはすでに「こみせ」がみられ、当時の浜町・中町・前町・山形町・横町・上町・本（元）町に存在し、総延長約4,800m に及んだと記している。すなわち、黒石では大名となる以前（旗本時代）から「こみせ」が存在したことになる。

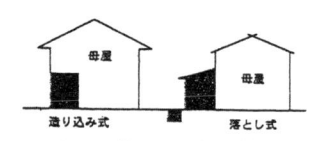

図4　「こみせ」の種類
（『黒石城下誌』の図を転載）

「こみせ」が存在する中町・浜町は黒石から青森へ、横町・上町・本（元）町は弘前へ、前町は碇ヶ関へ、山形町は三戸へ通じる主要道路であった。これら主要道路の市街地部分に「こみせ」が設置されていたと考える。またこの本には、「落とし式」と「造り込み式」の2種類の「こみせ」が存在することを記している。「落とし式」は母屋の前面に庇を設け、庇の下を通路として利用するものである。「造り込み式」は母屋前面の二階下に直接空間を作って利用する。したがって、後者の場合には庇はなく、通路の屋根はない。

　『東北城下町の研究』では、「幅員6尺（約1.8m）、軒高7尺（約2.1m）、

棟高9尺（約2.7m）と記すが、こみせは藩政期からのもので、津軽藩の
家作規制によって一定の基準が設けられていた」と記している。

　現在の「こみせ」は中町に
多く残り、中町の「こみせ」
残存地区は『重要伝統的建造
物群保存地区』に指定され
た。元禄7年頃と現在の「こ
みせ」を比較すると、総延長
4,800mあった「こみせ」は
大幅に減少し、平成22年に
はわずか600m余り（近代的

写真2　黒石の「こみせ」（中町）

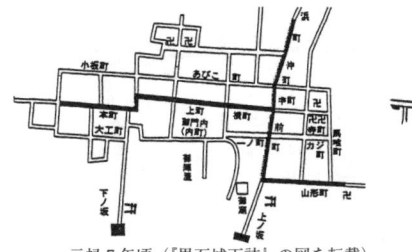 

元禄7年頃（『黒石城下誌』の図を転載）　　　　　平成22年

図5　「こみせ」の分布

な「こみせ」を除く）となった。うち約400mは中町に集中し、本町は約
120m、前町約80mで、本町・前町の「こみせ」は連続せず、途切れて
いる。また、最近では鉄柱や金属製の柱を使った「こみせ」も見られる。
現存する「こみせ」の大部分は「落とし式」で、「造り込み式」は僅か1
戸に過ぎなかった。

　このように「こみせ」が大幅に減少した理由として考えられるのは、
第一に車社会となって町場の歩行者が激減したこと、第二に土地の所有
関係があげられる。「こみせ」部分は、江戸時代には公的な道路に設置（公
道の一部）されたようであるが、現在では個人の宅地に付属し、明治以降、
個人が固定資産税を支払っているためである。故に土地所有者が「こみ
せ」を取り払っても、公的には問題が生じないためと考える。

（5）陣屋町の現況

　天保 5 年（1834）の『御領分中人数改覚』[注24] に黒石町人数 5,821 人とあり、小杉八郎 [注25] は「江戸期の人口 5,000 ～ 6,000 人と推計される」

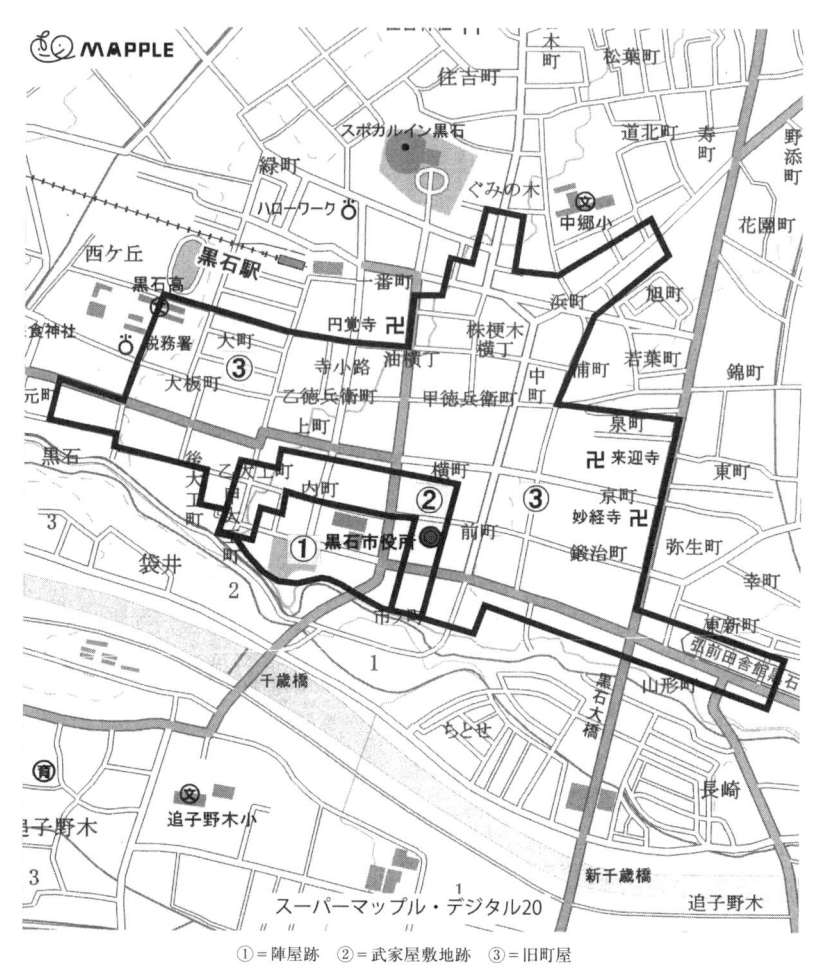

①＝陣屋跡　②＝武家屋敷地跡　③＝旧町屋

図 6　黒石陣屋町の現況　※現況図は「スーパーマップル・デジタル 20」を使用して作成。

と記しているが、廃藩置県後は徐々に減少し、平成21年には黒石地区の人口3,641人となる。この人口には旧町屋周辺部も含まれるため、旧陣屋町の町屋人口は半減したと考えてよかろう。

　廃藩置県後、黒石は物資の集散地として存続するが、奥羽本線から離れ、町は停滞したと考えられる。明治27年に青森〜弘前間に鉄道が開通したが、黒石の最寄り駅は川部で、黒石から約7kmの距離があった。大正元年に川部〜黒石間に鉄道が敷設され、1年間の利用客56,000人近くに達した。昭和2年、弘南鉄道は弘前から津軽尾上まで鉄道を敷設し、同25年に津軽尾上から黒石まで延伸した。しかし自動車交通の発達により、JR黒石線の利用客は大幅に減少（年間2,000人前後）し、昭和59年に弘南鉄道に移譲されたが、終に旧JR黒石線は廃線の憂き目をみる。

　旧武家地の現存建物遺構としては、市文化財の黒石神社神門と武家住宅の旧箕輪田家が現存する。

　黒石神社の神門は元黒石陣屋の表門といわれる (注26) が、『黒石の建物』(注27) では「どこからか移されたもののようで」と記される。しかし大手門・東門・西門・不浄門はいずれも冠木門となっており、陣屋表門が薬医門となっていること、および『幕末の黒石陣屋絵図（鳥瞰図）』に描かれた陣屋表門と非常によく似ていることから、恐らくこの門は陣屋の表門であったと推測する。門は1間幅で、切妻銅板葺き（元の屋根材料は不明）の立派な門である。建築年代不明。

　旧箕輪田家住宅は大工町に現存する旧武家住宅で、国の登録文化財である。母屋は寄棟茅葺き、梁行4間、桁行5間の比較的小さな住宅で、前面にトタン葺き（元の屋根材料は不明）の式台を出し、床を付した12畳の座敷と9畳・

写真3　黒石の武家住宅（旧箕輪田家）（大工町）

6畳の3室が原型であろうと思われる。建物の右側に存在する入口と3

畳の部屋は建て増しされたのではなかろうか。また背面の8畳の間および浴室・板間はトタン屋根で、昭和の末に増築されたものという (注28)。

　旧陣屋跡をみれば、馬場・矢場があった所は御幸公園となり、市民の憩いの場となる。御殿の跡は市民会館・青少年ホームとなり、御廟があった周辺は黒石神社の社地で、市文化財の神門が存在する。旧郭内には市役所・産業会館があり、他の地域は住宅地となる。町屋地域の周辺は拡大しているが、繁栄しているとは言いがたい。今も寺町に妙経寺・来迎寺・感通寺がある。

注および参考文献

1）黒石市史、通史編Ⅰ、黒石市、昭62、P11。
2）本来、旗本の勤務地は江戸であるが、信英は弘前藩の後見人となったため、参勤交代を行ったのであろう。
3）国文学研究資料館蔵。前掲1）、p45。
4）前掲1）、pp255〜256。
5）国文学研究資料館蔵。盛田稔編；国立史料館蔵津軽家文書抄、青森県文化財保護協会、平13、p95。
6）黒石市史、資料編Ⅱ、黒石市、昭61、pp155〜199.
7）前掲6）、p158に「この分限帳の表紙に年代が記されていないが、御条目の最後に、享保二年二月とあるので、分限帳の方もその頃のものと見てよさそうである」と記す。
8）村上直・木村礎・藤野保編；藩史大事典1、北海道・東北編、雄山閣、昭63、p49。
9）前掲1）、p18。慶長2年の浅瀬石城滅亡により、浅瀬石の町屋は180戸に減少している。
10）前掲1）、pp59〜60。
11）黒石市教育委員会文化課文化財係長兼学芸員鈴木徹氏の提供。弘前市立図書館蔵。
12）前掲11）。弘前市立図書館蔵。
13）弘前市立図書館蔵。
14）佐藤雨山・工藤親作；浅瀬石川郷土志、陸奥郷土会、昭6、p82の図。
15）佐藤雨山；黒石地方誌、福士書院、昭48、p152の図。
16）黒石文化懇話会；黒石市近代史年表、小野印刷、昭54、付図。この図には昭和36年佐藤清蔵氏画と記載する。
17）青森県文化財保護協会；新撰陸奥国誌2、みちのく双書、昭32、p22。
18）前掲8）、p54。
19）青森県文化財保護協会；青森県教育史、上、pp424〜425。

20) 小杉八郎；東北城下町の研究、地人書房、1978、p28。
21) 藩祖津軽信英公分知三五〇年記念誌編纂委員会；黒石城下誌、黒石神社崇
　　敬会、2008、pp114 ～ 116。
22) 前掲20)、pp32 ～ 35。
23) 足立富士夫・小杉八郎；歴史の町なみ、北海道・東北編、日本放送出版協
　　会、1980、pp100 ～ 102。
24) 前掲5)、盛田稔編、p183。
25) 前掲20)、p28・30。
26) 黒石市教育委員会文化課文化財係長兼学芸員鈴木徹氏のご教示による。
27) 黒石市教育委員会文化課；黒石の建物、津軽新報社、2001、p72。
28) 前掲27)、pp42 ～ 43。

2、八戸陣屋（青森県八戸市内丸）

　八戸は北上山地の北端にあたり、陣屋は太平洋に面する海岸段丘上に
位置する。西の馬淵川・東の新井田川はともに南の北上山地から北へ流
れ、蛇行しながら太平洋に注ぐ。両河川の下流域や河口付近は沖積地で、
近代に入ってから大企業の工場が立地し、東北第一の工業都市に成長し
た。

　中世以降、八戸根城に南部氏が居住し、八戸一帯を支配していた。根
城は馬淵川河口近くの右岸段丘面上に建設された広大な城地で、根城跡
は国の史跡に指定され、「根城の広場」として一般に公開されているが、
史跡に指定されているのは全域ではない。

　根城南部氏は300 年近く根城を根拠としたが、寛永4 年（1627）に遠
野へ移封された。寛文4 年（1664）、盛岡3 代藩主南部重直が後継者を決
めないまま死去した。無嗣断絶のところ、遺領10 万石のうち、次弟重
信が盛岡8 万石を継ぎ、弟直房が八戸2 万石を継承し、ここに八戸藩が
誕生した。天保9 年（1838）、沿岸警備により城主格となり、陣屋は「お
城」と呼ばれるようになったが、城郭は建設していない。

（1）根城南部氏
　元弘3 年（1333）に鎌倉幕府は滅亡し、天皇は東北地方を支配するた

め、北畠顕家を陸奥の国司に任じた。この時甲斐の武士南部師行が随行し、北畠氏の目代として翌 4 年に現八戸市街地西南西の根城に定着した。以後 19 代南部直栄まで 300 年近く、根城は南部氏の居城となる。三戸南部と根城南部は、いずれが嫡流であるか判然としないが、近年は根城南部氏が嫡流であるとの説が有力である (注1)。天正 18 年（1590）、豊臣秀吉の小田原征伐に三戸南部の信直が参陣し、秀吉から領地を安堵され、南部地域を支配することとなった。以後、根城南部氏は三戸南部氏の家臣となる。元和元年（1615）、三戸南部氏は城地を盛岡へ移す。そして寛永 4 年（1627）、八戸南部氏を遠野へ配置替えをした。

　陸奥国糠部郡は、古来より名馬の産地として知られているが、南部氏は現青森・岩手両県沖合から、津軽海峡を経て日本海にいたる北方海域の支配権も握り、昆布・ラッコの毛皮・鮭などの特産物をめぐる活発な交易もおこなっていた (注2)。

　根城は馬淵川右岸の段丘面上で、本丸・中館・東善寺館・岡前館・沢里館をはじめとする 8 つの郭 (注3) からなる。西から本丸・中館・東善寺館の 3 つの曲輪が並び、南側に岡前館・沢里館などが存在した。根城跡から南部氏以前の館跡が確認されていることから、それ以前に地方豪族の館があり、この館跡を南部氏が整備したのであろう (注4)。根城南部氏の重臣に中館・沢里・岡前氏がいたことから、中館・沢里館・岡前館はこれら重臣の館が存在した曲輪であったといわれている (注5)。各館は堀が囲繞し、本丸と東善寺館の東側は二重堀で囲まれる。いずれの堀も空堀であったようである。城の北西部は 10m 前後の段丘崖となるため、堀は段丘面の解析谷をうまく利用したものと推測できる。

　根城跡は国道 104 号線により南北に分断され、北側

写真 4　復元された根城の主殿

は国の史跡に指定されて「史跡根城の広場」として一般に公開されている。すなわち、本丸・中館・東善寺館と、中館と東善寺館に挟まれた無名の曲輪である。南側の岡前館・沢里館や他の館跡は住宅地となり、昔の面影はない。

　根城は昭和16年に国指定の史跡となり、城跡は良好な状態で保存され、一般に公開されている。昭和53年の発掘調査によりその全貌が判然とする (注6) が、当時の絵図類がないため、発掘調査を基に御殿（主殿）をはじめ、幾つかの建物が復元された。中世城郭であるため、近世城郭のような建造物は見られない。主殿は掘立柱で、東西13間、南北12間のL字型平面をもち、ほとんど畳を使用せず、大部分は板間である。主殿以外の建物として、納屋3棟は小さな竪穴で、屋根は地面まで葺き下ろし、窓がない。工房と鍛冶工房は大規模な竪穴であるが、屋根末端が低く、小さな明り取りを付す。

（2）八戸南部氏の入部とその藩領

　前述のごとく寛文4年（1664）、盛岡藩3代藩主南部重直は嫡子を定めることなく死去し、幕府は盛岡10万石を、盛岡8万石と八戸2万石に分割相続をさせた。ここに八戸藩が成立した。その後、盛岡藩は天和3年（1683）に新田2万石が認められ、10万石となる。文化5年（1808）、盛岡藩は旧領のまま20万石に高直しされ、大身国持大名に列した。

　盛岡藩が分割され、寛文5年に一応の八戸藩領が決められたが、盛岡藩との境界が画定したのは寛文12年のことである。八戸藩領は三戸郡41村、九戸郡38村、志和郡4村の計83村、表高20,000石であるが、草高（内高）は40,265石であった。志和郡4村は盛岡南方の飛び領で、ここには志和代官所を置いた。

　志和郡4村を除く三戸・九戸両郡の八戸藩領をみると、陣屋（城下）町の八戸は藩領の北端部に位置し、藩領の大半は北上山地の北部を占める。八戸付近は北から五戸川・馬淵川・新井田川の各下流域に沖積地が、久慈川下流域には久慈川が形成した沖積平野もみられる。大部分は北上山地（1000m未満）の低い丘陵性山地で、所々に河谷盆地を形成し、在町（三

戸郡剣吉、九戸郡久慈・大川目・軽米・伊保内・葛巻）が存在していた。

　八戸藩領は年によって北東風が吹き、有名な冷害地域をなす。『藩史大事典』(注7) に記された自然災害をみても、元禄 15 年（1702）・享保 13 年（1728）・寛延 2 年（1749）・宝暦 5 年（1755）・天明 3 年（1783）・天保 3 年（1832）に大きな自然災害が記されている。この自然災害には「冷害」とは記されていないが、その大部分は冷害であったと推測する。特に天明 3 年の飢饉は未曾有の大飢饉といわれ、天保の飢饉は 7 年間続いたらしい。寛延 2 年の飢饉後の八戸藩領人口が 71,852 人であったのが、天保 4 年には 50,551 人となり、約 30％の人口減少である。これらの人々は逃散または餓死者であるが、餓死したのは武家や町人ではなく、大部分は農民、特に下層農民いわゆる小作人であっただろうと推測できる。また大木茂 (注8) は「天明年中（1781 ～ 89）は関東・東北は大水・冷害が相続き、凶作飢饉が続いた。八戸藩では 6.5 万人中 3.3 万人の餓死者を出した」と記載する。

　文政 6 年（1823）、浜屋茂八郎が経営していた鉄山を藩営とする。そして大野村に鉄山経営の事務所（日払所）を設置し、天保 9 年（1838）には 7 鉄山が存在した。また盛岡藩・八戸藩は南部駒が有名で、八戸藩では藩営牧場として妙野・広野があり、享保 11 年（1726）には領内総馬数 20,041 頭を数えた。その他、大豆・〆粕・魚油・塩は領内から強制的に買い上げ、領外への移出を独占していた (注9)。

（3）八戸南部氏の家臣団

　後期南部氏の家臣団を知る史料としては、寛文 5 年（1665）・延宝 3 年（1675）・元禄 11 年（1698）・享保 2 年（1717）・天保 13 年（1842）・文久以降（1861 ～）といわれる家中分限帳が現存する。うち寛文 5 年・延宝 3 年・享保 2 年・天保 13 年・文久以降の分限帳は工藤祐重 (注10) によって表にまとめられ、山田泰子 (注11) は元禄 11 年の分限帳を詳しく紹介し、他に九代信順公時代の分限帳写 (注12) が現存している。元禄 11 年の分限帳では、山田泰子も指摘しているように、個々に記された人数と総計の人数は合致しない。個々に記された人数は 796 人であるが、分限帳の末

尾に記載された人数は 784 人となっている。

　本書では開藩当初の寛文 5 年・中期の享保 2 年・後期の天保 13 年・末期の文久以降の分限帳を工藤祐重の表を利用し、知行取・切米取・切符取について検討したい。

　八戸藩においては、江戸末期まで地方知行が行われていたようである。天保 13 年（1842）以降の『八戸藩分限帳・九代信重公時代』に記された内容をみると、全員同様な知行ではなく、「300 石内 50 石御蔵米」・「250 石内 50 石金成」・「200 石内 50 石新田」・「120 石金成但し 24 両ニ 2 人扶持」・「125 石内 25 石金成 50 石新田」・「100 石但し金 12 両ト 15 駄」のように記載され、知行の中には金・新田・扶持・切米などが含まれている。切米取は「駄」で示されるが、このような藩は珍しい。どうやら南部藩の切米は「〇〇駄」で示されたようである。「1 駄」は 7 斗にあたり、知行 2 石に相当する（注13）。もともと「駄」は重さの単位で、馬 1 騎の背に乗せられる重さをいい、1 駄は 40 貫目を指し、150kg にあたる。150kg は米 1 石の重さで、八戸藩では「高 2 石」と計算され、その「三ツ五分」として 7 斗の家禄を与えていたと推測する。知行取も「三ツ五分」であったのではなかろうか。

切符取は金給を意味し、八戸藩では金 1 両を高 5 石に換算していた（注14）。5 石の「三ツ五分」は 1.75 石となり、1 両を米 1 石に換算している他藩に比べ、八戸藩の 1 両

家　　　　禄		寛文 5	享保 2	天保 13	文久以降
知行	600 石		1		
	500 石	2	1		
	400 石	2	3	2	2
	300〜400 石未満	5	4	2	2
	200〜300 石未満	1 0	1 2	1 2	1 2
	100〜200 石未満	3 7	6 1	6 9	6 9
	50〜100 石未満	2 2	3 2	6 0	6 0
	20〜50 石未満	1		1 5	1 4
切米	50 駄	1			
	25 駄	2			
	10〜20 駄未満	1 3	1 2	9	7
	10 駄未満	1 1 8	7 9	8 9	1 0 6
切符	11〜16 両		6		1
	6〜10 両	1 1	2 9	4 7	4 1
	2〜5 両	2 7	4 7	4 6	6 0
計		2 5 1	2 8 7	3 5 1	3 7 4

表 23　江戸初期・中期・後期・末期の八戸藩家臣団比較（士分）
（『八戸藩の歴史』八戸市立図書館蔵、の表に文久以降の分を加筆）

の価値が大きかったといえよう。

　寛文5年は開藩直後にあたるが、士分総数は251人で士分数は他の2万石大名に比して多い。うち、知行取79人・切米取134人・切符取38人である。知行取は最高500石で、300〜400石未満7人、200〜300石未満10人、100〜200石未満37人、100石未満が23人となる。切米取の最高は50駄で、次いで25駄となり、11〜20駄が13人、10駄以下が118人と圧倒的多数を占める。50駄の支給額は35石、25駄は17.5石となり、10駄は7石、5駄は3.5石、最少の2駄は1.4石に過ぎない。切符取は38人で、すべて10両以下となり、うち5両以下が70%以上を占める。

　享保2年は寛文2年より約50年を経過し、士分総数が30数名増加している。うち知行取は30余名、切符取は40人余り増加しているが、切米取は40人余りの減少である。最高禄は600石となり、知行取の150石以上は寛文5年と変らないが、50〜150石が大幅に増加する。切米取では25駄・50駄がなくなり、6〜10駄がやや増加するが、2〜5駄は半減している。切符取で11〜16両が6人記載され、10両未満がほぼ倍増する。全体的には、知行取の150石以下、10両以下の切符取の増加が著しい。

　天保13年は享保2年より125年を経、士分総数も大きく増加した。最高禄は400石となり、知行取の150石以上はやや減少した程度である

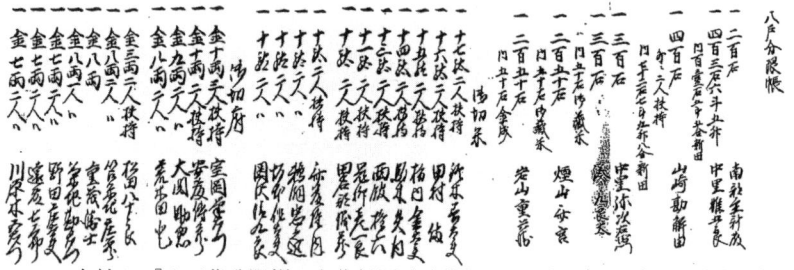

史料3　『八戸藩分限帳・九代信順公時代』写の一部（八戸市立図書館蔵）

が、50〜100石未満は約2倍、20〜50石未満が15人となる。切米取でも5駄以下が大幅に増え、切符取は6〜10両が20人近くの増加となる。全体的に、人数が増加したのは下級武士といえる。

　文久以降は天保13年より約20年しか経過しておらず、士分総数の増加は20人余りで、知行取はほとんど変らず、増加したのは2～5駄および2～5両の最下級武士である。幕末の士分数374人は、2万石大名としては非常に多い。

　八戸藩では、士分の家格を家柄・番士・給人・給人雇・給人格・給人格雇・医師・仲小姓・馬方（馬責）・馬方格・勘定方・勘定方格の12種に区分していた。これらの家格のうち、家柄を上級武士、番士を中級武士、給人以下を下級武士と分類(注15)されている。そこで、文久以降の分限帳による家格別・家禄別士分数の検討を試みた。

　家柄はすべて知行取で、100石以上である。番士は知行取が124人、切米取が9人、切符は20人となり、50石未満・10駄以下や10両以下の少禄者が31人も含まれる。番士は騎士格で中核的な武士と考えられるが、切米取・切符取のような少禄者も多い。番士は馬上ともいわれ、騎士が多いことは、この地域が南部駒の産地であったためと推測されよう。100石以上が上級武士であると仮定するならば85人となり、他藩と

家禄 ＼ 家格	家柄	番士	給人	給人雇	給人格	給人格雇	医師	仲小姓	馬方	馬方格	勘定方	勘定方雇	計
知行 400～403石	2												2
知行 300～400石未満	2												2
知行 200～300石未満	9	3											12
知行 100～200石未満	10	58					1						69
知行 50～100石未満		58					2						60
知行 20～50石未満		5	7		2								14
切米 11～17駄		3	4										7
切米 2～10駄		6	64		13			3	10	1	5	4	106
切符 11～16両				1									1
切符 6～10両		19	19	1			1	1					41
切符 2～5両		1	42		2	1	3	8			1	2	60
計	23	153	136	2	17	1	7	12	10	1	6	6	374

表24　文久以降の分限帳による八戸藩の家格別・家禄別士分数（『八戸藩の歴史』八戸市立図書館蔵の表を転載）
（他に2人扶持の郷士1人を加えて、士分総数375人）

ほぼ同じような数字となる。また100石未満の知行取・16駄以上の切米

取・11 両以上の家禄を支給される者は 77 人となり、彼らを中級武士と考えれば、これも他藩と同じような数字である。15 駄以下の切米取 106 人・10 両以下の切符取 101 人を下級武士とすれば、2 万石大名クラスの他藩に比べ、下級武士の人数が非常に多い。全体としてみれば、家柄の家禄は多く、番士がこれに次ぎ、医師を除く給人以下の家禄は極めて少ない。

（4）江戸末期の八戸陣屋（城下）町

　寛永 4 年（1627）、根城南部氏は遠野へ移封され、その後盛岡南部氏の手によって八戸の街づくりが行われた。八戸は盛岡藩の外港として表町 3 町・裏町 3 町が形成され (注16)。その後町場は徐々に拡大し、市が立つようになった。

　寛文 4 年（1664）、八戸藩が創設されると、町場は表町 7 町・裏町 5 町の計 12 町となる。その後周辺地域が町場に組み入れられて、東に足軽町（下組丁）、西に惣門町・上組町、南の久慈街道に沿って町場が拡大していった。さらに文久 3 年（1863）、沿岸警備のために新足軽を増員し、五戸街道沿いに新組丁を増設している。

　後期南部氏の八戸陣屋は前期南部氏の根城の東北東約 2km にあたり、太平洋を望む絶景の海岸段丘上に陣屋を構えた。八戸陣屋（城）を示す図としては、明治 4 年の『八戸城図』(注17) が存在する。本丸の御殿図に関しては、『八戸藩』(注18) に掲載された「古御殿御絵図面」および「新規御普請御殿御絵図面」で判明する。

　『八戸城図』は廃藩直後の図で、本丸・内丸の部分のみが描かれ、本丸に建物などは記載されず、惣坪 9,518 坪と記すのみである。

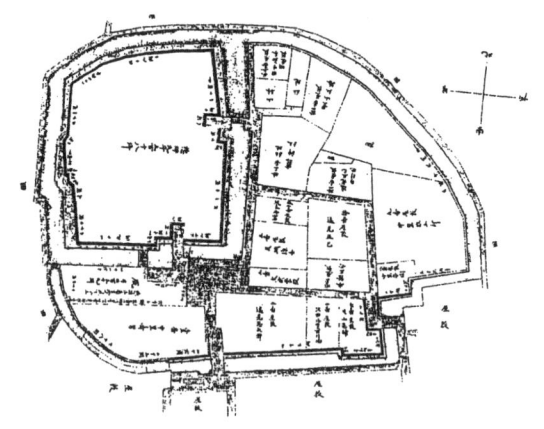

図 7　八戸城図（藤田俊雄氏の提供、八戸市博物館蔵）

内丸には厩 1,259 坪の他、オカミ神社（13 番屋敷）と 1 ～ 12 番・14 番・15 番屋敷に氏名が記され、南部一族や重臣の屋敷地となっていたらしい。

「古御殿御絵図面」の建築年代は不明であるが、2 万石大名としては一般的な御殿である。大手門を入ると桝形で、右手は土手に囲まれた馬場と厩、左側が御殿となり、新御殿に比べると規模が小さかった（481 坪）。御殿・馬場の北側には花畑や作事場・土蔵があった。

新御殿は文政 12 年（1829）にほぼ完成し、天保元年（1830）に御殿開きがなされた。「新規御普請御殿御絵図」には御殿部分のみが描かれ、部屋名を付している。部屋名から察すると、式台・広間・武器之間・休

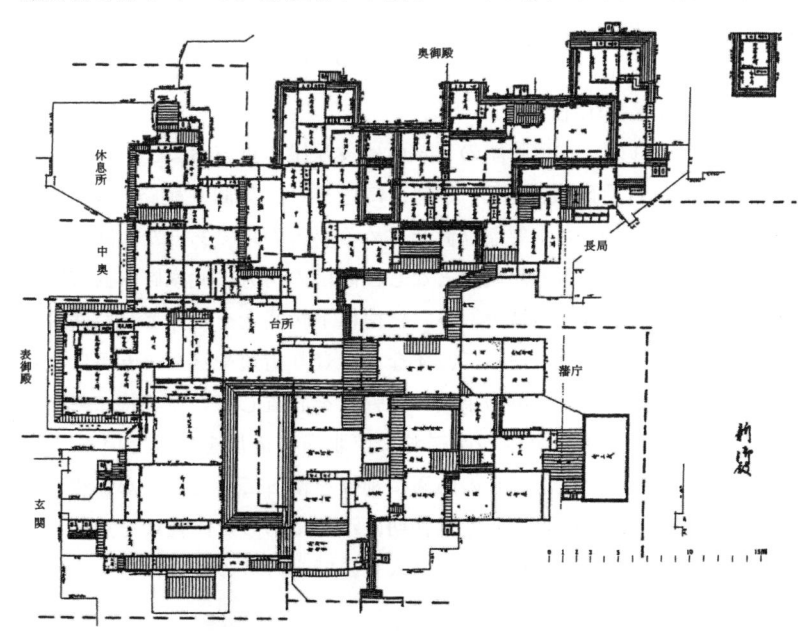

図 8　新規御普請御殿御絵図（『八戸藩』の図に加筆）

息之間が玄関部分にあたり、上段……表書院ノ間・三ノ間・御次の部分が表御殿、表御殿の奥に存在する居間書院・二ノ間・用人所・御次の部分が中奥（藩主の執務所）、その西側に位置する表居間・二ノ間・納戸が藩主の休息所となる。ここから北へ御鈴口となり、畳廊下を過ぎると藩主の居住空間で奥居間・二ノ間・寝所などがあって、さらに奥の新間な

どを経て北西隅の二階家に通じる。この部分が奥御殿であろう。老女部屋・女中頭部屋・側女中部屋・端女中部屋・仕舞部屋などは長局である。また南東の一画に祐筆・物書・御用之間・目付所・金所・内達所・徒目付所・吟味所などと記された部分は藩庁、すなわち諸役所である。御殿の中央部は台所となる。新御殿をみると、他の2万石大名の御殿に比して、規模が大きく（795坪）、使用目的によって部屋の区画が判然としていた。

　天保12年（1841）に城主格となるにおよび、御城普請の計画がなされた。計画では三階御物見1棟、弐階御物見4棟、太鼓櫓1棟、渡御櫓弐ヵ所などであるが、実際は建設していない [注19]。

　八戸陣屋（城下）町全域を記した絵図としては、年不詳の『奥州八戸御城下絵図』[注20]、年不詳の『八戸城下絵図』[注21]、『文久改正八戸御城下畧図』[注22] が存在する。

　後2図をみれば、八戸陣屋の北と西は段丘崖、東方および南方は段丘面上となる。八戸は良港（湊・鮫浦）に恵まれ、東回り航路の寄港地・盛岡藩の外港としても重要な位置を占める要害の地であった。陣屋はこの段丘崖を北および西の防衛線となし、陣屋の南方に武家町、武家町の南に東西に細長く町屋地域を、さらに南に下級武士を主体とした武家町を設置した。主な街道に沿って、すなわち登り街道や三戸・五戸に至る道路沿い、湊街道に沿う町の東端に足軽町を設置している。特に陣屋町の南西部の登り街道、町場の西端および北端に桝形を設けている [注23] ことは、内陸部や北西部からの防衛に神経を使っていたことが判然とする。特に北西部は、中世末～近世初期に不仲であった津軽氏を意識していたのであろう。八戸藩領の東部は太平洋で、外敵の侵入は考えていなかったと推測できる。

　陣屋は3郭の平城複郭式の偏心型で、図をみると、本丸は土塀と立木に囲まれ、周囲の堀は南と北および西は水堀 [注24]、南は段丘の解析谷で比高10m余りあることから、水堀であったとしたら、数段に分かれた堀であったと推測する [注25]。

　内丸の北端に豊山寺が、道を隔ててオカミ神社、その南に別当法善院があり、西端に馬屋、中央に藩校、他に8戸の武家屋敷がみられる。

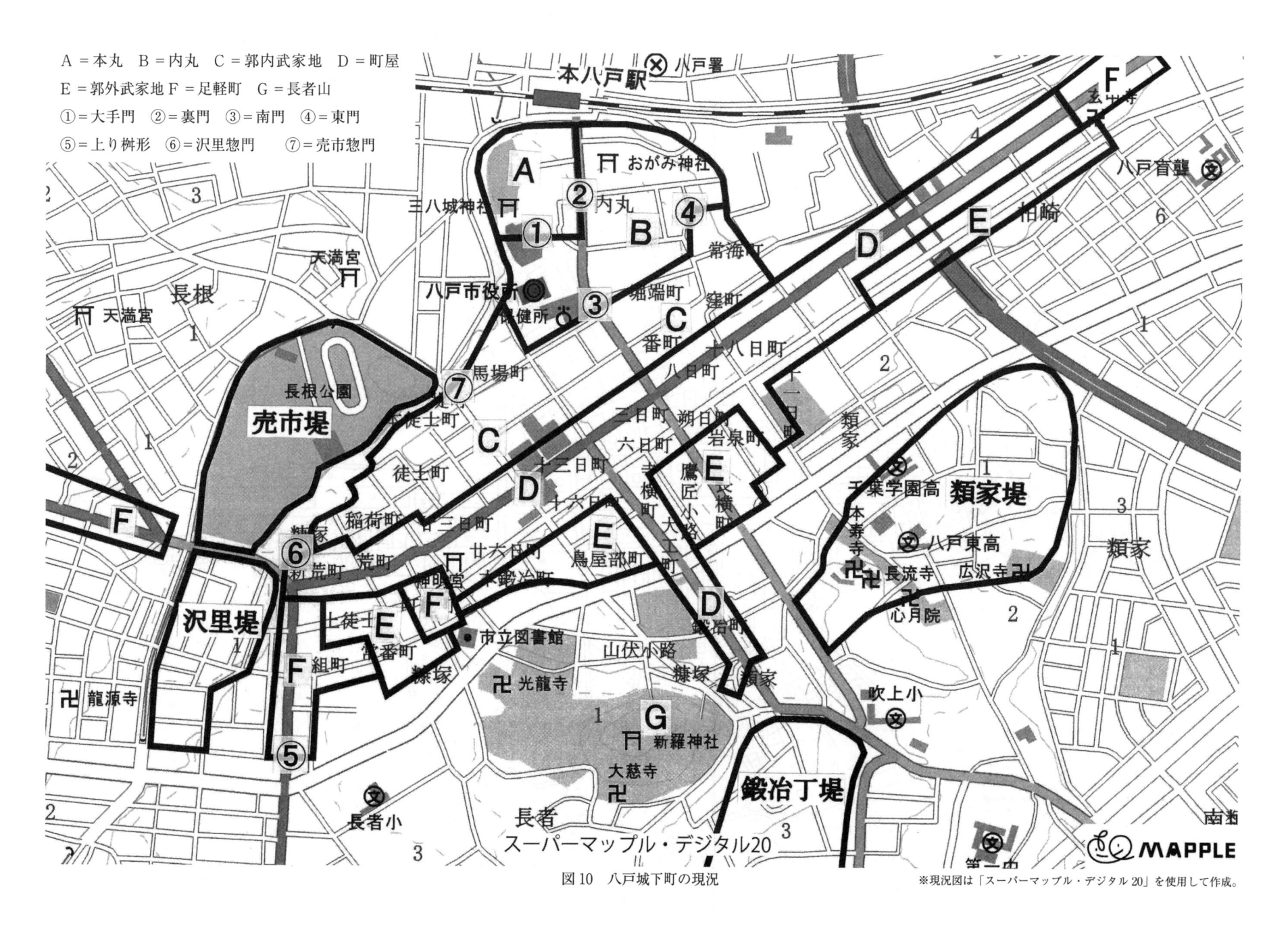

図10　八戸城下町の現況

※現況図は「スーパーマップル・デジタル20」を使用して作成。

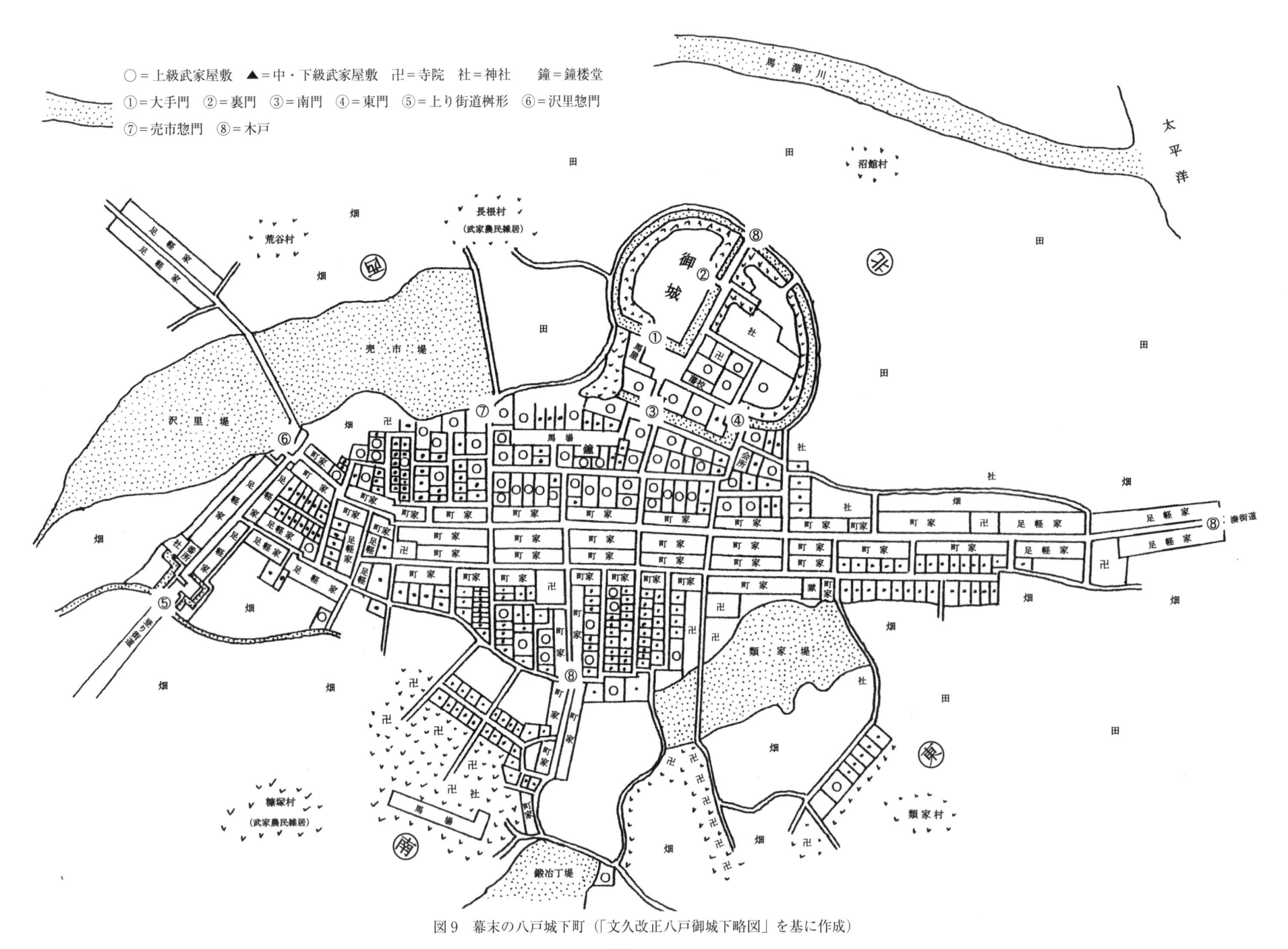

図 9　幕末の八戸城下町（「文久改正八戸御城下略図」を基に作成）

　武家町は「丁」で示され、内丸南東の東門を出た常海丁から、陣屋南側の窪丁・堀端丁・下番丁・中番丁・上番丁・馬場丁が上級武士の屋敷地、堤丁・本御徒丁・袋丁・新稲荷丁は中・下級武士の屋敷地で、以上11丁が郭内武家屋敷地にあたる。町人町の南側に東から裏塩丁・岩泉丁・長横町・鷹匠小路・山伏小路・鳥谷部丁・新鳥谷部丁・本鍛冶丁・上御徒士丁の9丁が郭外武家屋敷地で、中・下級武士の屋敷地であろう。足軽町としては北東に下組丁、西南に上組丁・常番丁・町組丁、西に新組丁の5丁があり、特に西方の警備に万全を期している。足軽町は個人の屋敷地を区分せず「足軽家」と記されることから、足軽は長屋住まいであったのではなかろうか。新組丁は新組足軽の屋敷地、町組町は町同心の屋敷地と考えられる。裏町南方の長者山に寺社地を設け、6～7の寺社と馬場が存在し、陣屋町の南の防衛線となした。八戸陣屋町は多くの城下町にみられるように、武家町によって町屋を取り囲んだ都市計画をなしている。

　塩丁・寺横丁・鍛冶丁・惣門丁を除く町人町は「町」と記載され、東から表通りは塩丁・廿八日町・十八日町・八日町・三日町・十三日町・廿三日町・荒町・惣門丁の9町、裏町は廿一日町（下大工町）・十一日町（塩町）・朔日町・六日町（肴町）・十六日町（馬喰町）・廿六日町・寺横町の7町、久慈街道に沿って大工町・鍛冶丁の2町がある。表町は商家が並ぶ商業地域、裏町は主に職人が居住する地域であった（注26）。特に数字で示される町名から考えると、月に1・3・6・8のつく日、計12回の市日があったように考えられる。

　街道は下組丁から東へ湊街道、寺小路から南へ新井田街道、大工町・鍛冶町から南へ久慈街道、南西端の上組丁から南へ登り街道、西端の荒町・惣門丁から三戸街道が延びていた。高札場は八日町と三日町の境に、伝馬継所（八戸駅所）は八日町に存在した。

　江戸期の町場戸数（注27）は延享4年（1747）に752軒（八戸藩史料）、天明3年（1783）に672軒（大凶作飢渇聞書）とあり、天明8年に古川古松軒は「大概なるよき町、700～800軒」、2年後に高山彦九郎は「町屋千軒今は700軒」と記している。人口（注28）は武家（家中・足軽・召使を含む）

年号	西暦	武　　　家			町　　人		計	出典
		家中	足軽	召使	町人	職人		
元禄 8	1695	1,172	617		2,886		4,675	藩日記
寛延 2	1749	1,676	712	445	4,075	364	7,272	〃
寛延 3	1750	1,816	722	404	3,789	293	7,024	〃
宝暦 4	1754	1,754	699	366	3,852	358	7,029	〃
天明 4	1784	2,210	652		4,122	455	7,439	大凶作飢渇聞書
明治 4	1871	2,927	1,041		5,699		9,667	八戸藩進達留

表 25　江戸〜明治初期の八戸市街地人口　（『南部八戸城下町』の表を整理）
（明治 4 年の町人人口に職人を含む）

と町人（職人を含む）を合計すると、元禄 8 年（1695）に 4,675 人、明治 4 年には 9,667 人となり、寛延 3 年（1750）には少し減少しているが、全体的には着実に増加の一途を辿っている。武家と町人の割合は、武家が 30 〜 35％である。人口の 2 ／ 3 は町人であった。

　江戸後期から末期にかけては八戸大火が 3 度あり、文政 8 年（1825）は 242 軒、文政 12 年には 404 軒、元治元年（1864）に 317 軒焼失している (注29)。

（5）武家地の現存建物遺構

　武家地の現存建物遺構として 6 〜 7 棟の門が現存するが、旧陣屋の建物や武家住宅は現存しない。八戸藩の上級武家屋敷の門は、いずれも同じような形式であるが、その階層によって、その構え方が異なるように思われる。

①　旧八戸城東門（現・史跡根城の広場入口の門）

　八戸城の東門は安政 6 年（1859）の大風で倒れ、家老木幡家に払い下げられたらしいが、昭和 16 年に根城が国の史跡に指定された頃、「史跡根城の広場」入口に移築された (注30)。門は柿葺切妻造り 2 間幅の棟木門で、入口 1 間、右側に潜り戸が、左側は板張りとなる。

②　角御殿表門＝旧内丸（現・南部会館の門）

　寛政 4 年（1792）、角御殿と呼ばれていた屋敷を煙山家が拝領し、同 9 年に表門として建立した (注31)。切妻銅版葺きの 2 間門であるが、元の屋根材料は不明である。大戸は 1 間幅、右側に半間の潜り戸、左半分は板張りとなる。県の重要文化財。この門は旧内丸に存在し、廃藩後は南部

家の表門となった。現在は南部会館の門。

③　南部家表門（旧内丸）

元は売市の藩主別邸「お田屋」の表門と伝えられる (注32)。切妻銅版葺き1間幅の塀重門で、両側に一段低い袖が付く。左の袖に潜り戸、右側の袖は板張りで、門の両側に築地塀が続く。門は道路より高く、二段の石段を昇る。

写真5　八戸陣屋角御殿の表門（内丸）

④　船越家の門（旧内丸）

切妻トタン葺き、1間幅の棟木門で、両側に一段低い袖が付く (注33)。南部家の門と同じ構えであるが、規模は極めて小さい。現在、門の両側は板塀となる。

以上の他に3〜4棟の門が現存しているが、いずれも上記と同じような門構えである。

（6）陣屋（城下）町の現況

廃藩後の城下町や陣屋町では、武家の離散、武家人口の減少による商業の停滞によって、幾分衰頽するのが一般的であるが、八戸町では明治9年頃の戸数は1,075軒・9,667人となり (注34)、江戸中期に比べると2倍近い増加となっている。これらの増加は、土地に縛り付けた農民、すなわち米を主体とした経済体制の崩壊が大きな原因と考えられ、農民の町場への流入が大きかったのではないかと考える。

旧陣屋周辺をみると、昭和初期まで本丸・内丸を囲む堀は存在していたが、現在は堀のすべてが埋められ、北・西および東の堀は道路となり、本丸東側の堀は主要県道八戸停車場線となる。

旧本丸および内丸跡は、南端部に八戸市公会堂の北半分・中央児童会館があり、中央部に三八城神社、北西部は三八城公園となって、北東部

は静かな住宅地となる。三八城の名称は近代に入ってから命名され、三
戸郡八戸の地名から取られたものであろうと思われる。旧本丸は現在の
内丸一丁目北半にあたる。旧内丸の南西、すなわち旧大手筋西側の大部
分は八戸市庁（現内丸一丁目南半分）、東側の道路を隔てて南部会館、そ
の北方にオカミ神社が鎮座する。他は静かな住宅地で、この地域に旧角
御殿・南部家・船越家の門が現存する。

　旧郭内武家屋敷地や旧郭外武家屋敷地・旧足軽町は住宅地となり、旧
表町（上町）は現在も八戸の中心商店街で、十三日町・三日町・八日町
がその中心である。町の中心は江戸時代と変らない。裏町では、朔日町・
六日町・十六日町に多少の商店がみられるが、他は住宅地となる。旧町
屋地域の道路は狭く、旧表町は西から東へ、旧裏町は東から西への一方
通行となった。

　本八戸駅北方から旧下組丁にかけて八戸北バイパスが通じ、旧町場の
北東から南西にかけて広い道路が建設された。その他の道路はやや広く
なったようであるが、江戸時代の道路を踏襲している。

　第二次世界大戦後、八戸は東北第一の重化学工業都市として発展した。
江戸時代には新井田川・馬淵川河口から下北半島北端にかけて砂浜海岸
が延びていたが、現在では五戸川河口から新井田川河口にかけて埋め立
てられ、石油基地・火力発電所・東京鐵鋼・八戸精錬・三菱製紙などの
大工場や八戸港が立地する。

　新井田川河口より東に八戸・鮫漁港があり、古くから東北有数の漁獲
高を誇っている。現在の町場は、旧陣屋から北西方向および北東方向へ
延び、総延長 4.5km に及ぶ。旧陣屋町の世帯数は江戸時代とあまり変化
はないが、周辺部が大きく発展した。

　平成 14 年、東北新幹線が八戸まで延伸され、現八戸駅（旧尻内駅）が
新幹線のターミナル駅として、駅周辺が大きく発展した。新幹線の開通
により、盛岡へ約 30 分、仙台へ 1 時間 15 分前後、東京へ約 3 時間で行
けるようになり、時間が大幅に短縮された。しかし平成 22 年に新幹線
は新青森まで、平成 28 年には新函館北斗まで延伸した結果、八戸駅は
新幹線の通過駅となり、八戸駅周辺は停滞または衰頽するのではなかろ

うかと心配する。

注および参考文献

1）佐々木浩一；根城跡、陸奥の戦国大名南部氏の本拠地、同成社、2007、p19。

2）前掲1）、p23。

3）前掲1）、pp37〜38。飯村均・室野秀文編；東北の名城を歩く、北東北編、吉川弘文館、2017、p77。しかし、日本城郭大系2、青森・岩手・秋田、新人物往来社、1980、p39には「郭は五つからなり……」と記される。

4）前掲1）、pp14〜15。

5）前掲1）、pp38〜39。

6）前掲1）、pp10〜11。

7）村上直・木村礎・藤野保編；藩史大事典1、北海道・東北編、雄山閣、昭63、pp86〜88の表。

8）大木茂；化政期前後の茂木細川藩について、－文化五年百姓騒動を中心として－、栃木県立茂木高等学校研究の泉13、1979、p31。

9）前掲7）、p95によると「これらを藩が強制買い上げをし、移出を独占した」と記す。

10）工藤祐重；八戸藩の歴史、八戸市立図書館市史編纂室、1936、p50。他に、永嶺信孝；八戸藩・天保十三壬寅年五月・御家中分限帳の紹介、八戸地域史16、1990、pp44〜65に、家格に応じた説明を付す。

11）山田泰子；「元禄十一年御家中分限帳」について、八戸博物館紀要7、1991、pp23〜30に、家禄・個人名が紹介される。

12）八戸市立図書館蔵、「八戸藩分限帳・九代信順公時代」の写。

13）高島成侑・三浦忠司；南部八戸の城下町、－むかしのはちのへを偲んで－、伊吉書院、p80の注。

14）前掲13）、p80の注。

15）前掲7）、p91。前掲13）、p79。

16）前掲13）、pp11〜12。

17）元八戸市史編纂室長藤田俊雄氏からご提供いただいた『八戸城図（明治四辛未年九月之図）』。八戸市博物館蔵。

18）八戸藩、－大名の江戸と国元－、八戸市博物館、2001、pp13〜18の図。

19）中野渡一耕；八戸城の築城計画「御城御普請向伺之覚」より、八戸地域史45、2008、pp19〜30。

20）三浦忠司；探訪・八戸の歴史、八戸歴史研究会、2003、p83所収の八戸南部家文書『奥州八戸御城下絵図』。

21）八戸市立図書館蔵の『八戸城下絵図』、年不詳。

22）八戸市史編纂委員会；八戸市史、近世史料編I、八戸市、2007、付図。八戸市立図書館蔵（八戸南部家旧蔵）。

23）登り街道出入口・沢里惣門・売市惣門。『八戸城下絵図』には、陣屋町東端「下

組丁」の浜街道および主要街道出入口にも門を描いているが、桝形のような
ものは記していない。

24）中里進編；写真集・ふるさとの想い出八戸・明治大正昭和、国書刊行会、
p30・31の写真（昭和初期）。この写真により、陣屋の段丘崖下に水堀が存
在したことがわかる。

25）元八戸市史編纂室室長藤田俊雄氏によると、陣屋の周囲はすべて水堀であっ
たとのご教示を戴いた。しかし前掲13）のp79に、内丸の南側は空堀（外堀）
であったと記すことから、本丸の南側も空堀（内堀）であった可能性もある。

26）前掲13）、p103によると「特権商人の御札町人のすべてが廿三日町・十三
日町などに居住……」と記し、また「裏町は……職能別の町……」とも記
載する。正部家種康；みちのく南部八百年、地の巻、伊吉書院、1992、p142
によると「三のついた町は上町、八のついた町は下町といい、上町には根城
の住民達を、下町には新井田の住民達を移住させた」とある。

27）前掲13）、p227。

28）前掲13）、p229の表。

29）前掲7）、pp87〜89の表。前掲13）、p228には、文化3年（1806）に
170軒焼失と記すが、文政8年・元治元年の記載はない。

30）〜33）は前掲18）、pp11〜12の写真説明。

34）前掲13）、pp227〜233。

3、一関陣屋（岩手県一関市城内）

　天正18年（1590）、豊臣秀吉の奥羽仕置によって葛西氏は滅亡し、以
後伊達政宗の領地となる。万治3年（1660）、政宗の末子（10男）伊達兵
部宗勝と、仙台2代藩主忠宗の3男田村右京宗良が、幼少であった仙台
藩主の後見役を幕府から命じられ、ともに仙台藩から3万石を分知され
た。宗勝は一関に、宗良は岩沼にそれぞれ陣屋を構えた。しかし寛文11
年（1671）、伊達騒動（寛文事件）の首謀者として、宗勝は土佐に配流さ
れ、一関伊達家は断絶、藩領と家臣は宗家の仙台藩へ還付した。延宝9
年（1681）、宗良の子建顕は一関へ所替となり、廃藩置県まで田村氏が支
配することとなった。

　一関は北上盆地の低平な沖積地で、東は北上川を隔てて500m前後の
低い丘陵地帯となり、西は1,000〜1,600mの奥羽山脈が南北に走る。市
街地は北上盆地の南端部にあたり、南流していた北上川が一関北方の平

泉で南東方向に流路を変え、東流する磐井川が一関北東 3km 余りで北上川に合流する。磐井川は陣屋西方で北東方向に流れているが、陣屋北方で東へ流れを変える。磐井川が曲流する内（南）側に、陣屋と武家屋敷地および町屋が造成された。一関に町屋ができたのは、伊達兵部の時である。

（1）伊達兵部宗勝時代の一関

　伊達兵部宗勝は仙台藩主伊達政宗の第 10 子で、承応 3 年（1652）頃に 1,600 貫（16,000 石）、万治元年（1658）に 30,000 石を給される。万治 3 年に仙台 4 代藩主綱村が幼少（2 歳）であったため、田村右京宗良とともに、仙台藩の後見役として幕府から 30,000 石の大名と認められた。すなわち、仙台藩の内分分家大名である。当時の一関陣屋については、史料が現存しないので不明である。

① 伊達兵部の家臣団

　伊達兵部時代の家臣団が『一関市史』(注1) に掲載されているので、これをまとめて紹介したい。

　家禄は貫高制となっており、最高が 22 貫 200 文で、知行取の最少は 1 貫である。1 貫は 10 石に相当することから、22 貫 200 文 は 222 石となり、10 貫は 100 石となる。3 万石大名の割に、最高禄が少なく、5 貫（50 石）以上の上級武士も 22 人で、非常に少ない。切米取・中間・口取

家	禄	人数	備　　　考
知行	22 貫 200 文	1	
	11 貫 100 文	3	
	5～9 貫	18	内 2 人＝後家
	5 貫未満	90	内 2 人＝後家
切米	2～3 両 2～4 人口	6	内 5 人＝後家
	2 両未満 3～4 人口	88	
扶持	7 人口	1	後家
	4 人口以下	18	内 1 人＝後家、内 1 人＝養母
足軽	500 文	3	足軽小頭
	300 文	97	平足軽
坊主	1 貫未満 1 人口	7	掃除坊主
中間	1 両 3 人口	4	
口取	2 歩 3 人口	1	
寺院	10 石	2	玄米
	2 両 4 人口	1	
	計	339	

表26　伊達兵部時代の一関藩家臣団　（『一関市史』より作成）

は金給に扶持が付き、足軽は貫高制（500文＝5石）である。総人数339人を記すが、この中には足軽100人、中間（口取を含む）4人、後家・養母・子連・養父母など12人、3ヵ寺が含まれる。3万石の軍役人数は601人であることから、陪臣を加えても幕府の軍役人数に達していない。

②　伊達騒動

伊達兵部宗勝は、かの有名な伊達騒動の立役者となる。伊達騒動については、小説や演劇・映画、さらにテレビ放映などがあり、詳細な内容は別として、知らない人は少ない。伊達騒動の内容については、『一関市史』(注2)、『一関の歴史』(注3)、『涌谷町史』(注4) に掲載されているので、参照されたい。

宗勝は小姓頭渡辺金兵衛・目付今村善太夫等を用い、仙台藩政を私して依怙贔屓の沙汰が多かった。これに対し、仙台藩士里見十左衛門の諫言や、涌谷の伊達安芸守宗重の忠告を無視し、かえって宗重を憎むようになった。

寛文5年（1665）、伊達式部（登米）と伊達安芸（涌谷）の間に境界論争が生じた。これをきっかけに、鉛山役人不正事件・仙台城中での席次問題・伊達式部と伊達安芸の境界論争の再燃などが起こり、その都度伊達兵部は、伊達安芸に不利な裁定を下した。そこで寛文10年12月、伊達安芸は幕府へ訴え出た。

寛文11年2月11日から3月27日にかけて、事件関係者や仙台藩重臣の伊達安芸・今村善太夫・柴田外記・原田甲斐・古内志摩が、老中板倉内膳正・土屋但馬守および幕府要人などの詰問を受けた。

同年3月27日、伊達安芸・柴田外記・原田甲斐・古内志摩の4人が板倉内膳正の屋敷へ呼ばれ、後に大老酒井雅楽頭の屋敷へ移る。大老の他、老中板倉内膳正・稲葉美濃守・久世大和守・土屋但馬守が列座、他に島田出雲守・大井新右衛門・大岡佐渡守・宮崎助右衛門が居並ぶ中、二度にわたり安芸・外記・志摩の順に尋問された。外記・志摩の陳述と安芸の言が一致し、兵部・甲斐の罪は逃れ難いものとなった。突然、甲斐が脇差を抜いて安芸の襟元に切り付けた。安芸も脇差を抜き甲斐を切り付けたが、深手のため安芸は即座に落命する。外記と聞役の蜂谷は甲

斐を撃kちとめた。雅楽頭の家来により外記・蜂谷は切り付けられ、二人とも死んだ。これが酒井雅楽頭屋敷における刃傷事件である。

　同年 4 月 3 日、幕命により、伊達兵部は土佐へ配流。田村右京は閉門（翌年赦免）。同 6 日、仙台藩主伊達綱基の所領を公収すべきところ、藩主が幼少に付き赦免の沙汰を下す。

　同年 6 月 28 日、伊達兵部の領知 3 万石（一関）と家臣団を、宗家仙台藩に返還する。これで、10 年間にわたる紛争は決着し、仙台藩は生気を取り戻した。伊達安芸の涌谷要害は子孫に受け継がれ、廃藩置県まで続いた。涌谷要害については、本書第 1 章項目 3（万石陪臣）を参照されたい。

（2）田村氏の藩領と家臣団

　田村氏の祖宗良は仙台 2 代藩主伊達忠宗の三男で、伊達家重臣鈴木家を継ぎ、志田郡古川に封じられた。承応 2 年（1653）、伊達政宗夫人愛姫（陽徳院）の遺言により、愛姫の実家田村家を名乗るようになり (注5)、万治 2 年（1659）には 1,124 貫 754 文（11,247 石 5 斗 4 升）を領有していた。

①　田村氏の一関入部

　万治 3 年（1660）、仙台 3 代藩主綱宗が不行跡を理由に隠居を命じられ、2 歳の亀千代（綱村）が跡を継ぐにあたり、宗良は伊達兵部宗勝とともに、幕府から仙台藩の後見役を命じられた。その際、仙台藩 62 万石余の内から、各々 3 万石ずつを内分分知されて大名に列し、宗良は岩沼地方を領有することとなった。

　寛文 11 年（1671）の伊達騒動により伊達兵部宗勝は改易され、田村右京宗良は閉門を命じられたが、宗良は翌年に赦免された。一関は延宝 9 年（1681）までの 10 年間は、仙台藩の直轄領となる。

　田村氏の所領である岩沼地方は連年の洪水による財政難のため、田村氏 2 代の建顕の延宝 9 年、一関への所替えを幕府に願い出て許可された (注6)。

②　田村氏の藩領

　田村一関藩の藩領は陸奥国磐井郡 35 村、栗原郡 2 村、都合 37 村 31,572 石 5 斗 4 升で、磐井郡のうち 1 村は宗藩と相給であった。一関藩は仙台藩の内分大名で、幕府から直接朱印状は交付されず、仙台藩 62

万石余の朱印状の中に、一関藩の内分事項が記される。一関藩領のうち磐井郡は西磐井 11 村・流 13 村・東山 11 村（1 村は仙台藩と相給）に区分され、東山 11 村は北上川を隔てた北上山中の村々で、この 4 行政地域を 4 郡とよび、それぞれに代官を置いた。年貢は北上川流域に運ばれ、舟運によって河口にある石巻御蔵へ運ばれた (注7)。

　一般に内分大名の藩領は、他の分家大名の藩領に比べ藩領域が狭い。陸奥八戸藩 2 万石と比較しても、一関藩の藩領面積は八戸藩の半分である (注8)。このような例は、肥前佐賀鍋島家の内分大名である鹿島・蓮池・小城、長門萩毛利家の内分大名徳山・清末でも、同じようなことがいえる。これらの内分大名は、宗藩の意向によって行財政が行われ、独自の支配ができない半独立大名である。一関藩では、参勤交代にも仙台藩の家臣が随行した。天保 12 年の帰国の際、一関藩の従者人数は 218 人、仙台藩から上下 39 人が「御付役」として参加している (注9)。一関藩の従者 218 人の内、御家中 48 人、御家中の従者 49 人と記載されることから、天保年間には多くの陪臣（家中の従者）がいたことを示している。参勤交代従者の大半は足軽以下であった (注10)。

　一関地方は夏の北東風による冷害地域で、江戸時代には冷害による飢饉が頻発したと推定できる。『藩史大事典』(注11) には冷害と記していないが、宝暦 5 〜 6 年（1755 〜 1756）・天明 3 〜 4 年（1783 〜 1784）・天保 4 〜 10 年（1833 〜 1839）の大飢饉が記載されている。その都度、藩は家臣の家禄を大幅に削っていた（次項を参照）。

　藩祖宗良の岩沼時代には、阿武隈川が毎年のように氾濫し、建顕が家督を継いだ時には 24,500 両の借財があった (注12)。一関移封後も藩財政は好転せず、幕府から勅使饗応役を命じられた時には、宗藩より 2,000 〜 3,600 両の援助を受けている (注13)。また、享和 2 年（1802）より 3 年間、宗藩から毎年 100 両ずつの援助を受けた (注14)。

　戊辰戦争の際、奥羽越列藩同盟に加盟していたため、明治元年に 3,000 石を厳封され、27,000 石となる。

③　田村氏の家臣団

　田村氏の家臣団を知る史料としては、貞享 4 年（1687）・宝暦年間（1751

～1762)・安政6年(1859)の分限帳をまとめたものが『藩史大事典』(注15)に記載される。江戸初期・中期・後期（末期）の分限帳で、家臣団の家禄の変遷をみるのに都合がよい。

貞享4年は、田村氏が一関へ入部して数年を経た分限帳である。最高禄は600石、500石以上3人となり、200～500石未満9人、100～200石未満23人で、100石以上の知行取が35人となる。さらに50～100石未満が7人おり、10人扶持以上の扶持取が14人で、以上56人が

家　　　　禄		貞享4	宝暦年間	安政6
知行	600～700石未満	1		
	500～600石未満	2	2	1
	400～500石未満	1	1	1
	300～400石未満	1	3	2
	200～300石未満	7	6	4
	100～200石未満	23	20	20
	50～100石未満	7	21	35
	50石未満	37	30	34
	不明	6		6
扶持	50～60人扶持	1		
	30～40人扶持未満		1	1
	20～30人扶持未満	5	3	3
	10～20人扶持未満	8	18	11
	5～10人扶持未満	23	44	74
	5人扶持未満	186	154	142
	不明	2		
現米・本石米			2	4
部　屋　住		29		
足　　　軽		184	145	220
仲間・小者		272	90	80
坊主・職人等		62	31	
女　　　中		63	16	9
計		920	587	649

表27　一関田村氏の家臣団変遷　（鈴木幸彦による）

上級武士と思われる。知行取の中には、10～50石未満が37人存在している。25～50石未満の知行取と5～9人扶持の扶持取が中級武士と考えられ、25石未満の知行取と5人扶持未満の扶持取は下級武士と考えて支障はない。しかし、表では50石未満の知行取は一括されているので、中級武士と下級武士の区別はできないが、総計246人にのぼる。知行取で6人、扶持取で2人の不明者がいる。他に部屋住29人、足軽184人、仲間・小者272人、坊主・職人62人、女中63人を加え、総計920人となる。坊主以下125人を除いた795人が軍役に参加できる人数であるから、幕府の軍役人数を大幅に上回っていた。

宝暦年間では最高禄が500石で、200石以上の人数は貞享4年と変わ

らず、50〜100 石未満が大幅に増加する。知行取の総数は貞享年間と大差がない。扶持取の総数も貞享年間と変わらず、5〜10 人扶持未満が増えた分だけ、5 人扶持未満が減少している。足軽以下は大幅な減少で、足軽約 40 人、仲間・小者は 180 人、坊主・職人は 30 人、女中 47 人の減となった。ここに記された総人数は 587 人で、坊主以下の 47 人を除くと 540 人となり、軍役人数を下回る。しかし陪臣を加えると、軍役人数に達したのであろう。このように総人数が大幅に少なくなったのは、宝暦 5〜6 年の大飢饉の結果と推測する。

　安政 6 年では、知行取約 20 人、扶持取約 10 人、足軽 70 余人の増加となり、仲間・小者は 10 人の減少となる。総数では、宝暦より 50 人余りの増加であるが、坊主・職人は記載されず、女中は 9 人となった。幕末は世情が騒然となったため、士分約 30 人・足軽 75 人を増員したのであろう。

役職	役料		備考	役職	役料	備考
	在所	江戸			在所	
家　　老	300 石	300 石	明和 5	郡　　代	67 石	文化 14
用　　人	170 石	200 石	〃	作事奉行	43.64 石	〃
若様用人	100 石	140 石	〃	吟味役	39.5 石	〃
勝手物主	140 石	160 石	〃	勘定頭	36.5 石	〃
番　　頭	110 石	150 石	宝暦 5	代　　官	24 石	〃
本　　〆	120 石	150 石	〃	詮議所目付	33 石	〃
小　性　頭	100 石	130 石	〃	郡　目　付	33 石	〃
奉　　楽	80 石	110 石	文化 8	会席物書頭	3 人扶持	〃
若殿小性頭	70 石	100 石	〃	徒　目　付	2 人扶持	〃
奥　年　寄	100 石		文化 6	右　　筆	2 人扶持	〃
兵具奉行	90 石		※	会所物書取	2 人扶持	〃
江戸留守居		86.5 石	文化 6	会所物書	1 人扶持	〃
詮　議　方	70 石		天保 5	会席定加勢	0.5 人扶持	〃
町　奉　行	70 石		文化 3	上台所小頭	金 1 両	〃
目　　附	70 石	100 石	宝暦 5	上台所目付	金 2 歩	〃
兵具奉行添役	65 石		※	勘定方頭取	1 人扶持	宝暦 5
供　　頭	100 石	100 石	文化 11		金 2 歩	
物　　頭	60 石	90 石	〃	勘　定　衆	金 3 歩	宝暦 8
取　　次	34 石	40 石	〃	※は「御役料高左之通」には記載がなく、「分限帳」に記される。		
仙台留守居	80 石		〃			
江戸下屋敷留守居		40 石	※	備考は、役料をあたえられるようになった年。		
使　　番	34 石	40 石	文化 14			

表 28　一関藩の役料一覧　　（『陸奥国一関藩の役料について』より作成）

　一関藩では、江戸中期から各役職に対して、相応の役料を支給するようになった (注16)。家老は江戸・在所（国元）を問わず300石、江戸詰で重職に就いたものは在所より30〜40石多く、他の者は6〜30石の役料を支給している。在所に比べ、江戸は何かと物入りであったためだろう。さらに在所においては、郡代から勘定衆、すなわち最下層の役職にいたるまで役料が支給されている。徒目付・物書は1〜3人扶持、台所・勘定方は金1歩〜1両であるが、勘定方頭取は金2分に1人の扶持が付く。このような末端の役職にまで、役料が付く藩は珍しい。ここに記される役料とは足米のことで、幕府の「足高の制」と同じであったようである (注17)。このように、下級武士にいたるまで役料を支給するのは、他藩に比して、家禄（本給）が少なかったためと推測する。

（3）加役と面扶持

　江戸時代における一関藩の家臣の家禄は前項の通りであるが、一関藩は岩沼時代から多額の借財があり、一関へ移封されれた後も藩財政は好転せず、その上冷害による飢饉が続き、しばしば家臣の家禄を減じた。いわゆる加役と面扶持である。このような減禄制度については、鈴木幸彦 (注18) や大島晃一 (注19) が詳細な報告をしている。これらの論考を基に、加役と面扶持について簡単に紹介しよう。

　加役とは家臣の家禄の上納分を指し、面扶持は家禄を一切無視して、重臣から平侍にいたるまで、家族・家人1人に付き一律の禄を支給した家禄のことである。

① 　加役と面扶持

　加役には8種類存在していたが、「新法半知加役」は嘉永5年（1852）の藩政改革で新たに考案されたものである。しかし、その概要は判然としていない。したがって7種の加役を表にまとめ、検討したい。

　ⅰ）「六分一」加役

　家禄16石以上が対象で、家禄にしたがって8階級に区分し、100石以上は1／7.3を、16〜18石は1／24.0を減禄して支給された。対象となった武士の減禄高平均が1／6となるため、「六分一」加役と呼ばれている。

一関藩の物成を「四ツ」として、100 石の支給高は 40 石、40 石に 1 ／ 7.3 を掛けた分（5.48 石）を支給額から減じられ、実際の支給額は 34.52 石となる。家禄 16 石の家臣の元支給額は 6.4 石であるが、0.27 石減禄され、実際に支給されたのは 6.13 石である。高 16 石未満は課せられていない。

ii）「五分一」加役

ⅰ）の場合と同様に、加役を課せられたのは高 16 石以上で、階級区分も同じである。高 100 石以上は 1 ／ 6.0 で、順次加役率が低くなり、高 16 石は 1 ／ 23.0 である。実際の支給高は、高 100 石が 33.65 石となり、

家　禄（石）	1／6 加役	1／5 加役	1／4 加役	1／3 加役	半知加役	三ヶ二加役	新銘加役
100 以上	1／7.3	1／6.6	1／4.7	1／3.0	1／2.0	2／3.0	1／1.66
75〜100 未満	1／8.3	1／7.3	1／5.5	1／3.7	1／3.0	2／3.75	1／2.08
50〜75 未満	1／10.1	1／9.2	1／6.9	1／4.5	1／3.0	2／3.25	1／2.5
40〜50 未満	1／12.4	1／11.4	1／10.1	1／7.5	1／5.0	1／3.0	1／3.33
30〜40 未満	1／12.4	1／11.4	1／10.1	1／7.5	1／5.0	1／3.75	1／4.15
20〜30 未満	1／14.4	1／13.4	1／12.1	1／9.0	1／6.0	1／4.5	1／5.0
18〜20 未満	1／18.1	1／17.1	1／16.1	1／15.0	1／10.0	1／7.5	1／8.33
16〜18 未満	1／24.0	1／23.0	1／22.0	1／21.0	1／17.0	1／12.75	1／14.11
13.5 〜16 未満	無　引	無　引	無　引	無　引	無　引	1／17.0	1／18.81

表 29　一関藩における加役の種類と減禄（『陸奥国一関藩の加役と面扶持』より作成）

高 16 石は 6.12 石となる。

iii）「四分一」加役

階級区分はⅰ）・ⅱ）の場合と同じで、高 100 石以上は 1 ／ 4.7、高 16 石は 1 ／ 22.0 となり、高 16 石未満は無引きである。高 100 石の支給高は 31.49 石、高 16 石は 6.11 石である。

iv）「三分一」加役

高 100 石以上は 1 ／ 3.0 で、高 16 石は 1 ／ 21.0 となる。支給高は高 100 石は 26.67 石、高 16 石は 6.10 石であった。

v）「半知」加役

高 100 石以上の支給高が半減され、順次加役率が減少して高 16 石は 1 ／ 17.0 となる。実際の支給高は高 100 石が 20 石、高 16 石は 6.02 石となり、高 16 石未満には適応しない。

vi）「三ヵ二」加役

9 階級に区分され、高 100 石以上は 2 ／ 3 が減禄される。そして順次加役率が減少し、高 13.5 石は 1 ／ 17.0 の減禄となる。支給高は高 100

石が 13.33 石、高 13.5 石は 5.10 石で、高 13.5 石未満は減禄しない。

vii)「新銘」加役

「半知加役」と「三ヵ二加役」の中間をとったもので、天明 5 年（1785）に一度だけ課せられた。9 階級あり、高 100 石以上は 1 ／ 1.66、高 13.5 石は 1 ／ 18.11 が減禄される。支給額は 100 石が 15.91 石、高 13.5 石は 5.11 石となる。

表高 （石）	本来の 支給高	1／6 加役	1／5 加役	1／4 加役	1／3 加役	半知 加役	三ヶ二 加役	新銘 加役
100	40.0	34.52	33.33	31.49	26.67	20.00	13.33	15.91
50	20.0	18.04	17.83	17.10	15.56	13.33	11.11	12.00
20	8.0	7.44	7.40	7.34	7.11	6.67	6.22	6.40
13.5	5.40	5.40	5.40	5.40	5.40	5.40	5.10	5.11

表 30　加役が課せられた時の階層による支給米　　　（数字は石数）

viii）面扶持

面扶持とは、家臣の家族・家人 1 人につき一律の禄を支給するものであるが、1 人当たりの支給額は記されていない。

面扶持の最初は天明の大飢饉である。その後、天保大飢饉に 7 回実施され、嘉永年間に 1 回、合計 9 回行われている。特に、天保年間の 15 年間に 7 回実施されていることから、天保年間における武士の生活は大変であったと推測できる。

②　加役と面扶持の年代別回数

以上のような減禄制度が初見されるのは、天和 3 年（1683）の半知加役である。以後 25 年間隔でその頻度をみると、元文以前（1683 ～ 1750）は回数が徐々に多くなるが、比較的少なく、加役率が多くて半知加役である。しかるに、寛保年間から寛政年間（1751 ～ 1800）は加役の回数が非常に多くなり、1751 ～ 1775 年に 17 回、1776 ～ 1800 年に 20 回の加役が行われている。この期間には宝暦と天明の大飢饉があった。1801 ～ 1825 年は比較的回数も少なく、六分一加役と半知加役が 4 回ずつである。1826 ～ 1850 年には天保の大飢饉があり、半知以上の加役が 6 回と、7 回におよぶ面扶持が行われている。そして 1851 ～ 1854 年の嘉永年間は、

年　代	1/6	1/5	1/4	1/3	半知	2/3	新銘	新法	面扶持	計	備　　考
1683〜1700	1				1					2	
1701〜1725		2			1					3	
1726〜1750	1	2			6					9	
1751〜1775	1 1			1	4	1				1 7	宝暦の大飢饉
1776〜1800	1		2	1	1 1	3	1		1	2 0	天明の大飢饉
1801〜1825	4				4					8	
1826〜1850					1	5			7	1 3	天保の大飢饉
1851〜1854					1			1	1	4	
計	1 8	4	2	2	2 9	1 0	1	1	9	7 6	

表 31　加役と面扶持の時代別分布（『陸奥国一関藩の加役と面扶持』の表より作成）

すべて半知以上の加役と面扶持であった。

172 年間に加役と面扶持が 76 回おこなわれ、うち 1751 〜 1854 年の 104 年間に 62 回に及んだ。安政 2 年（1855）以降については、史料が現存しない。

天保 2 年（1831）は大飢饉の 2 年前であるが、田村右京大夫が江戸より帰国の際の行列人数に、御家中 48 人・御家中従者 49 人と記される (注20)。ここに記された御家中従者とは上級武士の家来、すなわち陪臣と考えられる。これだけ何回も加役や面扶持をおこなっていたのに、上級武士は如何に従者（家来）を養っていたのであろうか。陪臣についての史料が全く存在しないため、詳しく知る由がない。

（4）江戸末期の陣屋町

伊達兵部の時代に、一応の陣屋町が形成されていたようで、寛文 13 年（1673）の『一関二関検地帳』(注21) によると、一関村 88 戸（地主町 62、足軽 10、その他 16）、二関村（大町 63、足軽 74）で、両村を通じ 125 戸の町家が存在していたようである。

田村氏が入部した後、陣屋町は徐々に整備され、陣屋と内家中・外家中、および足軽町・町人町が形成された。陣屋は平城単郭の偏心型である。士分屋敷地は「小路」、足軽・職人・町人の居住区は「町」と呼称し、武家町と足軽町・町人町を区分した。

横沢重雄の鳥瞰図 (注22) によれば、陣屋はほぼ三角形をなして北・東・南西に内堀を廻らし、銃眼の付いた土塀で囲まれていた。陣屋表門は東向きの冠木門、裏門は北向きの長屋門、裏門を西へ行くと棟木門の脇門

があった。表門を入った東半分には役所・釜場・金蔵・大部屋・鷹屋・厩・馬場などがあり、役所は3階で、裏門脇に太鼓櫓が、心字ヶ池の南に小さな二層櫓がある。西半分は中御門と土塀で仕切られ、その内側に藩主居館・書斎・会席・三ノ間・宝物土蔵・使番部屋と庭園（心字ヶ池）があった。陣屋については、幕府より「城構ニ相見江不申様」(注23) と指示され、城郭建築は許可されていない。

　御殿については『田村様御殿絵図』(注24) が存在する。図によると御殿は東向き、式台を入った広間など3室が玄関部分、左へ行って上段ノ間・

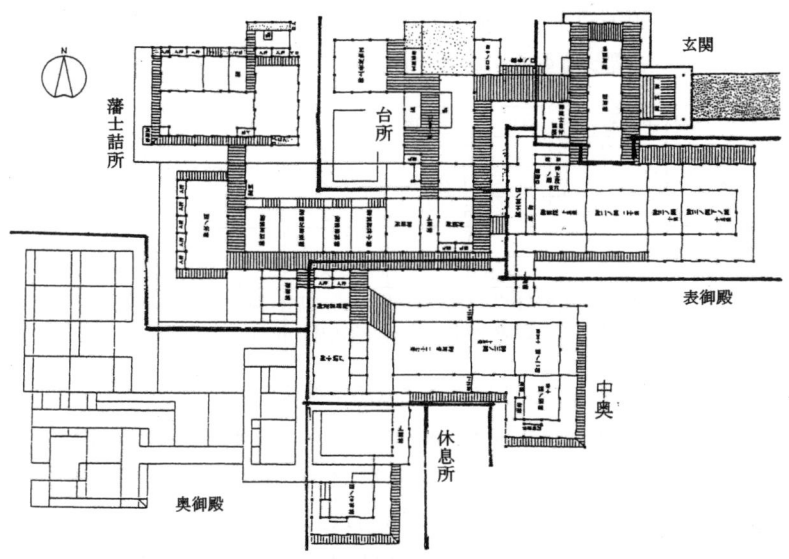

図11　一関陣屋御殿絵図（田村様御殿絵図）
（『旧沼田家武家住宅主屋棟復工事報告書』の図に加筆）

書院・二ノ間・三ノ間・三ノ間下ノ間が表御殿である。表御殿の奥から南へ廊下を渡ると、御座ノ間・二ノ間・三ノ間・御舞台・小納戸・近習部屋が中奥と考えられる。表御殿の西側は台所、台所のさらに西側は藩士の詰所となり、中奥の南西に休息所、中奥・休息所の西側に奥御殿が存在した。表御殿は藩主が来客と対面する時や、藩の主要行事をする場である。中奥は藩主が日常執務をする場所であり、休息所は藩主の休息場所、奥御殿は藩主の居住空間および長局である。3万石大名の御殿と

しては、規模がやや小さい。

　幕末の陣屋町については、『一関市博物館研究報告 7』(注25) に詳細な図が掲載されている。この図によると、内家中は五間堀に囲まれ、西から川小路・中小路・広小路・八幡小路と呼ばれる道路が南北に走り、この中に 132 戸の武家屋敷が記されている。五間堀の長さは約 2.2km であるが、実際の堀幅は北で 3.6m、東で 2.7m であったらしい (注26)。すなわち 2 間または 1.5 間幅であった。内家中の武家屋敷は 100 石以上 32 戸、50 〜 100 石未満 37 戸、30 〜 50 石未満 38 戸、30 石未満は 25 戸となり、半数以上は 50 石以上の上級武士の屋敷である。陣屋から堀を隔てた北東隅に火の見櫓と辻番所があり、内家中の北東端に藩校「教成館」、南

		100 石以上	50〜100 石未満	30〜50 石未満	30 石未満	計
内家中		３２	３７	３８	２５	１３２
外家中	北		１０	２３	４５	７８
	東	１	６	１５	３８	６０
	南		１	４	２８	３３
計		３３	５４	８０	１３６	３０３

表 32　一関田村氏家臣団の家禄別にみた居住地域（士分）
（『一関市博物館研究報告6』の「家中住居図」より作成）

東端に詮議所、中央の広小路南端に八幡下御蔵がみえる。

　外家中と町屋地域をみると、桝形は大手・裏大手・百人町の南口・表吸川小路の南口・桜小路の東口に設け、木戸は街道沿いの陣屋町出入口に設置されていた。地主町北側に 50 石以上の武家屋敷が 10％余り、30 〜 50 石未満は 30％弱、30 石未満が約 60％となる。大町と百人町の東側では、50 石以上は 1 戸にすぎず、30 〜 50 石未満は 10％余り、30 石未満は 85％の多きにのぼる。百人町南側の武家屋敷は祥雲寺下・長政院下にあって、陣屋から 1km 以上離れ、33 戸のうち 28 戸は 30 石未満の下級武家屋敷である。脇田郷は釣山を隔てた磐井川の南側（右岸）に位置する。これらの武家屋敷は、時代が下がるにしたがって士分数が増加し、新しく建設された武家屋敷であろう。

　足軽町としては、地主町の東側に五十人町（20 戸）、大町の南側に百人町（153 戸）、さらに南の千苅田新五十人町（26 戸）があり、足軽の増

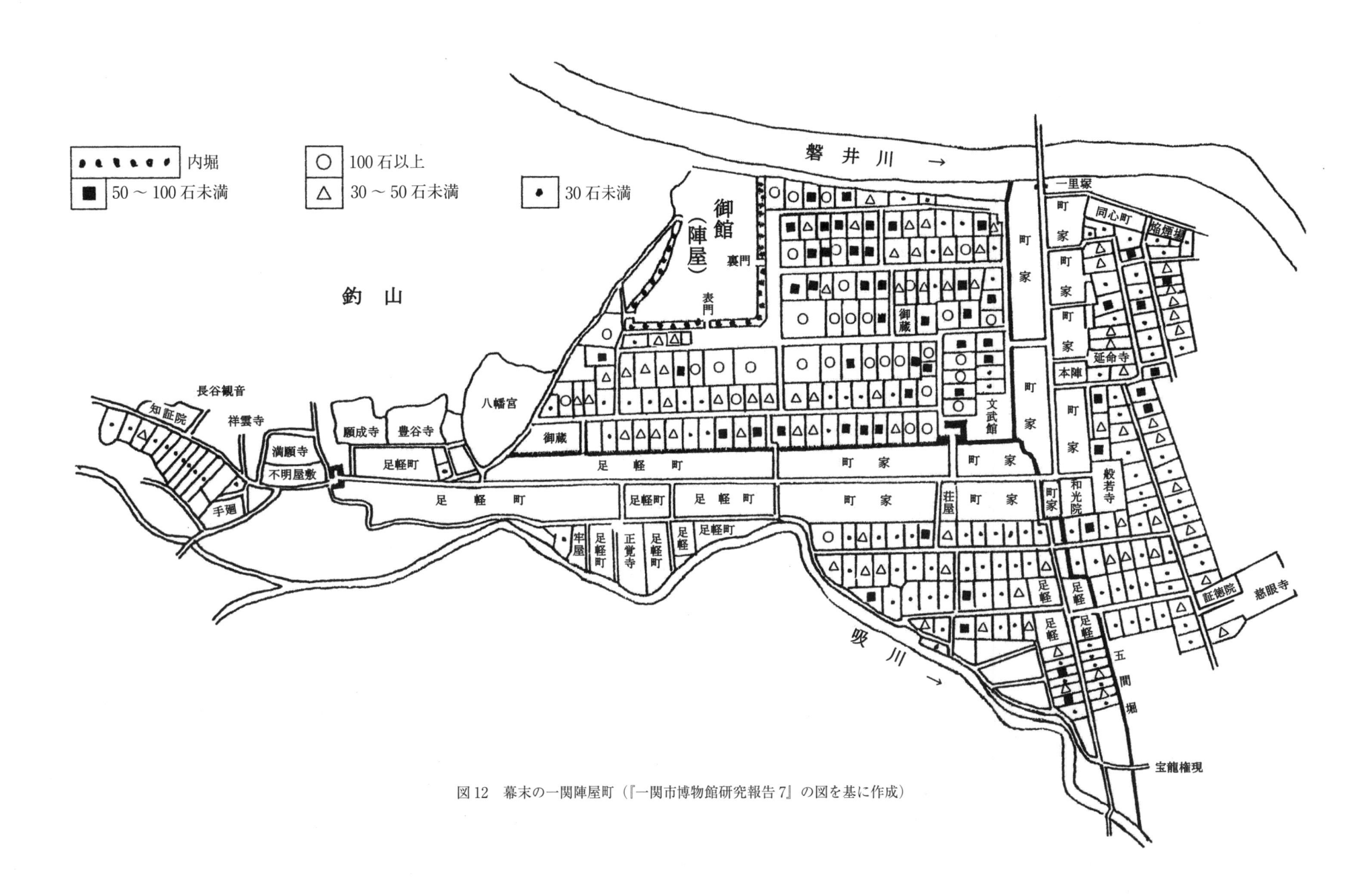

図12　幕末の一関陣屋町（『一関市博物館研究報告7』の図を基に作成）

員に伴い、千苅田新五十人町ができたと考える。百人町の東に職人町が
あって、ここには正覚寺と 24 戸の職人が居住していた。

　『御家中屋敷地被下候御定』(注27) により、家中に与えられた屋敷の面
積が判明する。これに
よると、最も広い屋敷
が 900 坪となり、家禄
300 石以上は 600 坪以
上。100 ～ 300 石未満
は 500 坪代、100 石未
満でも 375 坪の屋敷で
あった。坊主や足軽・
職人・同心は表 6 間・

家 禄・階 層	屋 敷 坪 数
600 石以下	900 坪
500 石以下	750 坪
400 石以下	600 坪
300 石以下	550 坪
200 石以下	500 坪
99 石以下	425 坪
49 石以下	375 坪
坊主・足軽・職人・同心	表 6 間・裏 25 間（125 坪）

表 33　一関藩の家禄別に見た屋敷面積
（『御家中屋敷地被下候御定』より作成）

裏 25 間であるから、150 坪の屋敷となる。足軽以下を除く武家屋敷は広
い。しかし実際には、最も広い屋敷は 1,428 坪余 (注28) であり、基準より
かなり広い屋敷も存在する。実際の屋敷面積は『御家中屋敷地被下候御
定』と一致していなかったようであるが、禄高に応じて屋敷の広狭に差
があった。

　元禄 4 年（1691）、陣屋の南西に聖堂（松樹堂）を建立し、孔子を祀る。
聖堂は 5 間四方（25 坪）であるから (注29)、藩校の始まりと考えられ、貧
弱な藩財政の割に藩校の開設は早い。明和 3 年（1766）、聖堂を修築。天
明 3 年（1783）、広小路御船蔵南（辻番附近ともいう）に学問所を建設し、
一関学館（教成館）と称した。別に表吸川小路に医学校（慎済館）を開校。
文久 2 年（1862）、教成館に国学寮・兵学寮・演武場（武道場）を併設し、
文武館と改称。明治 4 年、廃藩により閉校した。

　町屋は地主町（長さ 4 町 41 間 = 約 510m）が一関村、大町（長さ 4 町 46
間 = 約 520m）は二関村で、地主町西端の磐井川右岸に一里塚が存在した。
前述のように、伊達兵部が改易された後の寛文 13 年（1673）、町屋（125 戸）
がすでに存在していた。その後、享保 2 年（1717）に 137 軒、宝暦 11 年（1761）
170 軒、安永 4 年（1775）181 軒、天保 9 年（1833）に 213 軒 (注30)、慶応
年間（1865 ～ 1868）には地主町 112 家、大町 113 家の計 225 家となり (注

[31]）、200年足らずの間に100戸の町家が増加した。しかし、3万石大名の陣屋町としては、町屋戸数が少ない。

町屋敷は「一軒屋敷」と「半軒屋敷」に区分され、半軒屋敷は町家の増加により、一軒屋敷を分割したらしい [注32]。地主町には本陣（一関では外人屋ともいう）と問屋場、大町には問屋場と西磐井代官所・大肝煎役所があった。

一関では、町屋を武家町・足軽町で取り囲んでいる。このような陣屋町としては、東北では陸奥八戸・出羽亀田が存在する。これらの陣屋町は2万石以上で、町屋を取り囲むだけの家臣がいたことを示している。

（5）武家地の現存遺構

武家地の現存遺構としては、陣屋庭園と伝えられる心字ヶ池、二つの門、それに幕末の家老沼田家の主屋が現存している。

①　伝・心字ヶ池

御館南西にあった庭園「心字ヶ池」は、池泉回遊式庭園であったと思われ、庭園跡といわれる遺構が現存するが、調査が行われていないため、判然としたことが言えない [注33]。現在は手入れが行き届かず荒廃し、周囲に柵が廻らされ、立ち入り禁止となっている。

②　伊達兵部宗勝の屋敷門（現・中尊寺本堂の山門）

伊達騒動終了後、伊達宗勝の屋敷門が中尊寺本堂の山門として寄進された。屋根は切妻桟瓦葺きで、梁行1間、桁行2間の薬医門である。

③　藩主居館の裏門（現・毛越寺山門）

旧一関陣屋の裏門は、廃藩置県により泉平蔵が払い下げを受け、後に安斉平四郎が買い取って、岩手県種馬所山目種付所の門とした。毛越寺の山門が腐食したため、大正10年に毛越寺へ寄進したという。元はコバ葺きであったが、昭和33年に銅板葺きに替えられた [注34]。梁行2間、桁行8間の両長屋門で、両側に2間四方の部屋（片側は番所）が付き、出格子の武者窓を設置する。中央に大戸、右側に潜り戸がある。

④　旧家老沼田家住宅（現地に復元）

旧沼田家は一関藩に残る唯一の武家住宅で、一関市の指定有形文化財

である。『旧沼田家修復工事
報告書』(注 35)、および『旧
沼田家武家住宅発掘調査に
ついて』(注 36) によって、沼
田家の主屋についての詳細
が判明する。

　沼田家は、幕末に一関藩
家老を務めた家柄で、平成
12 年に解体復元工事が行わ
れた。解体前（昭和 53 年頃）

写真 6　一関陣屋裏門（現・毛越寺山門）

に比べると、規模が少し小さくなり、内部が大きく改造されているが (注
37)、今に当時の面影を伝えている。主屋は南面した直屋の萱葺きで、6
室構成である。家老の主屋としては規模が小さい。復元された主屋の間
取は、畳の間が鑓ノ間＝茶ノ間（10 畳）・上座敷＝上ノ間（8 畳）・納戸（6 畳）
の 3 室である。板間は納戸＝北ノ間（3 坪）・台所（4 坪）・茶ノ間＝玄関
（4 坪）・板ノ間＝縁（1.5 坪）となり、畳の間と板間がほぼ半々で、7.5 坪

の土間があり、土間にカマドが
設置されている。武家住宅なの
で、庄屋クラスの農民家屋に比
べ、土間が狭い。解体前は玄関
に式台が付属していたらしいが、
今はない。解体前の図では、板
間と畳の間との区分がないので、
比較することはできない。

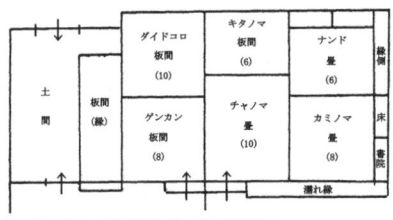

図 13　沼田家復元平面図
（『旧沼田家武家住宅主屋棟修復工
事報告書』の図を基に作成）

（6）陣屋町の現況

　明治 4 年 7 月 14 日に一関県となるが、同年 12 月 13 日水沢県、同 8
年 11 月 22 日に磐井県、同 9 年 4 月 28 日に岩手県となった。

　陣屋の内堀はすべて埋められ、陣屋北側の内堀跡は広い道路（国道 284
号線）となって、磐井川を渡り西方へ通じる。旧陣屋内は城内と呼ばれ、

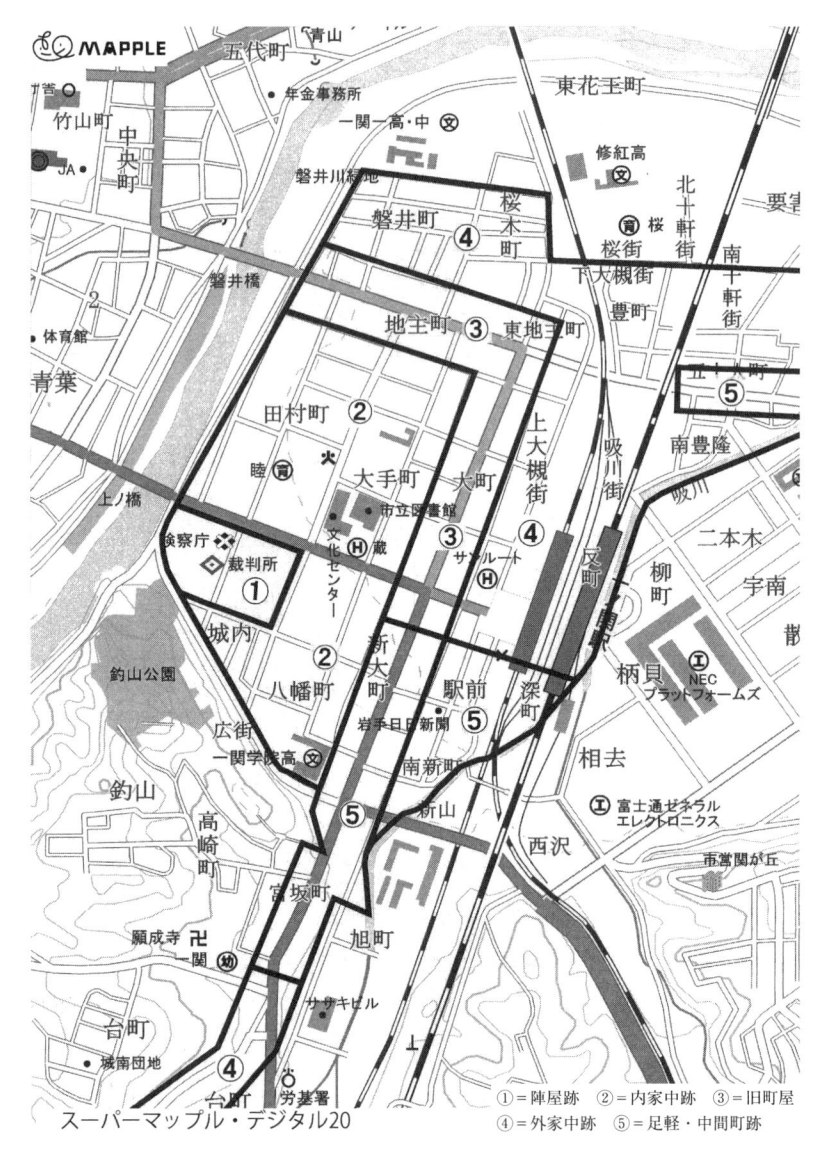

図 14　一関陣屋町の現況　※現況図は「スーパーマップル・デジタル 20」を使用して作成。

保険センター・女性センターが存在する。旧裏門のあった場所に太鼓櫓のミニチュア版が設置され、陣屋の西隅にあった「伝・心字ヶ池」庭園は存在するようであるが、放置されて見る影もない。その他は静かな住宅地となる。

　現在の内家中は田村町・大手町・八幡町に区分され、税務署・市立図書館・文化センターなどの公的施設がある。江戸時代の道路区画を踏襲しているようであるが、道路はやや拡幅された感がある。唯一の現存武家住宅「旧沼田家」が、元の位置に解体復元されている。武家屋敷地は細分化され、江戸時代に比して戸数が約3倍となった。

　町屋地域をみれば、地主町・大町の道路は国道342号線となる。一ノ関駅に近い大町が中心商店街となり、自動車や人通りが多い。駅から離れた地主町は、やや寂れた感じがする。戸数は江戸末期より減少している。

　外家中の地域は、地主町の北西から東へ下小路・新小路・桜小路・大槻小路・慈眼寺小路となり、南へ曲がって五十人町・裏吸川小路・表吸川小路などに区分されていたが、現在は磐井町・桜木町・東地主町・上大槻町・駅前・南新町となる。江戸末期に比べ、戸数は倍増したと思われる。百人町以南は台町と呼ばれている。

　足軽町は国道342号線に沿い、大町の南に接するのは百人町1丁目～6丁目であったが、現在は新大町・宮坂町に区分される。戸数は江戸時代よりやや増加したようである。

　一関市街地は東と西へ大きく拡大した。JR線以東をみると、駅のすぐ東に東北日本電気があり、駅東2km前後の低い丘陵地帯に一関東工業団地が造成され、20～30社の工場が立地する。駅南東1～2kmに大きな住宅団地が形成され、大きく発展した。

　磐井川を隔てた西側に市役所をはじめ、合同庁舎・勤労者体育センター・消防本部・教育会館・警察署などがあり、一関の官公衙となる。

　一関は仙台と盛岡の中間点にあたり、仙台・盛岡へはともに90km余りに位置する。東北新幹線一ノ関駅の設置により、仙台・盛岡へは約45分の時間距離である。東京へは1時間毎に列車が運行され、所要約2時

間30分で、東京への日帰りが可能となった。

注および参考文献

1）一関市史編纂委員会；一関市史、第一巻、一関市、昭53、pp634〜640。
2）前掲1）、pp627〜633。
3）岩手県文化財愛護協会；一関市の歴史、上、岩手県市町村地域史シリーズ
　　11、平4、pp134〜138。
4）涌谷町史編纂委員会；涌谷町史、上、涌谷町、昭40、pp244〜256。
5）前掲3）、pp140〜141。田村氏三万石の栄華、一関博物館、1998、p33。
6）村上直・木村礎・藤野保編；藩史大事典、第1巻、北海道・東北編、雄山
　　閣、昭63、p135。鈴木幸彦：一関藩（田村氏）の基礎的考察（その1）、−
　　支藩としての従属化の過程を中心に−、岩手県立博物館研究紀要3、1985、
　　pp61〜62。大島晃一：近世一関と田村氏、一関ふるさと学習院文化講座収録、
　　NPO法人一関文化会議所、2006、p12。
7）大島英介監修；図説−胆江・両磐の歴史−、郷土出版、2004、pp190〜
　　191。
8）拙著；東北の大名陣屋町、関西地理学研究会、平28、p65の図。
9）佐藤鉄太郎；田村藩の参勤交代と宿駅、岩手県南史談会研究紀要2、
　　1959、p29の表。
10）前掲9）、p29の表。
11）前掲6）、藩史大事典、pp142〜144の表。
12）大島晃一；陸奥国一関藩の加役と面扶持、−俸禄の上納と一律支配にみる
　　減俸のシステム−、一関市博物館研究報告10、2007、p18。
13）前掲6）、藩史大事典、p137。前掲12）、p18。
14）前掲6）、藩史大事典、p143の表。
15）前掲6）、藩史大事典、p145の表。一関市史編纂委員会；一関市史、第六
　　巻、一関市、昭53、pp923〜951に、安政以降の分限帳が掲載されている。
16）大島晃一；陸奥国一関藩の役料について、一関市博物館研究報告11、
　　2008、pp21〜40。
17）元一関博物館副館長兼学芸係長大島晃一氏のご教示による。
18）鈴木幸彦；一関藩（田村氏）の基礎的考察（その2）、−地方知行と面扶
　　持をめぐって−、岩手県立博物館研究報告5、1987、pp51〜68。
19）前掲12）、pp13〜28。
20）前掲9）、p29の表。一関市史編纂委員会；一関市史、第三巻、一関市、
　　昭52、p24。
21）前掲1）、p625。前掲3）、pp134〜135。
22）横沢重雄；一関の歴史、岩手日日新聞、昭61。
23）前掲6）、藩史大事典、p138。
24）佐藤巧・古建築研究会；一関市指定有形文化財・旧沼田家武家住宅主屋棟
　　修復工事報告書、一関市、2003、pp25〜26の図。

25）大島晃一：幕末・明治初期における陸奥国一関城下の「町方」について、
　　一関市博物館研究報告7、2004、p12・13の図。
26）大島晃一：幕末における陸奥国一関藩の家中と城下、一関市博物館研究報
　　告6、2003、p37。
27）大島晃一：陸奥国一関城下の屋敷割りについて、−身分との関連で−、一
　　関市博物館研究報告8、2005、pp10〜15。
28）前掲27）、p10。
29）一関市史編纂委員会；一関市史、第二巻、一関市、昭53、p119。
30）前掲6）、藩史大事典、p138。
31）前掲25）、pp3〜4によると、「一軒屋敷は平均240坪」と記載する。
32）前掲25）、p2。
33）前掲17）、大島晃一氏のご教示による。
34）毛越寺から提供を受けた新聞の切り抜きコピーによる。新聞名・発行年月
　　日不明。しかし、飯村均・室野秀文編；東北の名城を歩く、北東北編、吉川
　　弘文館、2017、p177に、田村氏の「一関城表門」とあるが、裏門が正しい。
35）前掲24）、pp1〜16。
36）遠藤輝雄；旧沼田家武家住宅発掘調査について、岩手県南史談会研究紀要
　　31、2001、pp19〜25。
37）前掲24）、p7およびp9の図と、p8およびp13の図を比較。

4、下手渡陣屋（福島県伊達市月舘町下手渡）

　下手渡は福島の南東約20km、中村（相馬）の西南西30km足らず、三
春の北北東30km余りに位置する。下手渡は阿武隈山中の村で、東は
600〜700m、西は500m前後の丘陵が南北に走る。その中央を阿武隈川
の支流広瀬川が南から北へ流れ、小手川と呼ばれていたこともある（注1）。
広瀬川に沿って、所々に谷底平野が存在する。下手渡は広瀬川の上流部
に属し、東南東の太郎坊山（551.1m）から続く山麓の台地（注2）に陣屋が
構えられた。

　下手渡藩主の立花氏は、もと筑後三池藩主（注3）であったが、寛政5
年（1793）に6代藩主種周が幕府の若年寄に昇進した。種周は幕府の内
紛に巻き込まれ、文化2年（1805）に若年寄を解任され、蟄居・謹慎を
命じられた。跡を継いだ種善は、翌文化3年に陸奥国伊達郡下手渡へ移
封となる。

　嘉永 4 年（1851）、旧領三池に 5,000 石を戻され、裏高 11,861 石となり、三池炭田の石炭収入もあって、藩財政にゆとりができたと思われる。

　戊辰戦争では、一旦は奥羽越列藩同盟に加盟したが、盟約違反に問われ、仙台藩兵によって陣屋および周辺の民家まで焼き払われた。これを機に陣屋を元の筑後三池へ移した。下手渡陣屋は 3 代 60 余年に過ぎなかった。

（1）立花氏の藩領と家臣団

　前頁のごとく、文化 3 年、筑後三池から立花種善が初代藩主として、下手渡に陣屋を構えた。陣屋は藩領のほぼ中央に位置する。

①　藩領

　下手渡藩の藩領は陸奥国伊達郡 10 村 9,998 石 9 斗 8 升で、表高より 1 石 2 升の不足であった。藩領は伊達郡の中央から南部にかけてで、3 ヵ所に分かれている。広瀬川沿いは所々で谷底平野をなすが、他の地域は丘陵性の山地が多く、米の生産量が少なかった（注4）。

　嘉永 4 年、伊達郡の中央部 4 村 3,046 石弱を上知し、旧領三池において 5 村 5,000 石を与えられた。その結果、陸奥国伊達郡 6 村 6,789 石余りと、筑後国三池郡 5 村 5,072 石弱の計 11,861 石余りとなる（注5）。しかし、表高は 10,000 石であった。領地替えの結果、陸奥国の藩領は伊達郡中央部に 1 村、南部に 5 村の 2 ヵ所となり、陣屋は藩領の北部となった。

②　立花氏の家臣団

　立花氏の家臣団を知る史料として、天和 2 年（1682）の『御家中分限帳』（注6）、文化年中（1804 ～ 1818）の『立花和泉守種周公家士文化年中分限帳』（注7）、文政 2 年（1819）の『三池藩御家中配当帳』（注8）、明治 2 年の『下手渡藩御家中分限帳』（注9）、明治 4 年の『三池士族卒禄高取調帳』（注10）を入手することができた。天和 2 年と文化年中（後述）および明治 2 年と 4 年は三池藩時代で、文政 2 年のみが下手渡藩時代のものである。

　天和 2 年は、三池藩が成立して 60 年を経過した時である。最高禄は 450 石、次いで 400 石となり、100 石以上が 14 人、50 ～ 90 石が 3 人である。他は現米取で 2 ～ 6 人の扶持が付き、10 石以上の 8 人が中級武士と考え

家　　　　禄		人数	備　　　　考	
給人	400石・450石	2		
	313石	1		
	230石・234石	2		
	100〜120石	9		
	50石・70石・90石	3	90石は物成36石と記載	
現米	10石5斗6升〜14石4斗3〜6人扶持	8	扶持なし1人	
	5石5斗2升〜9石6斗2〜4人扶持	34	扶持なし20人、内16人足軽・3人中間	
	5石未満2人扶持	15	中間・小者、内扶持なし8人	
記　載　な　し		1		
計		75		

表34　天和2年の三池藩御家中分限帳　　　　（『立花家累代記』より作成）

られる。9石6斗未満のうち16人は足軽、3人は中間であるため、残る15人が下級武士といえる。5石未満は中間と小者である。士分以上が極めて少なく40人で、足軽以下の34人も少ない。家臣総数は75人（1人は家禄の記載なし）で、開藩からすでに60年を経過しているのに、幕府の軍役人数の1／3である。仮に陪臣が60人いたとしても、軍役人数の半数余りに過ぎない。

『立花和泉守種周公家士文化年中分限帳』に年を記載していないが、種周は文化2年11月に隠居・蟄居を命じられ、同年12月に家督を種善に譲っていることから、この分限帳は文化元年〜2年のものと考えて支障がない。すなわち、下手渡移封直前の分限帳と思われる。その内容は、重臣・平給人・無足・徒士・足軽・中間以下・船手に区分され、家臣総数は192人である。文化年間には、陪臣を加えると、漸く幕府の軍役人数に達したと考えられる。100石以上は重臣で、50〜80石は平給人となる。

家　　　禄		人数	格・職
給人	300石	1	家老
	200石・210石	2	家老
	150石	1	中老
	100石	11	用人・物頭
	50〜80石	27	平給人
扶持	3人扶持10石	40	無足
	3人扶持8石	49	徒士
足軽	記載なし	3	旗足軽
		24	鉄砲足軽
		17	弓足軽
その他	18俵	3	普請方支配
	18俵	7	吟味方支配
	18俵	7	船手
計		192	

表35　三池藩の『立花和泉守種周公家士文化年中分限帳』（柳川市立古文書館蔵を基に作成）

無足はすべて3人扶持10石宛であるが、分限帳では写し間違いがあって、3人扶持10俵宛となっている。徒士はすべて3人扶持8石宛となるが、足軽の家禄については記載がない。中間以下・船手はすべて18俵となっていることから察すると、足軽は18俵に1～2人の扶持が付いていたのであろうか。平給人以上の42人が上級武士、無足の40人が中級武士、徒士の49人が下級武士である。他の1万石大名に比べ、士分総数はよく似た数字であるが、上級武士の42人は非常に多い。足軽総計は44人で、旗足軽・鉄砲足軽・弓足軽に区分されているが、長柄足軽は記されていない。長柄頭がいる以上、長柄足軽が脱落しているのであろうか。

　文政2年の分限帳は『三池藩家中配当帳』となっているが、文政2年は下手渡へ移封されて13年を経過した年で、当時は筑後国に下手渡藩の藩領が

家　　　禄		江戸	下手渡	三池	計	備　　　考
給	300石			1	1	
	200石	1	1		2	
	150石			1	1	
人	100石	4	3	3	10	
	50～80石	10	5	7	22	
現	10～13石	11	5	5	21	3～4人の扶持が付く
米	5～9石	11	1	20	32	2～3人の扶持が付く
俵	23～25俵	1	4	2	7	2人の扶持が付く
取	10～20俵	8	8	2	18	2人の扶持が付く
扶	4～6人扶持	1	1	3	5	医師
持	1～3人扶持	2	1	9	12	
金	1～3両	20	13	3	36	2人の扶持が付く
記載なし		1			1	
計		70	42	56	168	

表36　文政2年の『三池藩御家中配当帳』
（『大牟田市史・上』より作成）

存在しなかった。この配当帳には、家臣は居住地別に区分され、江戸70人、下手渡42人、三池56人の計168人である。前述のごとく、『大牟田の歴史』(注11)に「……米の生産量が少なく、全ての家臣を下手渡へ移住することができず、56人を三池に残留させなければならなかった」と記載している。これを家禄別にみると、最高禄は300石、200石2人、100～150石11人、50～80石22人、合計36人が上級武士である。文化年間に比して6人の減となるが、他の1万石大名と比べれば、上級武士の人数は多い。10～13石・23～25俵を中級武士と考えれば、文化年間より12人少ない計28人となる。家臣総数は24人の減少で、主に上・中級武士を減じている。財政難のため家臣の家禄を大幅に減じ、100石以上の江

戸詰は「三分六厘」、他は「三分」支給となり、200石の江戸家老は70石、300石の三池残留家老は90石となる。その後、下手渡・三池は100石以上が支給額の「二分六厘」、他は「二分」に減額され、300石は「三ツ五分」で105石、105石の「二分六厘」で、実際の支給額は27石3斗となった。

　明治2年は『下手渡藩御家中分限帳』となっているが、前年に三池へ陣屋を移している。総家臣数は249人となっているが、この中には寺社・新足軽・郷士が含まれるため、または陪臣を直臣に組み入れたため、総人数が多くなったものと推測する。50石以上・白米100俵が上級武士で

家　　　　禄		人数	備　　　　考
高 取	300石	1	
	100〜200石未満	8	
	50〜100石未満	22	
現 米	10石2〜4人扶持	26	うち寺社1（15石）
	8石2〜3人扶持	48	うち寺社2（3石・5石）
白米	100俵	1	
太 翔	23俵	5	うち寺社1（30俵）
	18俵2人扶持	19	うち寺社1（10俵）寺社4（2〜5俵）
扶 持	5人扶持	3	
	5人扶持未満	23	うち新足軽2人
金給	5両未満1.5〜2人扶持	88	うち新足軽22人、中間4人
記　載　な　し		10	うち郷士8人、寺社1
計		249	

表37　明治2年の『下手渡藩御家中分限帳』　　（『川俣史談12』より作成）

32人、寺社を除く10石・23俵・5人扶持が中級武士で31人、8石未満・18俵未満・5人扶持未満の79人が下級武士である。足軽は62人、新足軽24人、中間4人であった。中間の4人は極めて少ない。

　明治4年の『三池士族卒禄高取調帳』は士分・卒族に区分され、そこに示された元高をまとめた。士族をみれば、50石以上と100俵の31人が上級武士、10〜11石・5人扶持2両の25人が中級武士、10石未満・2〜4人扶持2両・3〜4両2人扶持の63人が下級武士である。明治2年のような新足軽・中間・郷士・寺社の記載がなく、士卒合計が30人近く減少している。

　文政2年には、家臣の家禄が大幅に減禄されたが、明治以降の50石

以上はすべて「三五歩」となっている。これは嘉永 4 年（1851）、藩領の半分が旧領の三池へ戻されたためであろう。三池は田畑以外に、石炭による収入もあった。

（2）下手渡陣屋

　陣屋は東方から続く緩傾斜地（段丘面）に建設され、大手門と馬場との比高は約 20m で、ここに数段の平場を造成し、種々の建築物が建てられた。陣屋建設は文化 3 年（1806）に始まり、同 7 年に一応の完成をみる。

　『立花陣屋跡平面図』(注12) が下手渡陣屋を知る唯一の史料である。また『月舘町史・資料編Ⅰ』(注13) に掲載された地番図およびその説明を基に、『立花陣屋跡平面図』の建物配置を記入し、新しい下手渡陣屋図を作成した。図によると、下手渡の町場南端から東へ行くと大手橋へ通じるが、この三

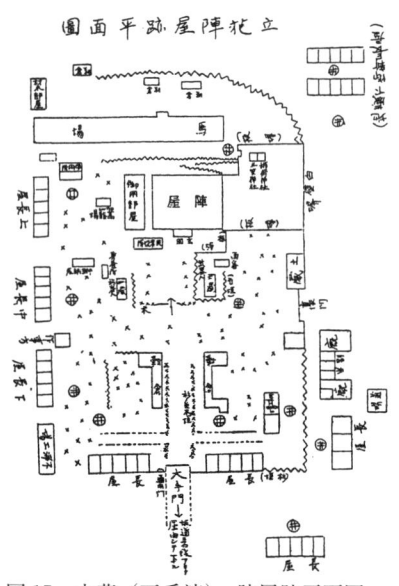

図 15　立花（下手渡）　陣屋跡平面図
（『下手渡藩史（三）』の図を転載）

叉路に門柱があった。ここから約 300m で広瀬川に架かる大手橋を渡ると桝形があり、桝形前に高札が存在していた。ここで道は二方に分かれ、右へ行くと赤坂道で、陣屋裏門前に出る。左へとると、つづら折れの急坂となって、下半分はカラタチの垣根、上半分は杉並木となり、大手門へ通じる。大手門までの坂道は石段であったらしい (注14)。

　陣屋は平城単郭の中核型で、海抜 160 ～ 180m、東西 240m、南北 100 ～ 240m、面積 35,000㎡（約 10,600 坪）である (注15)。大手門前に桝形があり、石垣はなく、門の形式は不明である。門の左横に通用門が、大手門の両側と大手門前右側に五軒長屋が 1 棟ずつ存在した。大手門を入ると、東

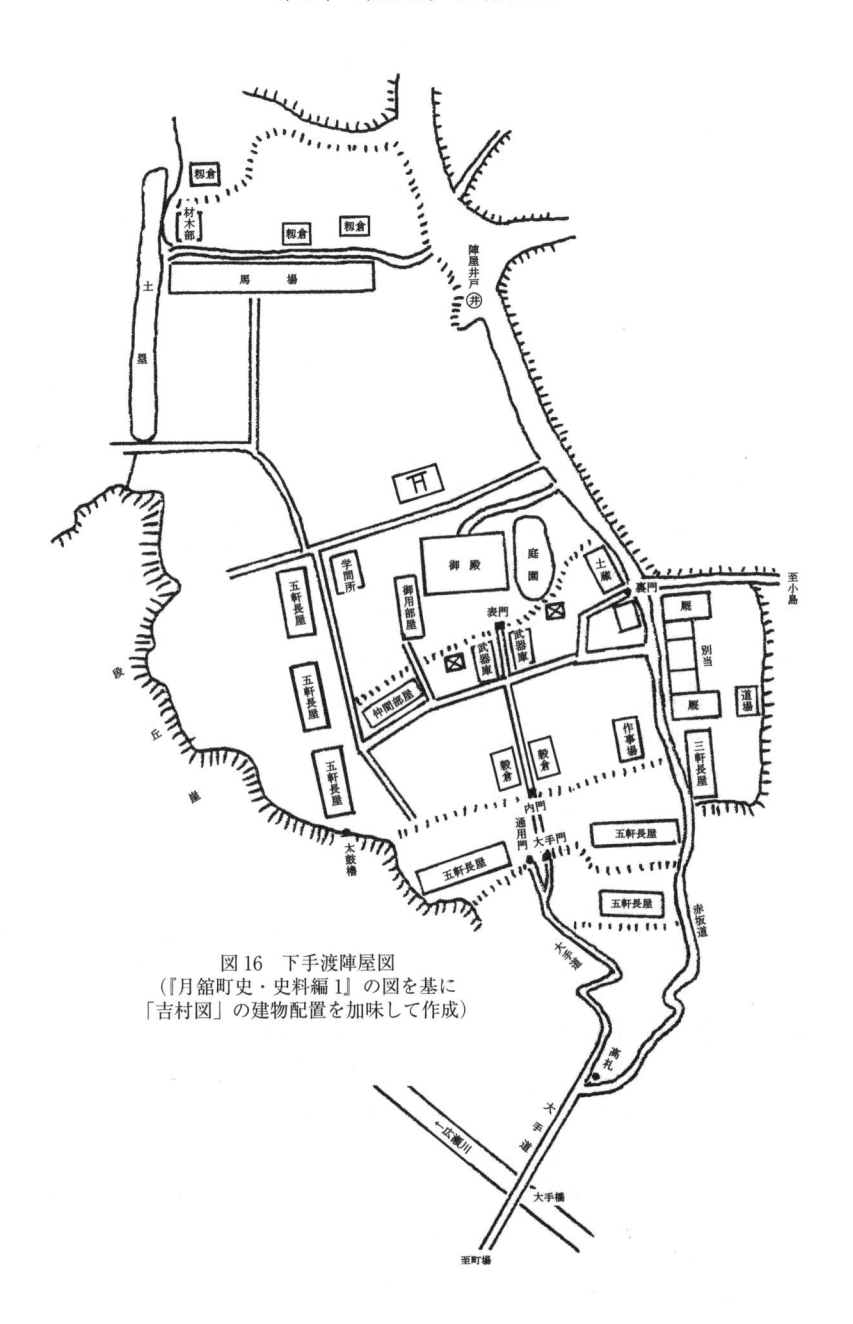

図16　下手渡陣屋図
（『月舘町史・史料編1』の図を基に
「吉村図」の建物配置を加味して作成）

へ杉の並木道が続き、20 〜 30m 東進すると内門となる。内門は両側に石垣が積まれ、門内の両側に穀倉が存在し、右側穀倉の南に作事場があった。さらに東へ進むと、表門に達する。表門は大手門から約 90m である。大手門から表門にいたる建物以外の地は、すべて林地となっている。表門を入ると御殿の他、御用部屋（勘定所）・民事役所の 3 棟の建物があった。陣屋は東西約 50m、南北約 80m、面積 4,000㎡（約 1,212 坪）である。また御殿の建坪面積は 700㎡（120 坪余り）で (注16)、規模の大きな御殿ではない。佐藤政一 (注17) によると、「御殿ハ二階建ニテ玄関ニ入ルト武器ヲ供フ玄関ハ二階建ニテ天井アリ高荘ナルモノ、太守住所ハ向テ右ニテ南向ナリ、屋根ハ萱葺壁ハ白壁高サ二丈位、向テ左ハ中ノ口ニテ其ノ正面ハ女中部屋左ハ御台所其ノ左御用部屋ノ中間ニ詰所アリ、本殿ノ東南ニ一棟アリ奥方住ス」とあって、概略ながら御殿の様子を伺い知ることができる。御殿の南は庭園である。御殿の北東に学問所、北西に仲間部屋、さらに北側には五軒長屋が東西に 3 棟ならぶ。長屋については、佐藤政一 (注18) は「各長屋は間口四間位二階建ニテ萱葺十畳、八畳、台所等アリシ由」と記載し、御殿・長屋ともに二階建であったことがわかる。段丘崖上で、町場を見下ろせる位置に太鼓櫓が存在した。なぜか『立花陣屋跡平面図』には、内門・太鼓櫓の記載はない(注19)。陣屋南側は道路に沿って裏門まで白壁の土塀であるが、御殿周辺は板塀である。赤坂道を登っていくと、右側に三軒長屋および道場・二つの厠があり、小島道との交点に裏門があった。陣屋の東端には 3 棟の籾倉および材木部があり、その一段低い所に馬場がある。稲荷・三笠両神社と馬場の間には、何も建物がなかったようである。図中に共同井戸が 9 カ所記載されるが、現存する陣屋井戸は記されていない。記された武家住宅は五軒長屋 6 棟、三軒長屋 1 棟、他に 2 人の氏名を書いた建物と仲間部屋があり、別当は馬の世話をする人であろう。総計 40 軒近くの家があったように思われる。『大牟田の歴史』(注20) によると、初期の下手渡詰家臣は 42 人とあり、『天保九年下手渡藩御案内者心得』(注21) によれば、当所御家中として「家老 2 人、中老 1 人、用人 5 人、寺社方 1 人、代官 4 人、右の外格式等存不申、侍並足軽拾人御座候」と記載することから、下手渡藩初期には 40 人余

りの家臣が居住していたが、天保（1838）の頃には20人余りであったことがわかる。『立花陣屋跡平面図』の右上に記載された「地蔵下御新長屋」は、陣屋から南東約200mの字樋ノ口に鎮座する「天平の地蔵尊」下に存在したと推測する。この新長屋10戸分は文久年間（1861～1864）以降に建設されたものであろう。陣屋については試掘調査 (注22) を行っているが、本格的な調査は行われていない。

　町屋については、町割りをした様子もなく、農村とあまり変わらない。もともと下手渡は農業集落で、天保9年（1838）の下手渡村の家数は63軒 (注23) と記載する。『伊達郡村誌』(注24) によれば、明治8年調による町場の戸数は34戸、村方39戸で、天保9年から10戸増加しているが、うち7戸（天平居住）は元士族であり、天保9年の軒数には入っていない (注25)。したがって、旧士族を除く下手渡村の戸数は、2戸の減少となっている。また同書p425には、「男ハ皆農業ニ従事ス」とあり、余業として「銃猟二人、大工三人、石工六人、木挽四人、呉服太物商三戸、桶工一人、髪結一人、荒物商一人、魚行商一人、米穀商一戸、質貸一戸、旅籠屋一戸」と記す。戸と記すのは店を構えた者、人と記載されるのは店を持たずに仕事をしていた者であろう。このように考えると、34戸中、店を構えて居たのは6戸に過ぎない。廃藩後4年しか経過しておらず、江戸末期と大差がなかったように思われる。しかし、戊辰戦争で下手渡村の大部分が焼失しているので、幕末には明治8年より、商店がもう少し多かったかも知れない。

　幕末には世情が不安定となり、慶応2年（1866）に川俣代官所周辺で世直し一揆（信達騒動）が起き、下手渡藩領の村々も騒動に参加し、所々で打ち毀しが起きた。

　文久3年（1863）、下手渡藩主立花種恭は幕府大番頭・若年寄、慶応4年1月に老中格となるが、同年2月に老中格を辞職する。このように幕府の要職にありながら、宗藩である筑後柳川藩は新政府側につき、柳川藩と接する下手渡藩三池領の家臣は宗藩と行動を共にした。しかし、下手渡居住の家臣は、慶応4年5月3日に結成された奥羽越列藩同盟に加盟した。同年8月12日、藩主種恭が東北鎮撫の御沙汰を受けたため、

下手渡藩が奥羽越列藩同盟の盟約に違反したとして、8月16日、仙台藩兵が下手渡陣屋を襲撃、陣屋は言うに及ばず、下手渡集落も焼き払った。火災を免れたのはわずか7戸であったという (注26)。以後、下手渡陣屋は再興されず、小島村の興隆寺に仮陣屋をおいた。これを機に、明治元年9月に陣屋を筑後三池へ移した (注27)。このため、旧藩士の多くは下手渡を離れ、東京（江戸）や三池へ移住した。すなわち、下手渡居住の家臣の多くは、早い時期に離散したと考えられる。

（3）陣屋町の現況

　下手渡陣屋跡は、江戸時代に造成された平場がそのまま残るが、北半および南西部は鬱蒼とした林地（荒れた桑畑）となり、旧御殿があった所は1戸の民家と畑、それより東に数軒の民家と畑が存在している。旧大手道には石段が設置されていたようであるが (注28)、現在は石段がない。陣屋内には、江戸時代に積まれた石垣が数ヵ所残るが、使用されている石は小さく、高さは1m前後である。御殿の南西に、明治35年建立の回顧の碑 (注29) が建立され、旧裏門北方に陣屋井戸が現存

写真7　下手渡陣屋の陣屋井戸

するが、吉村図・新開図・佐藤図にはこの井戸の記載がない。陣屋南西側の傾斜地は、階段状の水田となっている。

　大手橋から町屋入口まで、数軒の民家と水田である。町屋から大手町への入口に「大手門跡」という小さな石柱が建立されたが、大手門跡はこの場所ではなく、大手道の急坂を登った所である。

　町屋については前述のごとく、天保年間に63軒（村方を含む）、明治8年には町方34軒、村方39軒であるから、町場の規模は小さく、町割りをした様子もない。現在の旧町場に商店は殆どなく、農業集落の景観を

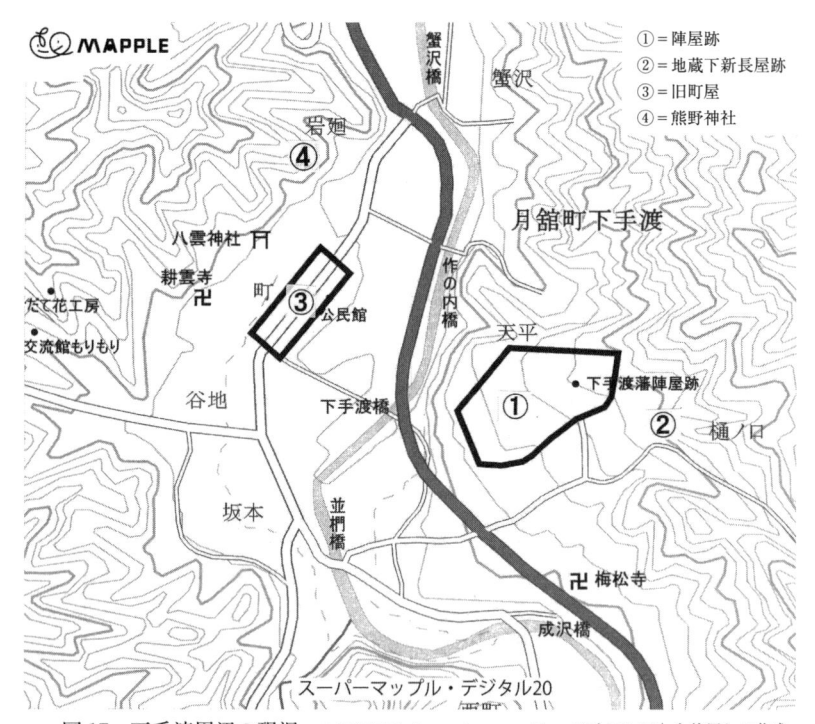

図17　下手渡周辺の現況　※現況図は「スーパーマップル・デジタル20」を使用して作成。

呈している。下手渡集落内に存在する公的建物としては、下手渡ふれあい会館のみで、開館前のバス停名は「城下町」である。また下手渡集落北西端（字北作）の丘陵上に存在する熊野神社は、陣屋内に祀られていた笠間稲荷の素材を利用して、廃藩後に再建されたという (注30)。

　下手渡集落は川俣街道に沿っていたというが、下手渡への公的交通機関は少なく、福島駅から1日3往復のバスのみで、伊達市の中心部（保原町）から直行するバスがなく、コミュニティバスもない。交通不便な山間集落である。

注および参考文献
1）伊達郡役所；伊達郡村誌、年不詳、p420。ここには小手川とあり、「廣處

十五間狹處十間深處四尺淺處一尺急流ニシテ水清シ舟筏ヲ通せす」とある。
2）伊達市月舘町史編纂委員会：月舘町史、資料編1、考古・古代・中世、伊
　　達市、平18、p263に「陣屋は、西下がりの段丘上に築かれ」と記載する。
3）筑後三池藩については、拙著：小藩大名の家臣団と陣屋町（2）、－中国・
　　四国・九州地方－、クレス出版、平23、pp193～207を参照されたし。
4）大城美知信・新藤東洋男；大牟田の歴史、古雅書店、1985、pp147～148に「下
　　手渡は陸奥国南部の阿武隈山地の山間部で、1万石の割に米の生産量が少な
　　く……」と記載する。
5）福島県史、第三巻、近世2、福島県、昭45、pp1059～1060。
6）立花家累代記、大内家文書。伊達市立保原歴史民俗資料館提供。筑後三池
　　藩の原稿作成時、この分限帳が入手できず、拙著；小藩大名の家臣団と陣屋
　　町（2）、－中国・四国・九州地方－、に記載していない。
7）柳川市立古文書館蔵、立花和泉守種周公家士文化年中分限帳。この分限帳
　　の巻頭に「筑後国三池郡今山一万石文化三年奥州下手渡ニ移リ給フ所嘉永年
　　間於三池郡五千石を被換地」と記され、恐らく嘉永年間以降に書写されたも
　　のと思われる。
8）大牟田市史編纂委員会；大牟田市史、上、大牟田市役所、昭40、pp957
　　～966には、江戸詰・下手渡・三池在住に分けて記載する。
9）佐藤正五；下手渡藩御家中分限帳写（明治二巳巳年九月改之）、川俣史談
　　12、1985、pp94～106。吉村五郎；下手渡藩史（五）、岩磐史談、第二巻、
　　昭58、pp41～43。月舘町史編纂委員会；月舘町史3、近世史料、月舘町、
　　平14、pp70～78。この分限帳も、拙著；小藩大名の家臣団と陣屋町（2）、
　　－中国・四国・九州地方－、三池藩の原稿作成時に入手できなかった。
10）前掲8）、pp1114～1132に、士族・卒族に区分し、元高が記される。
11）前掲4）、pp147～148。
12）吉村五郎；下手渡藩史（三）、岩磐史談1、昭57、pp45～46の図。ここ
　　には家臣の氏名はないが、新開儀蔵；下手渡藩のゆかり、私家本、昭47、
　　p19。および佐藤政一；「下手渡藩史」抄（三）、川俣史談10、1983、p76に
　　は各長屋に家臣の氏名を記載する。
13）前掲2）、p267の図。
14）ふるさとの少径を行く、月舘町教育委員会、昭55、p34の大手先の図。
15）伊達市月舘町史編纂委員会；月舘町史1、伊達市、平20、p224。
16）前掲2）、p264。
17）前掲12）、佐藤政一、p77の図中の説明。
18）前掲12）、佐藤政一、p77の備考。
19）前掲12）、吉村五郎・佐藤政一のいずれの図にも、内門・太鼓櫓は記載さ
　　れていない。
20）前掲4）、pp147～148。
21）福島県史、第10巻、上、資料編5、上、近世資料3、昭42、p817。
22）伊達市教育委員会；平成22年度市内遺跡発掘調査報告書（試掘調査）、伊
　　達市埋蔵文化財調査報告書12、平23。

23）前掲 21）、p817。

24）前掲 1 ）、pp415 ～ 416。

25）川俣町史 2、資料編 1、川俣町、昭 51、pp221 ～ 229 所収の『三池県管下
　　士卒戸数人員調』によると、下手渡在住は 12 戸である。7 戸は天平に、5 戸
　　は他の下手渡村内に居住していたのであろう。

26）前掲 5 ）、p1069。

27）慶応 4 年 9 月 8 日に明治と改元され、下手渡藩の三池移封は改元直後であっ
　　たと思われる。

28）前掲 14）、p34 の「大手先」の図による。

29）碑文は前掲 12）、吉村五郎、p11。および前掲 14）、p33 に、全文が活字化
　　されている。

30）前掲 14）、p130。しかし前掲 2 ）、p264 には「解体された三笠神社と稲荷
　　神社の建材の一部は、北西五五〇 m にある北ヶ作の熊野神社に用いられて
　　いる」と記す。

5 、湯長谷陣屋（福島県いわき市常盤下湯長谷町）

　元和 8 年（1622）、内藤長政が上総佐貫から陸奥磐城平へ 7 万石で入部
した。2 代忠興の寛文 6 年(1666)、次男政亮へ新田 2 万石を分与したい旨、
幕府に願い出る。寛文 10 年、陸奥国磐前・菊多両郡で 1 万石が認めら
れ、湯長谷藩が成立した。最初は遠山姓を名乗るが、3 代政貞の代に内
藤姓に復した。藩主 13 人のうち 10 人は養子であり、4 人は身内から、6
人は他家から養子に入っている。

　磐城地方は陸奥国の南東部にあたり、その中心は城下町「平」で、湯
長谷は平の南西 10km 弱に位置し、南南東 4.5km に泉陣屋が存在した。

　湯長谷陣屋は西から東へ流れる藤原川、北から南へ流れる湯長谷川に
挟まれた舌状台地の末端に構築された。陣屋は阿武隈山地東縁の湯ノ岳
（593.8m）から南東方向へ走る支脈の台地上に位置し、湯ノ岳に源を発す
る藤原川左岸の河岸段丘面上に存在する。

　江戸時代から明治にかけて、湯長谷陣屋の下方（下湯長谷村）を陸前
浜街道（水戸街道の延長）が南北に通じ、南の新田宿まで約 4km、北の湯
本宿まで約 2km の距離である。

　安政 4 年（1857）頃、湯長谷藩領の白水村で石炭が発見された。明治に入ると、石炭は基幹産業の動力源となり、日本の近代産業に大きく貢献した。しかし、動力源の変化に伴い、1970 年代前半にはすべての炭田が閉山した。

（1）遠山＝内藤氏の藩領と家臣団

　湯長谷藩は平藩内藤氏の分家であるが、幕府に願い出た新田 2 万石は認められず、4 年後の寛文 10 年（1670）に 1 万石が許可された。父忠興は新田 1 万石では心もとないと考え、本田を加えた 1 万石に改めた（注1）。初代政亮は丑年生まれで、兄に対して宜しくないと浅草寺別当知楽院の進言により、遠山姓を名乗った（注2）というが、3 代政貞の代に内藤姓に復した。

①　湯長谷藩の藩領

　分知当初の藩領は磐前・菊田両郡の 19 村 10,000 石であるが、うち新田は 3,071 石弱であった（注3）。藩領は 2 ヵ所に分かれ、太平洋岸に 5 村、うち豊間・江名両村は港である。他の 14 村は農村地域または山村地域であった。陣屋は藩領の南端部に位置し、陣屋から北西部は山間地域となる。

　天和 2 年（1682）、初代政亮は幕府大番頭となり、役料 2,000 俵を賜ったが、同年 2,000 俵は丹波国氷上・何鹿両郡での加増に改められ（注4）、都合 12,000 石となった。

　貞享 4 年（1687）、大坂定番となり、河内国茨田郡 3,000 石を加増され、計 15,000 石となる

　宝永 3 年（1706）、河内の藩領 3,000 石は陸奥国菊田郡に換地された。換地されたのは陣屋から南の方で、表高 15,000 石のうち 12,000 石は湯長谷陣屋周辺となり、陣屋は磐城地方における藩領の中央部となった。飛地領は丹波国のみで、氷上郡下竹田村に飛地領役所を置く。以後、幕末まで藩領に変化はなかった。

②　内藤氏の家臣団

　湯長谷藩内藤氏の家臣団を知る史料として入手できたのは、『安永四年五月知行給扶持米百俵五割引割合分限帳』（注5）、および明治 4 年の『湯

長谷藩士禄高人名簿』(注6) である。

　安永4年（1775）の分限帳は、藩財政の逼迫から家臣の家禄を減じるため、平均5割引きとしたものである。最高禄の600石9人扶持は66.12％引きで支給額84石6斗7升5合、80石2人扶持は50.6％引きで17石3斗4升9合となる。一般に1万5千石大名の最高禄は300〜400石であるが、湯長谷藩の上級武士の家禄は元から多すぎる。他藩をみれ

	家　　　禄	人数	備　　　考
知行取	600石9人扶持	1	
	350石9人扶持	1	
	200石3人扶持	1	
	100〜150石2〜3人扶持	1 1	
	50〜90石2人扶持	1 3	
扶持取	20人扶持	1	扶持1人は
	10〜17人扶持	5	1日米4合9勺
	5〜8人扶持	4	年1石7斗7升
俵取	50俵	6	1俵は籾3斗7升
	25俵	1	
金給	5〜9両2〜3人扶持	3 4	1両は米1石5斗
	5両未満 1.5〜2人扶持	3 5	
銀	3枚2人扶持	2	1枚は43匁、60匁＝金1両
	計	1 1 5	

表38-1　湯長谷藩『安永四年五月知行給扶持米百俵五割引割合分限帳』
（『新編江戸時代・磐城近隣諸藩の動向（上）』を基に作成、士分）

ば、50石以上・10人扶持以上が25人前後であるが、湯長谷藩では33人となる。扶持1人は1日米4合9勺で計算され、年1石7斗7升である。1俵は籾3斗7升で、玄米に直せば2斗足らずとなる。また1両は米1石5斗に換算されるが、一般に1両は米1石である。

　安永4年の分限帳には、上記115人（士分）の他、足軽以下66人を記載している。足軽・中間の家禄は極めて少なく、最高でも3両2分2人扶持で、中間の少ない者は1両2分に玄米1斗5升5合である。女中のうち老女は中級武士並の家禄を受けるが、御側はやや少なく、他の6人は非常に少ない。合力は7ヵ寺と出入人であるが、相対的に禄は少ない。

　明治4年の禄高人名簿は、家禄別・居住地別で人名まで記される。士

家　　　　　禄	足軽	中間	女中	合力	計	備　　考
金 8両3人扶持・6両2人扶持			2		2	老女
金 4両2分2人扶持・4両1人扶持			2		2	御側
金 2～3両2分1.5 ～2人扶持	2 8	1 4			1 4	
給 2両2分～3両	1 6	7	4		1 1	
給 2～2両2分玄米1斗8升			2		2	
給 1両2分玄米1斗5升5合		1 9			1 9	
俵取 100俵				1	1	
俵取 50～52俵				3	3	寺院3
俵取 13俵・17俵				2	2	寺院
俵取 10俵未満				5	5	うち寺院2
扶持 5人扶持				1	1	
扶持 3人扶持以下				3	3	
大豆 1俵				1	1	
計	4 4	4 0	1 0	1 6	6 6	

表 38 － 2　湯長谷藩『安永四年五月知行給扶持米百俵五割引割合分限帳』の足軽以下
（『福島県史・資料編・近世』より作成）

分の家禄は 20 石・16 石・12 石の 3 種のみで、20 石は元 50 石以上・10
人扶持以上の人数合計に匹敵する。士族小計は 87 人で、安永 4 年より
約 30 人少ない。卒族の家禄は全て 6 石となり、計 27 人で、安永 4 年の
足軽より 17 人少なくなっている。このように家臣が大きく減少したのは、
戊辰戦争前後に脱藩した者がいたためと考えられる。

　慶応 4 年（1868）の戊辰戦争に対し、湯長谷藩は平・泉両藩とともに
奥羽越列藩同盟に加盟したが、同盟側は維新軍に対して連戦連敗、6 月
28 日に泉陣屋、同 29 日に湯長谷陣屋、7 月 13 日に平城が陥落した (注7)。
13 代湯長谷藩主内藤政養は 12 歳で、6 月 29 日の湯長谷館の陥落を待た
ずに、戦わずして高野村に逃げる (注8)。したがって、湯長谷藩では戊辰
戦争の戦死者を 1 人も出していない (注9)。落城後、磐城 3 藩の城主は仙
台藩に保護され、明治元年 9 月 24 日（9 月 8 日に改元）、新政府に嘆願書
を出す (注10)。その結果、政養は隠居・謹慎、1,000 石を減封の上、養子
政憲に家督を譲る。

③　石炭の採掘
　磐城地方で石炭が発見される前の嘉永年間（1848 ～ 1853）、神永喜八
が常陸国多賀郡上小津田村で炭層を発見した。この石炭を下総国行徳浜
の塩焚場で使用したいと、石炭 300 俵買い付けたのに始まる (注11)。磐城
地方の石炭採掘については 2 説あるが、いわき市史・福島県史に記され

ている説 (注12) が
正しいという。

　磐城地方で石炭
を発見したという
片寄平蔵 (注13) は、
材木商をしてい
た叔父利兵衛の
養子となり、古

年　号	西暦	堀 出 量	備　　　　考
万延元年	1860	3,271 俵	2月～3月まで
文久元年	1861	12,806 俵	
文久2年	1862	14,096 俵半	
文久3年	1863	26,238 俵半	元治元年2月24日まで
元治元年	1864	2,327 俵	
慶応元年	1865	935 俵	
		64,509 俵	

表39　小野田山における万延以降の石炭堀出量
（『福島県史・第三巻・近世2』による）

川屋を継いだ。この平蔵が湯長谷領白水村弥勒沢で石炭を発見し、白水村
名主大越甚六を介して、安政4年（1857）より5年間3畝26歩の地所を拝借
し、石炭の採掘を始めた。採掘方法は幼稚な「狸堀り」である。安政6年
頃になると、上湯長谷村の小野田山でも石炭の産出がみられ (注14)、鉱山
の数も増加するようになった。幕末における小野田山鉱区における出炭
量をみると (注15)、万延元年（1860）に3,200俵余りであったのが、文久
3年（1863）から元治元年（1864）2月までに26,200俵余りに増加してい
る。その後減少し、慶応元年（1865）は1,000俵足らずとなった。恐らく、
世情の不安定さを反映しているのであろう。石炭1俵は16貫目（60kg）
である (注16)。

　明治に入ると、白水山・小野田山とも出炭量は月平均1,000俵前後で
あったという (注17)。明治中期には中央資本の進出もみられ、石炭産業の
基礎がつくられ (注18)、日本四大炭田の一つに数えられた。そして1952
年には、常磐炭田全体で3万人以上の人々が大小132の炭鉱で働いてい
た。しかし1950年代後半には、最大手の常磐炭礦でも「合理化」・「整理」
が本格化する。ゆわゆる石油に取って代わられたのである。常磐炭礦で
は事業の多角化を打ち出し、1966年に世界一の温泉娯楽場として「常磐
ハワイアンセンター」というリゾート施設を建設した。この間、中小炭
礦は次々と閉山し、常磐炭礦も1971年に閉山となった (注19)。

（2）江戸末期の陣屋町

　陣屋町を知る史料として、年不詳の『内藤侯在所奥州磐前郡湯長谷館

之図』(注20)、明治 4 年書写の『湯長谷藩御陣屋絵図』(注21)、地形図上に『湯長谷藩御陣屋絵図』を記載された絵図 (注22) を入手することができた。

　『内藤侯在所奥州磐前郡湯長谷館之図』では、町屋から西へ坂道を登っていくと内桝形があり、さらに西進すると鍵状に道が曲がる。ここまでの道路両側は並木道となり、鍵状に曲がった道を西に進むと表門に達する。鍵状に曲がった内側は門と数棟の建物がみえる。陣屋は堀と土塁に囲まれ、土塁の上には樹木が植えられている。陣屋内は表門・裏門と他2ヵ所に門を描くのみで、陣屋内の建物は全く記載していない。陣屋の西側に武家屋敷地が記され、10 数戸の門が記載されている。

　『湯長谷藩御陣屋絵図』は廃藩前後の様子を記したもので、最初の桝形がなくなり、鍵状に曲がる手前まで両側に 19 戸、鍵状に曲がった両側に 14 戸、鍵状の内部に 2 戸、さらに北側の道沿いに 3 戸、計 38 戸の武家屋敷が記される。陣屋は堀と土塁に囲まれ、表門と裏門、さらに陣屋内の建物（後述）が描かれる。陣屋から西側の道路は鍵型・三叉路・食い違い十字路となり、ここには広小路・藩校致道館の他、24 戸の武家住宅と 7 戸の空屋敷・4 筆の畑が存在した。

　上記 2 図を比較すると、前図は比較的早い時期に作成されたと思われ、陣屋東方に武家屋敷が殆どみられない。これに対し、後図では陣屋東方

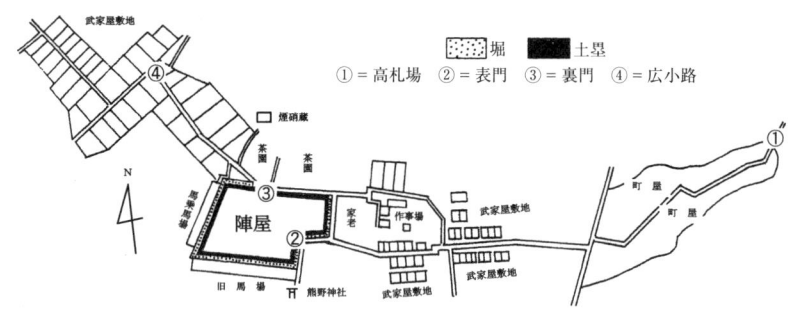

図 18　幕末の湯長谷陣屋町（いわき市立考古資料館提供の図を基に作成）

に 40 戸足らずの武家住宅がみられ、これらの武家住宅は全て 2 〜 4 軒長屋となっている。このような武家長屋は、文久年間以降に江戸詰家臣の帰住に伴い建設されたものと考えて支障がない。また、前者の陣屋内

に建物が描かれていないが、後者の陣屋内には多くの建物が記載される。

　地形図に描かれた図をみると、陣屋および武家屋敷地の地形的な様子が判然とする。陣屋の南側は大きく3つの谷で区切られ、比高30m前後の急崖をなす。北側も比高30mのトントン沢となり、要害の地であることが判明する。この図では陣屋内の建物配置、武家屋敷の分布など詳細に知ることができる。また、武家屋敷地と町屋の間を陸前浜街道が通り、町屋も3度折れ曲がった状態が判然とする。『湯長谷藩御陣屋絵図』を基としているため、武家屋敷数および長屋数は、『湯長谷藩御陣屋絵図』と同じである。

　陣屋内の様子については、『湯長谷藩御陣屋絵図』を基に作成された『湯長谷藩御陣屋配置図』(注23) の提供を受けた。陣屋の東・南・西・北西は堀と土塁に囲まれ、北東部は土塁のみである。堀幅は2間余り（約4m）、土塁の高さ4～5尺（1.2～1.5m）であったという (注24)。表門を入ると左側に土塁を鍵型に配置し、門から御殿玄関を見えないように設計され、玄関までは石畳みの道である。玄関を入ると大広間と使者ノ間（後藩庁）、廊下を左へとると右に台所、左側は大広間・殿様ノ居間・次ノ間・時計ノ間などがあり、表御殿・中奥・奥御殿の区分はなかったようである。

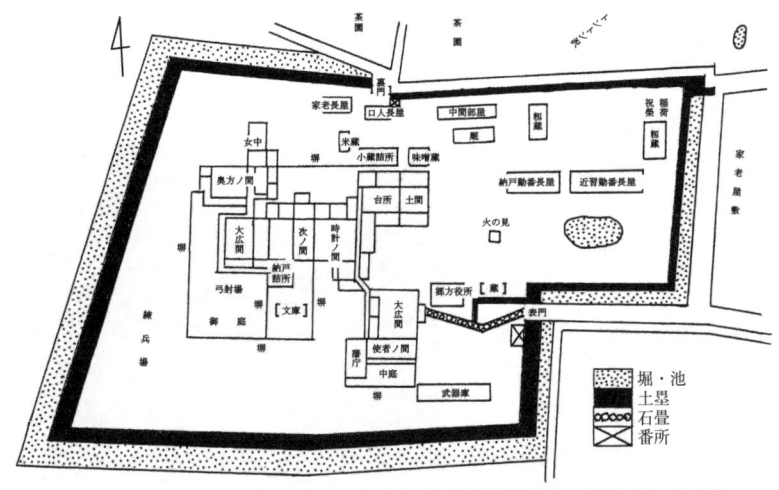

図19　幕末の湯長谷陣屋（いわき市立考古資料館提供の図を基に作成）

御殿規模は比較的小さい。大広間の北に奥方ノ間があった。奥方ノ間は文久年間以降の建築であろう。他に武器庫・籾蔵・土蔵・中間部屋など10棟余りの建物があり、鬼門に稲荷社と祝榮社、西側の土塁内に練兵場があった。練兵場も文久年間以降のものと推測する。陣屋東側の土塁・堀を隔てて家老屋敷、南の土塁・堀を隔て旧馬場、西の土塁・堀を隔て馬乗馬場と馬見所、北側は道路を隔てて茶園となる。

　町屋について、『内藤侯在所奥州磐前郡湯長谷館之図』によれば、陸前浜街道の町場南端に桝形と、20数戸の民家が描かれる。恐らく桝形には木戸があったのではなかろうか。町並は約350mで、東端に高札場があった。町割りをしたような形跡はない。『いわき市史』(注25) に「東方の館下に湯長谷の宿並みを望んでおり、その数二八・二九軒あり城下町らしさをみることができる。……（中略）……みるべき商工業はなかったようで、……（中略）……温泉宿場街の湯本村は六町（二キロメートル弱）ほどの地にあったので、それにたよったのであろうか」と記す。『近世いわきの藩展』(注26) にも、いわき市史と同様な記載がある。『湯長谷藩のしおり』(注27) には「馬市・酒造家・鋳物屋・瓦屋などをふくむ町家が三〇軒ほどで小規模な城下町を形成していた」とある。町の南に海抜32mの独立した小丘陵があり、南西端と北東端の比高は11m余りで、街路は坂道である。

（3）陣屋町の現況

　陣屋跡は、東方から来た広い道路が表門を入った所で北へ曲がり、裏門周辺よりさらに北へ突き抜ける。御殿の大部分は磐崎中学校運動場となり、現在も東側と南側の堀跡・土塁跡が現存し、裏門から東方への土塁も半分近く残っている (注28)。1／2,500

写真8　湯長谷陣屋の堀跡と土塁

都市計画図をみても、堀跡・土塁跡が判然としている。中学校の校舎は
陣屋裏門の西側で、家中屋敷地の広小路手前までである。中学校校舎か
ら一段下がった運動場に「湯長谷藩館址」の碑が昭和 55 年に建設された。
しかし猪狩利夫の著書 (注29) には「湯長谷藩館は現・いわき市常磐上湯
長谷五反田にあり、湯本高等学校敷地として整地され校舎が建立されて
昔の面影はなくなってしまった。グランドに館址と歴代藩主名を書いた
館跡の立札がある」と記すが、磐崎中学校の誤りである。

　旧町屋から陣屋への道路は急坂を登るが、所々に民家が、旧家老屋敷
跡に新しい分譲住宅 8 戸が存在する。陣屋北西の旧武家屋敷地（家中跡）
をみると、大部分は住宅地となるが、所々に畑や林地がある。道路は拡
幅されているようであるが、旧い道路を踏襲する。

　家中跡の北西は桜ヶ丘 1 〜 4 丁目の住宅団地となり、その東側に旭ヶ
丘団地、桜ヶ丘の北に県営湯長谷団地、桜ヶ丘の西は釜ノ前団地となる。
大々的な住宅開発が行われ、地形も大きく改変された。旧陣屋の南側に
あった熊野神社は元の位置に鎮座し、神社の南から西へかけて住宅が開

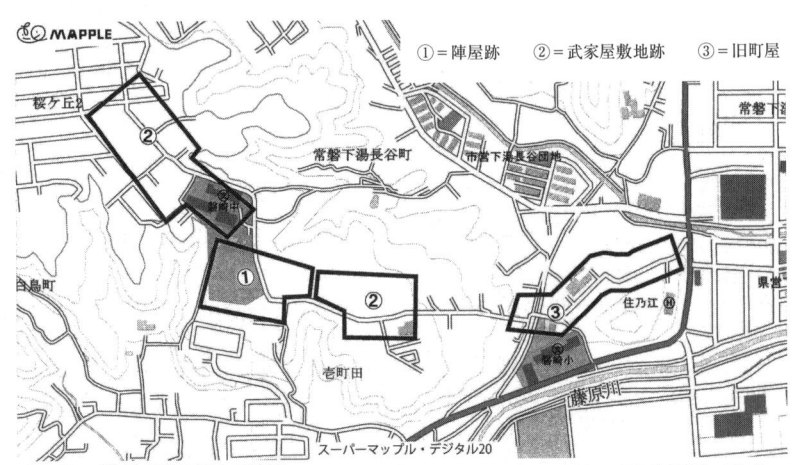

図 20　湯長谷陣屋町の現況　※現況図は「スーパーマップル・デジタル 20」を使用して作成。

発され、常盤白鳥町の団地風民家が並ぶ。全体的にみれば、JR 湯本駅
の西方 1km から南へ、約 2km の間の住宅開発がめざましい。

　旧町屋の西端で、陣屋への道と食違い十字路を北東へ下る道路沿いが

旧町屋である。道路は3回折れ曲がり、町屋風の面影を残すが、町割りをした様子はない。北2km弱の所に陸前浜街道の宿場町湯本宿があった。明和6年（1769）の湯本宿は、本陣1軒、上旅籠4軒、下旅籠1軒、上下木賃宿13軒、町並6町余り（700m弱）、人数875、午110頭と記す (注30)。このように、湯本宿までの距離が短いため、湯長谷陣屋の町屋は30戸位で、大きく発展しなかったと考えられる。

注および参考文献

1）村上直・木村礎・藤野保編；藩史大事典、第1巻、北海道・東北編、雄山閣、昭63、p212。

2）前掲1）、p 212。

3）猪狩利夫；新編江戸時代・磐城近隣諸藩の動向（上）、平電子印刷、平18、p71 の表。

4）前掲1）、p213・216。

5）いわき市教育委員会蔵であるが、未見である。福島県史、第8巻、資料編Ⅰ、近世資料1、昭40、pp311 ～ 327 に全文が活字化されている。いわき市史編さん委員会；いわき市史、近世資料、いわき市、昭47、pp444 ～ 454 では、途中で（中略）として省略する。前掲3）、p69 には、分限帳を表にまとめ掲載している。

6）いわき市史編さん委員会；いわき市史、第二巻、近世、いわき市、昭50、pp482 ～ 484 に、国元・江戸詰の家臣名と当時の家禄を記す。

7）前掲3）、p88。

8）大須賀次郎；磐城史料、坤、清光堂、明45、p82。

9）前掲6）、p871 に、戊辰戦争の戦死者として平52 人、泉5 人と記すが、湯長谷藩の記載はない。

10）前掲3）、p88。

11）前掲6）、p526。

12）前掲6）、p526。福島県史、第3巻、近世2、福島県、昭45、pp141 ～ 142。

13）前掲3）、p86 に、平蔵は笠間藩領の材木商に生まれ、先々代・先代が笠間藩へ献金したことにより名字を許され、片寄姓を名乗る。

14）前掲12）、福島県史、p143。

15）前掲5）、いわき市史、p527。前掲12）、福島県史、p144。小野佳秀；湯長谷藩のしおり、湯長谷城建碑協賛会、昭50、p20 などの表。しかし、福島県史の文久元年の出炭量は誤りと思われる。

16）前掲15）、小野佳秀、p28。

17）前掲6）、p528。前掲12）、福島県史、p143。

18）前掲15）、小野佳秀、p30。

19) 1950 年代以降については、朝日新聞、2015 年 4 月 1 ～ 3 日のプロメテウスの罠、オイルマン 26 ～ 28 による。
20) 前掲 6)、口絵。佐藤ゑみ子氏蔵。
21) 平成 26 年度、第一回企画展、「近世いわきの藩展」、－湯長谷藩－、いわき市考古資料館、付図。大平桜酒造所有。本図には「明治四年辛未年、湯長谷藩廃藩當時之現圖ヲ寫置モノ也、大平義路」と記載する。
22) いわき市考古資料館提供。地形図上に陣屋・武家屋敷・町屋を色分けして記す。しかし、町屋の宅地区分はない。
23) いわき市考古資料館提供。
24) 前掲 15)、小野佳秀、p20。
25) 前掲 6)、p502。
26) 前掲 21)、p6。
27) 前掲 15)、小野佳秀、p21。
28) いわき市教育文化事業団；湯長谷館跡・磐崎中学校遺跡、いわき市埋蔵文化財調査報告 97、平 15、p13 の図。
29) 前掲 3)、p91。しかし同書 p92 に掲載された写真は、磐崎中学校の校舎・体育館と運動場である。
30) 前掲 21)、p11。

6 、泉陣屋（福島県いわき市泉町四丁目）

　元和 8 年(1622)、磐城平城主鳥居忠政 12 万石が出羽山形 22 万石へ転封。代わって上総佐貫から内藤政長が 7 万石で平へ入部した。この時、嫡男忠興は父とは別に 2 万石を賜って同行した。父没後の寛永 11 年 （1634）、忠興は宗家の平藩を相続し、忠興の 2 万石は父の遺言により、末弟の政晴が継いだ。これが泉藩の始まりである。

　元禄 15 年 （1702）、3 代内藤政森は上野安中へ移封され、代わりに上野安中から板倉重同が 15,000 石で入部した。

　延享 3 年 （1746）、2 代板倉勝清の時、遠江相良藩主本多忠如 15,000 石と領地替えを命じられた。以後、廃藩置県まで本多氏が支配した。

　泉は磐城平の南約 10km、湯長谷陣屋の南 4.5km 弱に位置し、藤原川河口に開けた港町である。戦国時代にはすでに港は存在していたようで、『泉の風土と歴史』(注1) に「泉は岩城氏の所領の時代を通じて藤原川（旧

玉川）の川口に出来た港町として栄えた」と記載する。

　泉の北は 80m 前後、西は 100 ～ 170m の丘陵が西方へ続き、東および南は太平洋に面する。平地は陣屋西方の釜戸川を隔てた狭い地域に存在する程度で、丘陵地が複雑に入り組んでいる。現在では沿岸部が埋め立てられ、小名浜臨海工業地帯の中心地域をなす。

　泉陣屋の西方約 4km に陸前浜街道の新田宿があり、新田宿から東へ小名浜往還が通り、往還に沿って陣屋が形成された。新田宿は南 1 里半（約 6km）の植田宿、北 2 里半（約 10km）の湯本宿の中間にあたる小さな宿場（町並 500m 余り）であった。

（1）領主の変遷

　戦国時代の磐城地方は、所領 18 万石を有する戦国大名岩城氏の支配地域であった。岩城貞隆は常陸水戸の戦国大名佐竹義宣の弟で、岩城氏の養子となる。関ヶ原の合戦（慶長 5 年 = 1600）に際し、貞隆は出陣しなかったため、磐城地方 18 万石は没収された(注2)。しかし元和 2 年（1616）、信濃川中島 1 万石として大名に返り咲いた。

　慶長 7 年（1602）、下総矢作 4 万石の鳥居忠政が 10 万石に加増され、磐城平に入部した。泉地方は鳥居氏の支配下に入る。同 10 年、忠政は 2 万石を加増され、12 万石となる。

　元和 8 年（1622）、忠政は 1 代 20 年で出羽山形 22 万石に転封。同年、上総佐貫 4 万石内藤政長が 3 万石の加増を受け、7 万石で磐城平に入部した。同時に、政長の長男忠興は菊田郡 2 万石を拝領している。寛永 11 年（1634）に政長が死去し、忠興は平藩 7 万石を継承するにあたり、父の遺言により、末弟の政晴が忠興の 2 万石を受け継いだ (注3)。これが泉藩の始まりである。政晴は平の高月に住み、泉陣屋はいまだ建設していない。

　寛文 8 年（1668）、2 代正親が菊田郡泉・滝尻両村に泉陣屋や武家屋敷・町屋の建設を始める。そして寛文 11 年頃には、陣屋が完成していたらしい (注4)。3 代政森の元禄 15 年（1702）、上野安中の板倉氏と領地替えを命じられ、安中城主となって転封した。内藤氏は 3 代 68 年の支配であった。

　元禄15年に入部した板倉重同は15,000石であったため、内藤氏時代の5,000石分は天領に組み入れられる。板倉氏2代勝清の延享3年(1746)、遠江相良の本多忠如と領地替えを命じられ、板倉氏は遠江相良へ転封となる。板倉氏は2代44年間の支配であった。

　延享3年に入部した本多氏は、2代忠籌が老中格となり、上野・武蔵両国で5,000石を加増され、都合20,000石となる。忠籌については『磐城史料』(注5)に、「松平越中守定信ト友トシ善シ其老中トナル定信ノ推薦スル所ナリ共ニ清廉ヲ以テ称セラル」と記載され、寛政の改革（1787〜1793）に尽力した。以後、本多氏は廃藩置県まで7代125年間続いた。

（2）泉藩の藩領と家臣団

　『藩史大事典』(注6)によれば、「内藤氏や板倉氏の資料は皆無に等しく、その業績も不明である」と記す。すなわち、内藤氏・板倉氏は江戸初期から中期の初めにあたり、在藩期間が短かったため、資料が皆無に等しいという。

①　内藤氏と板倉氏

　前述のとおり、内藤氏・板倉氏の家臣団については全く不明であるというが、内藤氏の藩領は菊田郡32村・磐前郡8村・磐城郡1村、都合20,000石である。内藤氏の家臣団については、猪狩利夫(注7)によると「政晴が分家する時に付された家臣を[御分け人]といわれ、知行高百石以上五二名、小姓四名、代官五名、鷹匠四名、物頭二名、足軽など総数二〇八人を数えた」と記載するが、家禄の詳細については不明である。

　板倉氏の藩領については、『藩史大事典』(注8)に陸奥国菊田郡15,000石と記載するが、猪狩利夫(注9)によれば、減石となった5,000石は5村であるという。内藤氏の磐前・磐城両郡で9村あったことから、『藩史大事典』と猪狩利夫の村数が合わない。板倉氏の家臣団については、全く判らない。

②　本多氏の藩領

　初期の本多氏の藩領は、磐城地方で2ヵ所に分かれ、1ヵ所は太平洋沿岸地方、他方は西方の丘陵地帯である。陣屋は藩領の東端にあたる。

陣屋周辺には天領・平藩領・湯長谷藩領・棚倉藩領が入り組み、特に太平洋岸地域に湯長谷藩領が食い込んでいる。

　2代忠籌は若年寄・側用人として、松平定信の寛政の改革を助け、寛政2年（1790）には老中格に抜擢され、武蔵・上野において5,000石を加増された。

③　本多氏の家臣団

　本多氏の家臣団については、江戸中期・後期の分限帳は入手できず、手に入ったのは末期の『文久二年本多忠紀御代分限帳』（注10）、および『慶応三年泉藩分限帳』（注11）のみである。

　文久2年（1862）の総家臣数は269人である。幕末のこととて、幕府の軍役人数を順守していないと考えられるが、2万石大名としては総家臣数が少なく、特に足軽・同心が少ない。最高禄は280石であるが、彼は「物頭取次大目付見習」とあるので、元家老を継いだ若年者と思われる。家老は250石の1人で、高取は70〜150石の24人となる。以上が上級武士と考えてよかろう。医師・儒者の家禄10〜15人扶持は、上級武士に匹敵する。無足人並の1人を除く現米取・俵取の88人は中級武士と考えられ、下級武士は金給で74人を数える。足軽・同心は48人であった。

　慶応3年の総家臣数は246人となり、5年間で23人の減少となっている。すなわち士分で7人、合力3人、足軽・同心13人の減である。最高禄は家老の300石、60石以上の高取は26人で、文久2年と変わらず、中級武士は26人、下級武士は99人となる。中級武士は大きく減少して1／3以下、下級武士は1.3倍となった。上級武士で家禄が増加したのは12人におよび、減少したのはわずか3人である。大きく増加した者は100石が200石となり、減少した中には100石が40俵2人扶持になった者もいる。文久の280石、100石1人、70石1人は、慶応の分限帳には出てこない。また、慶応になって新たに高取となった者が3人いた。知行総高は文久の2,570石、慶応の2,990石となり、慶応の方が420石の増加となっている。後述のごとく、文久2年には家禄の大幅な借上米上納をしているのに、慶応には上級武士の家禄が増え、下級武士が増加して、士分における家禄の格差が拡大したように思われる。

	家　　禄	文久2	慶応3	格　　と　　職
知行取	300石		1	家老
	250石・280石	2		家老・物頭
	200石		4	中老
	100～150石	8	8	番頭・用人・大目付など
	70～80石	16	13	物頭・大目付など
現米取	10～15石2～3人扶持	14	22	役人・給人大小姓など
	5～9石2～3人扶持	44	36	大小姓・大小姓並など
	10～15石	6		諸士無席
	代々10石		3	無格
	代々5石	1	1	無足人並
俵取	35俵・40俵2人扶持	1	1	吟味役
	10～15俵2～3人扶持	23	30	給人大小姓・大小姓・嫡子など
扶持取	10～15人扶持	5	6	医師・儒者
	5人扶持	2		医師見習
	月々2人扶持	3	3	無席
金給	5両2人扶持	1		
	5両未満1～2人扶持	73	64	無足徒士・無足徒士並
	無禄・記載なし	1	1	無足徒士並
	小　　　計	200	193	
合力	別表（表38-2）	21	18	
足軽・同心	1～3両1～2人扶持	44	14	慶応4年江戸譜代（3両2人扶持）
	1人扶持	4		
	記載なし		21	泉譜代組
	総　　　計	269	246	

表40-1　文久2年と慶応3年の泉藩家臣団
（文久2年＝『福島県史8』、慶応3年＝『いわき市史9』を基に作成）

名君忠籌の宝暦9年(1759)には藩の借財が大きくなり、久保田平大夫を登用して藩財政の再建にあたらせる。『いわき市史』(注12)に「大借

	禄	文久2	慶応3	備　　考
俵取	20俵	1	1	寺院
	10俵3両2分	1	1	〃
扶持	20人扶持		1	中老の隠居？
	1人扶持300文	16	7	後家・母・女中など
	1人扶持		3	〃
	月々2人扶持		1	〃
金	5両未満1人扶持	3	5	〃
	計	21	18	

表40-2　文久2年と慶応3年の泉藩合力
（文久2＝『福島県史8』、慶応3＝『いわき市史9』を基に作成）

財の返済の外にとるべき方法もこれ無きに付、止むを得ず一万五千石の中、五千石を借財返済にあてる」こととし、「家中の者へ扶助渡し方減少せしめた……」とある。そして天明 3 年（1783）、10,000 両の貯蓄ができた (注13)。しかし、天明・天保の飢饉で出費が重なったのであろうか、文久 2 年（1862）には大幅な家禄の借上げを行っている。

家　　禄	本来の支給高	借　上　米	借上率	借上後の支給額
300 石	105 石	52 石 5 斗	1／2	52 石 5 斗
200 石	70 石	28 石	1／2.5	42 石
100 石	35 石	8 石 7 斗 5 升	1／4	26 石 2 斗 5 升
70 石	24 石 5 斗	4 石 9 斗	1／5	19 石 6 斗
10 石 3 人扶持	15 石 2 斗 5 升	1 石 7 升 8 合	1／7	13 石 4 斗 7 升
8 石 3 人扶持	13 石 2 斗 5 升	1 石 3 斗 2 升 5 合	1／10	11 石 9 斗 2 升 5 合
5 両 2 人扶持	5 両と 3 石 5 斗	1 分	1／20	4 両 3 分と 3 石 5 斗

表41　幕末の泉藩借上米（『いわき市史、第二巻、近世』の表を基に作成）

文久 2 年の借上米上納の一例を『いわき市史』(注14) に記載している。借上米の最も多いのは家老で、表高 300 石が本来は 105 石 (注15)、50％の借上で 52 石 5 斗の支給となった。以下借上率が低下し、下級武士にいたるまで借上げをしている。

（3）本多氏時代の陣屋町

寛文 8 年（1668）に陣屋の造営を始めたというが、内藤氏時代の史料が殆ど存在しないため、いつごろ完成したのか定かではない (注16)。

岡部泰寿 (注17) によると、泉陣屋は原野に構築されたようである。陣屋は藤原川と釜戸川に挟まれた古い浜堤上で (注18)、規模は東 112 間、南 119 間、西 117 間、北 112 間、周囲 473 間 (注19) で、約 14,000 坪であったと考えられる。2 万石大名の陣屋としては規模が大きい。

泉陣屋の絵図としては、元禄 15 年（1702）の『泉城下町絵図』(注20)、年不詳の『本多侯在所奥州菊田郡泉館之図』(注21)、年不詳の『泉城俯瞰図』(注22)、年不詳の『泉館郭内図』(注23) が現存している。

『泉城下町絵図』は墨引き絵図で判然としないが、その説明に「城より東の方が上級武家屋敷で、一戸の敷地は相当に広い。それに対して下

級武士屋敷は城の東北にあって屋敷地は大分狭い。中老の屋敷（居宅）は間口八間、番頭は六間、給人・医師は四間、大小姓並みは二間半、足軽は九尺であった」と記載する。すなわち、上級武士といえども宅地は広いが、母屋規模は小さかったようである。

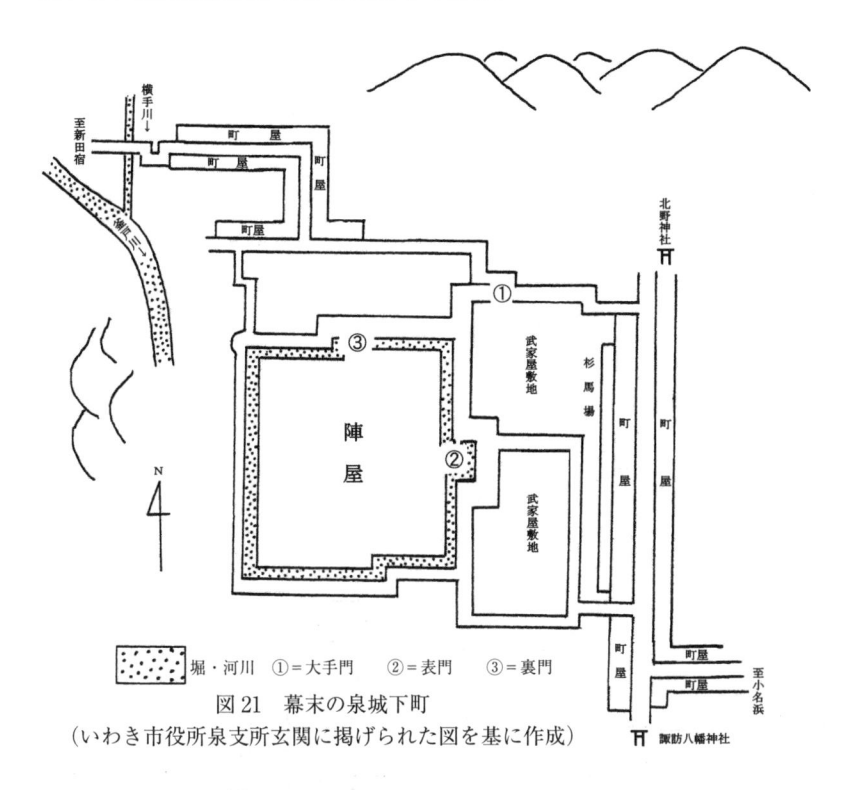

堀・河川　①＝大手門　②＝表門　③＝裏門

図21　幕末の泉城下町

（いわき市役所泉支所玄関に掲げられた図を基に作成）

『本多侯在所奥州菊田郡泉館之図』をみると、陣屋は東向きで、東に表門、北に裏門が存在し、北郭の東で武家屋敷地の北西端に桝形があり、ここに大手門があった。裏門を出て堀を渡ると北郭に出る。陣屋内は表門・裏門の双方に2〜3棟の建物を描くが、周囲の土塁上に樹木が林立するのみで、御殿などの建物は記載していない。北郭は北と西の土塁上に並木が、裏門を出て、堀を渡った道路に沿って5棟の建物が東西に並ぶ。陣屋の東側は武家屋敷地で、北半分は中・下級武士の屋敷地、南半

は上級武士の屋敷地である。上級武士の屋敷地には土蔵と会所、道路に沿って 10 棟前後の屋敷門が描かれる。武家屋敷地の東は、南北に杉並木が並び、その東に杉馬場が存在した。杉馬場の東は横町で、道路に沿って町屋が南北に並ぶ。また、陣屋町西方の宿場町（新田宿）から来た小名浜往還は、横手川の八木屋橋を渡った所に桝形があり、ここから陣屋北郭まで町家が存在する。

　『泉城俯瞰図』は、『本多侯在所奥州菊田郡泉館之図』とほぼ同じであるが、北郭の土塁上に並木がなく、武家屋敷地と杉馬場との間の杉並木もない。

　『泉館郭内図』は2郭の陣屋部分と、陣屋東側の武家屋敷地で、町屋についての記載はない。陣屋は東向きで堀と土塁に囲まれ、土塁上に樹木が生い茂る。陣屋内の建物として館および土蔵など3棟の建物が記され、館の南には築山および池が描かれることから、ここに広い庭園があったのであろう。館の詳細は不明であるが、館の規模は小さかったと推測する。北郭の西・北の土塁上に並木を描き、東部に藩校（汲深館）を記載することから、この図は嘉永5年（1852）以降の図であることが判然とする。この図でも杉馬場西側の杉並木は描かれていない。

　嘉永5年、藩校（汲深館）が北郭東部に建設された。汲深館の敷地面積 538 坪（1,775㎡）、建物 97 坪（320㎡）で、本館1棟、道場2棟、長屋門が存在した。明治6年に汲深館を知新校、明治7年に知新校を泉小学校と改称した (注24)。

　町屋については、正徳3年（1713）の『泉横町の町割図』(注25) が存在する。武家屋敷地東側の通りを横町といい、街村状の集落であった。北の北野神社前から、南は諏訪八幡神社に至る小名浜往還に沿い、中央より少し南へ行っ

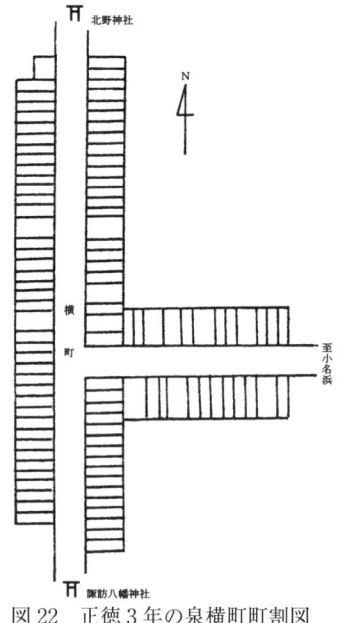

図 22　正徳3年の泉横町町割図

た所で、小名浜往還は東へ曲がる。図には105筆の宅地が記され、小名
浜往還の東端に番所があった。この町場は陣屋建設とともに造成された
もので、主な商人としては磐城屋（回漕業）・大坂屋（旅籠）・竹屋（名主
で土倉）など13戸の屋号を記している（注26）。明治4年頃には約80戸と
記載されるため（注27）、江戸時代を通じて町屋は100戸前後であったと考
えられる。慶応4年（1868）の戊辰戦争で、多少なりとも被害を蒙った
のであろうか。それにしても、2万石大名の町屋にしては家数が少ない。
八木屋橋から陣屋北郭までの町屋については不明である。

（4）陣屋町の現況

　泉駅前周辺は大きく改変され、比較的広い道路が縦横に走る。駅北側
は泉ヶ丘1～3丁目および泉玉露1～7丁目の住宅地となるが、公共施
設としては泉北小学校・泉中学校が存在するのみである。

　駅南側も大きく改変され、駅前を東西に主要地方道小名浜・四倉線が、
陣屋東方から南方にかけては主要地方道いわき・上三坂・小野線が北東
から南西へ通る。さらに350m東を、主要地方道いわき・上三坂・小野
線と平行に国道6号線の常磐バイパスが通じる。泉の中心は主要地方道
小名浜・四倉線沿道であるが、駅前から東400m迄で、商店街といえる
ようなものではない。

　陣屋はJR常磐線泉駅の南側一帯で、陣屋中央を南北に、陣屋北端を
東西に広い道路が建設された。旧武家屋敷地の道路は、いずれの絵図に
も記載されていないので、現在の道路と比較できない。旧陣屋内の現況
については、いわき市の発掘調査で現況を図に示している（注28）。すなわ
ち、いわき市役所泉出張所・泉公民館・市の外郭団体（いわきコンピューター
カレッジ）・泉保育所がある程度で、これといった公的建物はない。旧武
家屋敷地にはJAいわき中部泉支店の他、全域が住宅地となる。

　横町の道路は旧小名浜往還のままであるが、建物はすべて建て替えら
れ、昔を偲ぶことはできない。ただ、横町中央部の吉田家（旧回漕業の
磐城屋）に陣屋裏門が移築されている（注29）。

　1950年代に入ると、石炭に代わる代替えエネルギーとして石油が利用

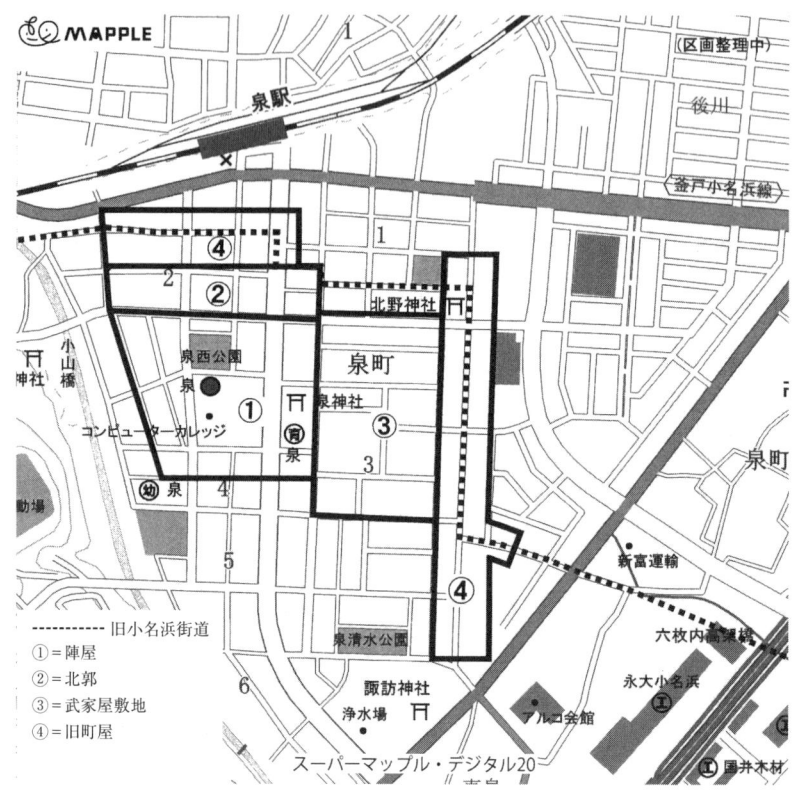

図 23　泉陣屋町の現況　※現況図は「スーパーマップル・デジタル 20」を使用して作成。

されるようになった。そして、1970 年代前半に炭鉱はすべて閉山した。
磐城では小名浜の海岸を埋め立て、冨士興産（後の小名浜石油）の石油基
地が建設される。以後、埋立地は南西へ伸び、藤原川河口を経て、さら
に南西へ伸びた。すなわち小名浜方面から南西へ、第一から第七埠頭、
藤原埠頭、大剣埠頭が建設され、小名浜石油をはじめ、出光興産・ジャ
パンエナジー・日本化成・火力発電所など、石油関連施設が多く建設さ
れている。現小名浜臨海工業地域の中心は小名浜ではなく、泉陣屋町南
東の藤原川河口周辺である。

注および参考文献

1）岡部泰寿；泉の風土と歴史、協和印刷、昭58、p29。

2）前掲1）、p29に「関ヶ原の合戦に兄と行動をともにした。それで徳川家康から二心ありとの理由で謹慎を命じられ領地十八万石を除封され、断絶した」と記す。実際には、兄義宣は徳川方として参戦したが弟宣隆は出陣しなかった。

3）しかし、大須賀次郎；磐城史料、筠軒稿本、巻六、磐城史料稿本刊行会、昭49復刻、p193に「政晴ニ一万五千石を分与シ」と記す。この書物は手書きで、所々に書き足しがある。大須賀次郎；磐城史料、坤、清光堂、明45に活字化されているが、一部省略している。

4）福島県史、第3巻、近世2、福島県、昭45、p89に「泉に引移った時期はたしかではないが、寛文十一年ごろには住んでいたものと思われる」と記載する。

5）前掲3）、p197。

6）村上直・木村礎・藤野保編；藩史大事典、第1巻、北海道・東北編、雄山閣、昭63、p223。

7）猪狩利夫；新編江戸時代・磐城近隣諸藩の動向（上）、平電子印刷、平18、p3。しかし、出典を記載していないので、何を基に記したか不明である。

8）前掲6）、p225の表。

9）前掲7）によると、「減石となった5,000石は合戸村、渡戸村、三坂村、市ヶ谷（一萱）村、中寺村の五村」と記載する。

10）福島県史、第8巻、資料編Ⅰ、近世資料1、福島県、昭40、pp211～220。

11）いわき市史編さん委員会；いわき市史、第九巻、近世資料、いわき市、昭47、pp322～326。

12）いわき市史編さん委員会；いわき市史、第二巻、近世、いわき市、昭50、p441。

13）前掲6）、p228。

14）前掲12）、p441。

15）表高300石の本来支給高105石とあることから、泉藩では物成「三ツ五分」であったことが判る。

16）前掲6）、p223。しかし、前掲7）、p3には「同3年から工事にかかり……翌々年二月から村人も人足としてかり出され、平から応援の人足も来て泉館と城下町は完成した」と記載する。

17）前掲1）、p31に「泉屋敷の見分は寛文七年（一六六七）二月平から七人の役人が来て、亀石ヶ原と鳥替（飼）の内にわたる原に線を引き、この地に定められた」と記す。

18）いわき市教育文化事業団；いわき市埋蔵文化財調査報告書、第31冊、いわき市教育委員会、平4、p6の「泉城跡周辺の地形図」による。

19）前掲4）、p89。

20）前掲12）、p417の図。本多氏蔵。

21）里見庫男監修；図説いわきの歴史、郷土出版、1999、p133の写真。宮田氏蔵。

22）前掲7）、p21 の図。この図は、いわき市役所泉出張所玄関の壁に展示している。
23）前掲4）、付図。佐藤氏蔵。
24）前掲1）、pp57 〜 59。前掲12）、pp477 〜 478。
25）泉横町の町割図。正徳3年は板倉氏の時代である。
26）前掲1）、pp41 〜 42。
27）前掲4）、p97。
28）前掲18）、p12 の「泉城城下町の概念図」。しかし、北郭については記載されていない。
29）前掲1）、p41。前掲4）、p90。前掲21）、p133。前掲1）は説明のみ。前掲4）および前掲21）は写真のみ。但し、いわき市教育委員会事務局文化・スポーツ課文化財係主任主査兼文化財係長加藤高明氏によると、裏門であるかどうか判然とせず、現在調査中という。

Ⅱ、出羽国

出羽国は東西 60 〜 90km、南北 300km と細長く、日本海に面し、東は奥羽山脈により陸奥国と接する。60 余州のうち陸奥国に次いで面積が広く、明治2年に羽後国（秋田県）と羽前国（山形県）に分割された。

江戸末期の出羽国には秋田（佐竹 20.6 万石）、秋田新田（佐竹 2.0 万石）、亀田（岩城 2.0 万石）、本荘（六郷 2.0 万石）、新庄（戸沢 6.8 万石）、

◎＝城下町　■＝陣屋町　▲＝高直り大名の陣屋町
○＝その他の町場

図24　幕末における出羽国の大名配置

庄内（酒井 14.0 万石）、松山（酒井 2.5 万石）、長瀞（米津 1.1 万石）、天童（織田 2.0 万石）、山形（水野 5.0 万石）、上山（松平 3.0 万石）、米沢（上杉 15.0 万石）、米沢新田（上杉 1.0 万石）の 13 藩が存在した。

　羽後国は 4 藩であるのに対し、羽前国は 9 藩となる。羽後国北半に大名がいないのは、山岳地方で、すべて秋田藩の藩領域である。これに対し羽前国は平地に恵まれ、多くの大名が存在した。幕末における大名領の藩領高合計は、羽後国 266,200 石であるのに対し、羽前国は 561,000 石となり、羽前国は羽後国の約 2 倍の大名領が存在していた。

　うち秋田・本荘・新庄・庄内・松山・山形・上山・米沢は城持大名で、秋田新田・長瀞・米沢新田は定府大名であるため、調査したのは亀田・天童の 2 陣屋町と、慶応 4 年（明治元年）に高直り大名となった旗本交代寄合表御礼衆の矢島陣屋町である。

1、亀田陣屋（秋田県由利本荘市岩城亀田町）

　中世より、この地は由利十二頭の分立した地域で、戦国末期には赤尾津氏の支配地域であった。関ヶ原合戦（慶長 5 年 = 1600）後は山形の最上義光の所領となるが、元和 8 年（1622）、3 代義俊の時に最上家は断絶した。

　岩城氏は元陸奥国磐城地方の戦国大名で、18 万石の地を支配していたが、関ヶ原の合戦に出陣しなかったため、取り潰しとなった。元和元年（1615）の大坂の陣後、岩城貞隆は信濃川中島に 1 万石を賜り、再度大名の列に加わった。元和 9 年、吉隆（貞隆の子）は 1 万石を加増され、出羽亀田へ入部した。亀田南東の高城山（170.3m）頂上付近に赤尾津城が存在したが、吉隆は赤尾津城に入らず、高城山北西の山麓（天鷺村）に陣屋を構え、亀田と改称した。しかし寛永 6 年（1629）、兄佐竹義宣の養子となって秋田の佐竹家を継ぎ、亀田藩は吉隆の子（重隆 = 2 歳）が亀田藩を継承、吉隆は亀田藩の後見役となる。以後 250 年近く、岩城氏がこの地を支配した。

　亀田は本荘の北東に位置し、三方を 100 ～ 170m の丘陵に囲まれ、西方が細長く開けている。その中央を衣川の細流が東から西へ流れ、3.5km で日本海に注ぐ。亀田町は衣川が形成した細長い河谷平野の中央部にあたり、亀田で河谷幅は 500m 足らずである。

（1）岩城氏の入部とその藩領

　明応 2 年（1493）、岩城親隆は常陸水戸の佐竹一族の内乱に介入して佐竹義舜を助け、天文 11 年（1542）には、親隆の子重隆が陸奥岩出山の伊達氏天文の乱で伊達春宗を援助し、佐竹・伊達両氏と姻戚関係を結んで戦国大名に成長した。

　天正 18 年（1590）、岩城常隆は豊臣秀吉の小田原攻めに参加し、帰途についた相模国で死亡。跡を継いだのは佐竹義宜の弟貞隆である。

　慶長 5 年（1600）、関ヶ原の戦いに関して、貞隆は兄の義宜と協議し、義宜は徳川方に味方するが、貞隆は兄の意に従って出陣を思い止まる。翌慶長 6 年、徳川家康から「形成観望の罪」で、陸奥磐城地方 18 万石を没収された。

　元和元年（1615）、貞隆は大坂の陣で戦功をあげ、翌元和 2 年に信濃川中島 1 万石の大名となる。しかし、川中島は山岳地帯が多く、大名としての財政基盤は十分でなく、必要な経費を佐竹家より拝借した。元和 6 年、貞隆死去。跡を継いだ吉隆は佐竹氏の保護下に置かれた。

　元和 9 年、1 万石加増の上、出羽亀田へ国替えとなり、寛永元年（1624）から亀田の町造りを始める。寛永 6 年、吉隆は佐竹義宜の養子となり、吉隆の子重隆（2 歳）が亀田藩を継ぎ、吉隆は亀田藩の後見人となった。

　亀田移封時は表高 20,000 石で、内高 19,689 石となり、311 石の不足であった。藩領は出羽国由利郡 79 村で、他国への飛地領はなく、領地は 1 ヵ所にまとまっていた。新田開発により、享保 10 年（1725）までに 7,891 石の増加となり、内高は 27,480 石となる (注1)。

　亀田藩では米以外の収入は殆どなく、財政窮乏の対策として「二千石割（増徴制度）」と、元文 4 年（1739）から家臣の地方知行を蔵米知行に改めた。この頃の借財は 3,000 両となり、宝暦年間（1751 ～ 1764）の借

金は 5,000 両に及んだ (注2)。

　天明 7 年（1787）・天保 4 年（1833）に大凶作、寛政 5 年（1793）に「は
やり病」で多数の死者を出している。また大火が頻繁に起き、宝暦 13
年（1763）に 131 軒、明和 2 年（1765）に 250 軒、嘉永 5 年（1852）には
136 軒を焼失した (注3)。

　慶応 4 年（1868）、戊辰戦争起こる。最初は秋田藩とともに維新軍に参
加した。初期の戦況は奥羽越列藩同盟が有利に展開していること、およ
び関ヶ原の二の舞を怖れ、秋田藩と袂を分かち、奥羽越列藩同盟に参加
した (注4)。同年 9 月 21 日（9 月 8 日に明治と改元）、維新軍によって陣屋
および武家屋敷地を焼き払われた。戊辰戦争は維新軍の勝利に終わった
結果、明治元年（1868）12 月、亀田藩は 2,000 石の減封となる。

（2）岩城氏の家臣団

　亀田藩の家臣団を知る史料として、寛永 6 年（1629）の『知行配分扶
持方切符帳』(注5)、天和 2 年（1682）の『亀田藩分限帳』(注6)、元禄 8 年（1695）
の『亀田藩分限帳』(注7)、元文 4 年（1739）の『亀田藩分限帳』(注8)、嘉
永 4 年（1851）の『亀田藩士籍順列帳・附徒士以下名籍』(注9)、明治 2 年（1869）
の『亀田藩五等士籍』(注10) を入手することができた。寛永・天和は江戸初期、
元禄・元文は中期、嘉永は末期の分限帳である。比較的早い時期の分限帳は
あるが、江戸後期の分限帳が少ない。

　以上の他に、寛永 4 年（1627）の『亀田藩御侍帳』(注11)、天保 6 年（1835）
の『御侍中順帳』(注12) が存在するようであるが、未見である。しかし今
野真 (注13) によると、寛永 4 年は宝暦 4 年（1707）の誤りであろうという。

　寛永 6 年の『知行配分扶持方切符帳』をみると、知行取は 78 人で、
最高禄は 300 石 4 人（内 1 人は御代様）、200 〜 250 石 5 人、100 〜 180 石
16 人、50 〜 80 石 28 人、50 石未満 24 人、不明 1 人となる。江戸初期の
家禄としては、最高禄は少ない。うち 100 石以上の家臣は、江戸で浪人
生活を送っていた時に追従した者である。足軽 1 人（高 10 石）、寺社（高
10 〜 60 石）、大工（高 13 〜 60 石）も高で示される。足軽以下は全員に金
1 〜 3 分または銀 50 匁が付く。馬添・東之衆・鷹師・女房などは中間以

下および女中衆で、すべて 5 人扶持以下・銀 80 匁以下である。他に江戸定番が 22 人おり、1 人は後室様金 120 両、姫様銀 215 匁で、他は 3 人扶持以下または米 5 石となる。当時の亀田藩総家禄は知行 8,887 石、236 人扶持、金 217 両 1 分、銀 1 貫 524 匁、現米 114 石で、家臣総数は 431 人であった。

　天和 2 年の『亀田藩分限帳』では、最高禄は 530 石となり、300 石以上が 6 人、200 〜 295 石 15 人、100 〜 200 石未満 45 人、50 〜 100 石未満 31 人で、知行取総数は 105 人となり、50 年間に 1.3 倍に増加した。家臣総数は 591 人で、寛永 6 年の約 1.4 倍となる。総家禄は知行 13,586 石、1,250 人扶持半、現米 974.5 石（役料を含む）、金 192 両（大判 1 枚を含む）、銀 1,630 匁（銀 3 枚を含む）である。これを寛永 6 年と比較すれば、知行は約 1.5 倍、扶持が 5.3 倍、現米は 8.5 倍となり、金・銀はあまり変わらない。2 万石大名としては、家臣総数も多いし、家禄が多すぎる。

　元禄 8 年は天和 2 年から 13 年しか経過していないのに、元禄 8 年の『亀田藩分限帳』は総人数 651 人で、60 人の増加となっている。知行取の人数は天和 2 年と大差がない。知行取 19 人・扶持取 5 人に家

家	禄	寛永 6	天和 2	元文 4
高 取	600 以上			1
	500〜600 石未満		1	3
	400〜500 石未満		2	1
	300〜400 石未満	3	3	7
	200〜300 石未満	5	15	10
	100〜200 石未満	16	45	62
	50〜100 石未満	29	31	39
	25〜50 石未満	20	13	22
	25 石以下	11	3	35
扶 持	20 人扶持		1	
	10〜19 人扶持	1	8	2
	5〜9 人扶持	1	30	25
	5 人扶持未満	117	435	475
俵	15 俵			17
現 米	10〜20 石未満	200		1
	10 石未満			2
金	120 両	1		
	10 両 7〜8 人扶持			2
	5 両未満			10
銀	100 匁未満	28		3
記　載　な　し				1
計		432	587	718

表 42　亀田藩の家臣団変遷
（和田吉之助・『本庄市史』を基に作成）

禄の記載がないので、総家禄を算出することができない。

　元文 4 年の『亀田藩分限帳』をみると、知行取の最高禄は 617 石 6 升 5 合となり、知行取の半数以上に石以下の端数が付く。このような藩は少ない。天和 2 年と比べれば、300 石以上は 2 倍となり、200 石台が 5 人の減、100 石台が大幅な増加で、50 〜 100 石未満が少し増加した程度である。大きく増加したのは 200 石未満の者で、知行取の最少は 12 石 1 斗 5 升 6 合となった。これら知行取の家禄の上に「四高」と記されることから、当時の亀田藩は表高の 40％支給であったことが判る。扶持取では 5 人扶持以上 27 人で、500 人近くは 5 人扶持未満である。給人の部屋住 17 人はすべて 15 俵で、金銀給は全て女中であった。医師・寺院を除く 50 石以上・10 人扶持以上の上級武士は 106 人となり、中級武士は 25 〜 50 石未満の知行取・5 〜 9 人扶持・現米 16 石の 48 人で極めて少ない。25 石未満・3 〜 5 人扶持未満の大部分および 1 〜 2 人扶持の半数は下級武士にあたる徒士で、残りの 1 〜 2 人扶持は足軽以下の家禄である。

　元文 4 年における 50 石以上の知行取を格・職別にみると、一門はす

家　　禄	一門	家老	者頭	給人	大番	医師	寺社	計
600 石以上	1							1
500〜600 石未満	2	1						3
400〜500 石未満		1						1
300〜400 石未満		6		1				7
200〜300 石未満			2	6				8
100〜200 石未満			8	4 2	3	2	3	5 8
50〜100 石未満		1		2 2	7	4	2	3 6
計	3	9	1 0	7 1	1 0	6	5	1 1 4

表43　元文 4 年における亀田藩上級武士の家格別・家禄別人数
（『亀田藩分限帳・御侍中順帳』（1 ）』より作成）

べて 500 石以上、家老 8 人は 300 石以上であるが、なぜか 1 人は 60 石である。者頭は 100 〜 300 石未満、給人の最高禄は 329 石 3 斗 6 升 5 合であるが、最少は 34 石 7 斗。医師の最多は 131 石 2 斗 8 升 6 合、最少は 50 石である。寺社の 2 ／ 3 は 50 石未満となる。この頃には藩の借財が 3,000 両となり、元文 4 年には家禄の 1 ／ 4 が借り上げられた。さらに宝暦 13 年（1763）年頃には借財が 5,000 両となって、借り上げは 1 ／

2に増大した (注14)。

　嘉永4年の『亀田藩士籍順列帳・附徒士以下名籍』はこれまでの分限帳とは異なり、家禄を記す者はすべて扶持給で239人、残りの590人余りには家禄の記載がない。嫡子で家禄を与えられているのは、着座以上の8人である。亀田藩の扶持1人は1年を365日とし、1日5合の割合で計算するため、通年は1石8斗2升5合となるが、閏月はその日数を加算している。また12人扶持以上は上記の計算で支給されるが、11人扶持以下には「納扶持」と「拂扶持」がある。「納扶持」は表記分の家禄を支給されるが、「拂扶持」は扶持数に応じて「上納引」がなされている。「拂扶持」の11人扶持は3人扶持を、8人扶持は2人扶持、5人扶持は7斗5升、それ以外も扶持数に応じて上納した。徒士以下の家禄の記載はない。最後に記された弐人扶持組として70余人を記すが、これは恐らく新足軽であろうと推測する。いずれにせよ、元文以前の家禄に比べ、上級武士の家禄は大幅に減禄され、一門は1／4に、家老・着座は半分以下となった。

　明治2年の『亀田藩五等士籍』に家禄は記載せず、公族士族3人（一門）、上士20人（家老～物頭）、準上士12人（一騎）、中士42人（給人）、準中士75人（中小姓）、下士182人（徒士以下小役人）、計334人の氏名を記す。他に兵卒（足軽

家　　禄	人　数	備　　　考
35人扶持	3	一門
30人扶持	6	家老
25人扶持	3	当役
20人扶持	3	着座・用人
15人扶持	19	物頭・一騎
10～14人扶持	32	
5～9人扶持	149	
5人扶持未満	24	
無　　禄	45	物頭以下の嫡子
記載なし	22	この項目以上が士分
徒　　士	117	士分として扱われていない
小頭他	54	
職　　人	23	
町村役人	30	
御流格	54	以上が御目見格
足　　軽	160	
中　　間	60	
新足軽	70余	2人扶持組
計	870余	

表44　嘉永4年の『亀田藩士籍順列帳附徒士以下名籍』
　　　（『亀田藩分限帳・御侍中順帳 (2)』より作成）

以下）として、300 人の数字を記載する。家臣総数は 634 人となり、嘉永 4 年より約 230 余人の減少である。これには隠居・嫡子・職人・御流格・町村役人・寺社・女中などは含まれていないためであろう。

　明治 3 年 11 月、亀田藩は他藩にあまり例をみない平均禄を支給している。すなわち、士族（大番格以上）は一律 14 石、卒（下士以下）は 6 石 2 斗 5 升であった。これは身分差のない世になったという理由からであろう。これにより上級武士は大幅な減禄となり、下位者は従来の 2 倍以上となった者もいた (注15)。徒士は卒族に組み込まれている。

（3）江戸末期の陣屋町

　亀田は日本海沿岸より 3 〜 4km東の内陸にあり、南と北を 100 〜 170m の低い丘陵が東西に走り、衣川が形成した狭い谷底平野で、亀田は東西 1,300m、南北 300m の細長い町場を形成している。

　初代亀田藩主岩城吉隆の父は秋田藩初代藩主佐竹義宣の弟で、亀田入部直後から秋田藩との繋がりが強かった。亀田藩は前封地信濃川中島から出羽亀田への転封についても、義宣から幕府に「信州川中島ニ罷在候而ハ遠国ニて義宣指図も罷成間敷被思召候ニ付一倍之御加増ニ而」と記される (注16)。開藩当初から秋田藩との関係が深く、入部直後の検地・陣屋建設も佐竹氏からの全面的な支援によったことから、秋田藩は亀田藩の宗藩的な存在とみなされていた (注17)。

　前述のごとく、佐竹氏の全面的な支援によって、元和 10 年（1624）、赤尾津郷天鷺村に陣屋の建設を始めた。陣屋完成後、亀田と改称する。陣屋町に関する絵図としては、年および表題不詳の『亀田城絵図（仮題）』(注18)、年および表題不明の『亀田城下町図（仮題）』(注19)、明治初期に描かれた『羽後亀田絵図』(注20)、御殿図として描かれた明治元年の『羽州亀田旧城地図』(注21) を入手することができた。

　陣屋は中世山城のあった高城山北西麓の台地で、外堀周辺を西流していた衣川を北へ付け替え、陣屋の北方に郭内（重臣屋敷地）を、その外側に給人屋敷を設置した。中・下級武家屋敷は町場の東に、町場の西には足軽・中間の屋敷を設け、上級武士や中・下級武士および足軽屋敷で

町屋を取り囲んでいる。東北地方において、武士・足軽屋敷で町屋を取り囲んだ陣屋町は 2 万石以上の陣屋町で、陸奥八戸・陸奥一関にみられる。1 万石大名では、町屋を取り囲むだけの武士や足軽はいない。

『亀田城絵図』では陣屋は 3 郭に描かれ、鳥瞰図的な図法である。最も北の郭（三ノ丸？）には 10 棟前後の土蔵や倉庫（木材蔵）・会所、その西端に櫓（太鼓櫓か鐘楼櫓）がある。中央の郭（二ノ丸？）には 2 つの門と二層櫓のような建物、および平櫓・2 棟の土蔵などが記され、前面と中央（御殿への通路）には塀を設置する。最奥の郭（本丸？）は御殿部分で、6 棟の建物と西端に庭園があり、周囲を塀で囲んでいる。

『亀田城下町図』も鳥瞰図で、図全体が扇形で 2 郭をなし、実際の陣屋町の形態と大きく異なる。扇の要にあたる部分が御殿で、御殿の西に庭園がある。御殿前の郭は空地、外堀内は重臣屋敷となり、他は武家屋敷と町屋の区分はできない。

『羽後亀田絵図』は明治初期に描かれた図で、陣屋（城下）町を示す図としては最も詳細であるため、この図を基に検討を加えることとした。

『羽州亀田旧城地図』は明治元年 10 月に描かれているが、戊辰戦争で御殿が焼失する以前の御殿の間取を記している。御殿は北向き、式台を入った 5 室が玄関部分、玄関の左側に台所、玄関から庭を挟んで南に表御殿、表御殿の南側の廊下を挟んで藩庁、さらに南へ廊下・階段を上がると奥御殿である。奥御殿の南東に長局が描かれる。表御殿・奥御殿に上段の間が存在した。

『羽後亀田絵図』をみると、陣屋（城下）町は東西に細長く、平城複郭の偏心型陣屋である。嘉永 5 年（1852）に城主格に列せられたが、城郭建築はしていない。市街地中央の西寄りに陣屋（城）が描かれ、陣屋部分には「御城」と記される。「御城」には建物を記さず、西に岩城家の氏神「天鷺神社」が鎮座する。「御城」の前面に内堀 (注22) があり、内堀と郭内の間は空地となっている。恐らく広小路（武者溜）であろう。広小路から外堀までは 30 戸前後の重臣の屋敷があり、外堀の内側に土塁が築かれている。陣屋正面の入口と東端および西端に桝形が存在した。郭内を取り巻くようにコ字型に 150 石以上の上級武士（給人）を配置す

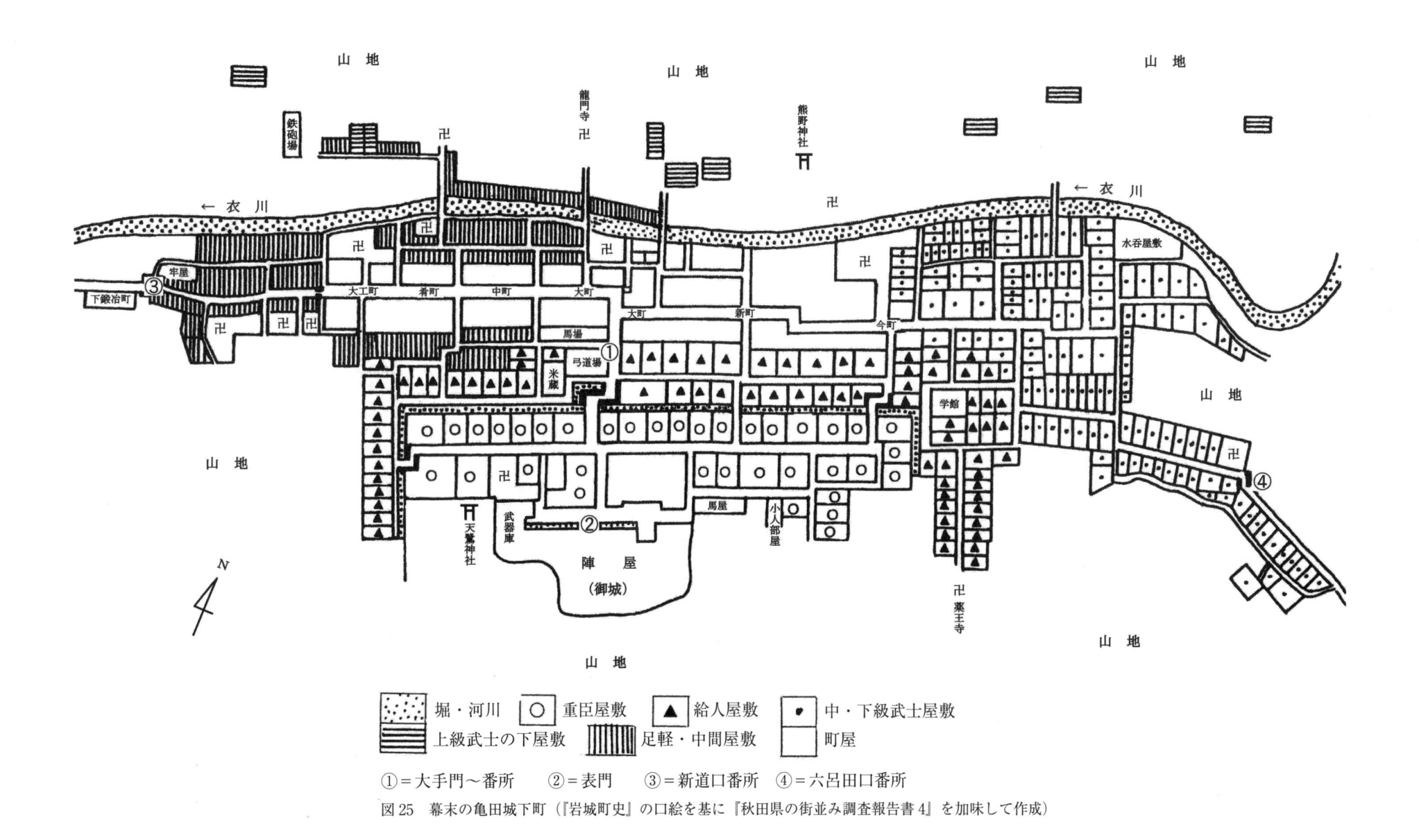

堀・河川	◯ 重臣屋敷	▲ 給人屋敷	・ 中・下級武士屋敷
上級武士の下屋敷	足軽・中間屋敷	町屋	

①＝大手門〜番所　　②＝表門　　③＝新道口番所　　④＝六呂田口番所

図25　幕末の亀田城下町（『岩城町史』の口絵を基に『秋田県の街並み調査報告書4』を加味して作成）

る。郭外では町場の東端と、西端の2ヵ所に桝形を設置している。東端
の桝形には「新道口番所」、西端の桝形には「六呂田口番所」が設けられ、
中央より西側は組屋敷（足軽町・中間町）、東側に中・下級武士の屋敷町（上・
下徒士町）を配置する。これら武家屋敷と足軽・中間屋敷で町屋を取り
囲む。大通に面した町屋は、東から今町・新町・大町・中町・肴町・大
工町と並び、他に鍛冶町・最上町などが存在した。大工町入口に桝形が
存在することから、この桝形以西（最上町）は陣屋町形成後に建設され
たと思われる。最上町は山形の商人を移住させてできた街らしい (注23)。
城下町を示す町名として、武家町では代官小路・徒士町・足軽町・中間
町、町屋として肴町、職人町として大工町・鍛冶町が存在する。道路は
大手道が幅4間弱（約7m）、他の道路は1.5 〜 2間（2.7 〜 3.6m）である (注
24)。衣川を隔てた対岸の山麓に9戸の上級武士の下屋敷をはじめ、岩城
家の菩提寺（龍門寺）、町の惣鎮守（熊野神社）や薬王寺などの寺社があっ
た。町中に10ヵ寺を配するが、寺町は形成していない。

　武士の家禄と屋敷面積の関係をみると、一門・家老が750坪で、他の上
級武士に比し
て極めて広い
が (注25)、出雲
広瀬（30,000石）
の2,000坪、備
中足守（25,000
石）の1,500坪、
播磨山崎（10,0
00石）の1,350

家 禄	屋　敷　規　模		人 数	備 考
	間口×奥行	坪数		
25人扶持以上	25間×30間	750		一　門
18〜20人扶持	10間×20間	200	3 1 6	上級武士
10〜17人扶持	9間×17間	153		中級武士
10人扶持未満	9間×15間	135	2 2 4	下級武士
足軽・中間	4間×15間	60	2 9 0	
計			8 3 6	

表45　亀田藩における家禄と屋敷規模（家臣の人員は嘉永4年の資料による）
（岩城歴史民俗資料館に展示された表を転載）

坪、伊予小松（10,000石）の1,344坪に比べれば狭い (注26)。同様に、中・
下級武士以下の屋敷面積も他藩に比して狭くなっている。
　4代藩主隆韶の時、陣屋内に祠堂が設けられたが、6代藩主隆恕の天
明8年（1786）、城下に移設し、藩校として創設した。儒校を長善館、医
学校を上池館と称し、安政2年（1855）に新築された。長善館は元治元
年（1864）に類焼し、慶応2年（1866）に再建されたが、明治15年に焼

失した。

（4）武家地の現存遺構

亀田藩の現存建物遺構としては、旧武家住宅の鵜沼家・遠藤（旧松村）家、藩お抱え鍛冶の鎌田家が、農水省農山村創生資金で建設された「天鷺村」に移築保存される。他に、秋田中門の代表的な民家も移されている。また岩城氏の菩提寺である「竜門寺」に、歴代藩主の御霊屋および亀田で死去した藩主の鞘堂が存在する。

① 旧鵜沼家（由利本荘市指定文化財）

鵜沼家は上級武士で、説明板に「元和9年（1623）から現在まで十四代を数える旧家で、代々藩主岩城氏の家臣として勤め、学者・家老・俳

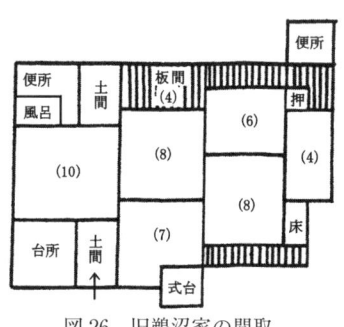

図26　旧鵜沼家の間取

諧宗匠など多くの名士を生んだ。禄は五十石。この屋敷は松村家とともに徒士町から引家移転しており、一部改造されているが一般的な武家住宅で、江戸末期頃の建築と推定される」と記す。

建物は寄棟萱葺き、梁行3.5間、桁行7間、三方に0.5間の下屋を出す。間取は食違い6室型で、式台（玄関）を入った7畳および右側の8畳の部屋

が来客用（表向）となり、後方の部分が居住空間（奥向）と考えられる。部屋名は表示していない。

② 旧遠藤家＝元松村家（由利本荘市指定文化財）

旧松村家は中級武士にあたり、説明板に「代々大坪流馬術師範を以って藩主に仕えた家柄で、元文四年（1739）には二十八石余、嘉永四年（1851）には十人扶持の禄高であった」と記載する。

寄棟萱葺きの建物で、規模も部屋割も鵜沼家とよく似ている。主な部屋には部屋名を表示しているので、来客用と居住空間がよくわかる。板間の半分と土間部分は後方へ突き出し、突出した部分は後補の建築という (注27)。

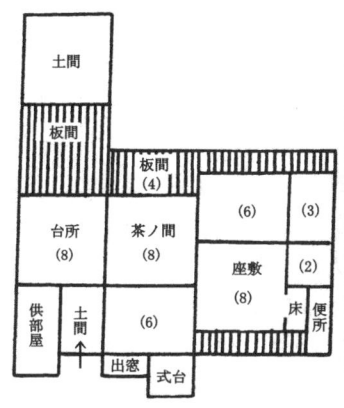

図27　旧遠藤家の間取

写真9　武家住宅（旧遠藤家）（天鷺村へ移築）

③　旧鎌田家（由利本荘市指定文化財）

　鎌田家は代々お抱えの鍛冶師で、説明板に「鎌田家は由利十二頭の赤尾津時代から鍛冶職を家業としてきた旧家。この家屋は鍛冶町から移築したもので、萱葺き屋根であったが、銅板葺きに替えている。御抱え鍛冶となったのは、初代藩主吉隆公の時からで、どんぶり鍛冶の愛称で呼ばれ、代々御抱え鍛冶として四人扶持を与えられていた」と記す。

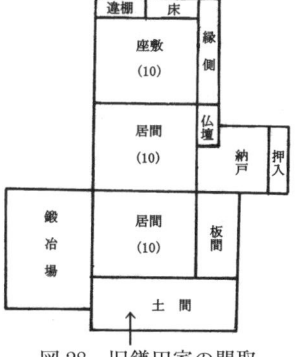

図28　旧鎌田家の間取

④　代々藩主の御霊屋および鞘堂

　亀田藩主のうち、3・4・7・10・11代藩主は亀田で死去し、市街地から衣川を隔てた龍門寺に葬られた。鞘堂は秋田県の指定史跡で、1間の向拝を付し、梁行2間、桁行3間の入母屋造り本瓦葺きである。内部に岩城家累代の位牌、2代重隆と7代隆喜の木像を安置する。五輪塔は亀田で死去した藩主と8代藩主隆永の妻の墓で、宝形造の覆屋内に安置される (注28)。初代は秋田市の天徳寺に、2・5・6・8・9代藩主の5人は江戸で死去し、東京都板橋区の小豆沢総泉寺に埋葬された。

（5）陣屋町の現況

　亀田は奥羽本線から離れ、交通の便に恵まれず、廃藩置県後は武士の離散にともなって衰頽の一途を辿った。宝永 7 年（1707）の家中・町屋は 550 軒余り、明治初期には 837 戸・4,190 人と記され、大正 10 年には 413 戸・1,900 人、昭和 10 年に 379 戸・2,015 人となり (注29)、平成 22 年には 397 世帯・1,090 人となった。明治初期に比べ、戸数や人口は大正・昭和初期と半減するが、平成 22 年には人口が大幅に減少した。これは世帯あたりの人数の減少、すなわち高齢化を物語る。明治・大正の減少は主として武士の離散であり、平成の減少は交通不便な位置関係から、労働市場を求めて、若者が都会へ流出したためと考えられる。人口の減少にともない、商業活動も衰頽している。

　昭和 50 年頃には、旧武家屋敷地・足軽屋敷地の大部分は田または畑となっていた (注30)。現在も旧郭内・旧給人屋敷地に田畑が多く残っている。陣屋（城）跡は亀田小学校となるが、児童数の減少により、平成 25 年に小学校は廃校となった。小学校跡には岩城体育館・学校給食センター

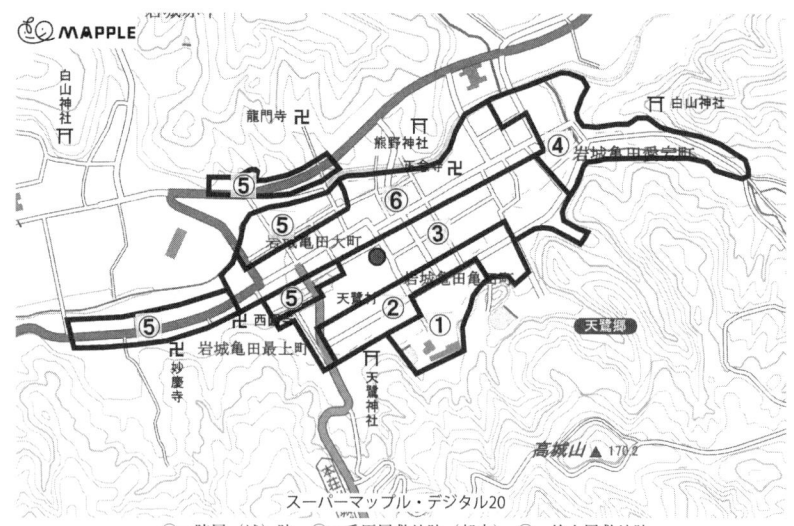

①＝陣屋（城）跡　②＝重臣屋敷地跡（郭内）　③＝給人屋敷地跡
④＝中・下級武士屋敷地跡　⑤＝足軽・中間屋敷地跡　⑥＝旧町屋
図 29　亀田城下町の現況　※現況図は「スーパーマップル・デジタル 20」を使用して作成。

が建設された。

　旧大手門付近から南（陣屋跡）へ、道路の右側（旧大手門西）に由利本荘市役所亀田支所・岩城歴史民俗資料館・天鷺村がある。天鷺村は農水省農山村助成金によって建設された野外博物館で、いわゆる箱物である。歴史民俗資料館の横に5軒の民家を移築保存し、三層の模擬天守閣を建造している。歴史民俗資料館の入口に大手門が復元され、天鷺村への入口となる。天鷺村と道路を挟んで亀田体育館・天鷺総合グラウンドなどが存在する。

　この地は旧郭内中央部、および給人屋敷地である。旧郭内の西半は天鷺団地として、40戸前後の住宅が建設された。

　旧町屋地域をみると、江戸時代に存在した桝形は全て取り払われ、本通は拡幅された。新しく建設された道路としては、旧陣屋西端から南へ主要地方道本荘・岩城線、旧郭内から愛宕町にかけて、旧郭内東端から北へ、旧町屋東端から北へ広い道路が建設されている。他にも部分的に拡幅された道路も見られるが、街路は江戸時代の道路を踏襲している。メインストリートである旧大工町・肴町・中町・大町・新町・今町の6町といえども、商店は殆どなく、所々に更地や駐車場がみられる。

　旧小学校東方に亀田城を建設しているが、歴史的な史料に基ずくものではなく、内部は佐藤八十八美術館と亀田先覚者顕彰館である。陣屋の南西山麓（新亀田城の東）に健康ランドスパーク岩城が存在する。

　昭和30年、亀田町と道川村が合併して岩城町となった折、町役場が奥羽本線に沿う内道川へ移った。それまで小地域の行政中心地であった亀田町は、内道川に行政の中心を譲ったことにより、亀田の衰頽に拍車をかけたと考えてよかろう。

　今後の亀田を考えると、奥羽本線羽後亀田駅から1日数本のコミュニティバスが運行されるのみで、内道川とは異なり、交通の便が極めて悪いことから、これ以上発展する見込みはない。付近に労働市場もなく、益々衰頽していくであろう。市街地は江戸時代より痩せ細り、町家が連続せず、所々に空地がみられる。

　亀田町の公的機関としては、由利本荘市役所亀田支所（職員数人）、天

鷺村の諸施設、二つの体育館ぐらいしか存在しない。

注および参考文献

1）村上直・木村礎・藤野保編：藩史大事典、第1巻、北海道・東北編、雄山閣、昭63、p374。

2）岩城氏（18万石）と亀田藩、岩城町歴史民俗資料館案内資料。

3）前掲1）、p378。

4）前掲1）、p375。

5）本荘市史編纂委員会；本荘市史、史料編Ⅲ、本荘市、昭61、pp309〜315。和田吉之助；亀田藩分限帳・御侍中順帳二、岩城町教育委員会・岩城町史編集委員会、1983、pp3〜8。

6）和田吉之助；亀田藩分限帳、御侍中順帳一、岩城町教育委員会、1978、pp6〜15。

7）前掲5）、和田吉之助、pp9〜17。

8）前掲6）、pp16〜30。

9）前掲5）、和田吉之助、pp21〜39。

10）前掲6）、pp49〜53。

11）本荘市史編纂委員会；本荘市史、史料編Ⅱ、本荘市、昭57。

12）本荘市史編纂委員会；本荘市史、通史編Ⅱ、本荘市、平6、pp199〜202。しかし、家格と職制について述べるのみである。

13）今野真；『本庄市史・史料編Ⅱ』所収「寛永四年亀田藩御侍帳」について、本荘市史研究3、1983、pp30〜31。

14）前掲2）、岩城町歴史民俗資料館案内資料。

15）那須春弥；亀田藩戊辰史、岩城町史、資料編Ⅰ所収、岩城町教育委員会、1997、p122。

16）前掲1）、p374所収の「秋田県庁所蔵文書」。

17）前掲1）、p374。日本城郭大系2、新人物往来社、昭55、p447には「秋田藩・亀田藩は本支関係を保ち、検地・領地の授受等はすべて秋田藩が行った」と記す。大内町史編纂委員会；大内町史、大内町、平2、p232に「陣屋の設定・町割り・検地など、すべての実務は佐竹の家臣によってなされ」とも記す。

18）岩城町歴史民俗資料館蔵。陣屋部分のみ記載。

19）岩城町歴史民俗資料館蔵。陣屋と陣屋町全域を描くが、形は扇形をなす。

20）岩城町歴史民俗資料館蔵。陣屋と陣屋町全域を描く。屏風絵。岩城町史編纂委員会；岩城町史、岩城町教育委員会、1996、口絵に「亀田城下絵図」とあるが、「羽後亀田絵図」が正しい。

21）岩城町歴史民俗資料館蔵。御殿の部屋割を示す。

22）秋田県立秋田工業高等学校建築研究部；城下町亀田・秋田県の街並み調査報告書4、1985、p27によると「城の正面に長さ百メートルほどの幅の狭い水路を通していますが、必ずしも内堀といえるようなものではなかった」と記す。

23）前掲 17）、大内町史、p234 によると「本城時代に山形方面から移住して
　　できた者の町」と記す。
24）前掲 22）、p26。
25）岩城歴史民俗資料館展示史料による。
26）拙著；小藩大名の家臣団と陣屋町（1）・（2）、クレス出版、平 21・23 の該
　　当藩の項を見よ。
27）前掲 22）、p42。
28）龍門寺裏山の岩城家墓所に建つ案内板による。
29）前掲 22）、pp29 ～ 30 によると、宝永 7 年は「御巡見様御案内＝付留書覚印
　　牒」、大正 10 年・昭和 10 年は国勢調査。
30）前掲 22）、p33 の図。

2、矢島陣屋（秋田県由利本荘市矢島町矢島）

　関ヶ原の合戦（慶長 5 年＝ 1600）後、由利地方は出羽山形の最上義光
570,000 石の所領となったが、3 代義俊の元和 8 年（1622）に最上家は改
易された。その後、由利十二頭の一人打越光隆が 3,000 石で矢島に入るが、
寛永 12 年（1635）に断絶となる。

　寛永 17 年（1640）、生駒氏が矢島 1 万石を与えられた。しかし万治 2
年（1659）、弟に 2,000 石を分知し、矢島生駒氏は 8,000 石の旗本交代寄
合表御礼衆となり、大名格として参勤交代を課せられた。そして明治元
年に高直りをし、大名の列に加わった。

　矢島は出羽国（後の羽後国）に属し、羽後国の南西部、即ち秋田県の
南西部にあたる。本荘の南東約 20km で、子吉川が形成した矢島盆地の
中心である。矢島は鳥海山頂から約 20km の距離があり、鳥海山は江戸
中期から後期にかけ、数回にわたり大噴火を起こした。また文化元年
（1804）、鳥海山の大噴火とともに象潟地震が起こり、陸奥の松島と並び
称せられた九十九島・八十八潟の地盤が隆起し、一夜にして蒼海変じて
干潟となった（注1）。現在も象潟の海跡平野の中に当時の島々が点在し、
特異な景観を呈している。

（1）生駒氏の入部とその藩領

　関ヶ原の合戦（慶長5年＝1600）後、由利地方は山形の最上義光の所領となり、家臣の楯岡満茂を由利地方に配置した。満茂は本荘に新しい城を築き、矢島へは弟の楯岡満広を置いた。最上氏3代義俊の元和8年（1622）、家臣間の対立が続き、藩政が乱れたために改易された。

　最上氏の改易後、由利十二頭の一人打越光隆が3,000石で矢島に入ったが、その子光久に嗣子がなく、寛永12年（1635）に断絶となった。寛永17年（1640）、讃岐高松から生駒氏が入部する。

　生駒氏初代親正の生国は美濃国で、織田信長・豊臣秀吉に仕えて武功を挙げ、天正15年（1587）、秀吉から讃岐一国171,800石を賜った。4代高俊の時、家臣の対立が長く続き（生駒騒動）、終に幕府の裁定に持ち込まれた。そして寛永17年（1640）、幕府の採決は讃岐一国を召上げ、堪忍料として出羽矢島1万石が与えられた。

　入部当初の藩領は、旧打越領3,000石、旧仁賀保領7,000石の計10,000石であったが、入部直後に本荘藩六郷氏領仁賀保筋4,600石との領地替えを行った。その結果、矢島筋3,000石余、仁賀保筋1,300石余、大沢筋1,000石余、下村筋4,600石となった。他に仁賀保筋の伊勢居地村は生駒氏（372石）・六郷氏（130石）・仁賀保氏（54石）の相給地となり、伊勢居地村は3領主による分割統治となる(注2)。生駒氏領は表高10,000石であるが、草高は10,272石であった。

　生駒氏の知行地は出羽国中央部の西端近く（明治以後は羽後国南西端）で、東は秋田藩領、北は亀田藩領・本荘藩領、西は本荘藩領・旗本領（仁賀保氏）・幕領となる。所領は1カ所にまとまり、他国への飛地領がないため、支配は容易であったと推測できる。しかし、2万石の亀田・本荘両藩の藩領に比べ、矢島の藩領域が非常に広い。これは亀田・本荘両藩領に比して、面積の割に村高の少ない山間地域を多く含むためである。天保2年（1831）、藩領北東端の大沢郷で、秋田藩と藩領の入れ替えをおこなった。

　矢島生駒氏初代高俊の子高清は、父の遺言により、万治2年（1659）、弟俊明に2,000石を分知し、8,000石の旗本交代寄合表御礼衆となり、参

勤交代を行った。1 万石大名として存在したのは、わずか 20 年足らずである。

　明治元年（1868）11 月 20 日、高直りをして 15,200 石となり、再度大名の列に加わった。わずか 3 年足らずの大名である。

（2）生駒氏の家臣団

　生駒氏の家臣団を知る資料としては、明和 9 年（1772）の『御家中諸士由緒書』(注3)、文政 10 年（1827）の『矢島分限帳』(注4)、明治 2 年（1869）の『職禄位記』(注5)・『官禄役究』(注6)、明治 3 年の『改革士族家禄定』(注7)を入手することができた。明和 2 年・文政 10 年は 8,000 石の旗本交代寄合表御礼衆の時代で、明治 2・3 年は 15,200 石の大名時代である。

　『御家中諸士由緒書』は諸士の由緒を記載したもので、嘉永四年（1851）に大塚正脩が書写し、末尾に「嘉永四年辛亥歳仲冬十七日写畢雖為秘書竊認之必禁他見大塚正脩」と記され、秘蔵の書であるため、他人に見せることを禁じている。この書に記されているのは 38 家で、総家臣の半数にも満たない。資料には本国・生国の他、先祖代々の家禄・役職・氏名・年齢が記載される。その家禄をみると、高 150 石は 2 人、切米 5 石が 2 人、5 人扶持 4 人、3 人扶持 17 人、2 人扶持 12 人、家禄を記載しない者 1 人の計 38 人である。扶持 1 人は 1.8 石であるから、5 人扶持は 9 石となり、高 150 石の 2 人を除けば、他はすべて 10 石未満の下級武士にあたる。

　『矢島分限帳』は江戸と矢島に区分され、士分は江戸 43 人 (注8)、矢島 60 人の計 103 人を記載する。また、この分限帳に天保 9 年（1838）までの履歴も記入される。例えば「天保八酉十月廿石加増」、「天保二卯正月居間給人ニ成ル」などと記す。最高禄は 170 石で、8,000 石の旗本としては一般的であるが、150 石以上の 6 人は多すぎる。うち 4 人は矢島在住である。30 石以上の知行取は江戸 11 人に対し、矢島 6 人となる。高取全員に 3 〜 5 人の扶持が付く。扶持取の大半は 3 〜 5 人扶持で、矢島に 36 人、江戸は 1 人である。矢島に金給者はいないが、江戸は 31 人となり、江戸の生活は消費生活で、多くの貨幣が必要であったのであろう。切米・俵取はすべて矢島居住で、200 俵は高禄であり、「御館外住居」となっ

家	禄	江戸	矢島	計	備 考
知行	150〜170 石	2	4	6	3 人扶持
	100 〃	1	1	2	3 人扶持
	50〜80 〃	7	1	8	1 人＝50 石 5 人扶持、他＝3 人扶持
	30 〃	1		1	3 人扶持
扶持	6〜8 人扶持	1	5	6	
	3〜5 人 〃		2 7	2 7	
	1〜2 人 〃		5	5	
金給	6〜9 両	3		3	3 人扶持
	3〜5 〃	2 8		2 8	1〜3 人扶持
切米	10〜15 石		3	3	2〜3 人扶持
	5〜7 〃		5	5	3〜4 人扶持
俵給	200 俵		1	1	
	20 〃		2	2	
記 載 な し			6	6	
計		4 3	6 0	1 0 3	

表 46　文政 10 年の生駒氏家臣団（士分）
（秋大史学 22 の文政十年『矢島分限帳』を基に作成）

ていることから、豪農で武士に取り立てられた者と推察する。江戸の足軽以下として、足軽 17 人、物書 1 人、中間（臨時を含む）43 人、割場小頭並 43 人を記載し、足軽で 1 人扶持と銭 1 貫 200 文、他は金給で 1 両に満たない。矢島の足軽以下では、足軽 47 人（新足軽を含む）がすべて 2 人扶持、御組二代（中間？）23 人が各々 1 人扶持である。文政 10 年当時の総家臣数は、臨時・新足軽を含め、江戸・矢島を合わせて 277 人であった。

　『職禄位記』は明治 2 年であるため、江戸詰家臣はいなかったのであろう。文政 10 年に比べ、扶持取および俵取が 3 倍以上に増え、金給が殆どなくなり、切米も 1 人となる。足軽以下は記載されず、総計 146 人で、40 年余りの間に士分数は約 1.4 倍となった。増加したのは 5 人扶持以下・20 俵以下の下級武士で、105 人を占め、全体の 70％にあたる。

　『職禄位記』と同時期のものと思われる『官禄役給』には、卒 51 人、新卒 31 人の家禄と氏名を記載する。卒の官禄は 3.6 〜 6 石、新卒は 3.6 石であるが、新卒の 7 人に官禄を記していない。『職禄位記』に記された士分と、『官禄役給』に掲載された卒分を合計すると 228 人となる。

家　　禄		人数	備　　　　考
知行	150～170石	4	扶持なし
	100～140〃	3	扶持なし
	50～90〃	9	1人は50石3人扶持、他は扶持なし
	30〃	1	扶持なし
扶持	6～8人扶持	14	
	3～5人〃	66	
	1～2人〃	34	
金給	7両	1	2人扶持
切米	10石	1	6人扶持
俵給	60・70俵	3	2人＝60俵3人扶持、70俵＝扶持なし
	40〃	1	2人扶持
	20・28〃	3	1人＝28俵4人扶持、他2人＝扶持なし
	20俵未満	3	1人＝10俵1人扶持、他2人＝扶持なし
記　載　な　し		3	
計		146	

表47　明治2年の矢島藩家臣団（士分）　　（『生駒藩史』より作成）

文政10年に比べ、約50人の減少である。

　『改革士族家禄定』は明治3年であるため、前記『職禄位記』が実施されたのは1年間であった。卒族についての記載はない。明治3年には上級武士の家禄は大幅に減禄され、「上に薄く下に厚く」決められている。最高が20石、最少は7石2斗である。総計97人の家禄と姓名を記す。1年前の『職禄位記』と比べれば、士分は50人近くの減少である。恐らく徒士は卒族に組み入れられたためであろう。

　東北地方は度々飢饉に襲われ、矢島領内も例外ではなかった。特に宝暦5年（1755）より3年間、天明3年（1783）・4年・7年、天保3年（1832）から10年にかけて連続的な大凶作に見舞われた（注9）。飢饉の起因は、冷害である。宝暦の大飢饉には「餓死人御領分にて三千余人」（注10）、天明の大飢饉には疫病も発生し、「御家中両町（舘町・田中町）新町、七日町にて死人四十余、八月中在方に右病気にて死人多し」（注11）、天保4年の惨状は最も甚だしく「土用というのに天候一変し、さながら寒中のごとき寒さとなり、……（略）……九月二十六日には三尺余の降雪あり、……（略）……大雪あり稲穂のみのりなし」（注12）と記載する。この飢饉に対して、生駒家では酒田の本間家から金子を借用して米を買い求め、

また豊前中津藩より米 1,000 俵、伊勢津藩より 500 俵を借り受け、領民に施している (注13)。天保 5 年 11 月 17 日、領内各寺院において無縁の餓死者の供養が行われた。供養された人数は 1,075 人である (注14)。生駒家にとっては、大飢饉の際の出費は相当なものであったと推測できる。陸奥一関藩では、このような飢饉の際には家臣に対する大幅な家禄カット (注15) を行っているが、生駒家では家臣の家禄をカットしたのであろうか。

（3）陣屋町「矢島」

　陣屋は子吉川支流荒沢川の西方で、矢島盆地を見下ろす八森山（旧八森城址）に建設された。陣屋の東および南は急崖をなし、陣屋と低地は 20 ～ 25m の崖で区切られる。戦国時代にはこの地に八森城が築かれ、幾度となく攻防が繰り広げられた。その頸部（陣屋と山地の中間）の平坦地に武家屋敷を、町屋は陣屋の崖と千砂利川に挟まれた舘町・新町、千砂利川を越えた緩傾斜地に田中町・七日町・出町が形成された。陣屋は海抜80m 近くである。陣屋から舘町・新町、武家屋敷地から田中町・七日町・出町を見下ろすことができた。陣屋は平城単郭の偏心型である。陣屋町を示す絵図としては、宝暦年間（1751 ～ 1763）のものといわれる『矢島近辺絵図』(注16)、明治 4 年の『家中絵図』(注17) を入手することができた。

　『矢島近辺絵図』では、陣屋の周囲に柵を廻らし、陣屋前に堀があって、堀を渡ると大手門となる。陣屋建物の規模は小さかったようである。堀前には会所・評定所・厩・長屋があり、安政 6 年（1854）、この地に藩校「日新堂」が建設された。堀の北側に馬場と的場があり、武家屋敷地には 50 戸前後の氏名が記れる。武家地西方の山麓に愛宕・愛染・天神・如意輪観音などの堂宇を建設し、鬼門には稲荷・金刀比羅宮を造営している。町屋は鳥瞰図的な描き方で、前記 5 町が記される。新町・出町は陣屋完成後にできた新しい町屋であろうが、正徳 4 年（1714）には既に存在することから、比較的早い時期に成立していたようである。文化 14 年の町屋家数および人口は (注18)、舘町（新町を含む）61 軒・248 人、田中町（七日町・出町を含む）89 軒・358 人、計 150 軒・606 人であった。正徳 4 年の『舘町両際人名記』(注19) によると、新町を含む舘町は「南北

都合六十八軒、内七軒御足軽屋敷」と記載され、「今でも六拾軒位の世帯数には大きな変化がない」とも記す。七日町という町名があることから、三斉市が存在したものと考えられる。

『家中絵図』は幕末の家中屋敷を示した図と考えられるが、図中に「陣屋は古絵図より」と記し、陣屋部分は『矢島近辺絵図』と同じである。武家屋敷は2倍近くに増加し、大きい屋敷地は2〜5つの屋敷に分割されている。このような武家屋敷地の増加は、大名となって多くの家臣を抱えたこと、および江戸詰家臣の帰郷によるものと考えられる。図は明治4年8月22日に完成し、丸森橋以西は武家屋敷地となり、図中に「武家屋敷九十軒、三宮・四寺、二軒空屋敷」と記載する。矢島藩（明治元

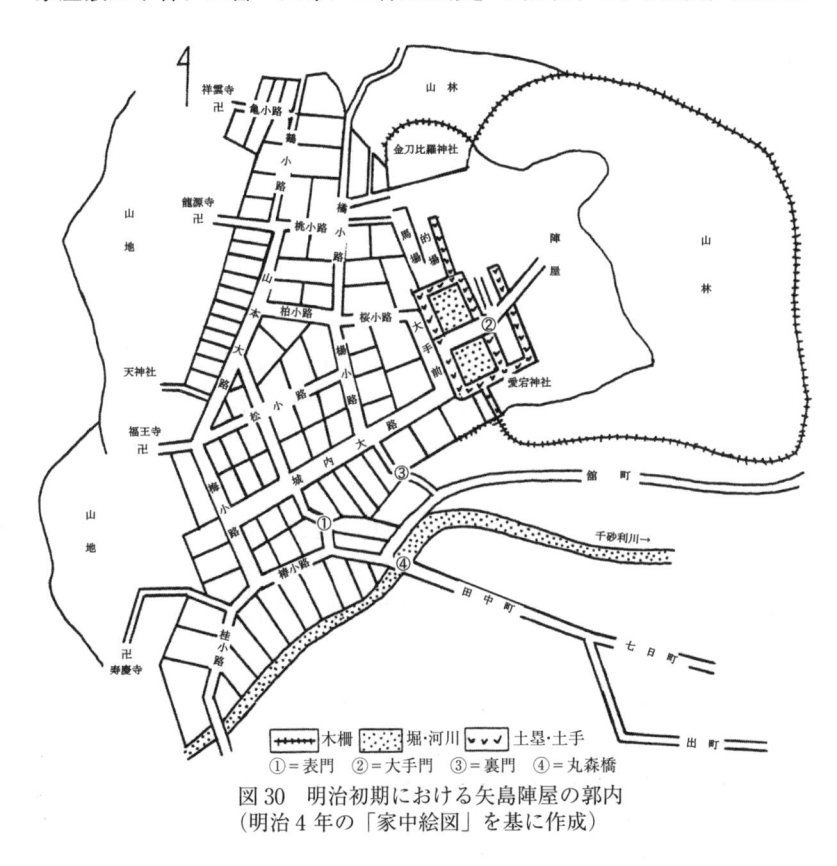

図30　明治初期における矢島陣屋の郭内
（明治4年の「家中絵図」を基に作成）

年 11 月立藩）は戊辰戦争には新政府側に帰順したため、奥羽越列藩同盟（庄
内藩）の攻撃を受け、陣屋・武家屋敷地・町屋の大部分は灰燼に帰した。
被災した建物は、侍屋敷 100 軒、土蔵 23 棟、物置 45 棟、神社 2、寺 3、
足軽屋敷 36 軒、町屋 126 軒（田中町 60 軒・舘町 66 軒）であった（注20）。
図には城内大路・山本大路をはじめ、各街路は○○小路と命名されてい
る。小路名は鶴小路・亀小路（注21）の他は、桃小路・松小路・柏小路等
のように、すべてに樹木名が付されている。なぜ樹木名なのか不明であ
る。

　藩校「日新堂」は、安政 6 年（1859）に創設されたもので、藩校とし
ては早いものではない。藩校は大手前の厩長屋に建設されたが戊辰戦争
で焼失、以後は「矢島藩学校」と改称し、武士・平民の区別なく入学を
許可した。明治 1・2 年は新荘村佐藤甚四郎宅を仮学校、明治 3・4 年は
祥雲寺を学校とする。日進堂時代は通学生 100 人（寄宿生なし）、矢島藩
学校時代は通学生 150 人、寄宿生 20 人であった（注22）。学生の増加は、
平民の入学を許可したためである。

（4）武家地の現存遺構

　矢島は慶応 4 年の戊辰戦争によって、陣屋・武家屋敷地のすべて、お
よび町屋の大半が焼失し、江戸時代の現存建物遺構は全く現存しない。
しかし、明治 2 年に建設された両佐藤家の住宅は保存される。他に明治
初期に建てられた武家住宅の川西家があるが、無住のため詳細は不明。

①　表門付近の石垣

　丸森橋を渡り坂道を登っていくと、途中の道路右側に低い石垣がある。
ここに江戸時代の表門が存在していた（「旧表門跡」の標識あり）。一般には、
武家屋敷地入口にある門を大手門と呼び、陣屋正面の門を表門と呼ぶ場
合が多い。

②　陣屋前の堀と松並木

　幅 7m（4 間足らず）・長さ 62m（35 間近く）の堀と、堀前面の土塁上に
松並木がみられる。ともに江戸時代のもので、今にその面影を伝えてい
る。堀幅 7m は他の陣屋町に比べやや広く（2～3 間が多い）、長さ 35 間

足らずは他所（60～80間）に
比して短い。

③　旧佐藤敏郎家住宅（八森
　　苑）

　佐藤家は生駒高俊に従っ
て讃岐高松から随身した重
臣で、戊辰戦争の兵火によ
り焼失したが、明治2年に
江戸期の様式を取り入れて
再建された。寄棟トタン屋

写真 10　矢島陣屋の堀と松並木

根に幅1.5間の式台が付く。梁間5間、桁行8.5間。式台を入ると10畳
2室があり、右側に8畳2室、右奥に8畳の間が突き出し、奥10畳の左
6畳と合わせて和室6室である。元来は玄関左の板間と、土間部分が台
所であったのであろう。現在は八森苑・矢島歴史交流館として利用して
いる。

　佐藤家の先祖が「栗林公園」を設計した佐藤志摩之助道益で、母屋の
右側に「栗林公園」を模した池泉回遊式庭園が作庭されている（注23）。ま
た、広縁の奥に石庭があり、広縁に座ってゆっくり石庭を眺めながらく
つろげる。他に大正年間に建設された茶室、平成13年建築の道益苑を
合わせて「歴史交流館」と呼んでいる。

④　旧佐藤政忠家住宅

　元は江戸時代の家老加川退蔵の住居で、大手門脇の堀端にあったが、
明治5年に佐藤政忠が購入し、現在地に移設した。明治2年の建築。

　佐藤家は代々仙北大沢郷の大名主（大庄屋）であったが、天保2年（1831）
に領地替えがあり、大沢郷は秋田藩領となったため、佐藤次郎兵衛は矢
島生駒家に抱えられた。その子が政忠である。

　建物は座敷棟と台所棟に分かれ、L字型をなす。座敷棟は、式台を入
ると取次の間（3畳）、奥へ茶の間（8畳）・中座敷（6畳）・奥座敷（6畳）
と続く並列型である。茶の間と奥座敷に炉が、中座敷と奥座敷に床が付
属する。式台・取次の間の左側に書斎（元供部屋？）が存在する。台所

棟には土間・台所・水屋・湯沸室からなり、土間に勝手口を付す (注24)。明治 2 年の戊辰戦争で焼失し、明治 2 年に建設されたためか、家老住宅にしては極めて規模が小さい。

（5）陣屋町の現況

　矢島への公共交通としては、由利高原鉄道鳥海山ろく線（旧 JR 矢島線）が羽越本線本庄駅から通じ、約 1 時間毎で、所要時間は 50 分である。戊辰戦争によって陣屋町の大部分は焼失し、現存する江戸時代の建物遺

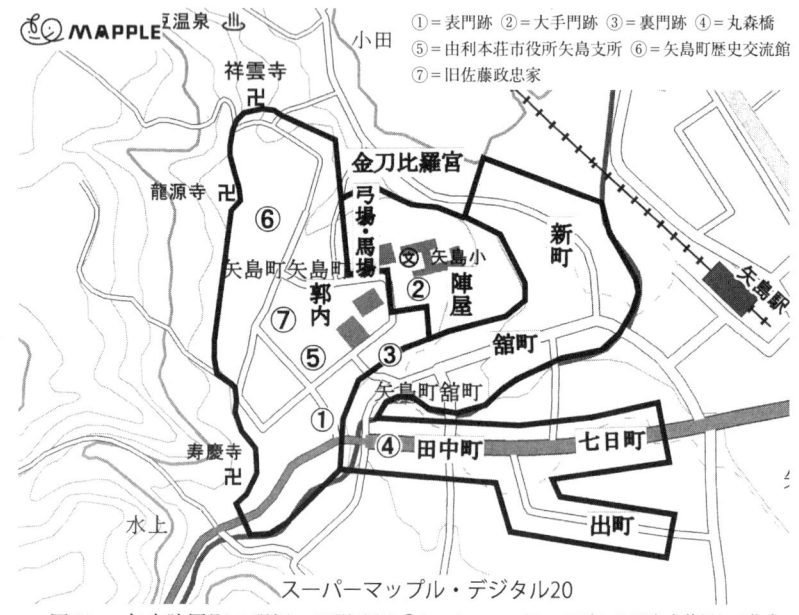

①＝表門跡　②＝大手門跡　③＝裏門跡　④＝丸森橋
⑤＝由利本荘市役所矢島支所　⑥＝矢島町歴史交流館
⑦＝旧佐藤政忠家

図 31　矢島陣屋町の現況　※現況図は「スーパーマップル・デジタル 20」を使用して作成。

構は全く存在しない。現存遺構としては陣屋前の堀と松並木、および表門跡の石垣、明治 2 年に建設された武家住宅 2 戸が存在するのみである。

　陣屋跡は矢島小学校校舎の一部と運動場、馬場・的場跡周辺は矢島小学校校舎の一部と体育館となる。陣屋東端の突出部に、矢島神社・招魂社が建設された。

　武家屋敷跡（旧郭内）では、大手門前から城内大路・桜小路・柏小路

に囲まれた土地は県立矢島高等学校であったが、高校が移転した後は大部分は更地となるが、一部は由利本荘市役所矢島総合支所・矢島格技館となる。祥雲寺・龍源寺・福王寺・寿慶寺・金刀比羅神社は元の位置に存在し、小学校・総合支所の他、公的建物はない。現在、この地域に居住するのは 50 世帯余りで、幕末に比べ戸数は大幅な減少となっている。

　旧町屋地域では、田中町・七日町・出町の世帯数は約 110、舘町・新町は約 90 世帯となり、江戸末期と大差がないように思われる。舘町に矢島商工会館、田中町に郵便局、七日町に公民館がある。矢島駅北側にコミュニティセンター・資料館・保健センターが立地する。

　矢島駅開設後、主要地方道仁賀保矢島線沿いの駅前周辺と、子吉川を隔てた地域（栄町）、および県道笹子矢島線沿いが少し発展した程度で、矢島も山間地域の小都市としての運命をたどり、大きく発展した様子を伺うことができない。

注および参考文献

1 ）矢島町教育委員会：矢島の歴史、矢島町、1969、pp124 ～ 127。
2 ）村上直・木村礎・藤野保編；藩史大事典、第 1 巻、北海道・東北編、雄山閣、昭 63、p389。
3 ）明和五年・御家中諸士由緒書・辰八月日、矢島の古文書散歩 23、秋田県由利郡矢島町教育委員会、2000。
4 ）今村義孝・高橋秀夫・中谷政昭；文政十年『矢島分限帳』について（2）、秋大史学 22、1975、pp39 ～ 53。
5 ）姉崎岩蔵：生駒藩史、矢島町公民館、1976、pp766 ～ 779。
6 ）前掲 5 ）、pp786 ～ 805。
7 ）前掲 5 ）、pp781 ～ 786。
8 ）今村義孝・高橋秀夫・中谷政昭；文政十年『矢島分限帳』について（1）、秋大史学 21、1974、p37 の表では、江戸 39 人となっている。
9 ）前掲 1 ）、pp15 ～ 18・116 ～ 123。
10）前掲 1 ）、pp117 ～ 118。ここには「古記録」または「別の記録」として記載され、出典は記されていない。以下同じ。
11）前掲 1 ）、pp118 ～ 119。
12）前掲 1 ）、pp119 ～ 121。
13）前掲 1 ）、p121。
14）前掲 1 ）、pp122 ～ 123。
15）大島晃一；陸奥国一関藩の加役と面扶持、－俸禄の上納と一律支給にみる

減俸のシステム－、一関市博物館研究報告 10、2007、p18。
16)秋田県立図書館蔵。絵図自体に表題はなかったが、図書館に寄贈された後『矢島近辺絵図』と表題を付された。矢島史料館に保存されるのは「写」であろう。絵図の記載内容から宝暦のものと推定されている。
17）矢島史料館蔵。旧陣屋前の案内板に掲載されている。
18）矢島町史編纂委員会・矢島町教育委員会；矢島町史、下、矢島町、1983、p618 に [文化 14 年 4 月 21 日改め「切支丹宗門人別改帳」による] と記す。
19）秋田県由利郡矢島町・矢島町教育委員会；矢島の古文書散歩 20、矢島印刷、pp59 ～ 61。
20）前掲 5)、p627。
21）目出度いことから付されたのであろう。
22）前掲 5)、pp532 ～ 534。
23）矢島交流館のパンフレット「八森苑・道益苑」による。
24）旧佐藤政忠家住宅のパンフレットによる。

3、天童陣屋（山形県天童市田鶴町）

　天童藩は織田信長の直系でありながら、わずか2万石の小大名に過ぎなかった。織田信長と徳川家康との確執が後々まで影響し、信長直系の織田家2藩（他は大和松山→丹波柏原）ともども、江戸末期にいたるまで貧乏くじを引いたことになる。

　天童織田家は上野小幡に陣屋を構えていたが、明和4年（1767）、7代藩主信邦が山県大弐らの「明和事件」に連座して蟄居を命じられ、養子信浮は出羽高畠へ所替えとなった。その後、藩領に移動があり、天保2年（1831）に陣屋を天童へ移設した。

　天童藩は既に存在した天童宿を町屋とし、宿場の西側に陣屋を構えた。慶応4年（1868）、奥羽鎮撫使の先導を命じられたため、庄内藩により陣屋や町場が焼き払われた。

　天童は山形盆地のほぼ中央で、南の山形へ約15km、北の新庄へ50km足らずに位置する。東は奥羽山脈が南北に連なり、面白山（1264m）から流れる諸河川が山麓に乱川扇状地・立谷川扇状地などいくつかの扇状地を形成している。天童の西を最上川が北流し、広くて肥沃な沖積地をなす。

（1）織田氏の入部とその藩領

　織田信長の次男信雄は、元和元年（1615）、大和松山 3 万石と上野小幡 2 万石を与えられた。同年、四男信良に小幡 2 万石を分封したのが天童織田家の始まりで、小幡に 150 年余り在封した。明和 4 年（1767）、7 代信邦は山県大弐らの「明和事件」に連座し、蟄居を命じられる。家督を継いだ養子信浮は出羽高畠に移封されたが、新しい藩領の大部分は出羽国村山郡で、陣屋が存在する置賜郡はわずか 4,600 石余りであった。寛政 12 年（1800）、陸奥国信夫郡にあった藩領（3,315 石）が村山郡へ移され、村山郡の藩領が 15,667 石余りとなって、陣屋を村山郡の天童に移すことが検討された。文政 12 年（1829）、天童に陣屋の起工が行われ、天保 2 年（1831）に陣屋がほぼ完成した。高畠時代は 2 代約 60 年である。

　高畠 2 代藩主信美の時、陣屋を天童へ移設し、信美は初代天童藩主となる。嘉永元年（1848）、天童 2 代藩主信学の時、置賜郡の藩領（4,640 石余り）が村山郡内に替地され、2 万石すべてが村山郡内となった。幕末の村山郡は広域であるため、明治初期に東・西・南・北の 4 村山郡に分割された。天童藩領は東村山郡約 17,700 石、北村山郡約 2,300 石である。

　藩領は天童の西に 8 村が集中して南北に細長く連なるが、他の藩領は 1 〜 2 村単位で分散していた (注1)。東西 20km、南北 20km 以内に分布し、藩領の大半は平地部（山形盆地）で、山麓部はわずか 3 村に過ぎない。しかし、天童周辺は幕領・山形藩領・下総佐倉藩領・常陸土浦藩領・上野館林藩領・陸奥棚倉藩領が交錯し、藩領支配には気を使ったであろうと推測する。平地部の藩領が多いため、1 村あたりの村高は多く、平均約 1,000 石となる。特に天童村は 4,776 石余りの大村で、天童藩創設前から羽州街道の宿場町として栄えていた。

　慶応 4 年（1868）1 月、信学は藩主の座を 3 代信敏に譲る。同年 3 月、新政府より奥羽鎮撫使の先導を命じられたため、同年閏 4 月に庄内藩の攻撃を受け、陣屋および武家屋敷地・町屋が焼き払われた。同年 5 月、奥羽越列藩同盟に加盟した結果、同年（明治元年）12 月に 2,000 石を減封され、18,000 石となる。天童へ陣屋を構えてから廃藩置県まで、わずか 3 代 40 年余りであった。

（2）織田氏の家臣団

　『天童織田藩政資料』(注2) に寛永 16 年（1639）・享保 3 年（1718）・万延元年（1860）の分限帳が記され、織田家の江戸初期・中期・末期の家臣団を知ることができる。また文久 2 年(1862)の分限帳は、『藩史大事典』(注3) に表としてまとめられている。寛永・享保は上野国小幡時代のもので、万延・文久は天童時代である。寛永・享保については、概略を記すが、詳細については上野国小幡陣屋の項を参照されたし。

　寛永 16 年の分限帳は給人のみを記し、800 石〜 60 石の上級武士 31 人を記載する。享保の分限帳では、高で記される給人、扶持取・俵取・金給に区分される。士分の総人数は 152 人で、60％以上は金給である。給人の合計は 38 人で寛永より増加するが、最高禄は半分に減少している。

　万延元年の分限帳では、最高禄の 300 石が 2 人、200 〜 230 石 3 人、100 〜 180 石 29 人、60 〜 80 石 8 人となり、給人合計が 42 人である。

家	禄	士分	隠居	雇坊主	幼年	計
給人	300〜380 石	2				2
	200〜250 石	3				3
	100〜180 石	29				29
	60〜80 石	8				8
	20〜30 石		3			3
扶持	20 人扶持	1				1
	10〜16 人扶持	26				26
	5〜8 人扶持	3				3
	5 人扶持未満	8	5	7		20
俵	30 俵	1				1
金給	5〜8 両 3〜5 人扶持	29				29
	5 両未満 0〜3 人扶持	76				76
無	禄				7	7
記 載 な し			1			1
計		186	9	7	7	209

表48　万延元年の天童藩家臣団　　（『天童織田家藩政資料』を基に作成）

150 石以上の武士は、寛永の 24 人、享保の 16 人、万延の 9 人となり、時代を追うごとに高禄家臣の人数が減少する。反対に 130 石未満の給人は、寛永の 7 人、享保の 22 人、万延の 33 人と大幅に増加している。万

延の扶持取は享保の2倍以上となり、10〜13人扶持が大きく増加した。金給では10両以上の者はなくなり、大半は4両未満で、それぞれに5人以下の扶持が付く。隠居・雇坊主・幼年を含む人数を士分と仮定して、総計209人となる。足軽以下の記載はない。

文久2年の分限帳は、万延元年より2年を経過したのみであるが、士分総数は10人の減少となる。この分限帳には家禄を記さず、格および職と人数を記載するのみである。

『藩制一覧』(注4)によると、明治2年の士族は127軒、卒族189軒とあり、万延元年・文久2年に比して、士族が大幅に減少している。これには隠居・雇坊主・幼年が除外され、徒士は卒族として扱われたと考えられる。

給人・10人扶持以上・60俵・27両を上級武士とし、5〜8人扶持・30〜35俵・5〜8両を中級武士、4人扶持以下・4両以下を下級武士として区分できる。上級武士は享保の52人、万延の69人となり、中級武士では享保の61人、万延の33人、下級武士は享保の39人、万延の84人となる。140年余りの間に上級武士は増加し、中級武士は大きく減少、下級武士は2倍以上に増加した。しかし、150石以上・15人扶持以上の上級武士は半減している。

高畠時代の織田家では「財政不如意」に付き、家臣から多くの引高を行っているが、天童移設後の資料がないため、天明年間（1781〜1789）の資料 (注5) を取り上げた。家臣は江戸詰・高畠住に区分され、上級武士（70石以上）の引高を示している。これによると、江戸詰は35〜55％、高畠住は40〜67.5％の家禄を引かれている。江戸は何かと物入りであるため、高畠より5％前後の引けが少なかったのであろう。特に、

格と職		家禄（石）	江戸詰	高畠住
家老		300	0.55	0.6
中老・用人		200〜230	0.5	0.55
役　　列		150	0.5	0.55
		130	0.475	0.525
		100〜120	0.45	0.5
		80	0.35	0.425
		70	0.35	0.4
給　　人		180	0.5	0.675
		150	0.5	0.65
		130	0.475	0.625
		100〜120	0.45	0.6
		80	0.35	0.525
		70	0.35	0.5

表49　高畠時代の織田家家臣の引高割合
（『天童市史・中』による）

国元の 130 ～ 180 石の給人は 62.5 ～ 67.5％の引高となり、下級武士の扶
持取にいたるまで減禄されたようである。国元の役列 70・80 石以外の
給人は、すべて家禄が半分以下となっている。幕末になれば、益々藩財
政が逼迫したと思われるので、天童へ陣屋を移設した後も、このような
減禄が度々行われたのであろうと推測する。生活に困窮した下級武士の
ために、米沢藩から将棋の駒の技術を移入し、下級武士の内職として奨
励した (注6)。

（3）陣屋と武家屋敷

　天童陣屋は文政 12 年（1829）に着工され、天保 2 年（1831）にほぼ完
成している。封建社会終焉期の陣屋であるため、また藩の財政事情によっ
て、防御に役立つような堅固な陣屋ではなかった。それでも二重堀と土
塁に囲まれ、体裁だけは整っていたようである。

　陣屋絵図として「元天童御陣屋絵図」が『天童市史』(注7) など多くの
書物に掲載されることから、当時の郭内の様子を正確に伝えていると考
えてよかろう。本図には「右天童御陣屋絵図面也屋敷之長短者不論唯以
間数其形容可知者也」と記載され、さらに「安政四巳年五月写之畢　高
澤佐道」と記す。すなわち、安政 4 年（1857）に高澤佐道によって書写
された『天童御陣屋絵図面』が、近代に入ってから『元天童御陣屋絵図』
として書き写したものであろうと推測する。高澤が如何なる図を基に書
写したか不明であるが、安政 4 年以前の図を基にしていることは確かで
ある。図中の注釈に示されるように、屋敷の長短は正確でないが、その
形状を知ることができる。

　図によると、平城単郭の中核型陣屋で、陣屋は内堀に囲まれる。内堀
は南北 70 間余り（約 126m）、東西 50 間余り（約 90m）、周囲 286 間半（約
516m）、堀幅 7 間（12.6m）で (注8)、堀の内側に幅 3 間（5m 余り）の土塁
を廻らしていた。陣屋面積 3,500 坪（約 11,550㎡余り）は、2 万石大名の
陣屋としては規模が小さい。南に表門・北に裏門・西に馬場への門があ
り、それぞれ内桝形が存在していた。陣屋内には御殿・御内所土蔵・稲
荷が記される。郭内も外堀に囲まれ、周囲 966 間半（約 1,740m）で、面積

58,300坪（陣屋面積を含む?）あり、2万石大名としては平均的な規模である。陣屋の北東に善行寺、南東に三宝寺が存在する。

　郭内東側の中央寄りに大手外桝形があり、外堀の内側にも土塁を廻らしている。外堀は幅3間位(5m余り)、深さ3尺（約90cm）程度であった。北東端に北門(搦手門)の外桝形、南東端近くに南門内桝形が存在した。南門の突出した部分に役所・籾蔵・稲荷が、北西の突出した部分の北と南に門が、

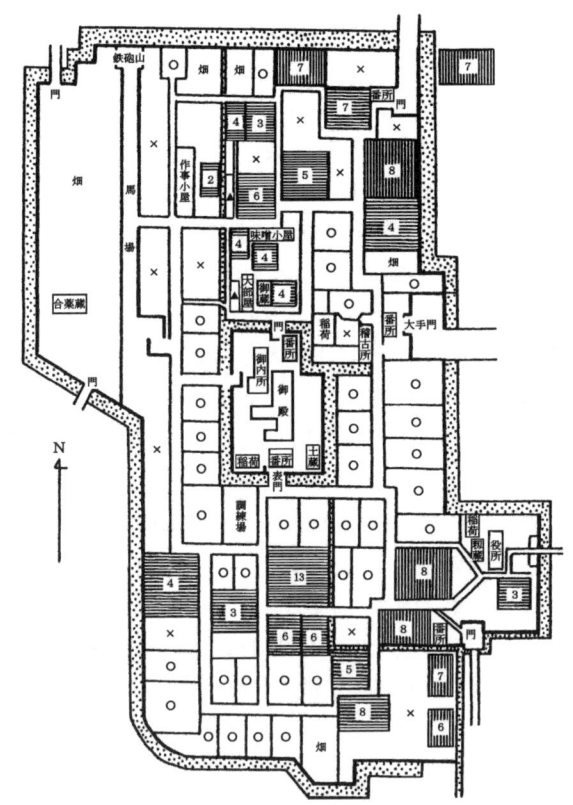

水堀　　士分長屋　　足軽長屋、数字は1長屋の戸数
〇＝給人（上級武士）屋敷　　×＝使用不明地　　▲＝一戸建武家住宅
図32　幕末の天童陣屋と武家屋敷
（「元天童陣屋絵図」を基に作成）

その内側は合薬蔵・畑・馬場・鉄砲山があった。陣屋の北に作事小屋・味噌蔵・大部屋・土蔵があり、郭内の所々に畑がみられる。

　郭内には300坪前後の広い屋敷（37戸）に氏名が記され、これらは上級武士の屋敷と考えて支障がない。37戸は国元家臣の給人（上級武士数）とほぼ一致する。他に氏名を記載した長屋が16棟83戸（7戸に氏名なし）存在するが、これらは中・下級武士の長屋と思われ、うち10棟に長屋の桁行を記している。氏名を記していない長屋が7棟51戸分あっ

て、うち3棟に長屋の桁行を示す。これら氏名のない長屋は足軽長屋と思われる。桁行を記した長屋をみると、1戸分の間口が判る。士分と思われる長屋の1戸あたりの間口は2.23 〜 4.4 間となり、平均して3.25 間となる。足軽長屋は1.5 間か1.75 間、平均 1.58 間となるが、いずれも奥行は不明である。中・下級武士の1戸あたり建坪面積は 15 〜 20 坪、足軽で7 〜 10 坪で、広い居住空間でなかったことが判る。足軽長屋は北門または南門を入った付近に存在する。

格		戸数	平均間口
士分	6 間	2	3.0
	15 間	6	2.5
	17 間	4	4.25
	17 間	4	4.25
	18 間	5	3.6
	18 間	6	3.0
	18 間	6	3.0
	22 間	5	4.4
	26 間	8	3.25
	29 間	1 3	2.23
計（平均）		5 9	3.25
足軽	12 間	8	1.5
	12 間	8	1.5
	14 間	8	1.75
計（平均）		2 4	1.58

表50　天童陣屋の長屋
（『元天童御陣屋絵図』より作成）

　藩校「養正館」の設立は文久3年（1863）で、藩校の設立としては遅い。「養正館」は慶応4年（1868）閏4月4日の庄内軍侵攻により焼失、明治3年に再建されたが、翌4年8月29日の山形県併合により廃止された。養正館は陣屋南東部の郭外に建設されたようであるが、図には記載されていない。

（4）羽州街道の宿場町「天童」

　『天童宿関係資料』(注9)に文化13年（1816）の町場絵図があり、「天童御役所江奉差上候図面写」と記載する。天童御役所とは、高畠藩の天童役所のことである。文化13年は天童へ陣屋を移設する15年前のもので、各戸の屋敷には間口・奥行と宅地面積・年貢・名前が記される。これによると、60坪未満の宅地は12筆に過ぎず、最も多いのは120 〜 180坪で138筆を占め、600坪以上の宅地が4筆みられる。通常、宿場町の宅

2畝未満	2〜4畝未満	4〜6畝未満	6〜8畝未満	8畝〜1反未満	1〜2反未満	2反以上	不明	計
1 2	8 1	1 3 8	6 0	3 5	2 7	4	7	3 6 4

表51　天童宿町家の宅地面積　　　（『天童市史編集資料13』の絵図を基に作成）

地面積は狭く、平均して 100 坪前後、大きい宅地でも 200 坪である。天童では大部分が 100 坪以上となり、200 坪以上の宅地は 100 筆（30％近く）に達する。また、通常は名前の上に屋号を記すが、天童では百姓と名子 (注10) のみで、職業などは記されていない。純然たる宿場であるが、すべての住民が百姓として登録されていたようである。恐らく商工業については、農間余業として扱われていたのではなかろうか。364 筆の宅地のうち、百姓と記されたのは 290 筆、名子と書かれたのは 63 筆で、中には 1 屋敷に 2 戸ないし 3 戸の名子が居住している場合もある。名子屋敷は中央部（田町・三日町・五日町）に少なく、両端の中町・一日町に多い。各町に郷蔵を記載するが、三日町・五日町の郷蔵は中町に存在している。中町に「御役所」と記された 500 坪余の土地は、高畠藩（天童移設前の織田藩）の天童役所と考えてよい。三日町に存在する御蔵屋敷分（6 畝 24 歩＝ 204 坪）は、高畠藩の御蔵であったと考えて支障がない。

　天童宿は一日町・五日町・三日町・田町・中町・小路町の 6 町からなり、『天童市史編集資料 1』 (注11) によると、宝暦 10 年（1760）に 409 軒（本百姓 266 軒、名子・水呑百姓 152 軒、寺 5、山伏 2）と記され、月に 1・3・6・9 の付く日に市が立った（12 斉市）。寛政 4 年（1792）頃に編集されたという『補出羽風土略記』 (注12) に、「天童は山形より三里北、駅路にて大郷也。俗に天童千軒という。……（中略）……尤繁盛の地なり」と記されるように、山形北方では大きな宿場町で、街村をなしていた。明治 19 年の『山形県東村山郡全図』 (注13) にも、大きな街村状の集落をなしている。宿場の北端から南端まで 12 町 11 間（約 1,340m）あり (注14)、天童宿を通過する大名は陸奥の弘前・黒石、出羽の秋田・亀田・本荘・矢島・庄内・松山（松嶺）・新庄藩で、10 万石以上は弘前・秋田・庄内、新庄は 6 万石、他は 3 万石未満の小藩大名である。矢島は参勤交代を必要とする旗本交代寄合表御礼衆で、明治元年に高直り大名となった。しかし文化 13 年の絵図には、本陣・脇本陣・旅籠・問屋・伝馬所等は記載していない。『天童市史編集資料 1』図の末尾に、各町の百姓代・組頭・名主の名と印が記されている。

　文政 12 年（1829）の『天童宿家数并老野森村久野本村迄印帳』 (注15)

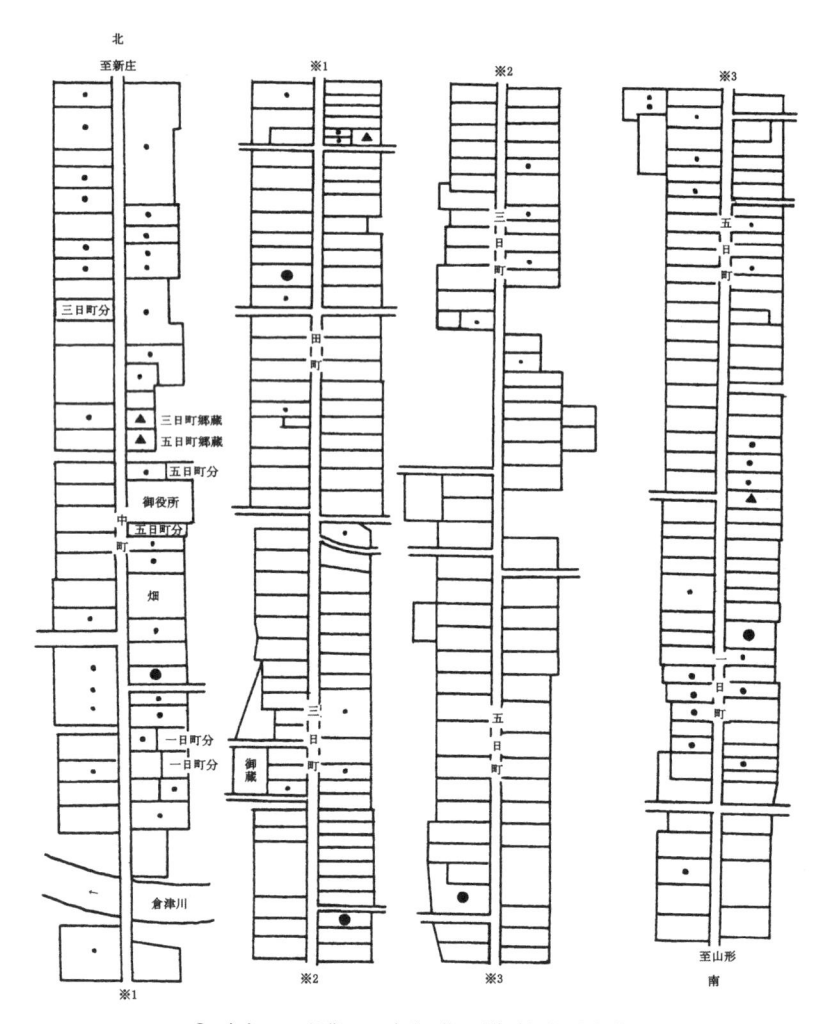

● = 名主　▲ = 郷蔵　・ = 名子　他は百姓（小路町を除く）

図33　文化13年の天童宿場町
（「天童御役所江奉差上候絵図面写」を基に作成）

が存在するが、宅地の区画もなく、名前のみを記載し、本陣・郷宿・名主や
屋号、および27戸に職業を記す。前記、文化年間に天童御役所へ提出され
た『絵図面』から13〜14年しか経過していないが、名前が変わった者も多く、

対比は不能に近い。文政12年は織田家の天童陣屋の起工が行われた年で、いまだ天童陣屋は完成していない。ここには天童宿の北に連なる老野森村（常陸土浦藩領）・久野本村（幕領）も記載され、天童に続く町場を形成していたようである（注16）。文政12年における天童6町・老野村・久野本村の職業をみると、宿場町であるため旅籠屋が最も多く8軒存在した。『ふるさと三日町のあゆみ』（注17）によると、旅籠屋は本陣・脇本陣・郷宿を加え、三日町に6軒、五日町に5軒と記す。老野村・久野本両村をくわえると、大工6軒、屋根葺・髪結・穀屋・染屋が各3軒、石切（石工）・湯屋・綿屋が各2軒で、他に4種の職業があり、総計36軒の商人が記載される。仙台屋・玉屋・日野屋・水戸屋などの屋号のある家を11軒記すが、これらの家も何らかの商売をしていたのではなかろうか。また、旅籠屋は五日町と三日町に集中することから、宿場町「天童」の中心は五日町・三日町であったことが判然とする。

　文政12年の問屋は新兵衛、天保9年には庄蔵と兵作、天保12〜文久年間は相沢竜二である。文政12年の本陣は鱗屋、天保9年には竹屋と記し（注18）、名主も文化13年と文政12年で異なる町もある。名主や本陣・問屋は世襲である場合が多いが、天童では世襲でなかったようである。

（5）陣屋町の現況

　現在の天童といえば、将棋の駒と温泉が有名である。将棋の駒は江戸末期から下級武士の内職として始められ、現在も伝統産業として受け継がれ、今や全国シェアの90％を占める。天童温泉は有名な割に開発は遅く、明治44年である（注19）。温泉はJR奥羽本線天童駅の東約1.5kmで、12〜13軒の旅館やホテル（ビジネスホテルを除く）があり、周辺に温泉観光センター・広重美術館・足湯（2ヵ所）・道の駅「天童温泉」・オルゴール博物館などが存在する。

　旧武家屋敷地をみると、陣屋東端をJR奥羽本線（山形新幹線）が南北に通過し、陣屋跡地は線路を除いて一戸建の住宅地となる。馬場や鉄砲山以西、および畑・合薬蔵があった地域は天童南部小学校となり、大手門を入って少し西へ行った所に調武館・稽古所跡が残る。他の武家屋敷

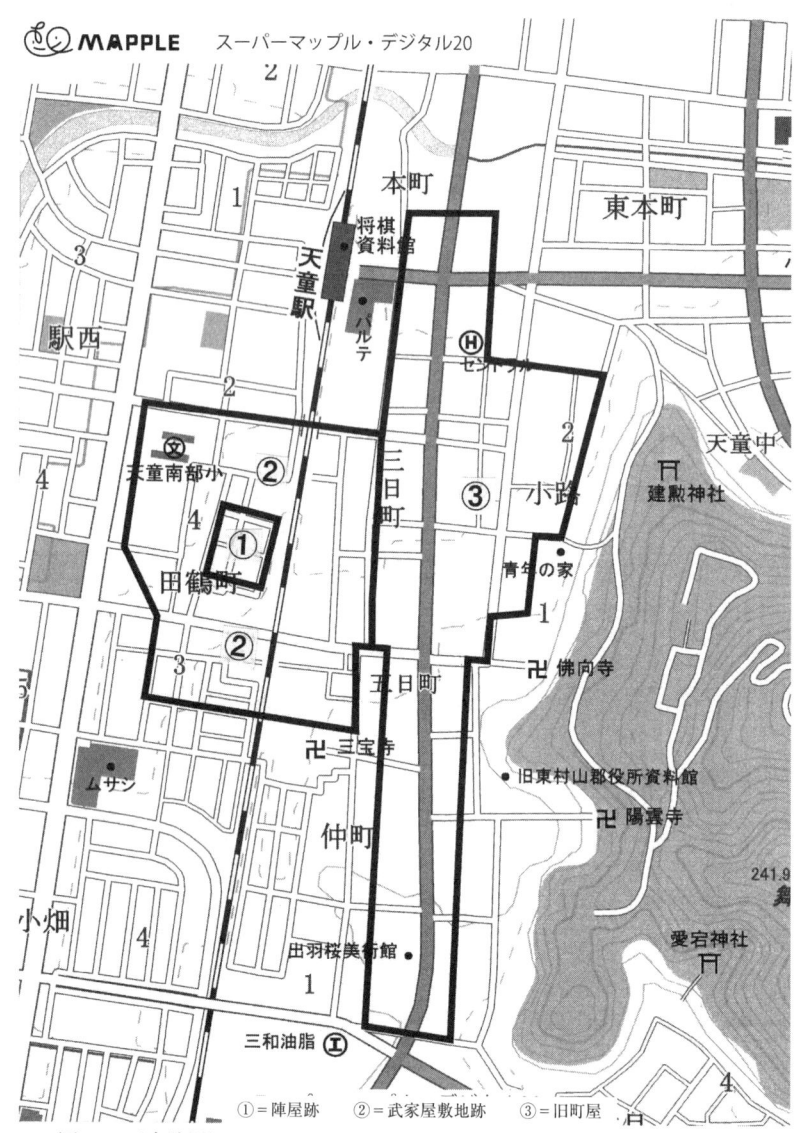

図34　天童陣屋町の現況　※現況図は「スーパーマップル・デジタル20」を使用して作成。

①＝陣屋跡　②＝武家屋敷地跡　③＝旧町屋

地は静かな住宅地となった。昭和34年頃には武家長屋が残存していた
ようで、『私たちの街・田鶴町』(注20) に、当時の大きな武家長屋2棟の

写真が掲載されている。また最近まで、武家屋敷地北側に堀と土塁が現存していたようであるが、市街地開発の一環として、昭和61年から天童駅西土地区画整理事業をするため、昭和63年に発掘調査が行われた。その結果、土塁の高さは内側で0.8〜1m、水濠面から1.8m、堀幅5〜6m（3間堀）であったらしい (注21)。現在、武家地北側の土塁・堀跡は広い道路となり、武家地跡（陣屋・郭内）に小学校と幼稚園がある程度で、他に公的建物はない。

　旧町屋地域を南北に通じる羽州街道は、倉津川から南へ三日町南端まで道路は拡幅されたが、倉津川以北の老野森・久野本や五日市以南の道は狭い。天童駅前から東へ、天童温泉を経て国道13号線に通じる広い道路（県道若松・天童線）が建設された。現在の天童市中心部は、市街地中央部の老野森1・2丁目周辺で、市役所・市民文化会館・中央公民館・図書館・美術館などの公的建物が集中する。駅前周辺が天童最大の商業地域と思われるが、大きな商店街は存在しない。

　旧羽州街道に沿う宿場町は発展せず、商業も盛んではなく、公的建物は存在しない。しかし、旧陣屋・旧武家屋敷地・旧町屋の人口は大幅に増加している。

　三日町・五日町・一日町の東に舞鶴山（241.9m）が存在し、明治3年、山頂付近に織田信長を祀る建勲神社が創建された。しかし山頂付近は狭く、大祭に負傷者が出たため、明治17年に舞鶴山西側中腹へ遷座した (注22)。北麓に善行寺（陣屋北東の寺と同名）・仏向寺があり、旧東村山郡役所資料館が存在する。文政13年（1830）、陣屋建設とともに三宝寺を織田家の菩提寺と定め、境内に織田家の御霊屋が建設された (注23)。現在の御霊屋は戦後の再建で、織田家歴代の藩主を合祀する。

　山形新幹線が開通したが、単線の奥羽本線を拡幅しただけで、新幹線専用路線とは異なり、停車駅も多い。平均時速は70km前後で、山形へ約10分、新庄へ30分余りかかる。東京へは直通運転されるが、運転回数は少ない。しかし新幹線を利用すれば、東京へは3時間の時間距離で、天童の初発列車に乗ると東京着9時12分、東京終発19時16分で、日帰り旅行が可能となった。

注および参考文献

1）山形県立図書館提供、山形縣東村山郡全図、明治 19 年。山形県史、要覧別編Ⅳ、山形県、平 1、p253 の図。
2）天童織田藩政資料、天童市史編集資料 27、1982、pp93 ～ 124。
3）村上直・木村礎・藤野保編；藩史大事典、第一巻、北海道・東北編、雄山閣、昭 63、p458 に文久 2 年の分限帳として、士分総数 176 人を記し、家格（役職）別の人数を記載する。
4）天童市史編さん委員会；天童市史、下、天童市、昭 59、p59 の「藩制一覧表」による。
5）天童市史編さん委員会；天童市史、中、天童市、昭 62、pp570 ～ 571 の「石高一覧表」による。
6）天童・織田館北部発掘調査概要、天童市埋蔵文化財調査報告 4、平 1、p4。織田藩と天童、天童市立東村山郡役所資料館特別展記念誌、平 20 再版、pp21 ～ 22。
7）天童市史編さん委員会：天童市史、別巻、下、文化・生活編、天童市、昭 59、pp92 ～ 93。
8）一般的な陣屋の堀幅は 2 ～ 3 間で、天童陣屋の内堀の幅は広い。
9）天童宿関係資料、天童市史編集資料 13、1979、pp148 ～ 172。
10）中世の名子は本百姓に隷属する農民をさすが、江戸時代には小作農民、または借家人をさしたのであろうか。
11）前掲 5）所収、pp321 ～ 322、天童市史編纂資料 1。
12）前掲 5）、p321。
13）前掲 1）、山形県東村山郡全図。
14）前掲 5）、pp322 ～ 323。
15）前掲 9）、pp175 ～ 184。
16）前掲 9）、pp322 ～ 323 によると「天童宿から北、老野森・久野本村へと町場が続き、天童宿の南端から久野本村まで 20 町 34 間（約 2,260m）に及んだ」と記す。
17）天童市三日町青壮年会；ふるさと三日町のあゆみ、豊田太印刷所、平 12、pp22 ～ 23。
18）前掲 5）、pp323 ～ 324。
19）東村山郡役所記念館の方のご教示による。
20）私たちの街・田鶴町編集員会；私たちの街・田鶴町、田宮印刷、平 12、pp44 ～ 45。
21）前掲 6）、天童・織田館北部発掘調査概要、pp6 ～ 12。
22）前掲 7）、pp94 ～ 95。建勲神社；織田信長を祀る天童市舞鶴山・建勲神社、パンフレット。
23）前掲 5）、p269。前掲 22）、建勲神社パンフレット。

第3章
北関東の大名陣屋町

陸奥国

越後国

上野国

信濃国

常陸国

太平洋

武蔵国

甲斐国

下総国

東京湾

　北関東とは常陸国（茨城県）、下野国（栃木県）、上野国（群馬県）の3国を指す。いずれの国も、関東平野と北部の山岳・丘陵地帯を含む。常陸国北半では阿武隈高地の南端部（最高は花園山の798m）、八溝山地（最高は八溝山の1022m）が存在する。下野国東端では八溝山地が南北に走り、西は那須岳（1917m）から北西の白根山（2578m）に至る2000m級の山々が連なる。上野国北部は2000m級の山々が東西に、西も2000m級の関東山地が南北に伸びる。

Ⅰ、常陸国（茨城県）

　常陸国は関東地方の北東部にあたり、東は太平洋に臨み、西は丘陵性の八溝山地で、下野国に接する。南は利根川の流域となり、霞ヶ浦の湖水と低湿地で、水郷地帯と呼ばれ、下総国に連なる。常陸国の北半は丘陵性の山地で、南半は関東平野である。

　江戸末期の常陸国には、水戸（徳川350,000石）・宍戸（松平10,000石）・府中（松平20,000石）・笠間（牧野80,000石）・麻生（新庄10,000石）・土浦（土屋95,000石）・牛久（山口10,017石）・谷田部（細川16,300石）下館（石川20,000石）・下妻（井上10,000石）の10藩が存在した。水戸は御三家、宍

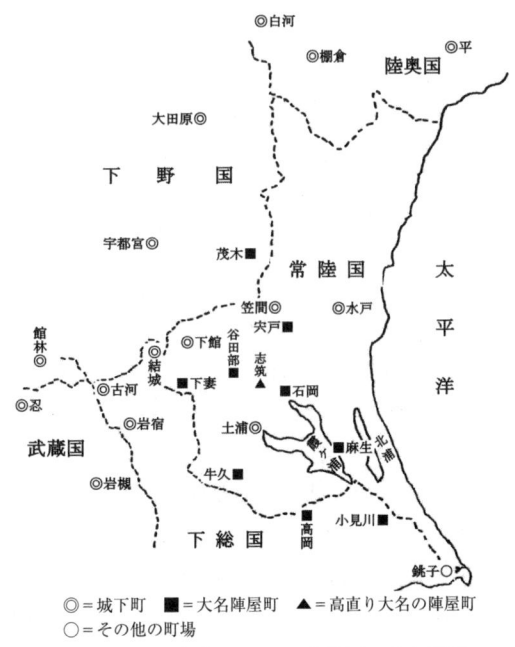

◎＝城下町　■＝大名陣屋町　▲＝高直り大名の陣屋町
○＝その他の町場

図35　幕末における常陸国の大名配置

戸・府中は水戸の分家で親藩、笠間・下館・下妻・土浦・牛久は譜代、谷田部・麻生は外様大名である。うち、水戸・笠間・下館・土浦は城持大名、他の6藩は無城大名で、水戸・宍戸・府中は江戸定府大名であった。

　慶応4年（明治元年＝1868）に大名と認められたのは、水戸藩付家老の中山家（松岡 25,000 石）、旗本交代寄合表御礼衆の本堂家（志筑 10,110 石）であるが、松岡の中山家は江戸定府である。

　本調査は城持大名および江戸定府大名を除外したため、調査したのは麻生・志筑・牛久・谷田部・下妻の5陣屋町である。

1、麻生陣屋（行方市麻生）

　戦国時代の麻生は佐竹義宣の領地であったが、慶長7年（1602）に佐竹氏は出羽秋田へ転封となった。

　慶長9年（1604）、新庄氏が 30,300 石で入部し、麻生に陣屋を構えた。慶長18年、弟に 3,000 石、延宝2年（1674）前藩主直時に 7,000 石と、二度の分知により 20,300 石となる。延宝4年、20,300 石を相続した5代直矩は嗣子なく死亡、一時断絶となった。同年、直時に 3,000 石を加増し、延宝2年分知の 7,000 石を合わせ、都合 10,000 石となって麻生藩が再興された。

　東の鉾田・西の石岡から南へ延びる細長い行方台地は半島状を呈し、東側の北浦と西側の霞ヶ浦に挟まれる。行方台地は長さ約 25km、幅6〜8㎞、標高 20 〜 30m のなだらかな舌状台地をなし、麻生は台地中央部西側の霞ヶ浦に沿う。

（1）新庄氏の入部とその藩領

　新庄氏は天正頃から豊臣秀吉に仕え、直頼・直定父子は、文禄4年（1595）に摂津高槻城 30,000 石を賜った。

　慶長5年（1600）の関ヶ原合戦には石田光成に加勢し、西軍の敗北により領地を召上げられ、直頼・直定父子は会津の蒲生秀行に預けられた。

慶長9年に罪を許され、常陸国・下野国の内30,300石を与えられた。2代直定が就封するにあたり、弟直房に3,000石を分知し、27,300石となる。

寛文2年（1662）、3代直好の跡を養子直時（直房の子）が継いだ。延宝2年（1674）、直時は藩主を義弟直矩に譲る。この際、直矩は7,000石を前藩主直時に分知し、麻生藩は20,300石となる。延宝4年、直矩は嗣子なく死去し、断絶の憂き目をみる。しかし、7,000石の分知を受けていた直時が、3,000石を加増され、10,000石で新庄家が再興された。以後、廃藩置県まで藩領高に変化はなかった。

初代直頼の藩領は常陸国行方・河内・新治・真壁・那珂の5郡と、下野国芳賀・都賀・河内の3郡内であった。2代直定は弟に3,000石を分知し、藩領は常陸国行方・新治・鹿島・河内・那珂5郡と、下野国芳賀郡内となる。3代直好の元和8年（1623）、下野領10,000石を常陸国に移され、飛地領がなくなった。藩領は常陸国行方・新治・鹿島・河内・那珂の5郡内である。4代直時は直好の養子となったが、直好の晩年の子直矩が成長するにあたり、延宝2年（1674）に藩主の座を直矩に譲った。

しかし延宝4年、直矩は嗣子なく病死し、断絶となる。約1ヵ月後、前藩主直時は3,000石を加増され、元の7,000石を合わせて10,000石で6代藩主となり、麻生藩は再興された。藩領は常陸国行方・新治の2郡内であった。7代直詮（なおのり）の元禄10年（1697）、新治郡の800石を茨城郡に移され、藩領は行方・茨城2郡内となり、幕末まで藩領に変化はなかった。

（2）新庄氏の家臣団

新庄家の家臣団としては、植田敏雄（注1）の執筆になるものが多い。ここに記載されるのは「貞享年中鹿島領三万石被領候節古書写　新庄直好殿時代」および「新庄駿河守殿家来衆　安政五戊午禮列」の2種である。

前者は貞享年中とあるが、寛文3年（1663）頃のもので、貞享年中に書写されたものと思われる（注2）。ここには最高400石2人、次いで300石6人となり、200石以上は20人、100〜180石51人、10〜20人扶持19人、家禄の記載なしが74人、計164人を記載している。家禄を記し

ていないのは小姓・無足・歩行であることから、足軽以下は省略されていることが判る。江戸初期の士分数をみると、3万石大名としては人数が少なく、特に無足・歩行の人数が極めて少ない。幕府の軍役人数は、3万石601人であることから考えると、足軽以下が437人必要であるが、それだけの人数がいたのであろうか。家禄の最高は400石であるが、3万石大名にしては家禄の最高も少ない。3万石大名では、100石以上の武士数は70〜80人で、徒士（歩行）以上は300人弱が一般的である。

　後者は1万石時代のもので、安政5年の「禮列」とあることから、恐らく正月の年賀に参加した者をさし、家臣全員を記載していない。ここに記される人数は110人で、家禄の最高は270石1人、次いで200石1人となり、100石以上が5人、50〜90石5人、10〜20人扶持18人、計28人が上級武士と考えられる。関東の1万石大名としては、最高禄の270石は多すぎる。5人扶持は中級武士、2〜3人扶持が下級武士であろう。上級武士に対し、中・下級武士の人数が極めて少ない。また、足軽の23人も少ない。恐らく足軽の大半は「禮列」に参加していなかったのであろう。家臣の大部分は江戸に定居し、麻生在住の家臣は非常に少なかったという (注3)。

　他に、安政5年と推察される「午歳御禮列」、「慶応四年辰正月　御家中御禮列」、年不詳で無題の分限帳。「明治二巳年十二月　藩中人員定禄月給諸兼務調帳」(注4) 等があるという。

　「午歳御禮列」は藩士と徒士目附・徒士の区分のみで、家禄も役職の記載もない。人数合計が125人記載され、前記安政5年の「禮列」と同じ年であるといわれるが、人数が15人多くなっている。これも「禮列」であるため、家臣全員を記載していない。

　「慶応四年辰正月　御家中御禮列」は人名の他は職名だけで、家禄の記載がない。記載人数は101人で、これまでの「禮列」に比べ、人数が少なくなっている。特に、慶応4年は戊辰戦争の起きた年で、世情不安定のことから、より多くの家臣が麻生に滞在していたのではなかろうか。

　年不詳で無題の分限帳は、人名と役職から幕末期のものと推定されている。ここには、家老・用人から徒士までの合計120人を記載する。

　明治 2 年の「定禄諸兼務調帳」は、恐らく家臣全員が記載されたもの
と考えられる。家禄の改定で一等から九等に区分され、上は藩主一門の
100 石から、下は 5 俵に至るまで 140 人が記される。恐らくこの 140 人
は坊主以上の者で、他に 11 人は致死した者、補亡・兵卒・門番が 55 人
となり、総計 200 人余りが廃藩置県直前の家臣団と推測できる。家臣総
数 200 人は、1 万石大名としては一般的である。

　麻生藩の藩収入は田畑を中心としたものであり、他の特産物も少なく、
中期以後は特に窮乏し、寛政 2 年（1790）に家臣の家禄を借上げた (注5)。

知　　行　　取			扶　　持　　取			金　と　扶　持		
家禄	借上高	借上率	家　禄	借上高	借上率	家　禄	借上高	借上率
270 石	100 俵	50.0	15 人扶持	5 人扶持	33.3	7両4人扶持	1／3 人扶持	11.3
170 〃	80 〃	47.1	13 〃	4.6 人 〃	35.4	6両3人 〃	1両	8.9
150 〃	67.5 〃	45.0	10 〃	3 人 〃	30.0	5両3人 〃	3分	2.9
100 〃	40 〃	40.0	8 〃	2 人 〃	25.0	3両2人 〃	2朱	2.3
90 〃	35 〃	38.9	5 〃	1 人 〃	20.0			
80 〃	30.5 〃	38.1						
70 〃	26 〃	37.1						

表 52　麻生藩における寛政 2 年の借上　　　（『麻生藩の財政』の表に加筆）

表によれば、200 石は 100 俵で 50％の借上げ、順次減少してゆき、70 石
は 26 俵（37.1％）、15 人扶持は 5 人扶持減（33.3％）、5 人扶持は 1 人扶
持の減（20％）、7 両 4 人扶持は 1 ／ 3 人扶持減の 11.3％、3 両 2 人扶持
は 2 朱減で 2.3％の借上げとなる (注6)。知行取は 50 〜 37.1％、扶持取は
33.3 〜 20％、金給に扶持は 11.3 〜 2.3％の借上げであった。それ以後も
何度か借上げが行われたと推測する。

　文化年間（1804 〜 1818）にかけてロシア船が蝦夷地に出没し、狼藉を
働く事態が起きる。これに対し麻生藩では、郷足軽を徴集した。郷足軽
については、『地方誌研究 142』(注7) および『麻生の文化 26』(注8)・『麻
生町史』(注9) に要約が掲載されている。これを基に他の資料を加味して
考えたい。まず文化 8 年（1811）、上層農民を郷足軽として、名字帯刀を
許可する。文化 8 年の郷足軽は 20 名で、『麻生の文化 4』(注10) に氏名を
記す。しかし文化 10 年には「今度御省略ニ付郷足軽之義可被差止候」(注
11) とあり、扶持米が廃止されたが、身分上の待遇は許可されていたよう
である。その後嘉永期に郷足軽 40 人を徴集 (注12)、都合 60 人となる。さ

らに郷足軽の人数は増大し、文久2年（1862）には、郷足軽を藩領全域から徴集し、鉄砲組48人・長柄組36人・弓組23人を合わせて107人、他に「新足軽」104人を登録し、合計210人の足軽を数えた (注13)。明治元年にはこれら郷足軽を1〜7番に編成したというから、明治元年には280人の郷足軽がいたことになる。このように多くの郷足軽を抱えた理由として挙げられるのは、麻生藩の「此度御改正御省略之儀ニ付御人減永之御暇被下候」により、家臣（士分）数を削減したためといわれている (注14)。これら郷足軽のうち、50人を選んで「譜代」とし、陣屋に定詰させた (注15)。しかし幕藩体制の崩壊により、郷足軽の身分は全て平民になったという (注16)。

　以上のことから、明治2年の段階で郷足軽を除く家臣団は、200人余りであったことが判明する。うち捕亡・兵卒・門番の50人は、陣屋定詰の郷足軽であったのではなかろうか。

（3）江戸末期の陣屋町

　新庄氏が麻生へ入部する前の行方地方は、戦国大名佐竹氏の支配地であった。その頃、城下川西側に麻生城が存在し、佐竹氏の家臣がこの地方を治めていた。しかし慶長7年（1602）、佐竹氏は出羽秋田へ国替えとなる。慶長9年、新庄氏が麻生へ入部し、ここに陣屋を開設したのが麻生藩の始まりである。陣屋が設立されたのは、3代直好の元和5年（1619）である (注17) から、麻生藩が創始されてから15年を経過している。

　麻生陣屋を示す図としては、江戸末期のものと推測される「麻生御殿向表御間取」(注18) が現存するのみである。表題は「麻生御殿向表御間取」と記されるが、これは麻生陣屋の概略図である。陣屋は南北が少し長い矩形をなし、陣屋面積約8,182坪 (注19) で、陣屋開設当初は3万石であったためか、陣屋面積は広い。

　図には陣屋の周囲に堀は描かれていないが、発掘調査の結果、幅の狭い堀を廻らしていたようである (注20)。また『麻生藩家老畑家と福田家』(注21) に、「陣屋地は土塀、土手、柵で囲み」と記載することから、堀を掘った残土で土塁を築いていたのではなかろうか。御殿は東向きで、東を除

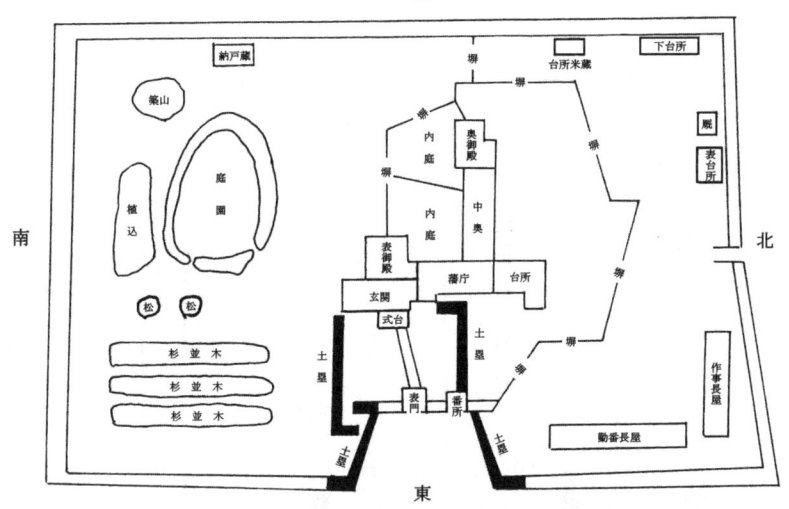

図 36　麻生陣屋の概略図（「麻生御殿向表御間取」を基に作成）

く陣屋の周囲は樹木に囲まれ、中央に御殿が描かれる。御殿前面は両側に土塁のようなものがあり、少し奥へ入った所に表門（薬医門）と番所が存在した。入口土塁の北側に勤番長屋がある。陣屋の南東内側に 3 列の並木（杉？）があり、御殿の南側は庭園と武器蔵となっている。陣屋の西端に南から納戸蔵と台所米蔵・下台所、北側に西から一列に厩・表台所・裏門・作事長屋が並ぶ。周囲は北側を除き、樹木と長屋などの建物で陣屋を囲む。

　御殿は「麻生陣屋御殿平面図」(注22) によって、部屋名・部屋の配置が判る。式台を入った広間・二ノ間・使者ノ間が玄関部分にあたり、書院・二ノ間・三ノ間とそれに付随する部分が表御殿、表御殿右に突き出た部分が藩庁、表御殿と藩庁の中間を西へ中奥、最も西端にあたるのが奥御殿と大きく 5 つに区分できる。表御殿は使者と対面したり、藩の主な行事を行う場である。藩庁は藩の役所で、政務一般を司る。中奥は藩主の執務および休憩所。奥御殿は藩主の私生活の場となる。

　小沼家文書 (注23) に「麻生御殿畳数覚」というのが存在する。この「覚」は天保 14 年（1843）の記録である。これによると、書院上ノ間 13 畳半、

同二ノ間 16 畳、同三ノ間 12 畳半、使者ノ間 15 畳、玄関 12 畳、同勝手 3 畳、剣術ノ間 10 畳、御用所 8 畳、薬部屋 15 畳、同二ノ間 8 畳、溜ノ間 8 畳、吟味所 4 畳半、小頭部屋 4 畳半、御居間 12 畳、同二ノ間 8 畳、縁座敷 16 畳、仏間 2 畳、居間後廊下 5

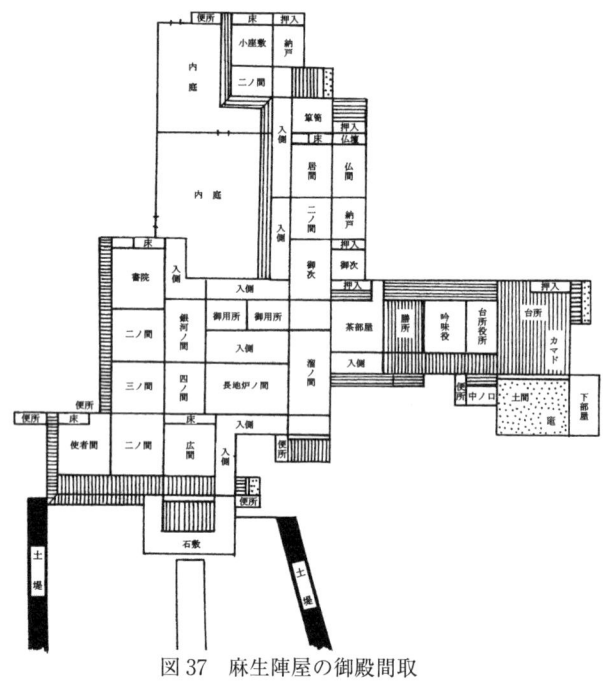

図 37　麻生陣屋の御殿間取
(「麻生陣屋御殿間取平面図」を基に作成)

畳半、御次 18 畳、内□ 5 畳、次ノ間 6 畳、壹□子 6 畳半、小座敷 10 畳、計 119 畳と記載する。他に板間として、納戸 8 畳、膳所 7 畳、居間裏廊下 9 畳、御次入口 8 畳、計 32 畳板之と記す。しかし、安政 3 年（1856）に火災で御殿が焼失し、安政 5 年に再建されている (注24) ので、前記小沼家文書の間取とは一致しない。

　武家屋敷地については、『麻生の文化 23』(注25) に「武家屋敷図」が掲載されるが、年および表題は不明である。図には何の説明もなく、図のみ記載されるので、判明するのは図中の武家屋敷のみで、40 戸余りの武家屋敷が陣屋を取り巻くように記載される。前記のごとく、家臣の大部分は江戸に定居し、国元の家臣が少なかったといわれるが、『麻生の文化 3』(注26) によると、6 代藩主直矩の代（延宝 2 ～ 4 年 = 1674 ～ 76）に津久井俊備を麻生に派遣し、俊備の私邸で藩士の教育に当たらせ、元禄

期（1688～1704）に及んだと記載する。その後、俊備の子俊正がこれを継ぎ、宝暦期（1751～64）に至ると記す。すなわち延宝から宝暦期に至る100年近く、麻生において儒学と兵学の講義をさせていることから、国元にも相当数の家臣がいたものと推測できる。

麻生城時代には城南側の宿と下宿に町場があったと思われるが、陣屋開設後は旧道の下渕を中心に、町場が東西に細長く存在したと考えられる。しかし町

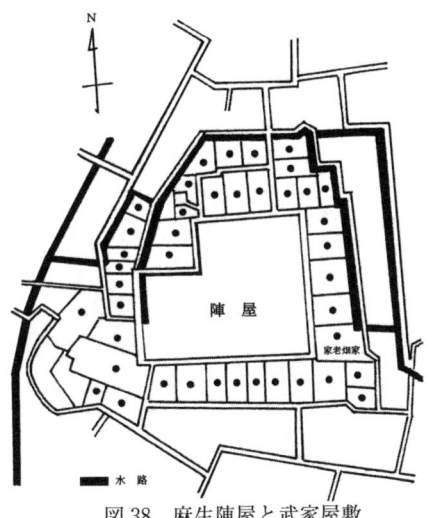

図38　麻生陣屋と武家屋敷
（「武家屋敷図」を基に作成）

場といっても、大きな町場でなかったようである。慶応4年（1868）の麻生村家数236軒・人数1,325人 (注27) とあり、これには町方と村方が含まれることから、町場は多く見積もっても100戸前後であったと推測する。また『行方郷土史』(注28) には「本町の商業界は未た繁栄の域に達せさるも商家として専業する者は極めて少なく農業を兼業とするの状態にして販賣物も亦従って町民の需要其大部を満すのみ」と記載する。要するに、麻生藩家臣の大部分は江戸に定居し、麻生在住の家臣が少ないことから、1万石の麻生藩が町場を大きく左右することはなかったと考えられる。

（4）陣屋町の現況

現在の麻生は鉄道交通に恵まれず、バスも東京駅からの高速バスが6便あるのみで、東京発の初便は9時40分で午前中2便、午後4便である。これに対し麻生発の初便は5時35分で午前中に4便、終発は15時15分となっている。すなわち、公共交通に恵まれない。それでも旧行方郡の中心であることから、地方検察庁や区検察庁および地方裁判所の支

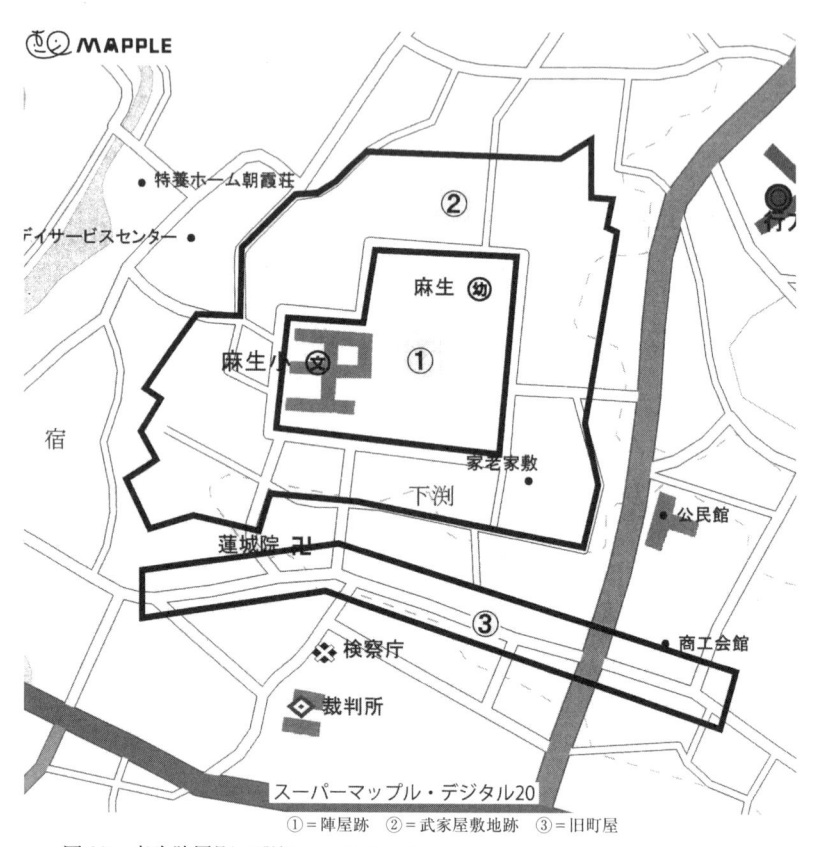

①＝陣屋跡　②＝武家屋敷地跡　③＝旧町屋

図39　麻生陣屋町の現況　※現況図は「スーパーマップル・デジタル 20」を使用して作成。

部がある。その他の公共施設としては、市役所麻生支所・保健センター・公民館などがあるに過ぎない。商業も発展しているとは言いがたく、むしろ衰頽しているといえよう。

　陣屋跡は麻生小学校と麻生幼稚園、旧武家屋敷地は静かな住宅地となる。旧陣屋の南東角に旧家老畑家の門と住宅が「旧家老屋敷記念館」（後述）として保存され、一般に公開されている。

　「麻生藩家老屋敷記念館」については、麻生藩家老屋敷記念館パンフレット（注29）および『麻生の文化23・24』（注30）、『東洋大学付属牛久高等学校紀要24』（注31）に説明や間取図が掲載される。

　麻生藩の家老職については、『麻生の文化44』(注32) に明暦元年（1655）から明治元年（1868）の家老および用人・郡奉行や代官が数年おきに記載されている。そこで家老職だけを取り上げると、明暦元年から天和元年（1681）は藩主一門の新庄氏と岩脇氏であるが、天和3年以降には新庄氏・岩脇氏の氏名がみえない。天和3年以降は7家が家老を務め、28期のうち畑家と三好家が19回、萩原家が10回、神田家と五嶋家が8回、赤尾家3回、箕輪家2回となり、数家によって家老職を交代していたようである。家老の人数は年によって異なり、少ない時は1人（2回）、多い時には4人（3回）であった。

　畑家の宅地は815坪余り（2,691㎡）、主屋の建坪面積約56坪（184㎡）である。薬医門の表門（赤門）があり、門を入った左側に主屋が存在する。赤門は神田家にも存在していたようである (注33)。主屋の屋根は入母屋草葺き、梁行5.5間、桁行8間で、右奥に下屋を出す。式台は入母屋草葺きの立派な千鳥破風で、瓦葺きの庇を付し、梁行2間、桁行1間である。式台を入ると玄関の間（6畳）、その奥に床・違い棚を付した座敷（8畳）、この部分が来客用の部屋となる。座敷の奥に納戸（6畳）、中央部は入口から次の

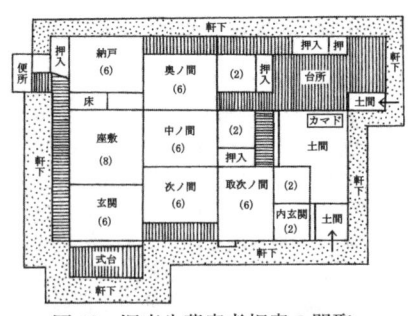

図40　旧麻生藩家老畑家の間取

写真11　旧麻生藩家老の畑家

間（6畳）、奥へ中の間（6畳）、その奥に奥の間（6畳）、主屋右端の土間から入った所に内玄関の間（2畳）内玄関の奥に取次の間（6畳）がある。他に2畳の部屋が3つ、押入が5ヵ所付属している。部屋数は大庄屋とあまり変わらず、農家でないため、土間部分が狭い。便所は納戸の奥に

存在する。

注および参考文献

1）植田敏雄；麻生藩の家禄、麻生の文化創刊号、昭 44、pp8 ～ 13。植田敏
　　雄；麻生藩の財政、－「麻生日記書抜」を中心に－、茨城史林創刊号、昭
　　47、pp29 ～ 30。植田敏雄、初期の麻生藩、茨城史林 19、1995、pp63 ～
　　64。植田敏雄；常陸国麻生藩の研究、茨城新聞社、2011、pp14 ～ 23・pp95
　　～ 100。植田敏雄；麻生藩の分限帳と職制について、麻生の文化 29、平 10、
　　pp5 ～ 9。が存在するが、いずれも同様な内容である。
2）前掲 1）麻生の文化 29、p5。
3）前掲 1）、茨城史林 19、pp66 ～ 67 に、元禄 3 年当時の『土芥寇讎記』に「在
　　江戸ノ年、扶持模合ナシ。是ハ在國ノ侍ナキ故也。大概江戸詰ス」とある。
4）4 種とも、前掲 1）、麻生文化 29、pp6 ～ 8。「午歳御禮列」は国士舘大学
　　所蔵（高野家文書）。「慶応四年辰正月　御家中御禮列」は高野家文書。「年不詳・
　　無題」の文書は宮内家文書。明治 2 年の「新庄駿河守殿家来衆　安政五戊午
　　年禮列」は茨城県立歴史館蔵（須田家文書）。
5）前掲 1）、茨城史林創刊号、p36 の表。茨城県史編集委員会；茨城県史、近世編、
　　茨城県、昭 60、p506 に同じ表が掲載される。
6）1 俵を 4 斗、1 人扶持を 1.8 石、1 両を 1 石に換算した。
7）植田敏雄；幕末の海防と小藩の郷足軽、－麻生藩を例として－、地方誌研
　　究 142、1967、pp56 ～ 58。
8）植田敏雄；幕末の麻生藩、麻生の文化 26、平 7、pp8 ～ 9。
9）麻生町史編さん委員会；麻生町史、通史編、麻生町教育委員会、平 14、
　　pp579 ～ 589。
10）植田敏雄；麻生藩の異国船対策と郷足軽について、麻生の文化 4、昭 46、
　　p28。
11）前掲 7）、p57。
12）前掲 7）、p57。
13）前掲 8）、p9。
14）前掲 1）、茨城史林創刊号、p30。
15）茨城県史編さん委員会市町村史部会；茨城県史、市町村編Ⅲ、茨城県、昭
　　56、p335。
16）前掲 7）、p58。
17）植田敏雄；近世初期の麻生藩、麻生の文化 24、平 5、p12。
18）麻生藩陣屋跡、－道路改良工事に伴う埋蔵文化財発掘調査報告書－、行方
　　市教育委員会、平 25、口絵、三好家文書。この絵図は麻生藩家老屋敷記念
　　館に掲載されている。
19）前田幸一；陣屋の散歩（4）、麻生・井野・小張・守谷、東洋大学付属牛
　　久高等学校紀要 24、平 12、p11 の注（2）。

20）前掲 18）、p16・49。堀幅は 3m、深さ 2m 前後とある。

21）平輪一郎；麻生藩家老畑家と福田家、麻生の文化 23、平 4、p27。ここに
記される土手とは、堀を掘った残土で土塁を築いたものと考えられる。

22）藤崎謙一；史料紹介、麻生の文化 4、昭 46、p37。および麻生陣屋地絵図面、
－麻生御殿向表御殿間取－、麻生文化 18、昭 62、p2、三好家文書。

23）平輪一郎；麻生御殿畳数に寄せて、麻生の文化 24、平 25、pp16 ～ 21。

24）麻生藩家老屋敷記念館パンフレット、行方市教育委員会、年なし、p なし。

25）前掲 21）、p35。いずこの文書であるか不明。図では武家屋敷を区画するが、
実際の戸数は不明である。

26）植田敏雄；麻生藩の教育、麻生の文化 3、昭 45、p11。

27）鴨下満；史料紹介、麻生の文化 30、平 11、p101。ここには出典を記載し
ていない。

28）塙泉嶺；行方郷土史、昭 2、昭 55 に文麗社が復刻、p69。

29）前掲 24）。

30）前掲 21）、麻生の文化 23、pp27 ～ 37。麻生藩家老屋敷記念館、麻生の文
化 24、平 5、pp1 ～ 4。

31）前掲 19）、p5。

32）植田敏雄；麻生藩家老・用人と郡奉行・代官について、麻生の文化 44、
平 25、pp3 ～ 8。

33）藤崎謙一；麻生藩の武家屋敷、－神田家の通称赤門について－、麻生の文
化 16、昭 60、pp5 ～ 7。

2、志筑陣屋（かすみがうら市中志筑）

　志筑本堂氏は、もと陸奥国和賀地方に土着していた和賀氏の一族で、観応 3 年（1352）に足利尊氏から出羽国が与えられ、出羽国 3 郷を支配したのが本堂氏の先祖とされる (注1)。

　天正 18 年（1590）、本堂忠親は豊臣秀吉の小田原攻めに参戦し、同年に秀吉から領地の朱印状が与えられた。秀吉から与えられた知行高は 8,983 石余りで、4,000 石は秀吉の御蔵入りとなり、知行高の約 1 ／ 3 が減少した。

　慶長 6 年（1601）、忠親の子茂親は徳川家康から国替えを命じられ、常陸国志筑へ移封となった。知行高は出羽国の時よりさらに減り、8,500 石の旗本である。以降、代々志筑に陣屋を構え、慶応 4 年（1868）に

10,110石の大名となった。それまで本堂氏は交代寄合表御礼衆として参勤交代をしている。

　志筑は常陸国のほぼ中央で、北東の城下町水戸へ約30km、南の城下町土浦へ15km弱に位置する。西方は閑居山（344m）から続く丘陵性の常陸台地で、東は恋瀬川が北から南へ流れ、流域は恋瀬川が形成した河谷平野が細長く連なる。陣屋は丘陵先端の舌状台地上に建設され、三方を崖で区切られる。

（1）本堂氏の入部と「門倒し事件」

　本堂忠親は志筑地方に入部するが、土豪的な領民に受け入れられず、本堂氏が志筑に定着するには多少の歳月が必要であった。

①　本堂氏の入部とその変遷

　前述のごとく、本堂氏は陸奥国和賀地方を支配していた和賀氏の一族で、鎌倉時代には出羽国仙北郡に出て、この地方の豪族を従え、本堂の姓を名乗った。始祖の忠朝は元本堂城を築いたが、狭小であったため、天文4年（1535）、東西450m、南北370mの平城（本堂城）を建設し、忠朝から約300年間にわたり当地を支配した。当時の領地は55,500石余りであったという (注2)。

　本堂家16代忠親の天正18年（1590）、忠親は小田原の役に出陣した。しかし戦後、豊臣秀吉から仙北地方11村8,983石余りの領知朱印状を与えられたが、領地は旧領の2／3で、1／3に当たる約4,000石を没収され、太閤の蔵入地となった (注3)。

　忠親の子茂親の慶長6年（1601）、徳川家康から転封を命じられた。転封に際し、最初は陸奥国菊田郡57村（磐城地方）25,000石余りの旧佐竹領を与えられる予定であったが、この地はやせ地で年貢率も低く、交通の便が悪い上に、山林の立木も利用価値が乏しく、本堂氏はこの地を敬遠したという (注4)。そこで、常陸国志筑8,500石が移封先となった。領地は500石弱の減封である。

　正保2年（1645）、志筑2代栄親の就任にあたり、弟親澄に500石を分知し、志筑領は8,000石となる。寛文10年（1670）、親澄に嗣子なく無

嗣断絶となり、500 石は幕府に公収された (注5)。幕末まで、志筑本堂家は 8,000 石の旗本交代寄合表御礼衆となり、隔年毎に参勤交代をしている。

　慶応 4 年（1868）、新田開発分を認められて 10,110 石となり、大名の列に加わった。しかし、廃藩置県までわずか 3 ～ 4 年の大名である（後述）。

②　門倒し事件

　秀吉が行った太閤検地により、志筑地方は中世的な武士が消え去ったとはいうが、まだまだ土豪的な性格の強い土地であった。そこへ出羽国から新しい領主として、慶長 6 年（1601）に本堂氏が入部し、翌年、本堂茂親は下佐谷村の威徳院へ入った。しかし、いまだ徳川家康から領知目録（朱印状）は下付されず、領地目録を持たない領主を、住民は真の領主と思ってはいなかった。茂親は家康の命により、慶長の検地を実施した。この検地に反対したのが下佐谷村の土豪的な百姓である。

　元和 8 年（1622）、威徳院門前に本堂氏に強い反感を持つ百姓たちが集まり、威徳院の門に縄を掛け、門の引き倒しにかかった。これが「門倒し事件」である。朱印状は寛永 2 年（1625）に下付され、家臣たちは大いに喜び、翌寛永 3 年正月 8 日に下佐谷村の百姓たちを陣屋へ招き、台所で盛大な祝宴を開いたという。この祝宴は行事化され、毎年正月 7 日に下佐谷村の百姓が 5 人ずつ交代で縄を肩に陣屋へ上り、陣屋で料理や酒を馳走になり、領主や家老の悪口雑言勝手次第という無礼御免となった。翌 8 日には「ご門引き」といって、献上された縄で太い縄を作り、家臣一同が東西に分かれて綱引きをしたという。これが「志筑の笑」として幕末まで継承された (注6)。

　横手郭応の『古事伝聞書』(注7) に「百姓ども仮御住居の御門を正月 8 日綱にて引倒し候由、折柄、其年に御朱印なられ御拝領候故、吉例とこれあり今以下佐谷より正月七日綱献上、此持夫両人へ御酒下され無礼御用捨の由を以、今以酔狂御構これなく候。八日は御門祭と名付け、綱引の御嘉例東西と分り曳争ひ御門を引倒し候まねごと致候……」とある。

　なお、寛永 2 年（1625）には陣屋を笠松城跡へ移し、さらに正保 2 年（1645）、陣屋を志筑城跡に移している。

（2）領地と家臣団

慶応4年（1868）の10,110石については、2,100石の出所が判然とし
ないし、初期・中期の家臣団は不明である。

①　知行地（領地）

志筑移封直後の本堂領は、常陸国新治郡15村8,500石余りであった。
正保2年（1645）までに500石の新田開発が行われ、2代領主栄親の弟
親澄に分知した。開墾地は領内各所に分散していたため、この分として
中佐谷村500石を当てた。このようにして、志筑領は表高8,000石となっ
たが、草高（裏高）は8,500石余りである。中佐谷本堂家は2代20年余
りで無嗣断絶となり、500石は幕府に公収され幕領となる。

さらに低湿地や原野を開拓し、元禄2年（1689）までに11村の新田村
がつくられ、206石余り増加し、領内は28村8,200石余りとなった（注8）。
しかし幕末まで、表高は8,000石である。

慶応4年（1868）7月14日、万石以上の奉公願が許可され、高直しの
うえ、志筑藩が成立した（注9）。わずか3年の大名である。高直しは、従

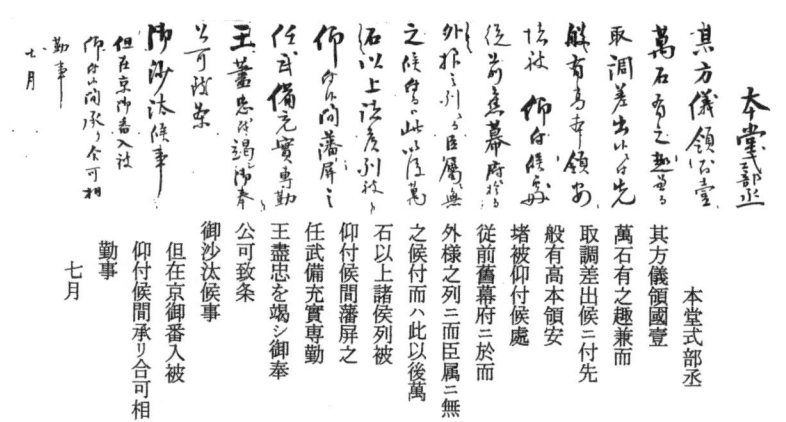

史料4　万石以上の諸侯に列せられた本堂氏（本堂親利蔵茨城県立歴史館寄託、
本堂家文書）

来の拝領高8,000石に新田高2,100石を加えた10,110石であったという（注
10）。しかし、千葉隆司および塙泉嶺（注11）によると、「石高の10,110石は、
下稲吉村を土浦藩に渡すとともに、新たに中佐谷村・市川村・北根本村・

中津川村・高浜村などを加えた結果、成立した」と記載する。

② 　家臣団

　本堂家の家臣団を知る史料としては、文久4年（1864）の『御家中分限帳』 (注12)、慶応元年の『御家中分限帳』 (注13)、明治3年（1870）の『御物成並御給金渡方帳』 (注14) を入手することができた。他に本堂氏が出羽から常陸へ移封された際、 随行した家臣の氏名 (注15) がわかる程度である。

　文久4年の分限帳では、総人数116人であるが、寺院・扶持人を除くと106人となる。同じ旗本交代寄合表御礼衆である備中成羽の山崎氏5,000石（草高12,717石）の総人数は文久2年（1862）の161人 (注16)、明治3年184人 (注17) である。本堂家の知行取は15人であるが、山崎家は11人となり、本堂家の人数が多くなっている。最高禄は本堂家の120石に対し、山崎家は100石となり、領地高に対して本堂家の家禄が多い。本堂家の文久4年の分限帳によれば、知行取以外は、現米取1人、俵取1人、金給56人、扶持取11人、記載なし4人である。郷士の大部分に家禄の記載がない事から、恐らく無禄であったと推測される。扶持人は6人で、

家		文　久　4　年			慶　応　元　年		
	禄	人数	備　　考		人数	備　　考	
知行	100〜120石	5	内1人100石2人扶持		5	内1人100石2人扶持	
	50〜80石	10	内1人50石3人扶持		9		
現米	10石3人扶持	1			1		
俵	30俵3人扶持	1			1		
	2俵				1		
金	5両2〜4人扶持	7			12		
	2.5〜4.5両1〜4人扶持	49			44		
扶持	5人扶持				1		
	1〜4人扶持	10			15	大工2人を含む	
	0.5人扶持	1			3		
	記　載　なし	4					
寺院	50石	2	菩提寺・祈願寺		2	菩提寺・祈願寺	
	0.5人扶持	2	観音坊・墓番		2	観音坊・墓番	
郷士	1〜2人扶持	2					
	記載なし	16					
扶持人	1〜4人扶持	6	大工・町人				
	計	116			96		

表53　志筑本堂家の家臣団
（文久4年＝横手家文書・慶応元年＝本堂家文書より作成）

すべて 4 人扶持以下であった。

　慶応元年の分限帳は、文久 4 年から 2 年足らずの歳月が経過したのみ
で、文久 4 年の分限帳とその内容は殆ど変らない。変わった点は、郷士・
扶持人の記載がないことである。恐らく郷士と町人を除き、大工を扶持
人に加えたものと考えられる。家禄をみれば、金給の上位者が増えた分
だけ下位者が減少したこと、扶持人が 8 人増加したこと位である。

　寺院として、文久 4 年・慶応元年の両分限帳に、菩提寺「長興寺」50
石、祈願寺「華蔵院」50 石とあるが、『新治郡郷土史』(注18) によれば、「華
蔵院　寺領四十石領主本堂氏の祈願所なり」と記す。

　明治 3 年の『御物成並御給金渡方帳』には人数 82 名と記載されるが、
出典の記載がないため、個々の家禄は不明である。同じ明治 3 年の成羽
山崎家の人数は 184 人で、本堂家の 2 倍以上にあたる。

　本堂家は初期より財政が徐々に悪化し、明和・安永期（1764 ～ 1780）
の借財は 1,800 両余りであったが、6 代親房は幕府の要職に就き出費が
重なったことと、天明 8 年（1788）の志筑陣屋の全焼などによって、寛
政初年（1789）には実に 30,000 両余りの借財となった (注19)。そこで家老
横手義忠（隠居後郭応）の倹約令や種々の施策により、天保 5 年（1834）
には 2,800 両余り、天保 8 年には約 5,000 両の貯えができたが、その後
は本堂家の生活が緩み、安政 4 年（1857）には再び 22,000 両余りの借財
となった (注20)。そして翌安政 5 年から 5 ヵ年の倹約令を出すが、その結
果は不明である。

（3）陣屋と武家屋敷

　陣屋と武家屋敷地は閑居山（344m）から続く舌状台地の末端に存在し、
東・西・北の三方は恋瀬川が形成した沖積平野で、低湿地をなす。陣屋
と低地の比高は 15 ～ 17m あり、要害の地であった。中世以来、此処に
益戸氏の志筑城 (注21) があり、陣屋はその本丸にあたる。

　陣屋と武家屋敷に関する絵図としては、文政 5 年（1822）の『御陣屋
内略図』(注22) と嘉永 6 年（1853）の『志筑陣屋図』(注23) を入手すること
ができた。

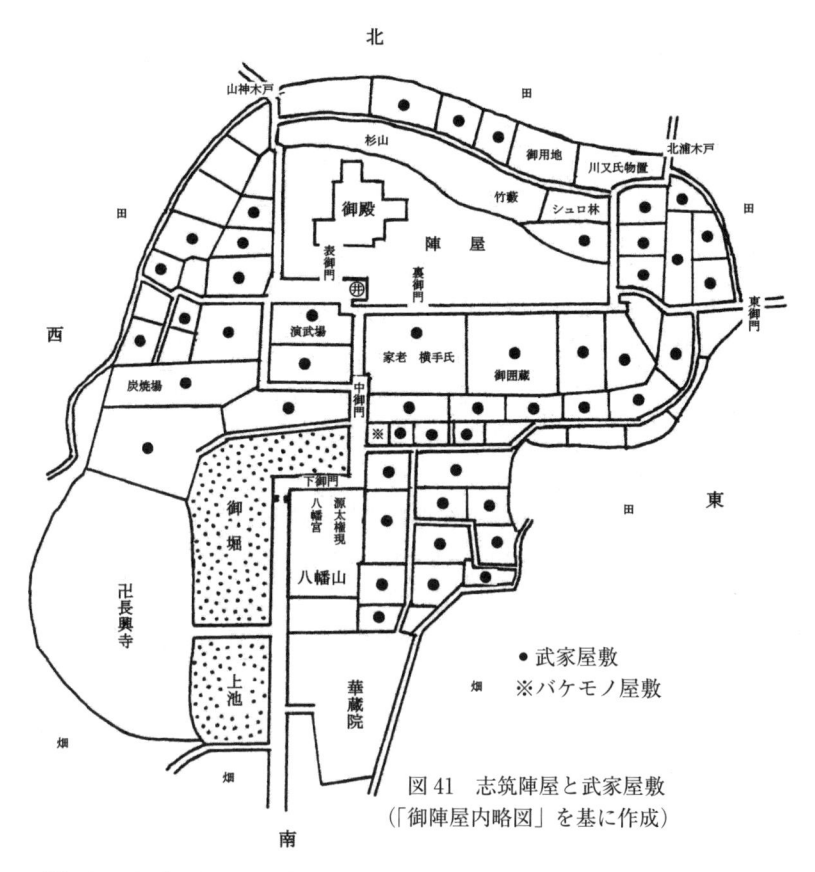

図41　志筑陣屋と武家屋敷
（「御陣屋内略図」を基に作成）

『御陣屋内略図』には「文政五午年（1822）御目付方蔵ス」と記され、朱書された部分は嘉永時代（1848～1854）のものであることを付記する。図は「昭和五十年寅二月写之」とあり、「此図不改間敷ヲ凡そ地形と図」と記し、文政五年の墨書・嘉永時代の朱書をそのまま記載している。陣屋は平城中核型で、中志筑集落の中央から北へ入っていくと左に上池があり、長興寺への道を隔てて「御堀」がある。「御堀」は堀として造成されたものではなく、元は池であったと推測する。陣屋道は途中で直角に曲がるが、曲り手前に桝形が、曲がれば「下御門」、さらに北へ直角に曲がると「中御門」、中御門から直進すると桝形があり「表御門」に

通じる。何故か中御門の右に「バケモノヤシキ」と記された小さな屋敷
がある。表御門右側に井戸が存在した。御殿は陣屋の西側中央部にあり、
中央部から東側についての記載はない。陣屋前桝形の東に「裏御門」が
あり、さらに東進すると桝形があって「東御門」に達する。陣屋の北東
には「北浦木戸」、北西に「山神木戸」が描かれ、陣屋を取り巻くよう
に武家屋敷地、すなわち郭内が存在した。武家屋敷は何度か屋敷替えあっ
たようで、一つの屋敷地に2～3名の氏名を記した屋敷も存在する。武
家屋敷地入口の大手道右側に八幡山（八幡宮・源太権現）と雲集寺＝華蔵
院（祈願所）、左奥に長興寺（菩提所）が存在した。陣屋北方は西から杉
山・竹藪・シュロ林となる。また、幕末には家老屋敷の東隣に「御囲蔵」、
表御門前の屋敷地は「演武場」となっている。文政5年の「炭焼場」は
武家屋敷となった。

　『志筑陣屋図』では、陣屋の周囲を土塁で囲み、西側中央に御殿、御
殿の北は梅林となり、土塁上に塀が廻らされていた (注24)。表御門前桝形
の土塁の高さは5尺で、土手上に松並木が存在した。御殿は陣屋の西半
分で、中央部は主として会所・別当部屋・中間部屋・役宅などである。
東部には籾蔵や米蔵および御茶園が、会所から茶園の北は馬場で、馬場
は土塁で区切られ、馬場の北側には「此邊ハチク（竹）藪」と記される。東・
北・西の土手は下まで1丈（約3m）から2丈8尺（約8.4m）あり、陣屋
南側の土塁は高さ外部6尺余りと記し、防御には万全である。文化2年
（1805）に、陣屋前桝形以外の土塁上に杉の植林を行っている (注25)。

　嘉永6年の『志筑御仮館之図』(注26) には「嘉永癸丑縮図之」と記され、
御殿内の様子がよくわかる。御殿は南向きで、玄関式台が2間幅あり、
式台の規模は1～2万石大名の式台に比して小さく、小藩大名の家老の
式台と同じ規模である。式台を入った3室が玄関部分、左側の書院・御
次が表御殿にあたり、右側が台所、御殿北側の御座・御次が奥御殿、奥
御殿の北側が女中部屋であろうと思われる。1万石大名に比べ、御殿規
模は小さい。古い御殿は天明8年（1788）に全焼しているため、この図
はその後に再建された御殿である。

　江戸末期における武家屋敷数は、せいぜい50戸足らずで、町屋を形

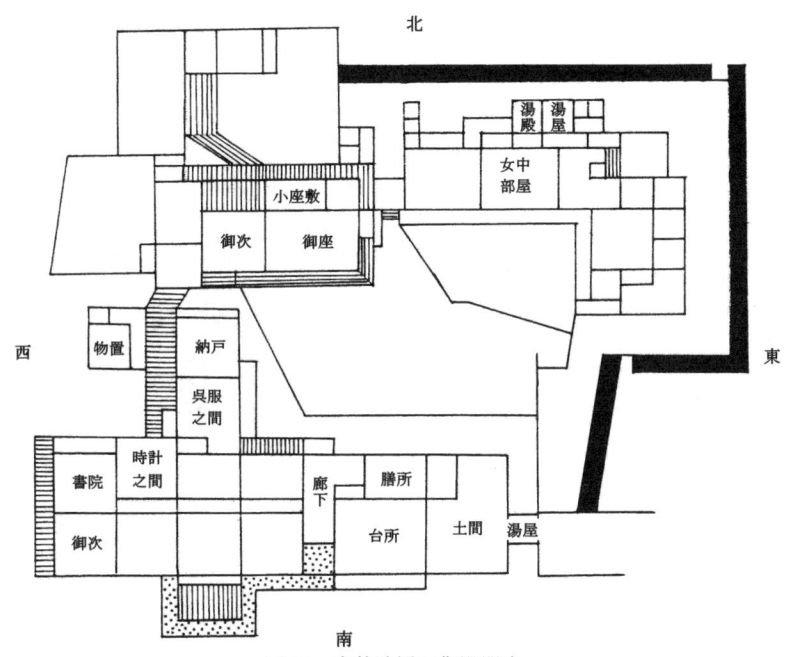

図42　志筑陣屋の御殿間取
（「志筑御仮館之図」を基に作成）

成するような状況ではなかったと思われ、本堂氏が陣屋を構えるまで、純然たる農村であったと考えて支障がない。したがって、町屋の区画もされず、この農村的な集落に何軒かの商店があったものと推察する。

（4）武家地の遺構

　関東の武家地としては比較的多くの遺構が現存する。土塁の一部・表門・御殿の一部・女中部屋、さらに郷蔵が伝えられている。移築された御殿玄関は最近まで現存していたが、東日本大地震後の傷みが大きく取り壊された。

①　陣屋土塁の一部

　東・南・北の土塁は取り払われたが、西側の土塁が現存し、1／2,500都市計画図によれば針葉樹林となっている。

②　表御門（かすみがうら市高倉の市ノ沢氏宅）

　表門は明治初期に市ノ沢家へ移築され。切妻桟瓦葺きの薬医門で、重厚な感じの門である。保存状態が非常に良い。

③　御殿の一部と女中部屋（かすみがうら市中志筑横手氏宅）

　廃藩置県後、御殿の一部と女中部屋は元家老の横手家へ、曳家によって移されたらしい（注27）。元々は別の建物であったが、移された時に両建物を接合したため、接合部分は改変されているであろう。当時、住居として利用されていたらしく、台所・風呂・便所が付加された。御殿部分は入母屋萱葺であったが、後世にトタンで覆っている。8畳と10畳の2室からなり、8畳の間には平書院と違い棚を付す。10畳には棚（戸袋？）と押入が付く。

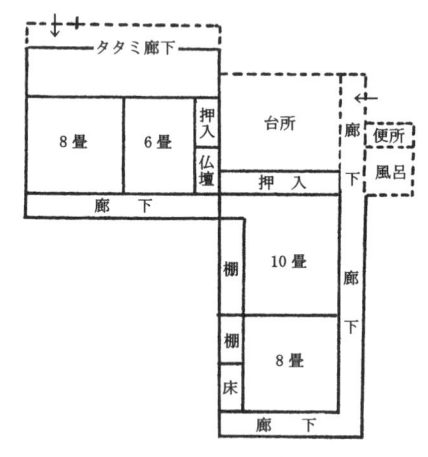

図43　御殿の一部と女中部屋
（現・陣屋前の横手家へ移築、無住）

　女中部屋は切妻桟瓦葺であるが、当時は瓦が高価であったため、後に瓦に葺き替えられたのであろう。8畳と6畳の2室で、元は幅1間のタタミ廊下であったが、3尺の下屋を出し、畳廊下の幅は1.5間となった。6畳の

写真12　志筑陣屋の御殿の一部
（旧家老横手氏の宅地内へ移築）

間には押入と仏壇が存在するが、元々女中部屋には仏壇が存在しないため、後に戸袋の上に仏壇を載せたものと推測する。

④　郷蔵（かすみがうら市雪入）

　江戸後期、凶作の窮民対策として各地に建設された穀物の貯蔵蔵であ

るが、最近ではほとんどみられなくなった。雪入の郷蔵は志筑本堂家が建設したもので、元千代田村の文化財に指定されている（現在かすみがうら市文化財であろう）。建物は寄棟藁葺、梁行2間、桁行3間の6坪で、窓は全くなく、床は板張りである。屋根部分の傷みが大

写真13　雪入の郷蔵（旧志筑藩領内）

きく、雨漏りがしていると考えられる。現在では、全国に数少ない郷蔵であるため、早急に修理されることを望む。

（5）陣屋と武家屋敷の現況

　陣屋は村役場、後に志筑小学校として利用されてきたが、小学校が移転し、現在では更地となっている。旧陣屋表門右に「志筑城址」の碑が建つ。

　武家屋敷地をみれば、陣屋北側は元小学校の敷地に組みこまれ、陣屋前は旧家老横手家が存在するのみで、他は畑と森林となる。陣屋の東側と旧重臣屋敷の南は住宅地で、西側は3戸の住宅と畑・樹林である。旧御堀は一部が残り、八幡池と改称された。旧上池は埋立てられ、一部は住宅となる。長興寺と八幡神社（源太権現を合祀したのであろう）は元の位置に鎮座する。八幡神社東側は住宅が増加している。

　旧町屋にあたる地域は県道石岡・つくば線となり、今も街村状の景観を示すが、純農村集落として、商店は殆どみられない。村中にみられる主な建物としては、中志筑農村集落センター・千代田中志筑郵便局位で、他に雲集寺・千手観音堂があるにすぎない。

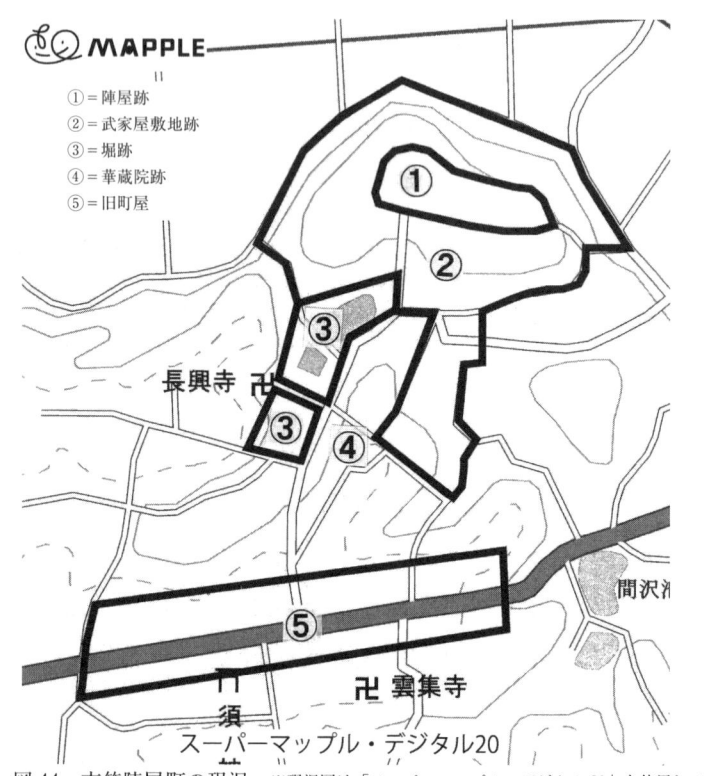

図44　志筑陣屋町の現況　※現況図は「スーパーマップル・デジタル20」を使用して作成。

注および参考文献

1）千葉隆司；交代寄合本堂氏と志筑、－秋田から来た武将－、常総の歴史37、2008、pp58 〜 59。
2）千代田村史編さん委員会；千代田村史、千代田村教育委員会、昭45、pp101 〜 105。
3）前掲1）、pp58 〜 59。平成19年度、開館20周年記念、第30回特別展、交代寄合・本堂氏と志筑、－出羽から常陸へ－、かすみがうら市郷土資料館、展示解説書、平19、p2。しかし、前掲2）のp105には、55,500石余とある。。
4）前掲1）、p61。前掲3）、平成19年度特別展、p10。
5）前掲1）、p64。塙泉嶺編；新治郡郷土史、宗教新聞社、1925、p163。
6）前掲1）、p62。前掲2）、pp106 〜 108。
7）前掲2）、p125の注（8）所収。横手郭応；古事伝聞書。
8）前掲2）、pp128 〜 130。

9）藩屏に列する旨の沙汰書、本堂家文書、本堂親利蔵（茨城県立歴史館寄託）。しかし、14 日の日付はない。

10）木村礎・藤野保・村上直編；藩史大事典、第2巻、関東編、雄山閣、平1、p81。

11）前掲1）、p69。前掲5）、新治郡郷土史、p163。

12）文久四子年正月改、御家中分限帳、個人蔵（茨城県立歴史館に写真版あり）、横手家文書。

13）慶応元年丑十一月改、御家中分限帳、茨城県立歴史館蔵、本堂家文書。

14）前掲1）、p68。前掲3）、開館 20 周年記念、第 30 回特別展、p21。

15）前掲1）、p73 の注釈（13）。前掲2）、p126 の注（10）。

16）成羽町史編纂委員会；成羽町史、史料編、1994、pp256 ～ 266。成羽山崎氏については、拙著；小藩大名の家臣団と陣屋町 (2)、－中国・四国・九州地方－、クレス出版、平 23、pp89 ～ 98 を参照されたし。

17）岡山大学教育学部社会科教室内地域研究会；成羽町の歴史と現在、－岡山県成羽町－、地域研究 24、1984、p95。

18）前掲5）、新治郡郷土史、p165。

19）前掲2）、p168。

20）前掲2）、p231・239 ～ 240。

21）前掲2）、p112。

22）かすみがうら市史談会誌 25、平 19、口絵「御陣屋内略図」。図が判然としないので、かすみがうら市郷土資料館からコピーの送付を受けた。本図に「原図文政五年、昭和五十年写」と記載される。

23）志筑陣屋図、本堂親利蔵（茨城県立歴史館寄託）、本堂家文書。表題は後補のものと思われる。

24）日本歴史地名大系、第八巻、茨城の地名、平凡社、1988、p452。

25）前掲2）、p234。

26）志筑御仮館之図、本堂親利蔵（茨城県立歴史館寄託）、本堂家文書。

27）現横手家当主の話。

3、牛久陣屋（牛久市城中町）

　江戸時代前の常陸国は戦国大名佐竹氏の支配地域で、牛久地方は佐竹氏配下の由良氏が支配していた。天正 18 年（1590）の小田原征伐後、由良国繁は牛久の地 5,400 石余りを豊臣秀吉から安堵された。しかし3代貞長の元和7年（1621）、所領は幕府に公収され、由良家は断絶となる。

　慶長6年（1601）、山口重政が上総国・常陸国で 10,000 石余りを与えられ、牛久地方を領有した。慶長 16 年には 5,000 石を加増されて 15,000

石となるが、2代弘隆が就封するにあたり弟に 5,000 石を分知し、廃藩置県まで 10,000 石余りとなる。

　牛久は茨城県の南端部で、北北東の城下町土浦へ 15km 余り、県都水戸へは約 65km である。陣屋は牛久沼南東端の低い丘陵性の台地上にあり、旧牛久城の北西端にあたる。江戸時代には付近に水戸街道、現在では JR 常磐線と国道 6 号線が南北に通じる。

（1）由良氏と牛久

　『牛久市史』近世編 (注1) に、豊臣期からの由良氏、およびその家臣団について記載があるので、これを基に紹介したい。

①　由良氏の牛久安堵と廃絶

　江戸以前に牛久地方を支配していたのは由良国繁で、彼は天正 18 年（1590）の北条攻めに小田原城に立て籠った。にも拘らず、母妙印尼の尽力で、豊臣秀吉から牛久 5,400 石が安堵された。秀吉の没後、国繁は徳川家康・秀忠に仕え、下総国に 1,600 余石の加増を受ける。元和 7 年（1621）、国繁の子貞繁は 48 歳で死去した時、養子貞長は 13 歳で将軍への「お目見え」が済んでいないため、嗣子として認められず、所領は公収された。

②　由良氏の家臣数

　由良氏の廃絶は元和 7 年（1621）であることから、幕府が軍役人数を確定するのは慶安 2 年（1649）であるため、由良氏時代の家臣総数は領主の意によるものと推測できる。

組	家中屋敷割	家名覚
中城	２３	２４
梅作	９	４
衣崎	１０	１５
南原	３４	２７
根古屋	７	２０
計	８３	９０

表54　由良氏の家臣数
（『牛久史　近世』による）

　由良氏の家臣については『常州河内郡牛久城家中屋敷割』(注2) と『由良信濃守内家名覚』(注3) によって家臣数が判明する。これによると、家臣は 5 組に分かれて居住していたようで、当時の由良氏の家臣総数は 80 ～ 90 人であったことが判る。組とは家臣の居住地域を指したもので、いずれの組名も城中村の字名であろうと思われる。この中に足軽以下が含まれていないとすれば、足軽以下を加えると 120 ～ 130 人位となる。当時の 7,000

石クラスの旗本としては、妥当な家臣数であったと考える。

（2）山口氏の入部とその藩領

①　初期山口家の変転

　山口家の祖重政は周防山口の大内家一族で、重政は永禄7年（1564）に尾張国星崎に生まれ、織田信長旗下の佐久間氏に仕えた（注4）。佐久間氏が信長の勘気に触れ、重政も流浪の身となる。天正2年（1574）の長篠の戦に参戦し、さらに同12年の小牧・長久手の戦には織田信雄に従って参戦した。この時から徳川氏との繋がりができたという（注5）。同14年、重政は従弟重勝の養子となり、星崎1万石の大名となって、信雄の直臣となる（注6）。

　天正16年（1588）、3,000石を加増されて伊勢国茂福へ移封、同18年信雄が下野国那須へ流罪となり、彼に従って流浪の身となった。翌年、徳川家康に召し出され、上野国で5,000石を賜り秀忠に付された。慶長6年（1606）、5,000石を加増され、さらに慶長16年には下野国で5,000石を加えられ15,000石となる。慶長18年、長子重信が大久保忠隣の養女を娶っていたため、忠隣の廃絶に連座し、所領は没収された。

　元和元年（1615）、重政は重信とともに大坂夏の陣に参戦、重信は戦死した。しかし、蟄居は解けなかった。そして寛永5年（1628）、重政は秀忠に拝謁することができ、翌年に遠江国・常陸国に15,000石を与えられ、再び大名に列した。

②　山口氏の藩領

　牛久藩主となった時（慶長6＝1601年）の藩領は、上総国5,000石と常陸国5,000石の計10,000石である。この時点では、牛久に由良国繁7,000石がいて、事実上の拝領ではないという（注7）。慶長16年、下野国で5,000石を加増され、都合15,000石となった。しかし慶長18年、大久保忠隣の失脚に連座し、改易となる。

　寛永6年（1629）、遠江国・常陸国で15,000石を賜るも、同12年には弟重恒に5,000石を分知したため、牛久藩は10,000石余りとなる。その後、三回にわたり藩領の入れ替えがあり、元禄11年（1698）に常陸国河内・

信太・新治3郡、下総国岡田・豊田・相馬3郡となって、廃藩置県まで変化はなく、表高10,017石であった。

（3）山口氏の家臣団

　牛久藩の家臣団を知る史料としては、寛政初年頃（1790頃）と思われる『中士以上家中覚書』(注8)、享和4年（1804）の『御家中御役職御席御名前帳』(注9)、明治元年の『牛久藩士族禄高』(注10)、明治3年の『藩制之節官員人数分課取扱且官員之官録及士族高取調帳』(注11)を入手することができた。

　『中士以上家中覚書』は年不詳であるが、記載された姓名から寛政初期のもであろうといわれている。家老3人、用人5人、以下11種に区分され、中士以上58人の役職と名前が記載される。下士にあたる御徒士は氏名を記さず、人数10人余りと記す。総人数は70人前後で、足軽以下は含まれていない。

　『御家中御役職御席御名前帳』は『中士以上家中覚書』と同様、氏名と職種を記す。家老4人、用人4人、以下11種に区分され、計73人を数える。

　『牛久藩士族禄高』は表にまとめられ、大凡の記載で人名・職名などはなく、概要がわかるに過ぎない。ここでは上士・中士・下士の区分すらできない。士分以上の人数は73人で、享和4年と全く同じである。他に慶応2年10月から、足軽40人を藩領から採用したと記す。

　『藩制之節官員人数分課取扱且官員之官録及士族禄高取調書』には家禄・人名が記載され、『御家中御役職御席御名前帳』および『牛久藩士族禄高』と人数が同じ73人である。

　家禄の与え方は30石以上が知行で、50石以上に扶持が付かない。40石以下の石取および俵取・金給には扶持が付く。金給

家	禄	人数
知	500石	1
	100～130石	6
	50～80石	3
行	40石3人口	2
	30石3人口	4
俵	25俵4人口	2
	25俵3人口	9
現	7石2人口	12
	6石2人口	8
米	4～5石2人口	21
金	3両2人口	1
扶	10人口	1
	7～8人口	2
持	5人口	1
	計	73

表55　明治3年の牛久藩士族
（『牛久市史　近世』を基に作成）

は僅か1人にすぎず、扶持のみの者4人がみえる。最高禄は山口重理の
500石が突出し、次いで130石の会美知長、100石が5人、50～80石3
人、30～40石3人扶持6人、および10人口の1人が上級武士と考えられ、
計17人となる。25俵3～4人口の11人、6～7石2人口20人、5～8
人口の3人、計34人が中級武士であろう。4～5石2人口の21人、3両
2人口の1人、計22人が下級武士であったと推測できる。500石の山口
氏は藩主の一族であろうが、1万石大名としては異常に家禄が多い。他
藩にも、藩主の一族が家臣として仕えているが、通常は200石以下である。

　享和4年、明治元年、明治3年の士分以上の家臣団が全く同じである
ことから、おそらく享和4年の「御家中御役職御席御名前帳」が、その
まま明治元年・明治3年として利用されたのではなかろうか。

　『藩制一覧』(注12)によると、士卒130軒とあるが、この中には1軒に付
き複数の家臣がいることもあるので、総数は140～150人いたと思われる。

　いずれにしても、士分70人余り、卒族を加えても140～150人は、
他藩に比して家臣総数が少ない。関東の譜代大名の家臣総数は、地方の
大名と比べ、藩領高に比して人数が少ないのが一般的である。

　江戸後期になると、牛久藩は他藩と同様に財政事情が悪くなり、借財
が増加した。天保7年（1836）の藩債は金1,036両2分、銀119貫810匁
となる。そこで5ヵ年の財政改革が行われたが、天保8～9年の天保飢饉、
それに伴う貢租の半減などで、さらに藩債が増え、天保14年には金7,197
両、銀119貫810匁に達した。弘化元年（1844）頃から、減少を続けて
いた人口も増加に転じ、貢租の増加に伴って、藩債も着実に返済され、
文久3年（1863）には金3,430両、銀119貫810匁まで減少した。しかし、
慶応4年＝明治元年（1868）には新たに8,329両の借財ができ、藩債の累
積残高は11,759両、銀119貫810匁となる(注13)。このように慶応4年（明
治元年）に藩債が急増したのは、維新動乱のためであったと考えられる。

（4）陣屋と武家屋敷

　牛久陣屋は旧牛久城の一角に構築された。初代重政は終生幕府の大番
頭・奏者番を務め、牛久へは入部していない。陣屋を建設したのは2代

弘隆で、その完成は寛文9年（1669）である。

　陣屋は牛久沼東岸の舌状台地上に建設され、西および北は比高20m近くの崖をなし、東と南は平坦地をなす。東・北・南に空堀を穿ち、その一部が道路となって残っている。陣屋を示す絵図としては、文久3年の『御陣屋之図』(注14) と年不詳の『御陣屋内略図』(注15) が現存する。

　『御陣屋之図』の入口桝形部分をみると、周囲に4名の家臣屋敷と数戸の百姓屋敷が描かれる。4名の家臣は野尻（100石）・青木（40石3人口）・會美（130石）・石川（50石）の上級武士である。『牛久町史・史料編二』(注16) に記された「文久3年以後牛久陣屋図」と多少異なるが、出来得る限り『御陣屋之図』を基に忠実に作図した。図には「摠計壱万三千八百九十八坪半文久三癸亥年十二月改」とあり、

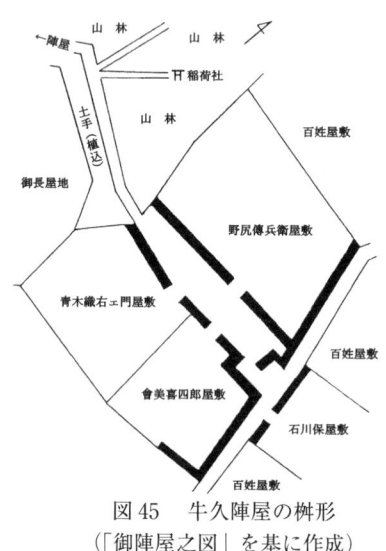

図45　牛久陣屋の桝形
（「御陣屋之図」を基に作成）

「百姓屋敷御買上之分　千三百八拾七坪貳合五勺」と朱書される。陣屋南側の武家屋敷（長屋）も朱書されるため、文久年間前後に百姓屋敷を買い上げたものと推測する。『牛久町史・史料編二』(注17) には「敷地面積3,720坪余り」とあるが、これは陣屋内の面積であって、文久3年の絵図では周辺の武家屋敷地や山林（崖）を含んでいるため、広大な面積となっている。

　『御陣屋内略図』は陣屋の概略を描いた図と、建物の部分図8枚の、計9枚から成り立っている。図をみれば、墨書と朱書が入り混じり、取り壊された建物も記載されるので判然としない。元の表門は南側にあったようであるが、朱書では裏門となっている。新しい表門は裏門の東側となる。南側は土手（土塁）の外側に空堀が存在した。

　文久3年（1863）の『御陣屋之図』は、陣屋の周辺部まで描かれている。

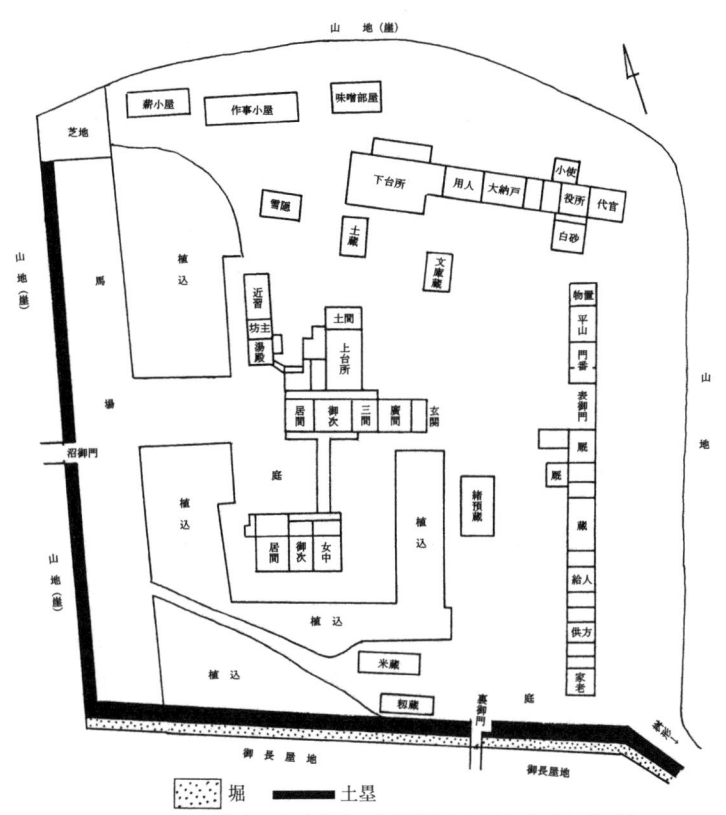

図 46　幕末の牛久陣屋（「御陣屋之図」を基に作成）

　図が非常に大きいので、全部を撮影することができなかった。山田吉彦・和子の図 (注18) によれば、陣屋の東・北・西は山林となる。1／2,500 の都市計画図では、この山林部分は比高 15m 前後の崖となっている。

　両図を参照しながら牛久陣屋を概観すると、桝形から西北西へ 700 m 余りで稲荷神社への辻があり、ここから西へ約 200 ｍで陣屋となる。陣屋地東側のほぼ中央に表門があり、表門の北側は門番所・平山猪八郎・物置である。表門の南側は厩・馬役小屋・物置・蔵・手廻小屋・給人小屋・供方小屋・徒小屋・家老小屋などの長屋が続く。御殿玄関を入ると広間・三之間・次之間・居間となり、御殿右側に上台所・納戸などが存在した。

御殿の規模は極めて小さい。御殿の北西に湯殿・坊主小屋・近習小屋がある。御殿の南に女中部屋・御次之間・御居間が存在するが、これらは朱書され、後補のものと推測できる。北側には薪小屋・作事小屋・味噌部屋があり、下台所に続く用人小屋・大納戸小屋・役所・代官詰所などの長屋があって、役所前に「御白砂」と記載された部分がある。これは「白洲」のことであろう。他に文庫蔵・楮預蔵・土蔵・米蔵・籾蔵などが記載されている。家老小屋・用人小屋など、役職名の後に小屋と付く部屋は、各役職の詰所（控所）を示しているのではないかと思われる。

（5）水戸街道の宿場町「牛久」

　水戸街道の開通は判然としないが、鎌倉時代に豪族が鎌倉へ馳せ参じる道として「鎌倉街道」と呼ばれていた (注19)。このように、古くから存在した道を近世に入ってから「水戸街道」として整備されたのであろう。したがって、街道の整備は「五街道」が整備された後、寛永初期（1620年代後半）であろうと推測する。宿には人足25人、馬25匹を常備していた。
　牛久は江戸より16里で、水戸街道のほぼ中間に位置し、日本橋より9番目の宿にあたる。『牛久町史・史料編二』(注20) に安政2年（1855）年頃の「牛久宿図」が掲載されている。これによると、宿場は上町・下町

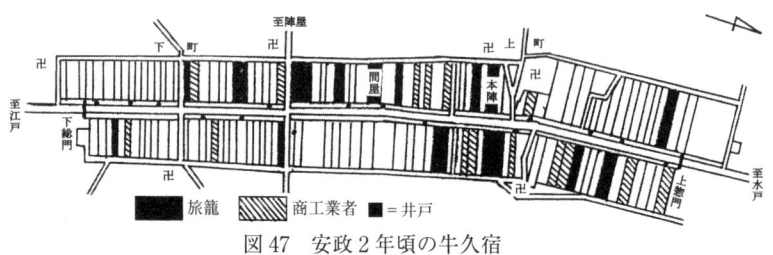

図47　安政2年頃の牛久宿
（『牛久町史・史料編二』の「牛久宿図」を基に作成）

に区分され、上町の端（水戸寄り）に「上惣門」、下町の端（江戸寄り）に「下惣門」が存在し、ほぼ中央に問屋場、問屋場より少し水戸寄りに本陣が存在した。天保12年（1841）頃には、上惣門と下総門の間に124軒の家並みがあったという (注21)。牛久宿の旅籠は、安政6年に大黒屋・

河内屋・麻屋・竜ヶ崎屋・若松屋・坂本屋・新坂本屋・山崎屋があり、文久 2 年（1862）にはいなり屋・木村屋・久保田屋・梅屋・佐野屋・行屋・たけ屋などがみえ、幕末には 15 軒の旅籠があって、水戸街道では普通規模の宿場であった (注22)。旅籠屋は「宿」の中央部に多く存在し、本陣や問屋場も旅籠を経営していた。

　牛久宿を概観すると、宿の出入口に萱葺の惣門があり、比較的道幅が広かった。道の両側、すなわち町屋の前に空白地があり、此処に馬を繋いだのであろう。街道の両側 15 カ所に井戸があるのは、馬に水を与えるためであろうと思われる。当時の様子については、正徳 5 年の『駅路鞭影記』(注23) に牛久宿のことが記載される。また『江戸叢書』(注24) には「駅路の出入口両方に途一杯の萱葺の門を建て、山口塁なる事を示せり、相応なる町にして道幅広く、陣屋は中程の西側にありて、町の長さ凡そ七八町、旅籠や酒楼食店両側に建て続けり、……」と記載する。しかし、牛久宿は常に繁栄していたとは限らず、大きく衰頽したこともあったようで、高杉晋作が笠間へ行く途中に牛久で宿泊した万延元年（1860）8 月 29 日、牛久の様子を記している(注25)。それによると「牛久駅、山口筑前守侯領地也、人家他の駅に比較して最も衰微」と記載する、また牛久

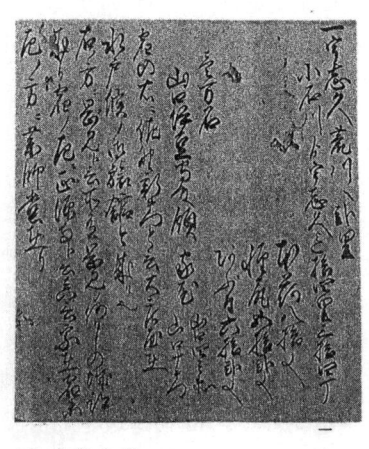

```
一、宇志久　荒川へ弐里
　小石川より宇志久迄路四里三拾四町
　　　　　本荷八拾文
　　　　　　軽尻五拾弐文
　　　　　　あぶ付六拾弐文

宿の右ニ佐野新右衛門と言ふ大庄屋在
水戸侯ノ御旅館成る也
右ノ方ニ岡見ト云所在
成り　宿ノ左ニ正源寺ト云真言宗在
左ノ方ニ薬師堂在り　　宿末

壱万石
山口伊豆守殿領
　　　　　家老　山口十兵衛
　　　　　　　　山口四兵衛　岡見ノ何かの城址
```

史料 5　駅路鞭影記
（茨城県立図書館蔵）を転載

宿の人口変遷 (注26) をみると、天明以前（1780 年以前）は 200 軒 1,200 人であったが、寛政 12 年には 519 人と大幅に減少しており、天保の始め頃（1830 年代前半）まで 500 人余りとなり、天保の後半になってようや

く人口が増加し始めた。そして安政 7 年(1860)には 720 人余りとなった。高杉晋作が牛久を訪れた時は、牛久の人口も天保初期より大幅に回復していたが、それでも他の宿場より衰頽していたように記している。しかるに明治 5 年では、157 軒・891 人となっているが、ここには士卒 134 人が含まれる。

　宿場といえども、大半の家は農業を主体とし、農間の余業として種々の商工業を行っていた。明治 5 年の様子であるが、74 軒の商工業者中、農間余業を行っていたのは 70 戸の多きにのぼる(注27)。これら 74 戸は種々の商工業をおこなっているが、中には旅籠屋・商人宿・木賃宿が 12 戸含まれていた。

(6) 牛久の現況

　廃藩後、陣屋と武家屋敷地は衰頽していくが、人々の往来が増え、宿場町は発展したようである。しかし宿場町も鉄道の開通後、徐々に衰微していったように思われ、現在では商店もまばらである。

① 牛久陣屋と武家屋敷地

　昭和 40 年頃の陣屋と武家屋敷地について、平松義郎 (注28) は「牛久沼に臨む崖上に陣屋が置かれ、その周りに武家屋敷があったが、陣屋は空堀のあとがそれと知れる程度で、民有地に分割されて菜園と松林に化し、家中の屋敷もおおむね失われた」と記し、昭和 40 年頃には、陣屋や武家屋敷の面影は殆ど残っていなかったことを示している。

　昭和 50 年頃の陣屋の様子は『牛久町史・史料編一』(注29)に記載され、「東側山林内には浅い壕及び土塁が南北に一条残存している。また、南側の壕跡は道路となって残っている」と記す。

　現在では陣屋や武家屋敷の遺構は殆ど残っておらず、北側に土塁の一部が残る程度で、移築された表門が現存するのみである。表門は下根町の池田家へ移築され、切妻桟瓦葺で、両側に新しい塀を付す。近年、門は修理された。旧陣屋内に 2 戸の民家と「河童の碑」、旧武家屋敷地から百姓地にかけて雲魚亭（小川芋銭の画廊）・抱撲舎（芋銭の記念館）が存在し、陣屋南側の堀は道路となり、東側の堀も堀跡がわかる程度である。

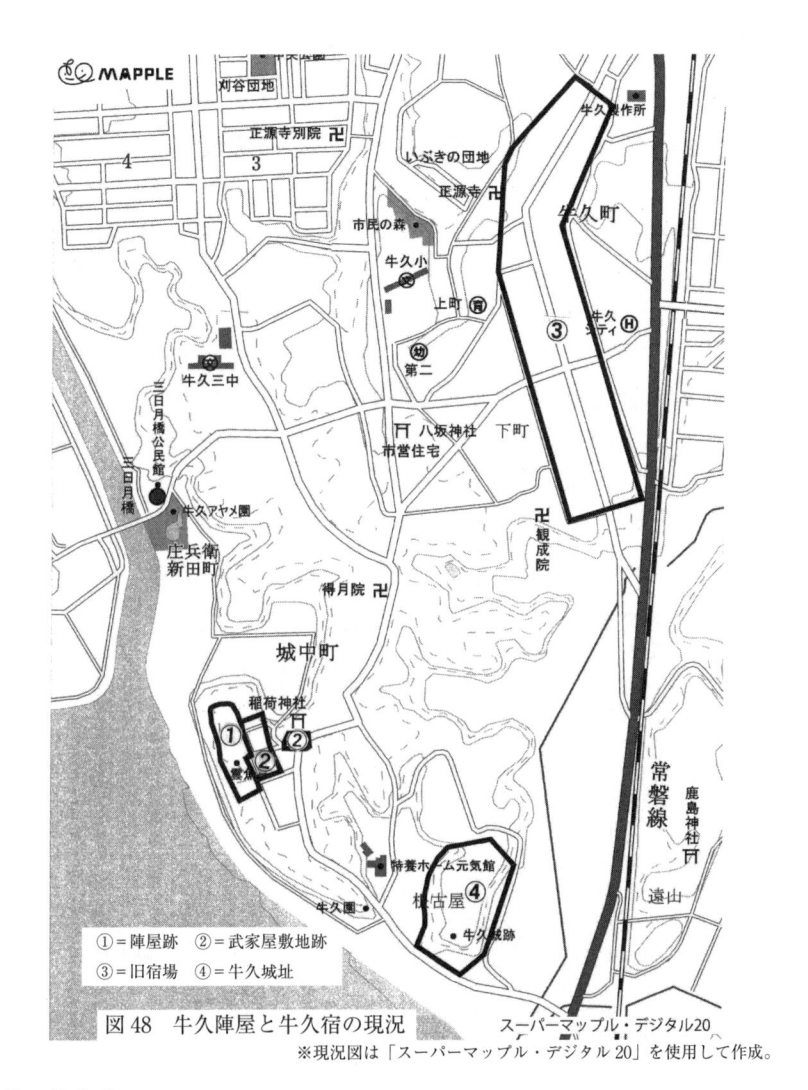

①＝陣屋跡　②＝武家屋敷地跡
③＝旧宿場　④＝牛久城址

図 48　牛久陣屋と牛久宿の現況

スーパーマップル・デジタル20

※現況図は「スーパーマップル・デジタル 20」を使用して作成。

②　牛久宿

　前述のごとく、宿場町は天保の大飢饉前後が最も人口が少なく 500 人前後であったようであるが、天保末期頃から人口も増加し始め、幕末頃には少なかった頃より人口は 1.5 倍となった。そして明治 5 年には 891 人（士卒を除くと 757 人）となり、明治 10 年には 895 人（士族を除くと

777 人）と着実に増加している。士卒が宿場内に居住するようになった
のは、恐らく廃藩後に旧武家屋敷地から居を移したのであろう。

　昭和 20 年頃の牛久については、『牛久町史・近世編』(注30) に「当時は
牛久村と称し純農村地帯にて、……（中略）……狭い国道沿いに藁葺屋
根の家屋が建ち並びおる程度にて」と記され、まだ街道の面影が色濃く
残っていた。道路は国道 6 号線となって、少しは拡幅され、交通量も増
加してきたようである。

　昭和 45 年頃の牛久宿では、萱葺屋根の町屋が少なくなったが (注31)、
それでも街道に沿って草葺屋根が残り、未だ宿場の面影をとどめていた。

　現在では、草葺屋根はまったく残っていない。宿場町の西側に国道 6
号線のバイパスが建設され、さらに宿場の衰頽が大きくなった。旧町家
の区画も判然とせず、商店も殆どみられない。

注および参考文献

1 ）牛久市史史編さん委員会：牛久市史、近世編、牛久市、平 14、pp110 ～ 114。
2 ）前掲 1 ）、p113。p112 に「鈴木光男：待月院誌所収」および中島家文書の
　　「由良信濃守内家名覚」とある。
3 ）前掲 1 ）、p112 に、中島家文書とある。
4 ）前田幸一：1 万石大名と家格について、－牛久藩の例－、東洋大学付属牛
　　久高等学校紀要 20、p11。
5 ）前掲 4 ）、p13。
6 ）前掲 1 ）、p116。
7 ）前掲 1 ）、p117。
8 ）前掲 1 ）、p157、入江家文書。
9 ）前掲 1 ）、p156、岩田家文書。山田吉彦・和子：牛久城の領主たち、郷土
　　牛久の歴史、平 17、p17。
10）木村礎・藤野保・村上直編：藩史大事典 2、関東編、雄山閣、平 1、p123、
　　青木家文書。
11）前掲 1 ）、p162、青木家文書。
12）前掲 10）、p117。
13）鈴木光夫：牛久藩の幕末財政改革、茨城県の思想・文化の歴史的基盤所収、
　　雄山閣、昭 53、pp134 ～ 155。
14）御陣屋之図、文久 3 年、青木織右衛門作、茨城県立歴史館蔵。
15）御陣屋内略図、小川家文書、茨城県立歴史館蔵。
16）鈴木光夫編：牛久町史、史料編（二）、牛久町、昭 56、p24。

17）前掲 16）、p24。
18）前掲 9）、山田吉彦・和子；p14 に『御陣屋之図』の全体が掲載されている。
　文字は見えない。
19）前掲 16）、p46。
20）前掲 16）、p48。
21）前掲 1）、p214。
22）前掲 1）、p218。しかし前掲 17）の図では、1855 年頃にすでに 15 軒の旅
　籠が記載されている。
23）駅路鞭影記、正徳五年、茨城県立図書館蔵。
24）前掲 1）、p220 所収。江戸叢書、巻の六。
25）前掲 1）、p226 所収、東行先生遺文、東行先生五十年祭記念会編、
26）前掲 1）、p232、飯島家文書。
27）前掲 1）、pp220 〜 221。
28）平松義郎；列藩巡歴（七）、－牛久藩－、創文 38、1966、p6。
29）鈴木光夫；牛久町史、史料編（一）、牛久町、昭 54、p32。
30）前掲 1）、p219。
31）牛久町老人クラブ連絡会編集委員会；お年寄りの書いた郷土のあしあと、
　牛久町役場民生部福祉課、昭 58、pp51 〜 52 所収、桜井三善；牛久町の変遷。

4、谷田部陣屋（つくば市谷田部）

　慶長 15 年（1610）、豊前中津城主細川忠興の弟興元（細川藤孝＝幽斎の次男）が下野茂木 10,054 石を与えられ、茂木に陣屋を構えたのが茂木藩の始まりである。元和 2 年（1616）、大坂の陣の論功行賞により、常陸国で 6,200 石の加増を受け、下野国谷田部に陣屋を移した。茂木藩は廃藩となり、谷田部藩となる。わずか 6 年の茂木藩であった。

　明治 4 年（1871）2 月、藩庁を再度茂木に移すが、同年 7 月 14 日に廃藩となり、再興された茂木藩は僅か 5 ヵ月の藩庁である（注1）。

　谷田部は常陸国の南部で、城下町土浦の西南西 10km 余りに位置する。陣屋は北から南へ流れる谷田川（東谷田川）と西谷田川に挟まれ、低い台地上に建設された。大手門の南側に小さな町屋を形成している。

（1）細川氏の入部とその藩領
　細川興元は朝鮮侵攻の折、兄忠興とともに出陣した。慶長 5 年（1600）、

忠興が豊前中津 300,000 石の藩主となるにおよび、興元は豊前小倉城に配置された。しかし、興元は忠興と不仲になり、慶長6年に出奔する(注2)。慶長13年（1608）、兄忠興とともに駿府へ召し出され、家康の仲介で一応の和解が成立した(注3)。

　慶長14年（1609）、興元は2代将軍秀忠に仕えることとなり、翌15年、下野国芳賀郡内25村 10,054 石を与えられ、茂木に陣屋を構えた。

　元和2年（1616）、大坂の陣の論功行賞により、常陸国筑波・河内両郡内で 6,200 石の加増を受け、都合 16,200 石余りとなり、藩庁を茂木から谷田部に移す(注4)。茂木藩はわずか6年で廃藩となる。しかし下野領は常陸領より広く、谷田部藩の下野役所として茂木陣屋は幕末まで存続し、谷田部陣屋より多くの家臣を配置していた(注5)。

　元禄4年（1691）、常陸国河内郡の一部を同国新治郡に移され、藩領高 16,300 石余りとなる。谷田部藩の成立以後、藩領に大きな移動はなく、新田打出などにより、元禄末年（1704）には 27,000 石となるが、江戸中期以降の度重なる凶作と江戸屋敷の度々の火災により、天保5年（1834）の負債総額は金 127,000 両、米 2,600 俵に達した(注6)。

（2）谷田部細川氏の家臣団

谷田部藩の家臣団を知る史料として、天保11年（1840）の『御家中分限帳』(注7)、弘化5年（1848）の『御家中分限帳』(注8)、嘉永元年（1848）の『家中分限帳』(注9)、明治初年の『藩制一覧』(注10) を入手することができた。

家　　禄		江戸	茂木	谷田部	計
知行取	250～300石	2		1	3
	200～250石				
	150～200石			1	1
	100～150石	2			2
	50～100石	5	2	2	9
	50石未満	1	5	2	8
扶持取	15・16人扶持	3	1	2	6
	6～14人扶持	2	4	4	10
	5人扶持以下	4	4	4	12
金給	6～10枚	14	12	5	31
	5枚以下	11	19	8	38
銀給	16～20枚	1			1
	11～15枚	2			2
	6～10枚	8			8
	5枚以下	3		14	17
計		58	47	43	148

表56　天保11年の谷田部藩家臣団
（『藩史大事典』および『谷田部の歴史』より転載）

　天保11年の『御家中分限帳』は、秋山高志の「谷田部藩領安政四年積穀騒動」(注11)の中に掲載されている。ここに記された家臣総数は148人であり、足軽以下を省略する。士分は江戸・茂木・谷田部と居住地別に記され、藩庁が存在した谷田部が最も少ない。最高禄は250～300石の3人で、50石以上の知行取が15人となる。他に10人扶持以上が上級武士と考えられるが、表からは10人扶持以上の人数が判然としない。また、中級武士と下級武士の区分もできない。金給・銀給を受ける者の家禄は非常に少ないことから、ここには記載されていないが、1～3人の扶持が付いていたのではなかろうか。藩士は148名とあるが、他に奥女中・足軽・門番・水汲・大工など118人、寺院・出入商人など30余人で、総計300余名であったと記す。

　弘化5年の『御家中分限帳』は、次に掲げる嘉永元年と同じ年である。この分限帳では、小頭以下の江戸詰・谷田部詰を記載せず、茂木詰のみを記すため、本書の下野国茂木陣屋の項を参照されたい。

　嘉永元年の『家中分限帳』には「幷三ヶ所役名附」と記され、江戸・谷田部・茂木に配置された役職名別人名および家禄が記される。家禄の与え方は、300石を除く石取に3～8人の扶持が付き、扶持取は10～

家禄	定府	谷田部	茂木	不明	計	格　・　職	扶持なし
300石	1				1	留守居	
200石5人扶持	1				1	家老	
150石8人扶持	2				2	家老・用人	1人
100石3人扶持	3	4	2		9	用人2・徒士頭4・給人3	7人
50石3人扶持	4				4	用人3・給人1	2人
15人扶持	1			1	2	用人1・給人1	
10～14人扶持	1 1	3	4		1 8	用人2・側詰1・給人13・嫡子2	
5～9人扶持							
5人扶持未満	1	1	8	4	1 4		
58俵			1		1	給人	1人
2俵			9		9		1人
黄金1枚3人扶持	1 3	4	3		2 0		
5～6両3人扶持	1 1	2	7		2 0		
5両未満1～2人扶持	6 9	4 4	3 7	1	1 5 1		
銀10枚	1				1		
無　給		1			1		
計	1 1 8	5 9	7 1	6	2 5 4		

表57-1　嘉永元年の谷田部藩家臣団（足軽以上）　（『茂木町史資料』による）

家　　　禄	寺社	江戸出入	谷田部出入	茂木出入	奥向	計	扶　　持
100石		1				1	5人
10〜15人扶持		1	1	2		4	
5〜9人扶持				1		1	
5人扶持未満	3	2 2		3		2 8	
6・7両					2	2	6両＝2人
5両未満					1 1	1 1	1〜2人
25俵	1					1	
10俵以下	2					2	
計	6	2 4	1	6	1 3	5 0	

表57-2　嘉永元年の谷田部藩家臣団（寺社・出入人・奥向）（『茂木町史資料』による）

15人扶持と5人扶持未満、俵給3人、金給は金1枚3人扶持と6両3人扶持以下、それに銀給1人で、他藩と同様に複雑な家禄となっている。50石以上・10人扶持以上・58俵の人が38人で、彼らは上級武士にあたり、留守居（1人）・家老（2人）・用人（9人）・徒士頭（4人）・給人（19）・側詰（1人）・嫡子（2人）である。嫡子というのは、家老または用人の嫡子であろう。上級武士の居住地をみれば、谷田部と茂木は同数で、用人1人・徒士頭1人・給人5人である。38人中14人を除く23人は江戸定詰で、1人は居住地不明となっている。中級武士は切米金1枚3人扶持と金5〜6両3人扶持の40人となる。切米金1枚とは黄金1枚で、支給は7両2分であった。うち江戸に23人、谷田部6人、茂木10人である。下級武士は足軽を含む5人扶持以下・2俵・5両未満1〜2人扶持および銀10枚の165人で、江戸71人、谷田部46人、茂木54人、不明5人となる。以上が足軽以上にあたり、総計254人となる。他に寺社6・出入人31・奥向13人を記載するが、寺社の25俵（菩提寺）、出入人の100石・5人扶持以上・奥向の6両以上を除くと、全体的に扶持は少ない。

明治初年の『藩制一覧』には士族107軒・448人、卒族147軒・232人、計254戸・680人と記し、嘉永元年の足軽以上の数と同じである。

格と職	人数	借上率
家　　老	4	60%
用人・側役迄	8	60〃
100石以上の給人	6	60〃
50石以上の給人	1 6	40〃
中　小　姓	1 9	25〃
組　　脇	1 5	20〃
徒士本格	6	15〃
徒　　士	1 2	5〃
坊主格以下	2 0 9	借なし

表58　谷田部藩家臣の禄借上率
（『御家中分限帳割合引高渡帳』による）

16,000 石の大名の割に士族数が少なく、嘉永元年の分限帳をみても、小頭を含む士分数は 107 人に過ぎない。

　谷田部藩では安永年間以降（1772）に自然災害が頻繁に起き(注12)、また安永元年（1772）・文化 3 年（1806）・文政元年（1818）・文政 12 年（1829）・天保 5 年（1834）に江戸屋敷が類焼に逢う(注13)。また藩の散漫な財政運営などもあって、天保 5 年（1834）には藩の借財高は金 131,197 両余り、借米高 2,638 俵となった。そこで、勝手元江戸・両在所取締支配役の中村元順（勧農衛）を起用し、二宮尊徳の「尊徳仕法」の実施を推進した。すなわち、荒廃した農地を元に戻し、人口の増加をはかった。もちろん家臣の家禄も借上げられ、嘉永元年（1848）「家臣禄借上率」(注14) は、100 石以上の 60％から、徒士席にいたる 5％で、坊主以下の少禄者は無引であった。この改革は一定の成果を挙げたが、安政 5 年（1858）の勧農衛の死去とともに頓挫した (注15)。

（3）江戸末期の陣屋町

　谷田部陣屋町に関する絵図類はほとんどなく、飯塚伊賀七作といわれる天明 8 年の『分間谷田部絵図』(注16)、明治 6 年の『谷田部城図』(注17)、および昭和初期の『郡役所跡絵図』(注18) を得たのみである。また『谷田部の歴史』に、『分間谷田部絵図』を基に作成された「谷田部陣屋復元図」(注19) が掲載されている。

　『分間谷田部

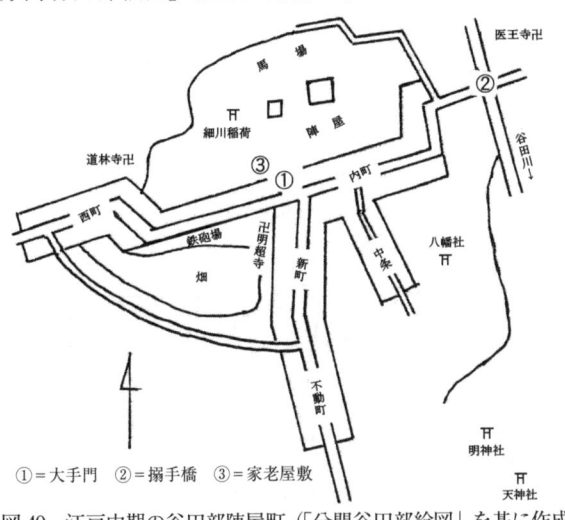

①＝大手門　②＝搦手橋　③＝家老屋敷

図49　江戸中期の谷田部陣屋町（『分間谷田部絵図』を基に作成）

絵図』は陣屋町絵図ではなく、谷田部藩の筑波郡全域を記した藩領図であろうと思われる。したがって谷田部陣屋町の記載はごく一部で、陣屋町全体の把握に無理がある。「谷田部陣屋復元図」は現在の地図に合わせて作成されたと思われ、1／2,500「都市計画基本図」や1／10,000「つくば市全図」とよく合致している。

『谷田部城図』は谷田部資料館に掲載された絵図で、武家屋敷割を主体に描かれている。大きな図で写真が撮れず、この図を掲載した書物は未見で、紹介することは不可である。

「谷田部陣屋復元図」では、陣屋内に馬場・細川稲荷と、大手門を入った所に家老屋敷が記載されるのみで、町屋としては内町・西町・新町・不動町・中条が記され、東方の谷田川（東谷田川）に搦手橋を描き、陣屋北東（鬼門）に医王寺（薬師）を建立する。内町と新町の交差点西側に明超寺、その西に鉄砲場、西町の北（陣屋の西）に道林寺が存在する。

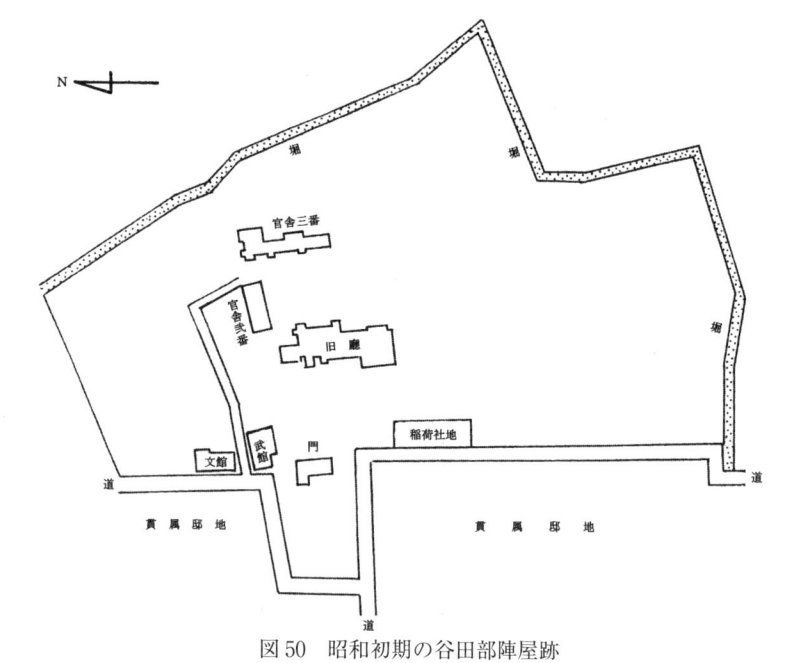

図50　昭和初期の谷田部陣屋跡
（谷田部歴史民俗資料館に掲載された「郡役所跡絵図」を基に作成）

内町東部に天王、陣屋町南東部に八幡・明神・天神の社が鎮座する。

　『郡役所跡絵図』は昭和初期の陣屋内図で、陣屋の東と南は堀で囲ま
れ、西側は道路となっている。堀幅は不明である。陣屋内の建物として
は旧廳・官舎弐番・官舎三番・文館・武館が描かれ、陣屋西方の鍵型道
路に門が、陣屋表門の南方に稲荷社地が存在するのみである。図には「地
坪六千八百坪　内三百貳拾五坪建歩」と記され、陣屋面積は比較的広い
が、建坪面積は少ない。これは廃藩置県および郡役所廃止とともに、多
くの建物が取り払われたためであろう。陣屋西側の道路を隔てて「貫属
邸地」と記されること、陣屋前から内町まで150m前後 (注20) あること
から、この地域に武家屋敷地が存在していたものと推測できる。明治11
年以降に筑波郡役所が旧谷田部陣屋におかれ (注21)、『目で見る土浦・つ
くばの100年』(注22) に、「筑波郡役所」の入口付近の写真を掲載している。
この写真によると、門は冠木門、周囲は板塀で、奥に萱葺き屋根の建物
がみえる。門の位置からみて、この萱葺き建物が『旧陣屋跡絵図』に示さ
れた「旧廳」と推測することができる。門左側の建物は「武館」であろう。
また、谷田部陣屋の表門は薬医門となっているが (注23)、この写真に写っ
ている冠木門は、薬医門が移築された後に建設されたと考えられる。

　寛政6年 (1794)、藩校「弘道館」を設立する。藩校としては比較的早
く設立されたもので、『谷田部の歴史』(注24) に陣屋の門を入ってすぐ左
の方に「文館」と「武館」があり、これを併せて弘道館と呼んだのであ
ろうと記し、文館約20坪、武館は約25坪と記載する。しかしこれらの
記載は、谷田部郷土資料館に展示される『旧陣屋図』に基づいていると
思われるが、廃藩まで80年、郡役所廃止まで140年余りを経過してい
るので、藩校開設当時のものではないと考えられる。

（4）陣屋町の現況

　明治4年2月8日、陣屋を茂木へ移設したため、谷田部藩は廃藩とな
る。明治4年7月14日の廃藩置県後は茂木県となり、明治4年11月13
日に新治県、同8年5月7日茨城県となった。

　明治11年以後、陣屋跡は茨城県筑波郡役所として利用されたが、後

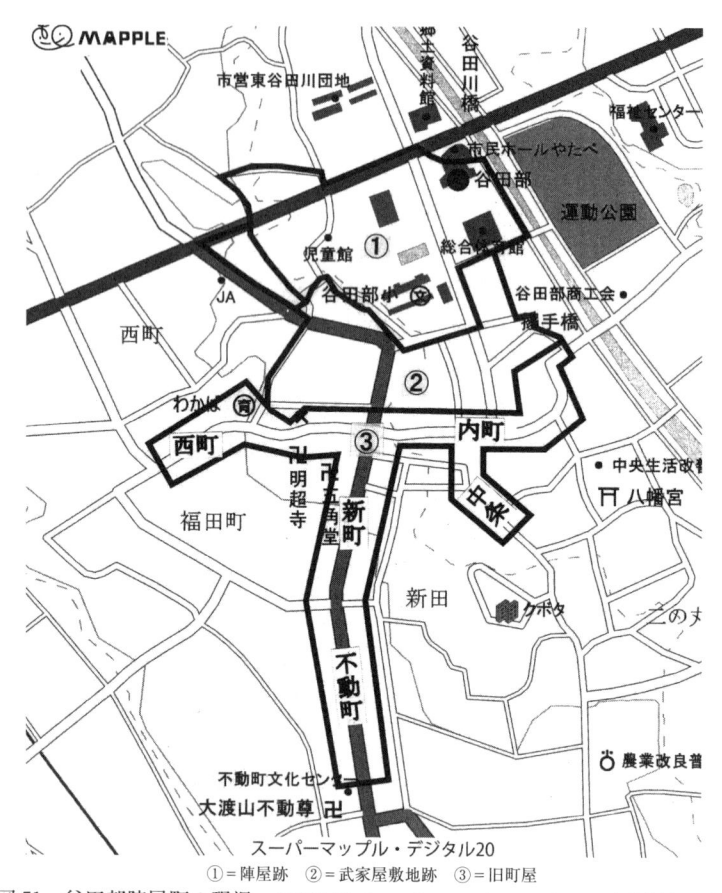

スーパーマップル・デジタル20

①＝陣屋跡　②＝武家屋敷地跡　③＝旧町屋

図51　谷田部陣屋町の現況　※現況図は「スーパーマップル・デジタル20」を使用して作成。

　に谷田部小学校となり、現在に至る。旧表門はつくば市北中妻の成島家へ移築され、御殿玄関の屋根部分は谷田部小学校前の公民館玄関として保存される。この玄関は幅2.5間、入母屋桟瓦葺きであるが、屋根は葺き替えられている。元は式台部分の屋根であろう。

　旧武家屋敷地は、昭和初期の絵図『旧陣屋跡絵図』に記載される「貫属邸地」と考えられ、陣屋と内町および西町の間と推測できるが、これは谷田部公民館と主要地方道つくば・野田線を隔てた西側で、道林寺までの間であったと思われる。現在では殆どが住宅地となる。

　旧町屋地域をみれば、医王寺・明超寺・道林寺は元の位置にあり、内町・西町・新町・不動町は道幅が拡幅されたが、1／2,500「都市計画基本図」にこれらの町名が記される。図を見る限り、町屋は街村状に家が並ぶ。八幡社は内町北東の天王社に合祀され、八幡神社と名称を変えた。旧町屋は住宅地であるが、小学校（陣屋跡）の北に谷田部児童館、小学校の北東に北からプール・保健センター・交流センター・窓口センター・市民ホール・郷土資料館・総合体育館があり、谷田川を渡った東に野球場・老人福祉センター・障害者センターなどがあって、つくば市の南部地域における小中心地となっている。

注および参考文献

1）木村礎・藤野保・村上直編；藩史大事典、第7巻、九州編、雄山閣、平5再版、p101。しかし、日本歴史地名大系、第8巻、茨城の地名、平凡社、1988、p583では明治2年と記す。

2）前掲1）、藩史大事典、p325。前田幸一；陣屋の散歩（5）、谷田部・大輪、東洋大学牛久高等学校紀要25、平13、p13。

3）大木茂；幕末と明治維新、宇都宮藩・茂木藩から見た奥州戊辰戦争、随想社、2008、pp1148〜1151の『茂木記』にみられる「茂木細川家由緒記」。

4）木村礎・藤野保・村上直編；藩史大事典、第2巻、関東編、雄山閣、平1、p95によると、元和2年とある。しかし、前掲1）、p583には、元和4年と記載する。

5）茂木町史資料作成委員会；茂木町史資料、第二集、平2、pp40〜54の嘉永元年分限帳による。

6）前掲4）、藩史大事典、pp95〜96。

7）前掲4）、藩史大事典、p102の表。谷田部の歴史編さん委員会；谷田部の歴史、谷田部町教育委員会、昭50、p73の表。いずれの書も植田敏雄編；茨城百姓一揆、風涛社、1974所収、秋山高志；谷田部藩領安政四年積穀騒動、−谷田部藩天保改革に関連して−、p162の表を基にしている。

8）栃木県史編さん委員会；栃木県史、史料編、近世3、栃木県、昭50、pp10〜12。

9）茂木町史編さん委員会；茂木町史、第三巻、史料編2、近世、茂木町、平10、pp77〜93。

10）前掲4）、藩史大事典、p96・p102。

11）前掲4）、藩史大事典、p102。前掲7）、谷田部の歴史、p74。

12）前掲7）、谷田部の歴史、p105。

13）前掲4）、藩史大事典、pp99〜100。

14）茂木町史編さん委員会；茂木町史、第五巻、通史編Ⅰ、茂木町、平13、

　　pp491 ～ 492。
15）前掲 7）、谷田部の歴史、p107。
16）つくば市史、史料集、第三編、谷田部藩、上、付図。
17）谷田部郷土資料館に展示。
18）旧陣屋絵図、谷田部郷土資料館蔵。
19）前掲 7）、谷田部の歴史、p73。
20）つくばし発行の 1 ／ 2,500「都市計画基本図」による。
21）前掲 1）、日本歴史地名大系、p584。
22）目でみる土浦・つくばの 100 年、郷土出版社、1997、p15。
23）近藤薫；関東の城門、2007、p32。
24）前掲 7）、谷田部の歴史、p78。また p80 には「寛政年間には茂木にも藩
　　校弘道館が設置され……」と記す。

5 、下妻陣屋（下妻市下妻甲）

　戦国時代の下妻地方は、結城氏から独立した多賀谷氏の本拠であった
が、多賀谷氏は戦国時代末期には戦国大名佐竹氏の配下となった。関ヶ
原の戦い（慶長 5 年＝ 1600）に、多賀谷重経は西軍方に味方し、翌慶長 6
年に多賀谷氏は下妻から追放された。

　多賀谷氏の後、慶長 11 年（1606）に徳川頼房（10 万石）、元和元年（1615）
に結城松平（3 万石）、元和 2 年に久松松平（3 万石）が入部し、元和 5 年
に久松松平氏が遠江掛川へ転封した後は幕領となる。慶長 11 年から元
和 5 年までのわずか 13 年の間に 3 家の大名が交代している。元和 5 年
から正徳 2 年（1712）までの約 100 年間の大部分は幕領であった。正徳
2 年に井上正長が入部し、以後 14 代 160 年間は井上氏の支配を受ける。

　下妻地方は東の小貝川、西の鬼怒川に挟まれた沼沢地で、多賀谷氏家
が築いた多賀谷城（下妻城）の本丸・二ノ丸・三ノ丸などの曲輪は、島
のような状態で、曲輪と曲輪の間は橋で連絡していた (注1)。図によると、
多賀谷城の各曲輪は沼に囲まれている。正徳 2 年、多賀谷城時代の西館（隠
居館）に井上氏が陣屋を建設した。

（1）井上氏の入部前

　下妻城（多賀谷城）は結城氏の家人であった多賀谷氏家（注2）が自立し、康正元年（1455）築城に着手、城は寛正2年（1461）に完成した。初期の本丸は稲荷山の台地に築かれ、『多賀谷七代記』（注3）に「氏家ハ下妻ニ要害ヲ構へ、西ノ館ヲ以テ本丸トス」と記している。3代家植の代には、主家の結城氏を凌ぐ勢力となり、結城氏と対立するようになった。そこで4代家重は、結城氏に対抗するため、本丸を西館から東館へ移し、本丸・二ノ丸・三ノ丸以下、10ヵ所前後に及ぶ曲輪を堀（沼）や土塁で堅固なものにした（注4）。その後、多賀谷氏は戦国大名佐竹氏の配下となった。天正14年（1586）、豊臣秀吉は北関東の諸領主に「惣無事令」（注5）を出した。しかし多賀谷重経は従わず、さらに天正20＝文禄元年（1592）の朝鮮出兵に不参したことから、多賀谷城は破却を命じられた。そして慶長5年（1600）の関ヶ原の戦いには西軍に組し、翌慶長6年に多賀谷氏は滅亡した。以後、多賀谷氏の領地は幕領となる。

　慶長11年（1606）、徳川家康の11男頼房が100,000石で下妻へ入部した。頼房はわずか3歳であった。元和元年（1615）、頼房は水戸250,000石として転封する。徳川氏は1代9年であった。

　元和元年（1615）、家康の次男結城秀康の第2子松平忠昌が、上総姉崎10,000石から下妻30,000石となって入部した。元和2年、忠昌は信濃松代（120,000石）へ転封となり、わずか1年で大大名となった。

　元和2年（1616）、松平（久松）定綱が下総山川15,000石から30,000石で下妻に入部する。しかし元和5年、遠江掛川へ転封となる。松平氏もわずか3年の支配であった。

　徳川・結城松平・久松松平の3家は、将軍家ゆかりの大名で、いずれも下妻在城期間が短く、3家に関する史料は現存していない。

　元和5年（1619）から正徳2年（1712）までの下妻周辺は殆どが幕領で、100年近くは幕府代官の支配となる。

（2）井上氏の入部とその藩領

　下妻井上氏の祖正長は美濃八幡城主井上正任の三男で、元禄6年（1693）

に美濃国郡上郡内で 3,000 石を分知され、旗本寄合席に列した。のち甲府徳川家（綱豊）の家老となって 4,000 石を賜り、元禄 16 年（1703）に 1,000 石を加増されて 5,000 石となる。さらに宝永元年（1704）、綱豊が 6 代将軍家宣となるにおよび江戸城西丸御側衆に栄進し、翌宝永 2 年に 3,000 石を加増されて 8,000 石となった。正徳 2 年（1712）に家宣が没すると、その遺命により 2,000 石を加増され、常陸・武蔵・下野の内 1 万石を領し、大名に列して下妻に陣屋を置く。井上家は短命の藩主が多く、約 160 年の間に 14 人の藩主が交代し、14 人中 10 人が本家または他家からの養子であった。特に最後の 14 代藩主正己は、13 代藩主正兼の叔父にあたり、叔父が甥の養子となった珍しい例である。

　8,000 石時代の藩領は美濃・信濃・甲斐・相模国に分散していたが、2,000 石を加増された後は、常陸国真壁郡・武蔵国埼玉郡・下野国都賀郡の内、計 10,000 石となる。

　宝暦 13 年（1763）、武蔵国埼玉郡の藩領の一部を、同国大里郡に移される。しかし、藩領高に変化はない。

　宝暦 11 年（1761）と天保 9 年（1838）の領地目録が『下妻市史・中』(注6) に掲載される。これによると、宝暦 11 年では「武蔵国埼玉郡之内 16 ヵ村 5,785 石 5 斗 6 升 1 合、常陸国真壁郡之内 14 ヵ村 3,391 石 6 斗 2 升 2 合 8 夕、下野国都賀郡之内 12 ヵ村 2,935 石 9 斗 5 升 1 合、都合壱万石と記し、外 2,113 石 1 斗 3 升 4 合 8 夕、是者込高也」とある。天保 9 年は「武蔵国埼玉郡之内 12 ヵ村 4,161 石 4 斗 4 升 7 合、大里郡之内 2 ヵ村 741 石 3 升 8 合、常陸国真壁郡之内 13 ヵ村 4,205 石 8 斗 9 升 4 合 1 夕、下野国都賀郡之内 11 ヵ村 3,005 石 8 斗 6 合 9 夕、都合壱万石、外 2,114 石 1 斗 8 升 6 合、是者物成詰込高也」と記載する。

　慶応 3 年（1867）、武蔵国埼玉郡尾崎村 401 石を上知され、常陸国真壁郡・下野国都賀郡の内 497 石と替地となる。96 石余りの増加である。

（3）井上氏の家臣団

　下妻藩の家臣団を知る史料としては、享保年間（1716 ～ 1736）の『享保中　御名前帳』・文政 7 年(1824)の『文政七甲申五月写　御家中名前帳』・

	家　　禄	士分	足軽以下	計	備　　　　考
石 取	200石	2		2	120石1人、他は100石
	150石	2		2	
	100〜120石	7		7	
	70石	1		1	
	40石	1		1	
	20石3人扶持	1		1	
扶 持	10人扶持	5		5	内1人医師
	5〜9人扶持	5		5	内3人医師
	5人扶持未満	2		2	医師
金 給	10両4人扶持	1		1	
	5〜9両2〜4人扶持	30		30	内2人医師
	5両未満2人扶持	16	203	219	
	記　載　な　し	23	13	36	内坊主4人・奥様付女中13人全員
	計	96	216	312	

表59　享保年中の下妻藩家臣団　　　　　　（『茨城史林 15』より作成）

天保 13 年（1842）の『天保十三改　御家中分限帳』の 3 点 (注7)、と年代不明なもの 2 点 (注8) が現存しているようである。

　『享保中御名前帳』では、家老 2 人が 200 石、次いで 150 石 2 人、120石 1 人、100 石 6 人、70 石・40 石・20 石 3 人扶持が各 1 人、計 14 人が知行取である。扶持取 12 人で、他の 250 人は金給に扶持が付く。士分は 3 両 2 人扶持以上であるが、坊主の家禄は記載されていない。足軽は 2 両 3 分 2 朱 2 人扶持、同心・山守は 2 両 3 分 2 人扶持である。中間・手廻など家禄の記載はないが、同心以下であったと推測できる。総人数は 252 人と記すが、「是ハ表計リ」と記載し、『下妻市史・中』(注9) では「公式には 252 人であるが、実際にはそれより少ないとの意であろう」と記している。他に麻布御奥様附女中 13 人、御奥様附女中人数高〆 60 人と記し、最後に御医師衆として 7 名（1 名氏名なし）を記載する。分限帳には「享保中」と書かれているが、実際は元文 3 年（1738）〜寛保元年（1741）のものであろうという (注10)。

　『文政七甲申五月写御家中名前帳』は、家禄の記載はなく、格と職および氏名を記すのみで、氏名を記した武士 77 名、町人扶持 3 人、外に「御組」として 12 人を記載している (注11)。もちろん、町人には姓がない。「御組」というのは足軽であろうか。享保中の御名前帳と比べれば、中間・女中などの記載はないが、大幅な人数の削減である。

　『天保十三改御家中分限帳』には、家禄・格と職・氏名が記され、家禄は家老の 250 石から下は 1 両 2 分 1 人扶持の坊主までと医師で、93 人の氏名を記し、下妻同心を加えると「享保中　御名前帳」の人数に匹敵するらしい (注12)。現物を見ていないので、詳細は不明である。

　福田家蔵の『分限帳』は年代を記載していないが、家臣名から慶応元年（1865）以降のものであるという (注13)。この分限帳には家禄・格と職・および氏名を記しているが、分限帳自体を入手できなかったので、詳細については不明である。家老以下、同心にいたるまで 130 人の名がみえ、他に「月々 1 人扶持」という下妻新組同心 32 人を記し、家臣数は天保 13 年の分限帳と比べ、1.7 倍と大きく増加している。外山家蔵の年不詳の『分限帳』については、近藤瑞之の書には何の説明もない。

　『下妻市史料』の「井上下妻藩関係 (2) ～ (22)」 (注14) に、『下妻藩日記』に記載される家臣名を五十音別に記載される。最も早いのは明和 8 年（1771）で、最終は文久 3 年（1863）である。うち寛政年間の 2 回・文政 7 年の人数 200 ～ 240 人であるが、他は 100 人前後から 150 人位となる。寛

年号	西暦	人数	年号	西暦	人数
明和 8	1771	１３０	天保 15	1844	１０７
天明 6	1786	１５５	嘉永 2	1849	１０７
〃 7	1787	９７	〃 4	1851	１５９
寛政年間	1789～	２１０	〃 6	1853	１２５
	1801	１９３	〃 6	〃	１２１
文化 14	1817	９９	〃 7	1854	１０７
文政 2	1819	１０６	安政 2	1855	１０２
〃 5	1822	８９	〃 3	1856	１１０
〃 7	1824	２３９	〃 6	1859	１１７
〃 12	1829	９３	文久 3	1863	１６８
天保 3	1832	１００			

表60　『下妻藩日記』に記された家臣数
（『下妻市史資料』による）

政年間（1789 ～ 1801）および文政 7 年（1824）には足軽以下も入っていると考えられ、その他は坊主以上の士分を記載したものと推測できる。明和～天明 6 年（1786）頃までの士分は 130 ～ 160 人いたと考えられ、天明の飢饉により家臣数を大幅に減じたと思われる。それ以後、嘉永年間（1848 ～ 1854）まで 100 人前後の士分であるが、嘉永年間には、世情が不安定となって家臣数を増やしたのであろう。その後、家臣数を漸減して 100 人余りとなるが、文久年間（1861 ～ 1864）には国内情勢の悪化

により、またも家臣数を増加した様子が読み取れる。

（4）江戸末期の陣屋町

　下妻陣屋町に関する当時の絵図で、入手できたのは『下妻陣屋傍近の図』（注15）、『陣屋附近略図』（注16）、元治元年（1864）の『天狗党下妻夜襲

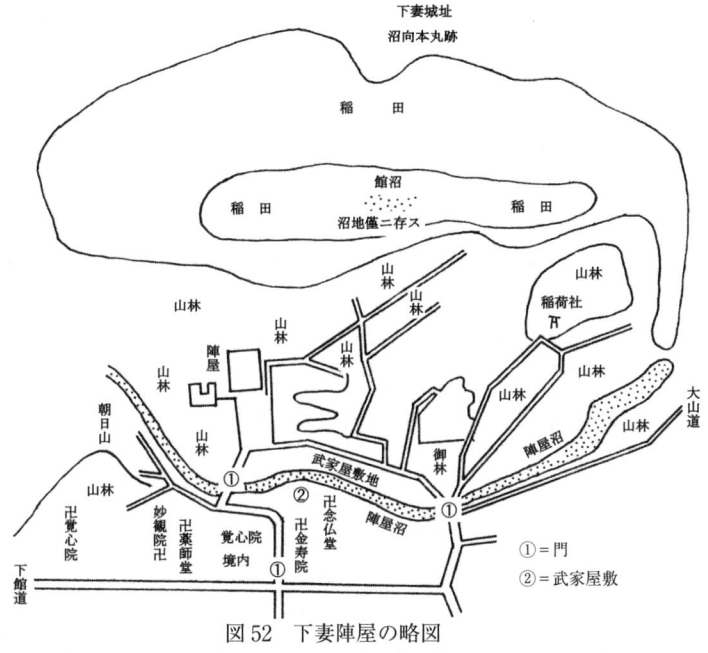

図52　下妻陣屋の略図
（『下妻市史・中』掲載「真壁郡村鑑余稿」の図を基に作成）

絵図』（注17）、『下妻町内地図』（注18）、および明治2年の『城廻村絵図』（注19）である。

　『下妻陣屋傍近の図』は陣屋を中心とした絵図で、陣屋前の堀割に門（追手門？）と木浦門（不浄門？）があり、この東側が陣屋となっている。陣屋建物については不明であるが、二つの門の東側の堀に沿った所に武家屋敷と記された建物が6棟みえる。武家屋敷地から堀を隔てた所に時鐘と念仏堂があり、西側の町屋（西町）中央に門があって、周囲に金寿院・覚心院・妙観院などの寺院を記す。陣屋の南にある稲荷社は、城山稲荷である。

　井上氏は初代から5代まで定府大名で参勤交代をしなかったが、6代正広の寛政元年（1789）以降は参勤交代をした。参勤交代については『下妻市史・中』に表（注20）としてまとめられ、毎年8月参府、2月御暇となっている。しかし江戸を出立するのは3月中旬から4月上旬で、

滞在日数	滞　在　月　の　回　数
2ヵ月2日	
2ヵ月7日	
・	3ヵ月未満（5回）
・	3ヵ月〜4ヵ月未満（9回）
・	4ヵ月1日〜11日（9回）
4ヵ月12日	
4ヵ月17日	

表61　参勤交代における下妻藩主の
国元滞在期間（『下妻市史』より作成）

下妻を出立するのは7月の中旬から下旬である。したがって国元滞在期間は、2ヵ月余りから4ヵ月半で、下妻の滞在期間が非常に短い。藩主の江戸滞在期間は、下妻詰の藩士は士分10人前後に足軽20人位であることから、前記武家屋敷地の6棟の長屋で十分と考えられる。しかし藩主の国元滞在期間中は、下妻での家臣数が大きく増加すると考えられるが、これらの家臣の住居は如何したのであろうか。

　『陣屋附近略図』は陣屋と町場の位置関係を示した図で、西町に冠木

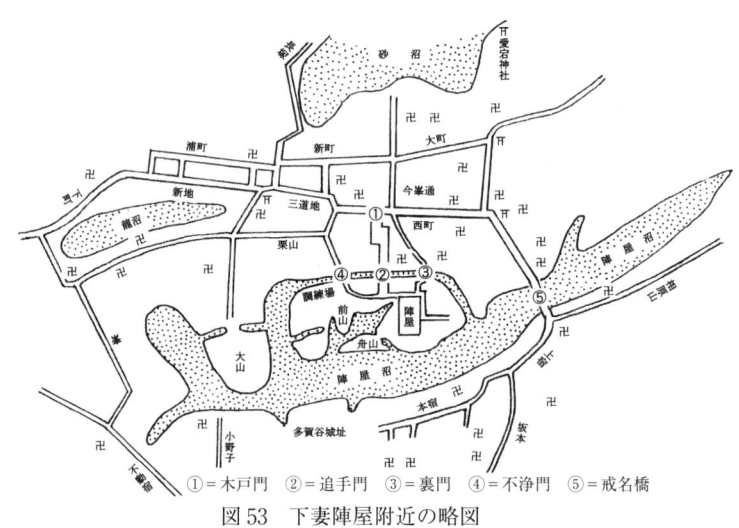

①＝木戸門　②＝追手門　③＝裏門　④＝不浄門　⑤＝戒名橋

図53　下妻陣屋附近の略図
（『下妻市史・中』掲載の「真壁郡村鑑余稿」の図を基に作成）

門が描かれ、途中の桝形を経て追手門へ着く。陣屋は堀に囲まれ、内側を土塁で囲む。堀の中央に追手門、南に不浄門、北に裏門を描いている。陣屋内は「井上侯陣屋」と調練場が記載されるのみである。図の作成年は記されていないが、「調練場」が記載されるため、江戸末期から明治初期のものと考えて支障がない。陣屋の追手門は金子氏蔵の図 (注21) によると、1万石大名にしては立派な櫓門であった。

　『下妻町内地図』は極めて簡単な図で、下妻四ヵ村と主な町名、周辺の村々および砂沼・龍沼、井上主税御陣屋が記載されるのみである。『藩史大事典』(注22) によると、通称「主税」は4代正意のことで、正意の藩主在任期間は宝暦13年〜天明4年（1763〜1784）である。

　『城廻村絵図』は下妻4村を主体とした図で、町屋の宅地割りが判明する。原本を確認していないが、図は不鮮明で詳細は判然としない。享保年間（1716〜1737）の4ヵ村合計1,000軒 (注23) の大きな町場で、わずか1万石大名の町場にしては非常に大きい。特に、下妻詰の家臣が非常に少なかったことを考えると、陣屋町としてではなく、在町としての性格が大きかったこと、すなわち地方の物資集散地であったことを示している。町場といえども住民は全て農民として扱われ、

職　種	人数	職　種	人数
大　工	52	山　伏	10
茶問屋	39	木　挽	8
造酒屋	15	本道医師	6
紺　屋	15	鋳物師	6
鉦　叩	14	薬種屋	5
萱屋根葺	11	座　頭	4
桶　屋	11	外科医師	3
鎌鍛冶	10	板屋根葺	3
馬医・研師・甲鍛冶・鞘師・仏師＝各2			
左官・鍔鍛冶・金具師＝各1			

表62　享保年間における下妻四ヵ村の農間渡世（『下妻市史』の表を一部改変）

商人や職人は「農間渡世」として扱われていた。享保年間の農間渡世は225戸で、株仲間も結成され、常設の店舗を構えていた者も多くいたのであろう。下妻では2・5・7・10のつく日に市が立ち、12斉市が開かれていた (注24)。

　このように盛況であった町場も、時代が経過するごとに戸

年	西暦	城廻村	南当郷村	西当郷村	計
享保11	1726	386	257	208	851
宝暦10	1760	348	243	168	759
天保9	1838	150	114	42	306
安政2	1855	160	92	41	293

表63　江戸時代における下妻の戸数変化（『下妻市史・中』より作成）

数が減少し、江戸末期には享保11年の約1／3となった (注25)。このような戸数の減少は農村の荒廃によるもので、下妻のみならず関東地方の一般的な現象であったという (注26)。

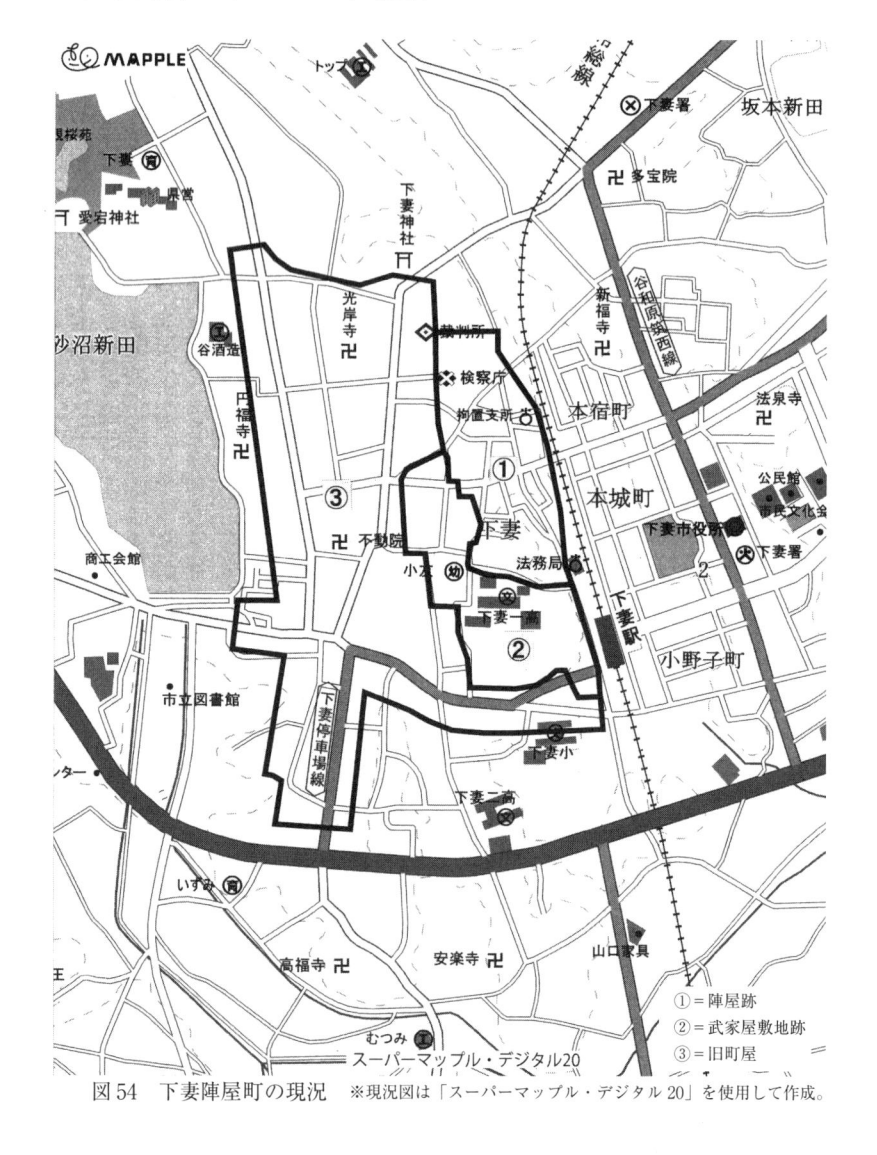

図54　下妻陣屋町の現況　※現況図は「スーパーマップル・デジタル20」を使用して作成。

（5）陣屋町の現況

　現在の下妻をみると、砂沼は町場の北西にあり、沼の面積は 60ha で、農業用水として利用され、周辺に砂沼広域公園が造成されている (注27)。南北に細長かった陣屋沼は埋め立てられ、旧沼底を関東鉄道常総線が南北に通り、旧陣屋南南東に下妻駅を設置する。龍沼も埋め立てられ、旧底部に水路が設けられ、その両側は荒地となる。

　下妻は地方の中心都市とはいえ、発展しているとは言いがたい。昭和 40 年頃から下妻駅東側が開発され、市の主な施設が旧多賀谷城本丸付近に集中している。すなわち市役所・消防署・保健センター・市民文化会館・公民館・総合体育館などである。

　現在では、旧陣屋沼東方に市指定史跡「多賀谷城本丸跡」があり、本丸の一部が公園となっている。昭和37年から本丸の大部分が削り取られ、陣屋沼の低い部分を埋め立て、昔の面影がなくなったという (注28)。

　旧陣屋は下妻駅の北北西で字陣屋と呼ばれ、陣屋公園・下妻法務合同庁舎・下妻拘置支所・水戸地方裁判所下妻支部となる。30 年前までは、この辺りに高さ2〜3m の土塁が残っていたようであるが、裁判所官舎の建て替え工事で取り払われた (注29)。その南端は城山稲荷（現在は下妻稲荷）で、稲荷神社の西側に多賀谷氏時代からの土塁の一部が残る。稲荷神社の西に下妻一高の校舎が建ち、ここから北が広義の陣屋跡と考えて支障がない。元来、下妻に居住する井上氏の家臣が少なかったため、郭内武家屋敷地はなかったものと推測する。下妻一高周辺の武家屋敷地は、文久以降のものでろう。

　陣屋西方の西町・大町・新町・三道地・新地・下町などの町屋は字名として残るが、市街地が拡大したとも言えず、商工業も発展しているとは言いがたい。

注および参考文献

1）下妻市史編さん委員会：下妻市史、中、下妻市役所、平 6、pp241 〜 242 の図。
　　前田幸一：下妻陣屋、東洋大学付属牛久高等学校紀要 27、平 15、p82 の図。
　　いわゆる「浮城」である。
2）下妻市史編纂委員会：下妻市史料、－先人遺構（1）－、昭 52、p118 に「當

時結城成朝ノ臣ニ、多賀谷氏家ト云ヘルモノアリケル……」と記載する。

3）・4）矢中英吉；下妻の歴史散歩（五）、下妻の文化10、昭60、p80。

5）佐久間秀樹；下妻の戦国武将多賀谷氏について、常総の歴史36、2007、p33 によると、「豊臣政権に基づく広域平和令であり、戦国の大名領主間の合戦・紛争を体制的に否定し、豊臣政権の裁判によって解決することを宣言した法令」とある。

6）前掲1）、下妻市史・中、pp136 ～ 137。

7）前掲1）、下妻市史・中、pp143 ～ 148。近藤瑞之；下妻藩前期藩政に関する一考察、茨城史林15、1991、pp98 ～ 103。いずれも外山家文書。

8）前掲1）、下妻市史・中、pp146 ～ 147 に記載されるのは福田家文書のみであるが、前掲7）、近藤瑞之、P111（注2）には、年代不明の分限帳が福田家と外山家に1点ずつ存在することを記す。

9）・10）前掲1）、下妻市史・中、p144。

11）前掲1）、下妻市史・中、pp144 ～ 148。

12）前掲1）、下妻市史・中、pp145 ～ 146。

13）前掲1）、下妻市史・中、pp146 ～ 147。

14）下妻市史編纂専門委員会；下妻市史料、井上下妻藩関係（2）～（22）、下妻市役所、昭6 ～平18。

15）前掲1）、下妻市史・中、p254 の図。東京大学史料編纂所蔵の「真壁郡村鑑余稿」所収。

16）下妻市史編纂委員会；下妻市史、下妻市役所、昭54、p176 の図。下妻市史編纂委員会；下妻市史料、－先人遺稿（1）－、昭52、p202 所収、「通俗下妻史略」、昭27。

17）いまに残る郷土の文化遺産・つくばの古絵図、日本地図センター、2006、つくば市教育委員会蔵。前掲1）、下妻市史・中、口絵、同じ図であるが、ここでは稲葉家蔵となっている。

18）前掲16）、下妻市史、p183 の図。外山家蔵。

19）前掲16）、下妻市史、p182 の図。猪瀬家蔵。

20）前掲1）、下妻市史・中、p170 の表。

21）前掲16）、下妻市史、p177。

22）木村礎・藤野保・村上直編；藩史大事典、第2巻、関東編、雄山閣、平1、p72。

23）前掲16）、下妻市史、p182。

24）前掲16）、下妻市史、pp182 ～ 185。

25）前掲1）、下妻市史・中、pp255 ～ 258。

26）前掲1）、下妻市史・中、pp258 ～ 259。

27）日本歴史地名大系、第八巻、茨城の地名、平凡社、1988、p542。

28）前掲3）、下妻の歴史散歩、p78。

29）中尾仁；下妻歴史散歩、下妻の文化38、平25、pp57 ～ 58。

Ⅱ、下野国（栃木県）

　下野国の東部は丘陵性の八溝山地で常陸国に接し、北東から南西にかけては2000m前後の山々が連なり、北は陸奥国に、西は上野国に接する。下野国の南西部は関東平野であるが、北西部は山岳地帯である。

　幕末の下野国には、黒羽（大関 18,000 石）・大田原（大田原 11,416 余石）・喜連川（喜連川 5,000 石）・烏山（大久保 30,000 石）・宇都宮（戸田 67,800 石）・茂木（細川 16,300 石）・壬生（鳥居 30,000 石）・吹上（有馬 10,000 石）・佐野（堀田 16,000 石）・足利（戸田 11,000 石）の 10 藩が存在した。大田原・烏山・宇都宮・壬生は城持大名、佐野は城主格大名、黒羽・喜連川・茂木・吹上・足利は無城大名である。うち喜連川は古河公方の末裔で、5,000 石を領するのみであるが、10 万石格の大名並であった。吹上は天保 13 年（1842）に上総国五井より転封してきたので、30 年で廃藩となった。そこで調査は城下町および吹上藩を除外したため、黒羽・喜連川・茂木・佐野・足利の 5 陣屋町となる。茂木は江戸初期の 8 年間と明治 4 年の半年足らずの藩で、江戸期の大部分は谷田部藩の飛地領役所であった。しかし、藩庁が存在した谷田部より茂木陣屋詰の家臣数が多く、藩庁と同様な機能を有していたと思われるので、調査の対象とした。

　10 藩のうち、烏山・宇都宮・壬生・吹上・佐野・足利の 6 藩は譜代大名、黒羽・大田原・喜連川・茂木の 4 藩は外様大名で、親藩大名はいない。また宇都宮は中藩であるが、他はすべて 3 万石未満の小藩である。

図 55　幕末における下野国の大名配置

1、黒羽陣屋（大田原市黒羽田町・前田）

　黒羽藩主大関氏は中世以来の名家で、戦国大名那須氏に随従していた。天文11年（1542）、大関増次は大田原資清と戦い討死し、資清の長男高増が大関家を継ぐ。天正18年（1590）、小田原の陣の際、主家那須氏が躊躇する中、大田原・福原・芦野氏等とともに豊臣秀吉に謁見し、那須郡内13,000石の本領を安堵された。

　慶長5年（1600）、晴増（高増の長男）の弟資増は徳川方に加担し、2度の加増を受け20,000石の大名となって、黒羽に陣屋を構えた。

　黒羽は下野国那須郡東端に近い八溝山地（500～1000m）の西側山麓にあたり、南北に関街道が通じる。黒羽城の西を那珂川が北から南へ流れ、常陸国の中央部で太平洋（鹿島灘）に注ぐ。江戸～明治時代には、川舟（小鵜飼船）が往来 (注1) していた。

（1）　那須氏と大関氏

　戦国時代、下野国北部の那須郡は那須七騎の勢力範囲で、那須氏とその配下に大関・大田原・福原・千本・芦野・伊王野の6家があり、大関・大田原の2家は外様であった (注2)。永正17年（1520）に白川勢を撃墜し (注3)、この頃から那須氏の内部抗争が続き、天文11年（1542）、大田原増清に白旗城を急襲され、城主大関増次は石井

居城	氏	秀　吉　安　堵（石）	慶長8年（石）
黒羽	大関	18,000（※）	20,000
大田原	大田原	11,400 余	12,415
福原	福原	3,500	4,400（佐久山）
千本	千本	1,050	3,873（茂木）
芦野	芦野	3,016	3,873
伊王野	伊王野	2,700	2,530
烏山	那須	80,000　改易・1,000	14,020（福原）

表64　那須七騎

（秀吉安堵は『那須郡誌』、慶長8年は『黒羽町史』を基に作成、※ = 『黒羽町史』p265 によると、秀吉安堵分は13,000石とある）

沢で自刃した。その後、大関宗増（増次の父）と資清の間に和議が成立し、資清の嫡男（高増）が大関家を継いだ。高増の妻は佐竹義元の娘であったため、ここに大関氏の家系は断絶している (注4)。

　大関氏を継いだ高増は 15 歳であったが、戦国武将に相応しい風貌と器量をもった人物であったらしい (注5)。天正 13 年 (1585)、高増は大田原綱清や福原資孝と計り、那須一族の千本資俊・資政父子を討ち取った (注6)。

　戦国末期には北関東の覇権をめぐる争いも激化し、那須氏と宇都宮氏、それに常陸の佐竹氏、奥州白河の結城氏などが加わり、合戦の絶えることがなかった。

　天正 18 年 (1590)、豊臣秀吉による小田原征伐が始まると、高増らは那須資晴に小田原へ参陣することを説いたが、資晴は応じなかった。そこで資晴を除き、高増らはいち早く小田原の秀吉のもとへ赴き、本領を安堵された。これに反し、資晴は秀吉の怒りに触れ、その所領 80,000 石は没収され、1,000 石を給されたのみである。これにより那須氏の威勢は地に落ち、大関・大田原両氏が近世大名として成長する。

　慶長 5 年 (1600)、徳川家康が会津の上杉征伐をするのに際し、那須衆は奥州白河口の防御を命じられた。その際、徳川氏により大田原城・黒羽城の改修が行われ、より堅固な城郭となった (注7)。同年 7 月、石田三成の挙兵の報せを受け、家康は三成討伐のため軍を引き返した。上杉に対しては、白河の結城秀康・宇都宮の蒲生秀行・那須七騎が防御にあたる。二心のない証拠として、那須七騎からそれぞれ人質を江戸城に送らせた (注8)。そして慶長 8 年、那須衆に加増が行われ、黒羽の大関氏・大田原の大田原氏は近世大名の礎を築き、那須氏は 1 万石余りであるが、大名に返り咲いた。大関氏に関しては、天正 18 年 (1590) の本領安堵は 13,000 石、慶長 5 年 (1600) に 800 石加増、慶長 7 年に 5,400 石の加増を受け、都合 19,200 石となる。関ヶ原の役の際に人質を出した大関氏の家臣津田・金丸・松本・浄法寺の各氏に500石、隠居の松本氏に 200 石

氏名	幕府から下賜された領地	計
金丸杢之助資員	下野国真壁郡内2村・陸奥国石川郡内1村	500
浄法寺越前茂直	下野国真壁郡内2村・陸奥国石川郡内1村	500
松本治部右衛門	下野国真壁郡内1村・陸奥国石川郡内1村	500
津田光明院源海	下野国真壁郡内2村・陸奥国石川郡内1村	500
松本惣左衛門	下野国真壁郡内1村・陸奥国石川郡内1村	200

表65　公儀より大関氏家臣へ被下候領地（『黒羽町史』を基に作成）

の地が、幕府から直接下賜され、彼等を「公地衆」と呼んだ。これら計 2,200
石は、大関氏の 19,200 石に含まれる。

　このように大関氏は 19,200 石の近世大名となったが、役儀 20,000 石
を相務めたので、都合 20,000 石を下されたという (注9)。

（2）大関氏の藩領と家臣団

　前述のごとく、天文 13 年（1544）に大関氏の家系は断絶し、大田原氏
が大関家を継ぐが、廃藩置県まで転封もなく、大関家は黒羽付近を支配
した。

①　大関氏の藩領

　天正 18 年（1590）、小田原の役後に安堵されたのは、下野国那須郡内
13,000 石で、うち 10,000 石は高増、3,000 石は嫡子晴増に宛がわれた。
恐らくこの 13,000 石の領地が、小田原の役当時の大関氏の領地であった
と推測できる。

　慶長 5 年（1600）の関ヶ原合戦には、家康に忠誠を誓い、上杉方に対
し守城の功を賞され、那須郡内 4 村 800 石が加増された。

　慶長 7 年、関ヶ原戦の戦後処理として、下野国真壁郡内 5 村 2,642 石余・
陸奥国石川郡内 2 村 559 石余、計 3,200 石余の加増を受け、都合 17,000
石となった。この際、家臣 5 名が慶長 5 年に証人を江戸へ送っているため、
計 2,200 石の地を別途下賜されたが、この 2,200 石は黒羽藩の藩領に含
まれ、黒羽藩は 19,200 石（役儀 20,000 石）となる。

　高増の跡を継いだのは次男清増、次いで高増長男の晴増、さらに高増
三男資増と続く。『藩史大事典』(注10) では、この資増が黒羽藩初代となっ
ている。

　正保 3 年（1646）、増親が家督を継いだ時、弟の増栄（ますなが）・増公（ますきみ）に 1,000 石
づつを分知し、黒羽藩の藩領は下野国那須・芳賀 2 郡内 18,000 石となる
(注11)。以後、幕末まで藩領に変化はない。

　万治 3 年（1660）〜寛文 2 年（1662）や延宝 7 年（1679）の検地により、
新田打出高 11,400 石余りとなった。そして元禄元年（1688）、家臣の全
知行地を蔵入地とした (注12)。

②　大関氏の家臣団

　黒羽藩の家臣団を知る史料としては、寛永年中（1624 ～ 1644）の『分限帳』(注13)、『万治元戊戌年（1658）諸給人諸扶持切米渡覚帳』(注14)、『寛文年中（1661 ～ 1673）惣給人知行高所付』(注15)、『享保八九年頃（1723 ～ 4）分限記』(注16)、文化年間（1804 ～ 1818）の『家中禄高規定』(注17) を入手することができた。寛永・万治・寛文年間は初期、享保年間は中期、文化年間は後期の分限帳で、家臣団の変遷が判明する。

ⅰ）寛永年間の分限帳

　この分限帳には、各家臣の馬印・家禄・知行所・氏名が記される。最高禄は 1,000 石で、500 石以上 4 人、200 ～ 400 石未満 24 人、100 ～ 200 石未満 26 人、計 54 人が知行取である。知行取の末尾に「是迄〆壱万三千弐百四拾六石　当時知行六千百六拾六石外ニ寺社有リ」と記され、知行取の知行高だけで 13,266 石（支給高 6,166 石）に達するが、寺社名および高についての記載はない。中小姓以下については氏名のみで、計 101 人を記すが、足軽以下を省略している。

　正保 2 年（1645）、高増は 17 騎の家中払いを断行した。「御暇被下候面々」(注18) として家禄と氏名を記し、〆千五十五石と記載する (注19)。御暇となったのは、300 石 2 人、155 石 1 人、150 石 14 人である。

家　格・家　禄		人数
知行取	1,000 石	1
	700 石	1
	600 石	1
	500 石	1
	400～500 石未満	
	300～400 石未満	1 0
	200～300 石未満	1 4
	150～200 石未満	1 9
	100～150 石未満	7
中　小　性　衆		2 7
歩　小　姓　衆		3 4
御　歩　　衆		2 1
子　性　　衆		1 9
計		1 5 5

表 66　寛永の黒羽藩家臣団
（『黒羽町史』を基に作成）

ⅱ）万治年間の分限帳

　この分限帳には知行地を記さず、家禄と氏名のみである。最高禄の一学様は藩主の弟であろうか。他に浄法寺氏は 1,000 石が 500 石に、700 石の津田氏は 600 石、600 石の金丸氏は 500 石に減禄されている。これら 3 人は公知衆である。寺社を除く知行取をみれば、300 石以上 5 人、200 ～ 300 石未満 20 人、100 ～ 200 石未満 23 人、50 ～ 100 石未満 5 人、

計53人で、知行取の人数は寛永年間と大差がない。万治年間には100石未満の知行取がみられる。知行合計12,637石で、寛永年間より約600石減少したのみである。その他中小性以下料理人に至るまでが士分で、総計219人となり、寛文年間に比して約60人の増加である。ここには足軽以下も記されるが、氏名は省略されている。寺社を除き、足軽以下を加えた家臣総数は391人となり、2万石大名としては標準的な家臣数と思われる。広間番の30人扶持・

家格	家　　禄	人数	備　考
知行取	885 石	1	一学様
	600 石	1	
	500 石	1	
	400 石	1	
	306 石	1	
	200〜300 石未満	2 1	妙恵様・寺1
	150〜200 石未満	2 0	寺1
	100〜150 石未満	7	寺3
	50〜100 石未満	6	寺1
	50 石未満	3 4	すべて寺社
惣領組	2 両	5	
中小性	5 両 3 人扶持	1	
	4 両 3 人扶持未満	1 7	
納　戸	3 両 2 分 2 人扶持以下	6	
医　師	3 両 2 分 2 人扶持以下	2	
寄　合	5 両 3 人扶持	1	
	4 両 3 人扶持以下	2 2	
広間番	2 両 40 俵	1	
	20 俵	1	
	2〜3 両 4〜5 人扶持	2	
	2 両 2 人扶持以下	1 2	
	30 人扶持	1	
	20 人扶持	1	
	10 人扶持	1	
	7 人扶持	2	
	4 人扶持未満	3	
歩行侍	3 両 2 人扶持以下	2 1	
料理人	8 両 5 人扶持	1	
	4 両 3 人扶持以下	2 5	
足　軽		1 0 0	
その他		1 1 2	
計		4 3 1	

表67　万治年中の黒羽藩家臣団（『黒羽町史』を基に作成）

20人扶持・10人扶持を除き、中小性以下の家禄は少ない。

iii）寛文検地および立退き事件と寛文年中惣給人知行高所付

　4代藩主増親から5代増栄にかけて、藩財政確立のため、本格的な検地を給人の知行地に行ない、新田打出地の蔵入れ化と、給人の「四ツならし」を実施した。これに対し給人18人が憤怒し、公儀へ訴え出るが

取り上げられず、止む無く御暇することとなった (注20)。

『寛文年中惣給人知行高所付』は、給人のみであるため知行取と寺社のみを記載する。この「知行高所付」は、寛文5〜8年（1665〜1668）の公知衆金丸・津田・松本氏の他、給人29名の立ち退きにより、家臣団の再編と財政立て直しの資料として唯一のものであ

家禄	正保2年 (1645)	寛文2年以降 (1662〜)	
		人数	備　考
600石		1	公知衆
500石		3	内1人公知衆
400石		1	
300石	2	3	
200石		6	内1人公知衆
170石		3	
155石	1	0	
150石	1 4	1 4	内3人浪人
100石		8	内1人浪人
計	1 7	3 9	

表68　黒羽藩の御暇給人
（『黒羽町史』を基に作成）

るという (注21)。したがって寛文年間とあるが、実際は寛文9年以降のものであろう。万治元年から10年あまりしか経過せず、32人の立退きにも拘わらず、給人数および知行高の分布に変化は少ない。

iv）享保八九年の分限帳

元禄元年（1688）、全知行地の蔵入化が行われ、大関氏の藩主権力が確立された。享保の分限帳は藩主権力確立後の分限帳で、知行取といえども、一旦藩へ納められた年貢を、物成に従って支給されている。

ここに記載されているのは士分以上と寺院で、家禄の与え方は知行取・扶持取・金給に大別できる。最高禄は500石、100石以上36人で、100石未満の知行取もみえる。寺院の内50石以上6寺、25石

家　禄		人数	備　考
知行取	500石	1	
	400石	2	
	300石	3	
	200〜300石未満	9	うち寺社1
	100〜200石未満	2 1	うち寺社4
	50〜100石未満	3	うち寺社1
	25〜50石未満	2	
	25石未満	6	うち寺社6
扶持取	10〜15人口	1 1	
	5〜9人口	2	
	4人口以下	8	
金給	4両10人口	1	
	5両3人口以上	8	
	5両2分	4	
	4両3人口以下	1 1 5	
記　載　な　し		2 6	
計		2 2 2	

表69　享保八九年頃の黒羽藩家臣団
（芭蕉の館提供）

未満が 6 寺で、万治元年の寺社より 28 社寺少なくなり、神社が 1 社も含まれていない。扶持取は少なく 21 人で、うち 10 人口以上が半数を占める。金給は 4 両 10 人口と 5 両 3 人口以上を除き、他の 119 人の家禄は極めて少ない。中小性の 10 人余りと、江戸定詰者の家禄の記載はない。士分総数と寺院の合計が 222 人で、万治元年と大差はないが、寺院数が大幅に減少していることから、士分数は約 30 人の増加である。

　ようやく寛文期に確立された藩主権力も、享保 2・3 年（1717・8）に

在　　　邑		江　戸　勤　番		定　　　府	
家　　禄	借　上　率	家　　禄	借上率	家　　禄	借上率
250〜500 石	6 分	350〜500 石	2 分	150〜200 石	3 分
150〜240 石	5 分 5 厘	250〜340 石	1 分 5 厘	25 人扶持	3 分
100〜140 石	5 分	150〜240 石	1 分	20 人扶持	2 分 5 厘
20 人扶持	5 分	扶持切米〜140 石	借上なし	15 人扶持	2 分
15 人扶持	4 分 5 厘			10 人扶持	1 分 5 厘
10 人扶持	4 分				
3〜5 人扶持	3 分				
2 人扶持	4 分				
1 人持	1 分 5 厘〜2 分 5 厘				

表 70　黒羽藩における寛延 3 年の借上率（『栃木県史・通史編 5・近世 2』を基に作成）

は最初の財政危機に直面し、藩体制の矛盾が露呈している (注22)。享保 2・3 年の借上は知行高の 1 ／ 3.5 であったが、寛延 3 年（1750）には上は 6 分から下は 1 分 5 厘の借上となる。

v）文化年間の『家中禄高規定』

　ここには地方取 34 人、大扶持 25 人、小扶持 101 人、計 160 人を記すが、他に隠居 10 人扶持 1 人・2 人扶持 3 人、無席無勤 5 人扶持 1 人・2 人扶持 3 人・1 人扶持 2 人を記す。勿論地方取といっても、蔵米知行である。

知　　行　　取			大　　扶　　持　　取			小　　扶　　持　　取	
家　　禄	人数	備　　考	家　　禄	人数	備　考	家　　禄	人数
500 石	1		15 人扶持	2		3 人扶持 7 両 2 分	4
450 石	1		13 人扶持	2		3 人扶持 5 両	7
300 石・301 石	3		11 人扶持	1		3 人扶持 4 両	1
250 石・256 石	3		10 人扶持	1 3		3 人扶持 5 両 2 分	4
200 石・204 石	8		8 人扶持	2	定府 1 人	2 人扶持 4 両	5 4
150〜180 石	7	定府 2 人	7 人扶持	3	定府 1 人	1 人扶持 3 両 2 分	9
100〜140 石	7	定府医師 1 人	5 人扶持	2		1 人扶持 3 両	2 2
50 石・70 石	4	定府 1 人・医師 1 人					
計	3 4		計	2 5		計	1 0 1

表 71　文化年間の黒羽藩家臣団（『北関東下野における封建権力と民衆』を基に作成）

地方は50石以上、大扶持は5人扶持以上で、18,000石の大名としては、地方取の34人は一般的であるが、10人扶持以上の18人は多い。また2人扶持4両以下の下級武士が多く、足軽以下を省略している。

　このように表記上の高禄武士は多いが、藩財政の窮迫により、時代を

知　　行　　取		大　　扶　　持　　取			小　　扶　　持　　取	
家　禄	支給扶持	借上率	家　禄	支給扶持	借上率	家　　禄	支給扶持
500石	9人扶持	87.6	15人扶持	4人扶持	71.4	3人扶持7両2分	2人扶持3両
450石	〃	86.2	13人扶持	〃	67.1	3人扶持5両	2人扶持2両
300〜301石	7人扶持	93.9〜84.0	11人扶持	〃	61.3	2人扶持5両	借上なし
250〜256石	〃	80.7〜81.2	10人扶持	3人扶持	67.9	2人扶持4両	〃
200〜204石	5人扶持	82.8〜83.1	9人扶持	〃	64.5	2人扶持1両	〃
150〜180石	〃	76.6〜80.4	8人扶持	〃	59.5		
100〜140石	〃	65.4〜75.3	7人扶持	〃	54.2		
70石	〃	49.7	5人扶持	〃	35.7		
50石	3人扶持	35.7					

表72　黒羽藩における文化12年の借上率　（『栃木県史・通史編5・近世2』を基に作成）

追うごとに家臣の家禄の借上率が高くなり、文化12年（1815）には、上級武士は7割〜9割近い借上を行っている。家禄はすべて扶持米として支給され、知行取の支給額の最高は9人扶持（16.2石）、知行取の最少は3人扶持（5.4石）となり、大扶持取もすべて4〜3人扶持となった。小扶持取の上位者も1人扶持と3〜4両を借上げている (注23)。

　以上のように、黒羽藩の家臣団と家禄について述べてきたが、家臣団全員を記載しているのは万治元年の分限帳のみである。万治元年には寺社を含む431人が記載されるが、年々人数が増加したように思われ、廃藩直前には士卒合計638軒・1,937人 (注24) となり、幕末の18,000石大名としては家臣総数が非常に多い。

（3）黒羽城と陣屋町

　黒羽藩主大関氏は、城郭を居所としながら、正式には「陣屋」居住の大名であった。『近世栃木の城と陣屋』(注25) に「大関氏は無城主格大名であったので、正式には黒羽城ではなく、黒羽陣屋となる」と記す。11,400石余りの大田原藩は城主であるのに対し、18,000石の黒羽藩は那須衆の筆頭として、上杉征伐にも貢献しているのに何故「無城大名」なのであろうか。何処の書物にもこれに関する回答が見当たらない。近世

封建制度は「家格」を重視する社会であるため、一旦、大田原氏に滅ぼされ、家系が断絶したためであろうと筆者は推測する。

　黒羽城に関する絵図については、『黒羽芭蕉の館平成 20 年度企画展・黒羽藩主大関氏と菩提寺』(注26) の中に「黒羽城郭絵図」・「下野国那須郡福原庄黒羽城」・「黒羽城鳥瞰図」・「黒羽城縄懸町見図」・「黒羽根御曲輪絵図（黒羽城郭古図）」・「御本城御住居全図」が掲載される。これらの絵図のうち「黒羽城鳥瞰図」は『ふるさと雑記』(注27) に、「下野国福原庄黒羽城」は『新黒羽町史』(注28) に、「黒羽城縄懸町見図」は『栃木県史』(注29) と『新黒羽町史』(注30) に、釈文したものを掲げている。

　「黒羽城郭絵図」は文化・文政期（1804 ～ 1830）の作といわれ、『黒羽藩主大関氏と大雄寺』(注31) にも掲載している。図は西を上に描かれ、図には那珂川西岸の向町も記載される。城郭の南に「田町」が、東側で前田川（松葉川）を隔てて「前田町」が記され、田町の南西に馬場が存在した。図は山城に見えない。

　「下野国那須郡福原庄黒羽城」は、文化人大名大関増業編纂の家譜所載の絵図という。この図も文化・文政期の図であるため、「黒羽城郭図」とよく似ており、河川が明瞭であるが、これも山城に見えない。

　「黒羽城鳥瞰図」は大関伊予守増儀が御用絵師の小泉斐に描かせたもので、天保 8 年（1837）に作成されている。図をみると、城郭は南北に細長く、いかにも山城らしく描かれ、右上と左上方に詳細な説明が記される。

　「黒羽城縄懸町見図」に作成年はなく、各郭の東西南北の距離が示されている。それによると、東西長 137 ～ 141 間、南北長 152 ～ 270 間と記す。

　「黒羽根御曲輪絵図」は黒羽城の北端から南の大宿まで、武家屋敷を中心に描いた図で、表題は標記の通りであるが、末尾に「黒羽城郭古図」と書かれている。図は「18 世紀初頭頃に描かれたと考えられる」と記載する。表紙内側に「黒羽御曲輪壱里弐拾九町四十間　御本城千八百四十坪　御北城千八百八十坪」とあり、武家屋敷は 4 枚にわたって描かれる。

　「御本城御住居全図」は「黒羽城本丸居館の図」として、2 頁にわたっ

て記載され、主要な部屋の室名を記す。

　以上の内、「黒羽鳥瞰図」を基に「黒羽城縄懸町見図」を加味し、さらに大沼美雄の鳥瞰図解説 (注32) を利用して、江戸後期の黒羽城下町を概観したい。また、「黒羽御曲輪絵図（黒羽城郭古図）」、および「御本城御住居全図（黒羽城本丸居館の図）」についての紹介も試みた。

① 「黒羽城鳥瞰図」

　鳥瞰図は那珂川西岸の向上町（4丁17間）・向下町（3丁30間）が南北に街村状に並び、舟渡しで東岸に渡ると城下町の田町となる。田町の東端近くで左折すると木戸があり、ここから約160mで武家地、坂道を登ると武家屋敷地の大宿（約170〜180m）である。大宿には17〜18戸の武家屋敷があり、武家屋敷北端を左折すれば、大関家の菩提寺「大雄寺」となる。大雄寺は土塁に囲まれ、敵が攻め込んで来た時の「砦」の役目を果たす。さらに大宿の坂道を北上すれば、海抜約190mの地点に大門（黒門）が存在し、立派な萱葺き

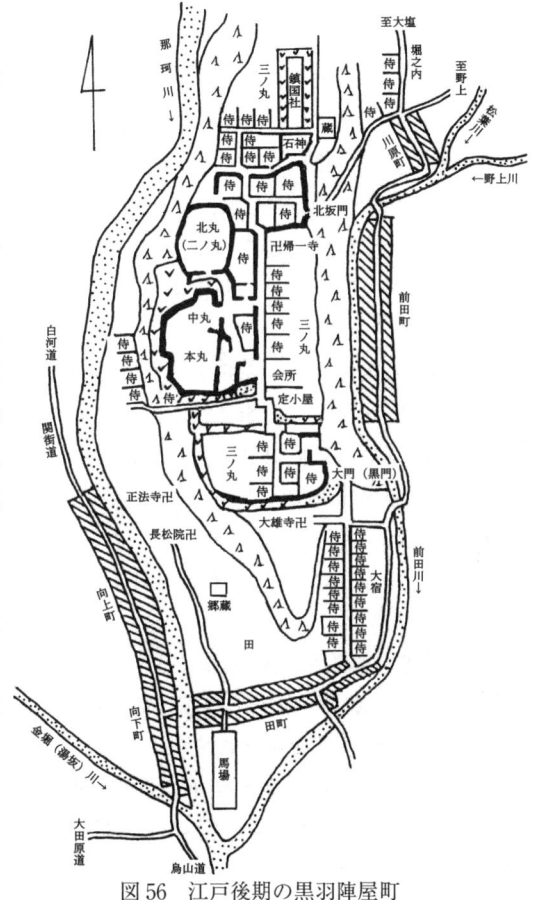

図56　江戸後期の黒羽陣屋町
（『ふるさと雑記』の図を基に『史跡めぐり・栃木の城』と『栃木県史・通史編4』図を加味して作成）

の櫓門（注33）があった。大門を入ると南三ノ丸で、ここから郭内と呼ばれている。三ノ丸は大門を入った郭に6戸の武家屋敷があり、北へ進み東三ノ丸に定小屋と会所・武家屋敷7戸・祈祷寺の帰一寺、北城に5戸の武家屋敷、さらに北に8戸の武家屋敷と石神である。ここまでが郭内と呼ばれていた。石神の北で、八幡館と呼ばれていた場所に大関氏の祖霊を祀る鎮国社が創建された。北三ノ丸東南端に「北坂門」があり、急坂を下っていくと堀之内の郭外武家屋敷地（4戸）となる。深い空堀に架かる廊下橋を渡ると本丸で、本丸入口に九鶴門＝本丸御門（注34）があり、この門は元和5年（1619）に初めて作られ、櫓門をなしていた。本丸は凡そ1,800坪で、西南の隅に物見櫓（注35）があった。大手口脇に切妻白壁造の二層櫓が存在するが、この櫓は着到櫓であろうという（注36）。

　東三ノ丸の東の崖と前田川を隔てて前田町が、前田町から北へ橋を渡った河原町も町屋で、城下町の町屋は3ヵ所に分かれていた。城西側の崖下で、那珂川との間の低地（本丸西側）に4戸の武家屋敷、正法寺・長松院の2ヵ寺と郷蔵が、田町の南西に馬場が存在した。

② 「黒羽御曲輪絵図（黒羽城郭古図)」

　この図は前掲『黒羽芭蕉の館平成20年度企画展』の冊子に掲載されているが、『近世黒羽の林政家興野隆雄と興野家文書の世界』（注37）にも掲載される。図は「大関増業編纂の家譜所載の絵図」（注38）と記載されることから、前記「黒羽鳥瞰図」より少し早く作成されたと思われる。

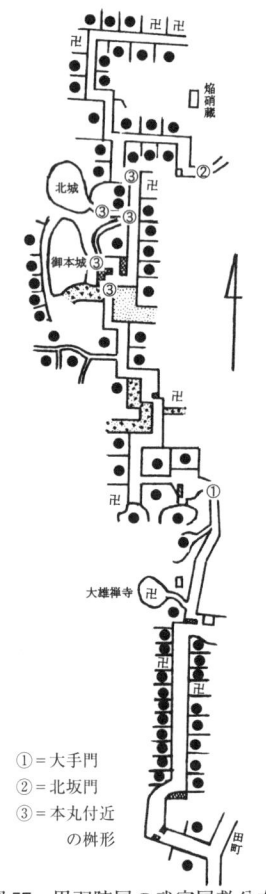

①＝大手門
②＝北坂門
③＝本丸付近
　の桝形

図57　黒羽陣屋の武家屋敷分布
（『黒羽藩主大関氏と菩提寺』所収
「黒羽城郭古図」を基に作成）

　図は田町を左へ分岐した所から描かれ、大宿を北へ、南三ノ丸・本丸・北城（二ノ丸）・東三ノ丸、さらに北三ノ丸に至る武家屋敷を中心に描かれている。この図では堀之内の武家屋敷は描かれず、本丸西側低地の武家屋敷は5戸となっている。他に、武家地の所々に寺院が記載され、武家屋敷数は「黒羽城鳥瞰図」より多い。江戸後期において、武家屋敷は70戸前後あったのではなかろうか。

③　「御本城御住居全図（黒羽城本丸居館の図）」

　図によれば、玄関（式台）を入った大広間・使者の間が玄関部分、左奥の書院・二ノ間・大目付詰所・用人詰所・松の間が表御殿、表御殿右奥の居

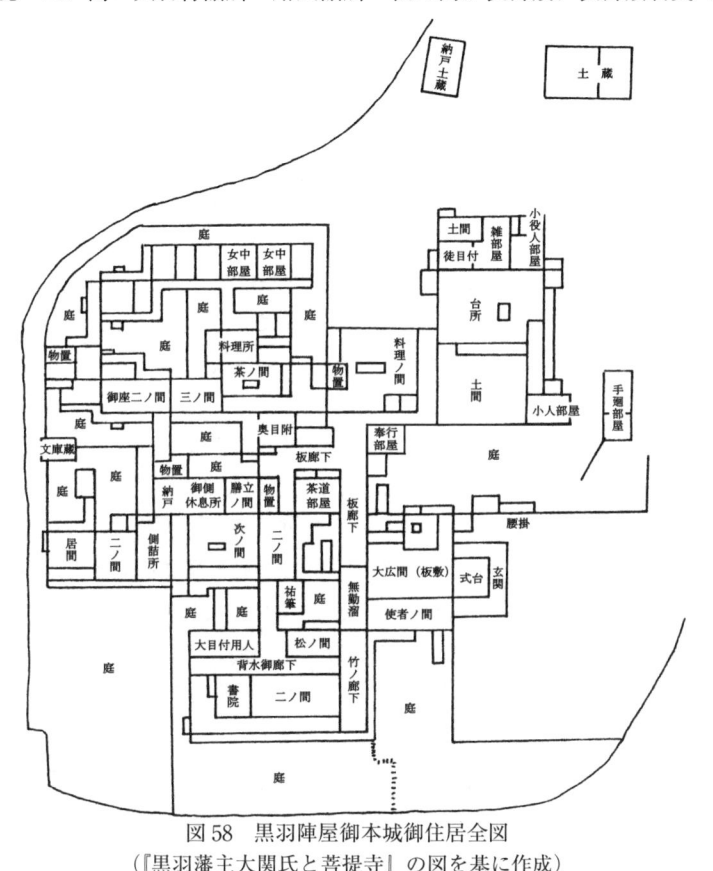

図58　黒羽陣屋御本城御住居全図
（『黒羽藩主大関氏と菩提寺』の図を基に作成）

間・二ノ間・側詰所が中奥、表御殿右の次ノ間・二ノ間・詰所が藩庁、藩庁右側の御座・二ノ間・三ノ間・料理所・茶ノ間が奥御殿、奥御殿の右側に長局、奥御殿手前の料理ノ間・台所等が台所部分である。2 万石大名の御殿としては、平均的なものであろう。図は文化 14 年（1817）のものとあるが (注 39)、文政 5 年（1822）に本城（本丸）を焼失している (注 40)。

　以上のように、黒羽藩では比較的多くの絵図が現存するが、いずれの図も江戸後期の文化・文政・天保以降のものである。

④　『栃木県の中世城館跡』(注 41) に記載される「黒羽城見取図」

　本図は『栃木県の中世城館跡』を作成するために描かれた図で、城の規模は南北約 1,500m、東西約 250m、面積約 37.5㌶と記載する。また那珂川と松葉（前田）川の浸食により、東西面は急崖をなし、天然要害の城とも記す。

　藩校「何陋館」は文政 3 年（1820）の創立と伝えられるが、文化年間末（1816 ～ 1818）の創立ともいう (注 42)。下野国の藩校創立としては、何陋館の創立は比較的早く、生徒は常に 240 余名を数え、大田原藩の子弟も何陋館で学ぶ者も多く、その時には 300 名以上となった (注 43)。安政 4 年(1857)には「作新館」が、何陋館跡地に建設された。14 年後の明治 4 年、前田村郭内に 1 反 8 畝 3 歩の地を借り館舎を新設したが、明治 6 年に廃止となった。

　城の南に田町、東に前田町、北東に河原町の 3 町が記される。これら 3 町についての説明がないので、詳細は判然としない。『石井敏夫』(注 44) によると、「城がある右岸（田町）が主に武家屋敷、左岸（向町）が商家や農民が住む町屋」と記している。しかし『栃木県黒羽甼及川西甼鳥瞰図』(注 45) によると、大正時代であるが、田町に大和屋・大黒屋・堺屋・那須屋など屋号の付いた家が 30 戸余り、前田町に穀屋・綿屋・前田屋・小松屋など 10 数戸存在することから、田町・前田町は商業を中心とした町屋であったと推測できる。

　黒羽鳥瞰図に「河原町 1 丁 40 間（180m）」、「前田町 44 間（79.2m）」、田町の所に「河原町より 4 丁 40 間（612m）」と記載するのみである。向町については次項に譲る。

⑤　小川英世の「下野国大関氏黒羽城について」(注46)

　小川英世は黒羽城の堀切および郭について、詳細な報告を行っている。前記数種の図には、本丸・中ノ丸・北ノ丸および三ノ丸などおおまかな区画であるが、小川氏は東西に7本の大きな空堀を建設し、縦横に小さな空堀・水堀で幾つもの郭を記載している。主たる空堀7本は、幅15～20m、深さ5～8mあり、大きく5区域に分割され、各区域はさらに小さな堀切・土塁によって3～10郭に分けられ、実際には数十の郭から成り立っている。これらの大きな堀割は、慶長5年（1600）、会津の上杉に対するために、徳川家の助成を得て造成されたものである。最も規模の大きな空堀は本丸南側と南三ノ丸の間にあり、幅20mを越え、深さ10m以上となり、本丸に高さ3～5mの土塁があるため、堀底から土塁上までは相当に深いと記載する。さらに城郭西側には北から南へ、細長い帯郭を設けている。本丸へは三ノ丸から馬出を経、外桝形に入り、横堀に架かる屋形橋を渡ると、櫓門（九鶴門＝本丸表門）で、内桝形を経て本丸に至る。他の中規模城郭に勝るとも劣らぬ構造であった。

（4）舟運と河岸町

　那珂川に沿う黒羽河岸（向町）が開設されたのは明暦元年（1655）で、那珂川では最も上流に位置した。したがって陸奥国南部や下野国北東部の物資は、黒羽河岸まで駄馬で運ばれ、ここで川舟に積み替えられた。そのため、黒羽河岸は大いに賑わった。また向町は黒羽河岸開設前から、関街道の小宿場町として存在していたが、黒羽河岸の開設により、益々繁栄するようになった。文化9年（1812）の向町は173戸（うち上町77戸・723人）を数えた (注47)。黒羽河岸の持ち船は「小鵜飼船」と呼ばれ、天明時代（1781～1789）に約26艘 (注48)、天保4年（1833）には上河岸は26艘、下河岸が20艘 (注49) で、着実に増加している。

　『ふるさと栃木県の歩み』(注50) に明治初年の黒羽河岸付近の図として、「黒羽河岸問屋場」の図が掲載されるが、向上町についての記載はない。向上町は関街道の宿場町であったと推測する。図によれば黒羽には上河岸と下河岸があり、那珂川右岸の北に「上河岸」、その南に「下河岸」

が存在した。両河岸とも広い敷地を持
ち、事務所・荷置場の他、稲荷（氏神）
と水神を祀る。町場をみると、河岸集
落であるため、船宿が圧倒的に多く、
馬宿も河岸町（宿場町）の特徴であろ
うか。飲食・旅館4軒、百姓2軒の他、
茶屋・畳・タバコ・豆腐・染物・油搾・
医師・饅頭・魚・馬宿などがみられる。
対岸の田町とは渡し舟が往来の手段で
あったが、天保11年（1840）に舟橋
ができ(注51)、架橋されたのは明治32
年である。

　天保7年（1836）に黒羽より上流
で、那珂川と奥州街道が交差する越堀
と関街道の稲沢に出河岸を、さらに天
保13年に那珂川支流黒川新田に荷置
小屋を設け、陸奥白河藩の江戸廻米を
行った(注52)。黒羽より下流は小鵜飼船、
上流は小舟で、小鵜飼船は長さ4丈8
尺程（約14.4m）・幅6尺程（約1.8m）・
深さ2尺程（約30cm）であるのに対し、
越堀までは長さ3丈7尺（約11.1m）・
幅4尺5寸（約1.35m）、黒川では長さ
2丈5尺（約7.5m）・幅4尺程（約1.2m）
の小船を利用していた(注53)。

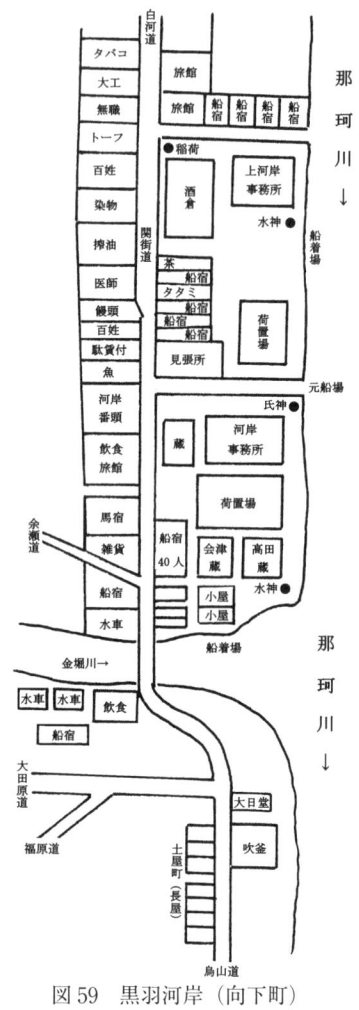

図59　黒羽河岸（向下町）
（『ふるさと栃木県の歩み』の図を基に作成）

（5）武家地の現存遺構

　陣屋と言われているが、実際は城である。特に城郭の現存状況がよく、
深い空堀と土塁が残存する。

①　土塁と空堀

前述のごとく、慶長5年（1600）に徳川家の援助によって城が修復された。ここに掲げる土塁と空堀もその時のものであろう。

多くの土塁や空堀が存在する中で、本丸の南側で、三ノ丸との間に存在する空堀が最も深い。堀は東西に長く100m余り、幅20m余りで、

写真14　黒羽陣屋本丸と三ノ丸の間の空堀
（左＝本丸、右＝三ノ丸）

真中よりやや東寄りに橋が架かっている。橋は後補のものである。橋の上から糸を垂らし、簡易的に深さを測定すると9.5mであった（注54）。堀は西へ行くにしたがって深くなるので、最も深い西端は10m以上となる。本丸の土塁は南側が5m前後あるので、本丸南側は堀底から土塁上まで15mあり、その傾斜角度は60°前後に達する。この急崖は、簡単に登れないであろう。

②　伝北坂門（現・久野又の観音院）

本丸北東の北坂口に存在した北坂口門は、久野又の観音院山門として移築されたと伝えられるが、北坂口門とは断定されていない。現在の門は銅板葺きの薬医門で、保存状態はよい。

③　渡辺家住宅（渡辺家）

渡辺家は大宿にあり、草葺き屋根にトタンを覆う。梁間4間、桁行9間、前面に梁間2間、桁行4.5間を出し、L字型をなす。他の武家屋敷と異なり、式台は前面に突出した部分の接合部に付属する。現在は無住で、中は大きく改造され、物置として利用されているようである。

④　伝大沼家の門（現・黒羽小学校裏門）

写真15　渡辺家の武家住宅（大宿）

　説明板に「この門は、黒羽藩主大関家の重臣大沼家の侍門であったと伝えられています」と記載する。門は切妻柿葺きの薬医門で、両側に一段低い袖がつき、向って右の袖に脇門（潜り戸）が付く。

⑤　曹洞宗黒羽山久遠院
大雄寺 _{だいおうじ}（注55）

　大雄寺は応永11年（1404）白旗城内に創建、戦乱で焼失、文安5年（1448）に大関増次が再建する。天正4年(1576)、大関高増により白旗城から現在地に移築した。

　現在の大雄寺は、文安5年の伽藍で、室町時代の様式を今に伝え、国の重要文化財に指定された。文化財に指定されたのは本堂・庫裏・禅堂・鐘楼・経蔵・惣門・廻廊・経蔵棟札2枚である。他に県指定の文化財として絵画2点・彫刻1点・書跡1点、市の指定文化財として絵画2点・彫刻1点・歴史資料4点を所蔵する _{（注56）}。

（6）陣屋町の現況

　城下町や陣屋町は、廃藩置県により城下町・陣屋町としての使命を終える。しかし、宿場町・河岸町・市場町など

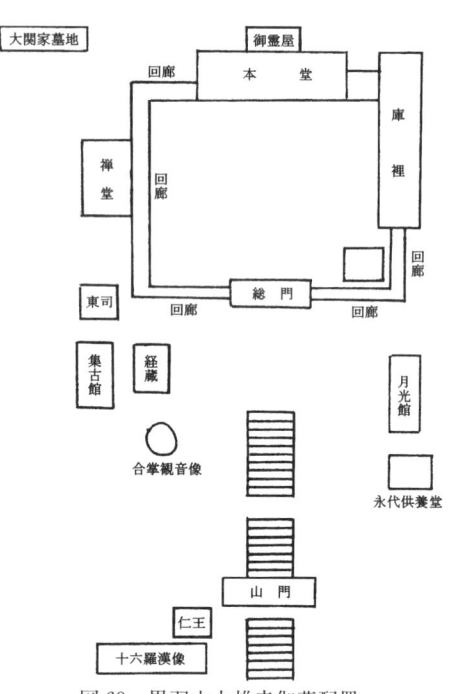

図60　黒羽山大雄寺伽藍配置
（『黒羽山大雄寺諸堂拝観』の図を基に作成）

写真16　大雄寺の惣門と回廊

の要素が加わっていた城下町・陣屋町では、廃藩置県後も大きく衰頽することはなかった。それでも交通の変遷により、宿場町・河岸町の役目が終わると、これらの町も停滞または衰頽していく。

　黒羽の河岸町については、小鵜飼船の廃止は何時であったか判然としないが、鉄道交通・道路整備による陸上の大量輸送によって衰頽したと考えられる。恐らく大正時代には、河川交通は廃止となったと推測できる。現東北本線の那須（西那須野）駅が開設されたのは明治19年で、東野鉄道が那須駅から大田原を経、黒羽まで13.1kmを開業したのは大正7年のことである。その後、鉄路は黒羽南方の小川まで延伸された。

　『栃木県黒羽甼及川西甼鳥瞰図』（注57）に大正末年頃の黒羽と向町の様子を描いている。図によると、黒羽の旧大宿に黒羽小学校・女学校・区裁判出張所の公的機関と大関氏別荘、田町に黒羽町役場・駐在所が存在した。また前田町の東側に遊郭が存在し、塀に囲まれた郭の中に萬盛楼・北開楼・奈良楼・正気楼・吉田屋などの記載がある。この遊郭は江戸時代後期には存在していたらしく、河川交通の退廃により衰微したが、戦後の赤線廃止まで存続していたようである。江戸時代のいずれの図にも記されていない。那珂川西岸をみると、向町（上町・下町）の他、西に栄町・旭町ができ、旭町東端に黒羽駅が存在する。向町にはいまだ下河岸船着場が記載され、郵便局・黒羽銀行・酒造会社・川西町役場・川西警察分署・東毛座（芝居小屋？）が存在する。旭町の黒羽駅前には東野鉄道株式会社の社屋・駅舎・車庫をはじめ、材木置き場、人力立場・運送店・倉庫が並び、米田屋は駅前旅館であったと考えられる。以上のように、黒羽地区は政治的色彩が濃く、向町は商工業的な地域をなしていたことが判る。

　東野鉄道は昭和14年に黒羽～小川間を、昭和43年には那須（西那須野）～黒羽間も廃止となった。以後、黒羽は鉄道交通から見離され、回数の少ないバス交通が主体となる。

　大宿南端から黒門跡を経、本丸・二ノ丸の東側（東三ノ丸）を通り、北坂門へ至る広い道路が建設され、堀之内へと続く。さらに大宿南端近くから西へ、城郭西側を通る主要地方道那須・黒羽・茂木線へ通じる広

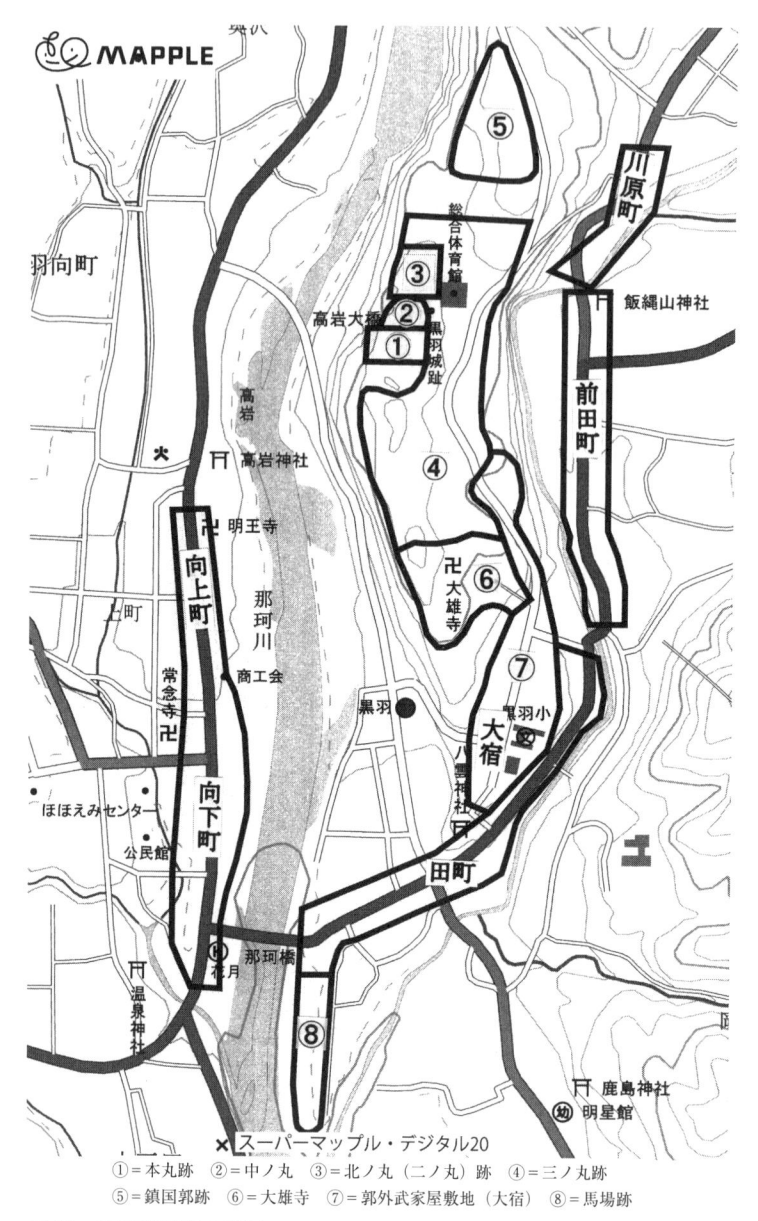

① = 本丸跡　② = 中ノ丸　③ = 北ノ丸（二ノ丸）跡　④ = 三ノ丸跡
⑤ = 鎮国郭跡　⑥ = 大雄寺　⑦ = 郭外武家屋敷地（大宿）　⑧ = 馬場跡

図 61　黒羽陣屋町の現況　※現況図は「スーパーマップル・デジタル 20」を使用して作成。

い道が建設された。

　本丸跡は比高3〜5mの土塁に囲まれた黒羽城址公園となり、西側中央に物見櫓の模擬建築がある。この模擬物見櫓は展望台として建築されたもので、本来の物見櫓とは位置も違うし、形状も異なっている (注58)。本丸北端に文化伝承館が存在し、現在では各種のイベントに使用される。中ノ丸は本丸より一段低く、これといった建物はない。

　北城（二ノ丸）には山村開発センター（大田原市森林組合）が存在したが、役目を終え利用されていない。その東側に黒羽体育館がある。

　旧黒門（大手門）西側に芭蕉公園（大雄寺北側）ができ、本丸南側の三ノ丸は芭蕉の広場と芭蕉の館 (注59) となる。東三ノ丸の南半は駐車場、北三ノ丸には数戸の民家が存在する。鎮国社の郭と土塁はともに現存している。

　旧黒門手前の大宿通であるが、道路東側の大部分は黒羽小学校となり、大沼家の武家門が保存される。道路左側の武家屋敷跡は昔の面影を残すが、現存武家住宅は渡辺家のみで、北端に黒羽学習保育館がある。小学校を過ぎ、左手奥に大関家菩提寺の大雄寺（国指定文化財）があり、本堂のほか経蔵・輪蔵などが保存され、簡素であるが、堂々とした禅宗の建築様式を今に伝えている。田町から大宿への道左側の小高い所に黒羽神社 (注60) が存在する。

　田町中央部から南北へ主要地方道那須・黒羽・茂木線が通じ、長松院・正法寺が存在した所に大田原市役所黒羽支所（大田原市観光交流センター）が建設された。

　大田原から向下町・田町・前田町を通る道路は国道461号線となり、前田町から東へ折れて、茨城県高萩市に通じる。また向町を南北に通じる道路（旧関街道）は国道294号線となり、北は福島県白河市、南は茨城県下館市に至る。

　大正7年、東野鉄道が那須（西那須野）〜黒羽間を開業するが、黒羽駅は向町に建設された。それまで関街道に沿った街村状の河岸町兼宿場町であった向町はT字状に西（駅方面）へ延び、塊状の集落に変化している。黒羽方面行きのバスは、西那須野駅発と大田原市役所発の2系統

あり、元の黒羽駅付近が東野バスの黒羽出張所で、西那須野駅発バスの半分は黒羽出張所止となる。その結果、大田原から黒羽間は 20 往復近くあるが、那珂川を渡るバスは 11 往復に過ぎない。また、東北新幹線那須塩原駅から黒羽出張所を経て、那珂川東の八溝山地山麓の雲厳寺まで、大田原市営バスが 1 日 3 往復半運行している。

　廃藩置県とともに田町・前田町などが停滞または衰頽するのに対し、向町は大正時代まで那珂川の河川交通により繁栄を維持していたが、大正年間の鉄道開通および道路整備によって陸上交通が主体となり、河川交通は衰頽したと推測する。

　向町北端に高岩神社（高岩公園）と消防署黒羽分署、中央部に黒羽商工会・常念寺、東野バス出張所周辺に川西ほほえみセンター・黒羽郵便局・JA なすの川西出張所・多目的ホールなどが存在し、現在の向町が黒羽の中心であることがわかる。

注および参考文献
1）黒羽町史編さん委員会：黒羽町史、黒羽町、昭 57、pp422 ～ 425。
2）前掲 1 ）、p230。
3）黒羽町教育委員会事務局：ふるさと雑記、1979、pp49 ～ 50。
4）秋元典夫：北関東下野における封建権力と民衆、山川出版社、1981、p16。
5）前掲 4 ）、p19。
6）前掲 4 ）、p19 によると、「千本資政は高増の娘を娶り、一女を儲けたが、後に離縁した。高増はこれを恨み、主家那須資晴に千本氏を讒言し、その誅伐の許可を得た」と記載する。
7）前掲 1 ）、p231。
8）前掲 1 ）、p232 に、人質として贈られた人名を記す。
9）前掲 1 ）、p269、公知衆の氏は同じであるが、名は異なっている。P270 に役儀 20,000 石とある。
10）木村礎・藤野保・村上直編：藩史大事典、第 2 巻、関東編、雄山閣、平 1、pp132 ～ 133。
11）前掲 1 ）、pp270 ～ 271、寛文 4 年の領地目録によると、那須郡内 64 村 14,339 石弱、芳賀郡内 6 村 3,661 石余、都合 18,000 石とある。
12）前掲 4 ）、pp21 ～ 22。
13）芭蕉の館提供。前掲 1 ）、pp276 ～ 283。
14）前掲 1 ）、pp283 ～ 289。
15）前掲 1 ）、pp293 ～ 302。

16）芭蕉の館学芸員新井敦史氏のご提供による。

17）秋元典夫：黒羽藩権力の性格、宇都宮大学学芸学部研究論集 9 - 1、昭34、p46 に表としてまとめている。

18）前掲 1)、pp290 〜 291。

19）前掲 1)、p230。ここでは〆千五十五石は誤りで、「二千八百五十五石か」と記す。

19）前掲 1)、p290。

20）前掲 1)、pp291 〜 293。39 人の知行取の他に、中小性分「数多」ありと記載する。

21）前掲 1)、p293 に「公知衆金丸・津田・松本の三氏並びに給人二十九人の立退き」とある。

22）須永昭；黒羽藩の藩政改革、−近世後期の政治過程を中心に−、栃木県史研究 6、1973、pp25 〜 29。

23）栃木県史編さん委員会；栃木県史、通史編 5、近世 2、栃木県、昭 59、pp575 〜 576。

24）前掲 10)、p131 に記載される『藩制一覧』による。

25）杉浦昭博；改訂増補・近世栃木の城と陣屋、随想舎、2011、p62。

26）黒羽芭蕉の館平成 20 年度企画展・黒羽藩主大関氏と菩提寺、−大雄寺の宝物を中心として−、大田原市黒羽芭蕉の館、平 20、pp6 〜 13。いずれの図にも、所蔵者を記載しない。

27）前掲 3)、p58。

28）平野直義；新黒羽町史、私家本、昭 50、付図。

29）栃木県史編さん委員会；栃木県史、通史編 4、近世 1、栃木県、昭 56、p451。

30）前掲 28)、付図。

31）大宮司克夫；黒羽藩主大関氏と大雄寺、黒羽山久遠院大雄寺、平 7、挿図。大雄寺蔵？。

32）大沼美雄；「黒羽城鳥瞰図題画記」と「黒羽城画幅記」の読み方、那須文化研究 23、2009、p101。大関家文書。黒羽芭蕉の館蔵。大田原市指定文化財。

33）・34)・35）前掲 25)、p68・66・65 に、各建物を鳥瞰図から読み取り、図示している。この図からみれば、いずれの建物も真壁造りで、大門と九鶴門・廊下橋の屋根は茅葺き、物見櫓は板屋根であったらしい。

36）西ヶ谷恭弘；近世城郭・陣屋のすべて、日本の名城 (1)、関東編、学習研究社、1995、p108。

37）黒羽芭蕉の館平成 24 年度企画展・近世黒羽の林政家興野隆雄と興野家文書の世界、大田原市黒羽芭蕉の館、平 25、pp8 〜 9。

38）前掲 26)、p8。「黒羽城鳥瞰図」を小泉斐に描かせた増業は、増儀の前の藩主である。

39）本丸の説明板「黒羽藩大関氏・御本城御住居全図」によると、文化 14 年と記載する。

40）前掲 3)、p70。

41）栃木県教育委員会事務局文化課；栃木県の中世城館跡、栃木県文化振興事業団、昭 58、pp187 ～ 189。

42）栃木県教育史編さん委員会；新版栃木県教育史、上巻、通史編、栃木県連合教育会、平 2、pp125 ～ 127。入江宏；栃木県の教育史、思文閣、昭 61、pp150 ～ 151。

43）田代善吉；栃木県史、第 6 巻、教育編、臨川書店復刻、昭 47、p52。なお、大田原藩の藩校創立は嘉永 3 年（1850）である。

44）石井敏夫コレクション；絵葉書が映す下野の明治・大正・昭和、随想社、2009、p189。

45）松井天山画；栃木県黒羽町及川西甲鳥瞰図、大正末年頃。この図には町中の家に、屋号または氏を記す。

46）小川英世；下野国大関氏黒羽城について、中世城郭研究 26、2012、pp220 ～ 233。

47）前掲 3）、p71。しかし前掲 1）、p446 によると「黒羽向宿は石井村と称し、家数百三拾弐軒、人別男四百拾人、女三百七拾六人」とある。

48）阿久津正二；黒羽河岸、下野史学 5、昭 29、p39。

49）前掲 1）、p425。前掲 3）、p71。

50）栃木県教育委員会；ふるさと栃木県の歩み、栃木県文化振興事業団、昭 61、p240。

51）前掲 44）、p189 に「舟橋とは舟の上に板を渡しただけの仮橋である」と記す。

52）前掲 1）、p424。前掲 3）、p71。

53）前掲 1）、p425。

54）橋の上から錘を付けた糸を垂らし、簡単な方法で実測した。

55）倉澤良裕；黒羽山大雄寺諸堂拝観、大雄寺、平 17。大雄寺のパンフレット。

56）大田原市教育委員会文化振興課；大田原市の文化財、大田原市教育委員会、2015、pp33 ～ 36・43 ～ 45・56・83 ～ 85・97・133・137 ～ 138・178。

57）前掲 45）。

58）前掲 25）、p66 の写真。

59）大関家は代々文化を大切にし、初代からの書物・文書を保存してきた。芭蕉の館には旧黒羽藩主大関家文書として、膨大な書物・古文書が保存される。注 56）の『大田原市の文化財』に、県指定の文化財として絵画 1 点・書跡 4 点、市指定文化財として絵画 3 点・典籍 1 点・古文書 4 点・歴史資料 1 点を掲載する。

60）招魂社とも呼ばれ、戊辰戦争で戦死した黒羽藩士 47 名を祀ったのが始まりで、その後は日清戦争から第二次世界大戦にいたる戦没者も祀る。

2、喜連川陣屋（さくら市喜連川字本町）

　鎌倉公方が鎌倉を追われ、古河に定着したのが古河公方である。小田

原征伐（天正18年＝1590）後、豊臣秀吉が古河公方の後嗣がなくなるのを惜しみ、小弓公方の足利国朝と古河公方の氏女を娶らせ、ここに喜連川公方が誕生した。以後、江戸時代を通じ、わずか5,000石の所領であるが、将軍家の客分として10万石格とされ、種々の特権が与えられていた。

　喜連川は関東平野北部の平野末端地域にあり、喜連川以北は丘陵地帯となる。寛文12年（1672）より奥州街道の宿場町として大いに発展し、陸奥国・出羽国の諸大名および大田原・黒羽・烏山の藩主が参勤交代で通行した。喜連川宿の中心は北の内川、南の荒川に挟まれた地域で、街道筋の商店は繁盛し、比較的大きな町場を形成していた。

　他の城下町や陣屋町では、廃藩置県後は衰頽した町が多くみられるが、喜連川は宿場町として命脈を保っていた。しかし、鉄道の開通後は鉄道に旅客・荷物を奪われ、町場は衰頽の一途をたどる。現在は喜連川温泉と古い施設に恵まれ、遠方から訪れる人も多い。

（1）「公方様」・「御所様」と呼ばれる所以

　江戸時代を通じ、喜連川氏は「御所様」または「公方様」と呼ばれ、「高無之」と記載されるも5,000石の所領を持ち、10万石格大名として、幕府においても特異な存在であった。なぜ、喜連川氏はこのような待遇を受けたのであろうか。

①　「喜連川公方」の成り立ち

　喜連川氏は室町幕府の足利氏の一族で、2代将軍義詮の弟基氏が鎌倉で「鎌倉公方（関東管領）」となる。しかし、鎌倉公方4代持氏と幕府6代義教が全面対立（永享の乱＝1438〜39）し、鎌倉公方が一旦滅亡するが、関東の豪族たちの要望もあって、宝徳元年（1449）に持氏の子成氏が鎌倉公方となった。やがて成氏は関東管領上杉氏と対立し、享徳3年（1454）に鎌倉を追われて古河に逃れ、ここを本拠として「古河公方」を名乗る。

　古河公方は越後上杉・甲斐武田・小田原北条氏の対立の中で、常に動揺を繰り返した。2代政氏の次男義明は父政氏と不和になり奥州へ下る。のち上総小弓城主原友幸を滅ぼし、小弓城に住んで「小弓公方」と称した。

天正11年(1583)、古河公方5代義氏の死去とともに、古河公方が断絶した。

　天正18年（1590）の小田原征伐後、豊臣秀吉は名族である鎌倉公方家の断絶を惜しみ、小弓公方2代頼純の子国朝に古河公方義氏の娘・氏女を娶らせ、ここに「喜連川公方」が誕生した。

　喜連川初代国朝は文禄の役（文禄元年＝1592）に出陣し、途中の安芸國で死去すると、弟の頼氏に2代目を継がせ、氏女は頼氏と再婚した。氏女は頼氏より6歳年上である。喜連川家は13代続き、明治3年に廃藩置県を待たずに領土を奉還し、日光県となる。

②　幕府から与えられた特権

　徳川家康は江戸幕府を開くにあたり、鎌倉幕府と室町幕府の伝統を引き継いだため、足利将軍の末裔としての喜連川氏を客分扱いとした (注1)。そして種々の特権を、喜連川氏に与えた。主なものを列挙すると以下のようである。

ⅰ）国勝手、簾中も国住居也

　国勝手とは、国元に住もうが江戸屋敷に住もうが勝手である。すなわち参勤交代の義務が免除されている。しかし天保武鑑 (注2)・文久武鑑 (注3) によれば、「毎年十二月参府」と記し、12月は将軍への年始のために参勤したようである。

　簾中とは奥方および嫡子のことで、彼等も江戸住いでなく、国元の居住を許されていた。このような特権は、諸大名になかった。

ⅱ）軍役・諸役免除

　幕府が諸大名に命じた課役（江戸城修復・河川の改修・国役金など）が免除された。但し、領内を流れる荒川・内川の両河川がしばしば氾濫し、国役普請を受けるようになったため、享保年中より国役金を賦課されるようになった。

ⅲ）日光道中伝馬役

　徳川家康の命日にあたる4月17日には、将軍またはその名代が日光に参拝した。その行列は長大なもので、人足だけで23万人、馬数3万5千頭というから、下野の農民が大動員をされたが、喜連川領の農民は動員されず、農作業に精を出していたという (注4)。

iv）江戸城の詰間 (注5)

　2代頼氏・3代尊信は大廊下 (注6) で、4代昭氏・5代氏春は大広間 (注7)、6代茂氏は柳間 (注8)、12代縄氏は大広間であった。大広間までは四品以上の家格の家で、10万石以上の大名であるが、10万石以下として美濃高須松平3万石（名古屋支藩）・伊予西条松平3万石（和歌山支藩）・陸奥守山松平2万石（水戸支藩）の御連子、公家から大名になった上野吉井の鷹司松平1万石、石見浜田6万1千石、播磨明石松平8万石と、喜連川5千石であった。このように、時期によっては喜連川家の詰間の格付に移動があったようである。

（2）喜連川家の所領と家臣団

　天正18年（1590）、小田原征伐で北条氏に組みした塩谷惟久を喜連川大蔵ヶ崎城から追放し、惟久に嫁いでいた小弓公方頼純の娘嶋子（国朝の姉）を秀吉の側室とした。そして化粧料として惟久の旧領3,800石を与えた (注9)。後に、嶋子は喜連川の所領を弟の頼氏に与え、頼氏は喜連川に住した。しかし、諸説があるので判然としない。

①　喜連川家の所領

　前述のごとく、喜連川家が成立した時点での所領に諸説があるので、天正年間については判然としない。

　慶長6年（1601）、陸奥国白川郡にて1,000石を加増され、下野国塩谷郡・陸奥国白川郡の計4,500石となる。

　元和8年（1622）、陸奥国の1,000石を下野国芳賀郡に遷され、所領は下野国塩谷郡・芳賀郡の4,500石である。

　寛政元年（1789）、下野国塩谷郡で500石を加増され、都合5,000石となって、幕末まで変化はなかった。その所領は塩谷郡1町12村の4,000石、芳賀郡2村1,000石で、芳賀郡の2村は相給であった。しかし、天保武鑑・文久武鑑には、所領高を記していない。

②　喜連川家の家臣団

　初期の家臣団については不明であるが、中期のものとしては明和7年（1770）の『家中分限覚役付』(注10) があり、後期のものとしては年不詳の『喜

連川家分限帳』(注11) と、弘化5年（1848）の『家中役高その他改め直書』(注12)、および明治4年の『喜連川藩家臣禄』(注13) が存在する。

　明和7年の分限帳は表として記され、実物は未見である。記載された人数は77人で、最高禄は100石、次いで80石・30石となり、他は18石以下となる。18石以下のうち10石以上は13人となり、他はすべて7石で、7人扶持金5両・5人扶持金3両が各1人、親兼勤扶持切米6俵の徒士が12人、記載なしが18人いた。ここには被官以下奉公人を省略しているため、総人数は不明である。明和7年は4,500石であったから、5,000石の旗本から考えると、一般的な最高禄と思われる。30石以上はわずか5人で、他は微禄であった。江戸末期まで地方知行で

格	家　禄	人数	備　考
知行取	100石	1	家老
	80石	1	家老
	50石	1	二階堂家（近習）
	30石	2	用人
	13〜18石	13	給人・江戸詰2
	記載なし	15	近習
医師	7人扶持5両	1	
	5人扶持3両	1	
役職者	7石	27	各頭
徒士	切米6俵	12	親兼勤扶持
	記載なし	3	徒士2・清鏡院付1
	計	77	

表73　明和4年の喜連川氏家臣団
（『喜連川町史』の表を基に整理）

あったというから、中老や江戸留守居の13石の支給高は5石2斗である。もし7石も地方知行であったとしたら、実収は2石8斗に過ぎない。したがって、彼らは自分で土地を耕していたのであろう(注14)。

　年不詳の分限帳では、272人の家禄を記載するが、氏名を記した者は177人で、他は弐拾人者30人・五拾人者28人・江戸廻〆26人のように記される。末尾に都合〆358人と記し、御歩夫衆49人、都合407人と記載する。最高禄は200石となり、次いで170石・150石で100石以上が4人、50〜100石未満4人、25〜50石未満5人で、他は25石未満となる。家老は4人（100石以上）、若家老2人、中老が8人（うち1人は江戸留守居で家禄の記載なし）と中老以上の役職者の人数が多い。若家老は65石と30石、中老は70〜15石および7人扶持金5両である。他の知行取は隠居3人（30石1人と2人扶持）を除き近習で、大半は10〜20

家　格	家　禄	人数	備　　　　考
知行取	200 石	1	家老
	150 石・170 石	2	家老
	120 石	1	家老
	50〜100 石未満	4	若家老
	25〜50 石未満	5	若家老・中老・隠居
	10〜25 石未満	2 2	中老・給人・近習
	10〜15 石 2 人扶持	3	給人
	5〜7 人扶持 1.5〜5 両	4	給人
	1 人扶持 3 両	8	近習
	4.5 両	1	近習・四季施（1 両 2 朱）
	2 人扶持	2	隠居
	記載なし	1	中老で江戸留守居
歩　行	7〜15 石	4 0	15 石 2 人と 13 石＝大工、7 石＝大工 1 人、7 石＝畳屋 1 人
	3 人扶持 4 両	1	
	四季施	9	内容の記載はない
同　心	7 石	8 6	江戸廻 26 人・御番 18 人を含む
道　具	6 石	1 2	舛取 2・裏門番 1 を含む
草履取	6 石	3	
厩　屋	6 石	9	
二十人者	籾 6 俵 1 両	3 0	
五十人者	籾 10 俵・12 俵	2 8	畳屋・杣取・かへぬりは 12 俵
	計	2 7 2	

表 74　年不詳の喜連川氏家臣団　　（『喜連川町史・第三巻・資料編 3』より作成）

石であるが、扶持に金の付く者も多い (注15)。歩行（他藩でいう徒士）は
7 〜 10 石が主体であるが、中には四季施（家禄の記載なし）が 9 人、3 人
扶持金 4 両が 1 人である。大工 3 人（13 〜 15 石）・研屋 1 人（7 石）は歩
行の中に記される。同心は全て 7 石で、道具・馬屋・草履取は全て 6 石
である。この分限帳の解説として、「喜連川家家臣の格は中老・給人・
近習といった知行取、歩行、同心に分かれており、その下に道具・草履
取り・厩などがいた。総計四〇一人が喜連川家の家臣団ということにな
る」と記している。7 石の者にも「地方（じかた）」と書かれていることから、同
心以上の者の大半は「地方知行」であったと推測できる。地方知行の 7
石の収入は 2 石 8 斗に過ぎず、生活は大変であったと想像できる。ちな
みに、5,000 石の旗本の軍役人数は 103 人 (注16) となっていることから考
えると、喜連川氏の 401 人は極めて多い。
　弘化 5 年の「家中役高その他改め直書」は「役高其外別紙之通相改候
間、左様相心得可申候」とあるように、改定された部分のみを記載され
るため、家臣団の人数については不明である。これによると、最高禄は
二階堂出羽の 300 石となり、次いで逸見丹波の 225 石が記載される。年

不詳の分限帳に記される 200 石の二階堂主殿・150 石の逸見主税の子孫が、弘化 5 年の二階堂出羽・逸見丹波であろうと推測する。いずれにせよ、江戸末期の最高禄は高 300 石であったことに間違いがない。

　喜連川氏の所領は 5,000 石であるのに、最高禄は 2 万石大名クラスとなっているため、大幅な家禄の借上をせねばならなかった。これも「公方様」と呼ばれる家柄のための見栄であろう。この当時、家老・若家老や用人の一部に微禄の有能者を抜擢したものと思われ、それぞれに役高

種別	役職	高	借上高	支給高	借上率(%)
足	家老	200 石	162 石	38 石	81.0
	若家老	150 石	125 石	25 石	83.3
高	用人	70 石	58 石	12 石	82.9
		300 石	218.0 俵	82.0 俵	72.7
		225 石	179.0 俵	46.0 俵	79.6
		51 石	17.4 俵	33.6 俵	34.1
		44 石	15.5 俵	29.5 俵	33.0
		39 石	11.0 俵	28.0 俵	28.2
		36 石	10.0 俵	26.0 俵	27.8
	知行取持高	33 石	9.0 俵	24.0 俵	27.3
		29 石	8.0 俵	21.0 俵	27.6
		26 石	7.0 俵	19.0 俵	26.9
		21 石	4.0 俵	17.0 俵	19.0
		18 石	3.2 俵	14.8 俵	17.8
		17 石	3.3 俵	13.7 俵	19.4
		11 石 1 人扶持	3.3 俵	13.7 俵	19.4
		9 石 1 人扶持	2.4 俵	12.6 俵	16.0

表 75　弘化 5 年における喜連川氏家臣の家禄借上
（『喜連川町史・第三巻・資料編 3』より作成）

を与えている。家老の項に「一役高弐百石　外二持高　内百六十二石借上持高是迄之通」と記載され、持高は元のままで役高の借上率が非常に高く、家老・若家老・用人のいずれも 80％以上である。300 石と 225 石の借上率は 70％台、51 石・44 石は 33 ～ 34％、26 ～ 39 石は 27 ～ 28％、9 石 1 人扶持から 21 石は 16 ～ 19.4％の借上であった。ここに示した石数はすべて地方知行であるため、元来の支給高は「四取」（記載石高の 40％支給）で、扶持 1 人は 1 石 8 斗である。

　明治 4 年の家臣禄に「明治四年の廃藩置県の際に、喜連川家臣を調査

したものである」と記されるが、喜連川家では明治4年7月14日の廃
藩置県を待たず、明治3年7月14日に所領を返還している。この家臣
禄では、士分の最高が17.7石5貫600文、最低が5石1斗1貫400文で、
卒族の最高は5石1斗1貫400文、最低が2石1斗1人扶持1貫200文
であった。以上総計百三十一名、内士分八十三名と記されるが、記載さ
れているのは士分82名、卒族46名の計128名である。ここに記される
のは現石で、草高ではない。

（3）江戸末期の陣屋町兼宿場町「喜連川」

　喜連川地方の戦国時代は、塩谷氏が現喜連川市街地の西側丘陵上に大
蔵ヶ崎城を建設し、戦国時代を生き抜いてきた。最後の城主が文書によっ
て異なっている (注17) が、本書では塩谷惟久を最後の城主とする。惟久
は天正18年（1590）の小田原征伐には北条方に組し、北条氏の敗北とと
もに喜連川から退散した。

①　喜連川館（陣屋）

　天正19年、小弓公方足利氏は秀吉から喜連川の地を与えられ、頼純
とその子国朝は惟久が放棄した大蔵ヶ崎城に入った。しかし山の城が不
便なため、2代頼氏の慶長19年（1614）、大蔵ヶ崎城東側の低地に館（陣
屋）を建設した。『喜連川城下絵図』では、陣屋部分に家紋を記すのみで、
文字は何も記していない。『喜連川城下絵図・トレース図』の「喜連川
氏の館」は後補のものである (注18)。したがって、陣屋内の建物配置につ
いては不明である。

　御殿を記す絵図としては、『足利公館平面図』が存在する。この図は
安永5年（1776）に写されたもので、さらに明治27年に書写されている (注
19)。「トレース図」では、表・中奥・奥・長局に区分されているが、他
藩の御殿と比べれば、以下のように細区分することができる。すなわち
表部分の広敷・鉄砲ノ間が「玄関」、上段・下段・書院などの部分が「表
御殿」、さらに奥間・小書院・次ノ間（3室）などが「中奥」である。鈴
口（お鈴口）から奥が「奥御殿」、台所等のある部分が「台所」、それに「長
局」に区分するのが適当と考える。5,000石の御殿としては非常に規模

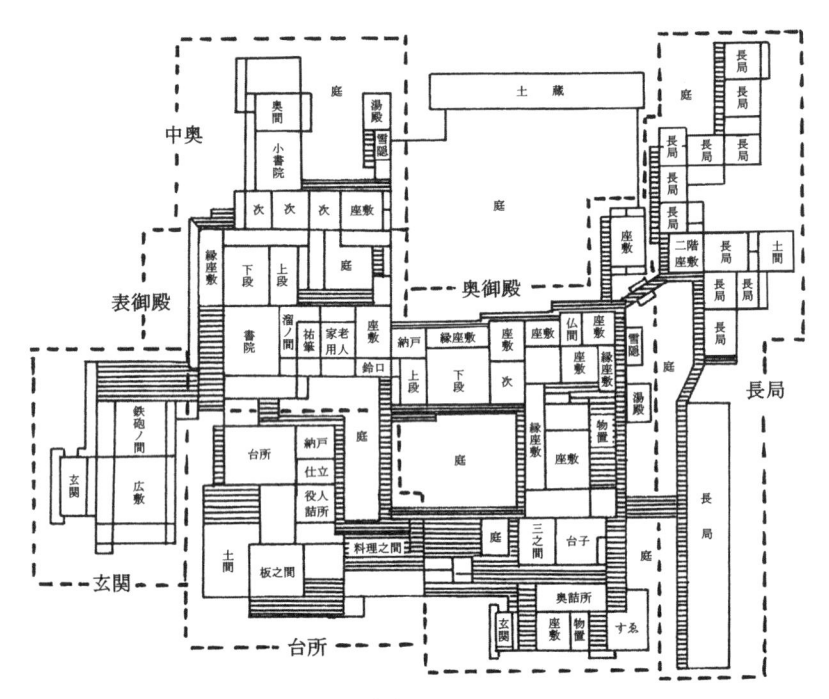

図 62　喜連川陣屋の御殿
（さくら市教育委員会提供「足利公館平面図・トレース図」を基に加筆）

が大きく、2 万石大名の御殿に匹敵する。何故このような規模の大きな
御殿を建てたのか、その原因は不明であるが、「公方様」・「御所様」と
呼ばれるための見栄であろうか。はたまた参勤交代がなく、1 年の大部
分をこの御殿で過ごすためであろうか。「藩庁」としての部分はないが、
適所に家臣の詰所が存在する。弘化 2 年（1845）、藩校「翰林館」を設
置した。

② **武家屋敷地**

　家臣屋敷は陣屋北側の殿町、陣屋南側の横町・西町・馬場町、龍光院
南西の辻町が主体である。他に街道筋の河原町・台町・上町などに 10
戸余りが、東町に数戸の武家屋敷がみられる。殿町・横町・西町・辻
町の武家屋敷に各家の家紋（54 戸）が記されることから、これらの武士
は士分の者と考えてよかろう。特に屋敷の規模からみると、殿町南半・

横町の屋敷地が広く、ここに重臣および役職者が居住していたものと推測できる。嘉永2年（1849）の武士家数は109戸(注20)となっている。他に在地居住をしていた武士もいたのであろう(注21)。6代茂氏は家臣の宅地を囲むのに、オカメザサの生垣を奨励した。これを鼈甲垣という(注22)。

写真17　喜連川武家屋敷街（横町）と御用堀

10代熙氏の時、荒川および内川より取水し、陣屋町内に用水堀（御用堀）を開削する(注23)。

③　奥州街道「喜連川宿」

　江戸末期の喜連川宿の様子を最も詳細に知ることができるのは、文久3年（1863）の『紙本着色喜連川城下絵図』(注24)である。奥州街道は北へ行けば大田原・白河を経て福島・仙台方面へ、南へは宇都宮で日光街道と合流し、江戸へ通じていた。喜連川は江戸から36里、20番目の宿場である。宇都宮で日光街道から分かれ、4番目の宿場となる。

　戦国時代の奥州街道は大蔵ヶ崎城の西を通り、北上して大田原へ通じていたが、江戸時代に入ると街道が付け替えられ、喜連川の地を通るようになった。喜連川宿は慶長6年（1601）、鍋掛宿は慶長9年、白沢宿は慶長14年に町割をしていることから、各町場は慶長年間に整備されたと考えられる(注25)。

　図によれば、街道筋は北から田町新田・田町、内川を渡り河原町・台町・上町・中町・本町・下町となり、荒川を渡って荒町となっている。道路の両側には水路が描かれる。また上町の西に殿町、本町の東に辻町、下町の東側に東町、下町の西に横町・馬場町・西町が存在した。町並は南北17町20間余り（1,906m余）で、安政2年（1855）の『喜連川宿町並店屋書上帳』(注26)によれば、宿内家数290軒、人口1,187人となっているが、『御城下惣軒数帳』(注27)によれば367軒である。前者は内川と荒川に挟

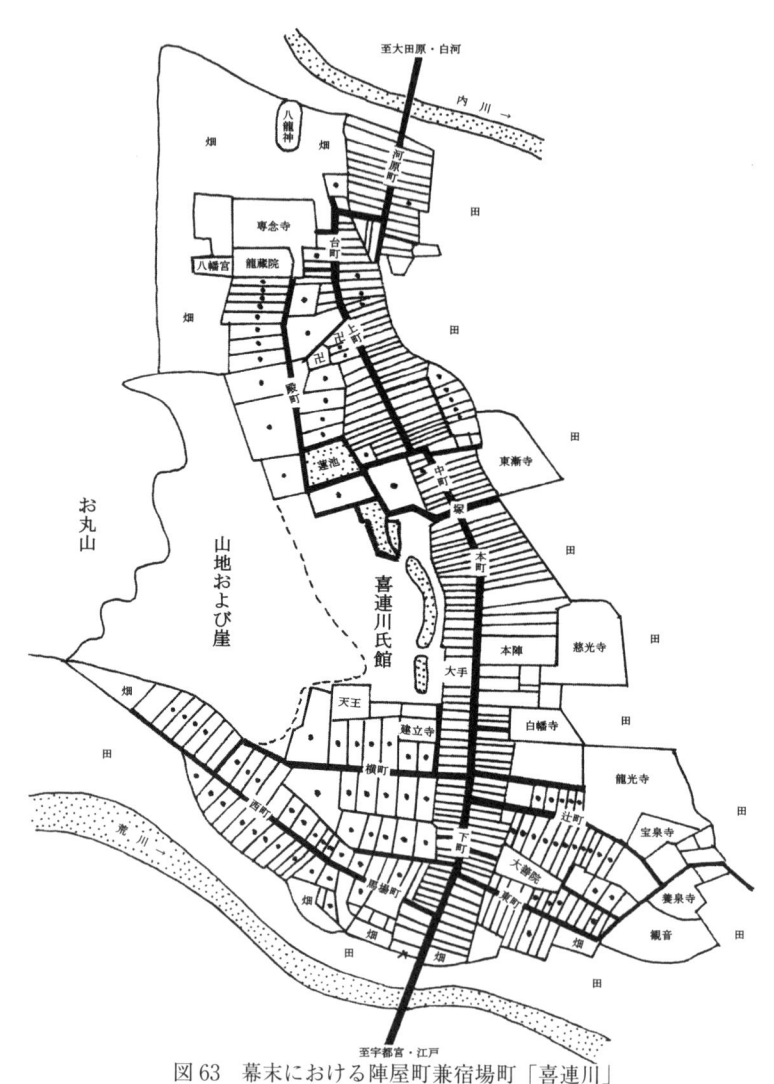

図63　幕末における陣屋町兼宿場町「喜連川」
（さくら市教育委員会文化財課提供「紙本着色喜連川城下絵図・トレース図」を基に作成）

まれた地域または商工業を営む人の軒数、後者は周辺地域を含む家数で
あろう。うち殿町・辻町・横町・馬場町は武家屋敷地である。特に東町・
馬場町・西町は、武家と庶民が混住していたようであるが、混住してい

る武士は下級武士と考えられ、街道筋から離れているために庶民の大半は百姓であったと推測する。寺町は形成していないが、適所に寺院を配置している。

4代昭氏の寛文12年（1672）、大蔵ヶ崎城の西側を南北に通じていた奥州街道を、荒町から荒川を渡り、現喜連川市街地を北上するルートに変更された。『喜連川町史・第六巻』[注28]によると、台町・上町・本町は早くできた町で、中町は沢のようになっており、下町の辺りは荒川の河原であったという。正徳4年（1714）の『喜連川宿惣軒数帳』[注29]に

町　名	総軒数	町人百姓	家　中			寺院
			士分	同心	その他	
田町新田	12	12				
田　　町	60	46		10	2	2
河　原　町	25	23	2			
台　　町	9	8			1	
上　　町	41	40				1
中　　町	35	34				1
本　　町	54	54				
下　　町	29	29				
荒　　町	20	16			4	
馬　場　町	17	15		1	1	
西　　町	29	15	2	5	7	
南　　町	20	11		4	5	
東　　町	33	26		1	5	1
松　　田	24	24				
西　川　原	12	12				
野　辺　山	8	8				
辻　　町	42	25	4	6	5	2
東漸寺裏門前	13	10			3	
二十人町	24	12	1	5	6	
横　　町	16		16			
間　　町	11		4	4	3	
家中町（殿町）	36		35			1
袋　　町	5		2	2		1
弐　軒　町	3	1	2			
寺　　方	7					7
計	585	421	66	40	42	16

表76　正徳4年の『喜連川宿惣軒数帳』　　　　（上野家文書）
（『喜連川町史・第三巻・資料編3』より作成）

よると、寛文 12 年から 40 年であるが、現在のような町場が完成し、総軒数は 585 軒となり、旧街道沿いの野辺山や西川原・松田も含む。町人・百姓は 420 人余、武家奉公人は 150 人足らず（うち士分 66 人）となっている。

『喜連川宿惣軒数帳』を町内別にみれば、中心部である河原町・台町・上町・中町・本町・下町に居住する者の大部分は町人で、横町・間町・家中町・袋町のすべて、および辻町・二十人町の約半分は同心以下を含む家中屋敷である。

商工業の中心は上町・中町・本町・下町の 4 町で、上町は道の東側に 22 軒、西側に 19 軒あり、商人が居住。中町は東側 17 軒、西側 18 軒となり、一里塚が存在した。本町は東側に 26 軒、西側 28 軒が並び、西側に大手（追手）と脇本陣、東側に本陣・問屋・高札があり、宿場町の中心をなしていた。下町は東側に 15 軒、西側 14 軒である。

寛延年中（1748 ～ 1751）に建設されたという町木戸は中町・台町・下町・馬場町・西町・東町にあり、旅籠屋は 29 軒で、大が 6 軒、中が 10 軒、小が 13 軒であった (注30)。ちなみに本陣は建坪 115 坪、脇本陣 57 坪で、規模の大きなものではなかった (注31)。

『奥州道中分間延絵図』(注32) の喜連川宿主要部をみると、「高千五百八十四石余　野州塩谷郡『喜連川宿』　佐久山宿江二里三拾町下妻道但脇継　鴻山村江一里廿一町」と記され、南（宇都宮方面）から字荒川板橋、土橋と板橋の水路を通り下町・本町・中町、水路に架かる板橋を経て上町・台町と続く。下町の東側に東町を記載し、稲荷・観音等いくつかの寺社が記載される。下町の西側には西町が記され、家中屋敷と稲荷・荒神が存在する。本町の東側に辻町横町があり、大善院・養泉院・龍光寺などの寺社、烏山道（大久保山城守城下　同国同郡烏山江道法三里余）、少し北上すると慈光寺・本陣・高札がある。本町西側は喜連川左兵衛督陣屋と家中屋敷道が記される。中町には一里塚と、西側一里塚の横に番ヤが記される。上町の東側に東漸寺・熊野神社と組屋舗入口、西側に家中屋舗道。台町では東に稲荷神社や一条院などの寺社、西側に家中屋舗道・家中長屋と龍蔵院などの寺社が記載される。ここに記される家中長屋と

史料 6　奥州道中分間延絵図「喜連川」（『奥州道中分間延絵図』の図を転載）

は、殿町のことで、比較的上級の武家屋敷地であるため、長屋ではなかったと思われる。図に記載される内容の大部分は寺社である。

　江戸時代から、喜連川は鮎寿司が有名であった。松井寿鶴斎の『東国旅行談（奥州街道名所記）』(注33) に「……またこの川に鮎あり。鮓にして売る。この所の名物なり。……」と記載する。十辺舎一九の『諸国道中金草鞋』(注34) には「名物あゆの寿し」という看板が見え、本文中に「このきつれ川あゆ（鮎）のすしめいぶつ（名物）なり、たび人ハあゆのすし（寿司）ほどおしかけて、めいぶつく（食）ひにきつれ川かな。コレコレむすめ（娘）、すしがあるならもってきやれ、さかな（魚）はへがして、それでさけ（酒）をのんで、めしハちうじき（昼食）のかハりにいたそう」と記している。寛延 3 年（1751）の著者不明『増補行程記』(注35) では「鮎のすし名物　上ハ一疋三十二銅　下次之」と記す。天保 15 年（1844）の『出羽鶴ヶ岡城より江戸まで道中絵図』(注36) には「御所無高　喜連

川左兵衛督……
（略）……出口茶
や　鮎鮓名物也
　火縄もよし」
とある。このよ
うに古書の多く
には、当時の喜
連川名物「鮎寿
司」のことを記
ている。

史料7　十返舎一九『諸国道中かねの草鞋』喜連川の部分

（4）陣屋町の現況

　鉄道（現東北本線）開通まで、宿場町として繁栄を保っていたが、鉄道開通後は旅客・貨物の輸送が鉄道に奪われ、徐々に衰頹していく。すなわち、明治19年に宇都宮から白河までの鉄道が開通した（注37）。しかし鉄道は喜連川を通過しなかった。そこで明治35年に喜連川本町から氏家駅にいたる人車鉄道が敷設された（注38）が、大正時代に入ると自動車の普及によって、大正7年に人車鉄道は廃止となった。わずか15年の運行であった。

　現在の喜連川をみても、その中心は内川と荒川に挟まれた地域で、宿場町時代の中心とあまり変わらない。そこで喜連川の現況について述べることとする。

①　陣屋（館）跡

　本町の中央部（旧大手）から西へ入った所に模擬大手門が建立された。この門を見る限り、5万石大名の大手門を思わせるような立派な門で、当時はこのような立派な門ではなかったと考える。喜連川藩邸唯一の関連建物である裏門は、旧喜連川氏の家臣であった木村八三郎が自宅に移築した。門は長屋門で、市の文化財に指定され、何度か改修されている（注39）。陣屋前面に存在した堀や蓮池はなくなり、さくら市役所喜連川庁舎・

喜連川交番・公民館・図書館・体育館が存在する。陣屋跡というような
イメージはない。

② 武家屋敷地

殿町の南端に弓道場があり、中央部に御霊宮、北端に専念寺・八幡宮
が存在するが、龍蔵院はない。水田や畑もみられるが、大部分は住宅地
となる。

横町・西町・馬場町をみると、横町では御用堀が整備され、「喜連川積」

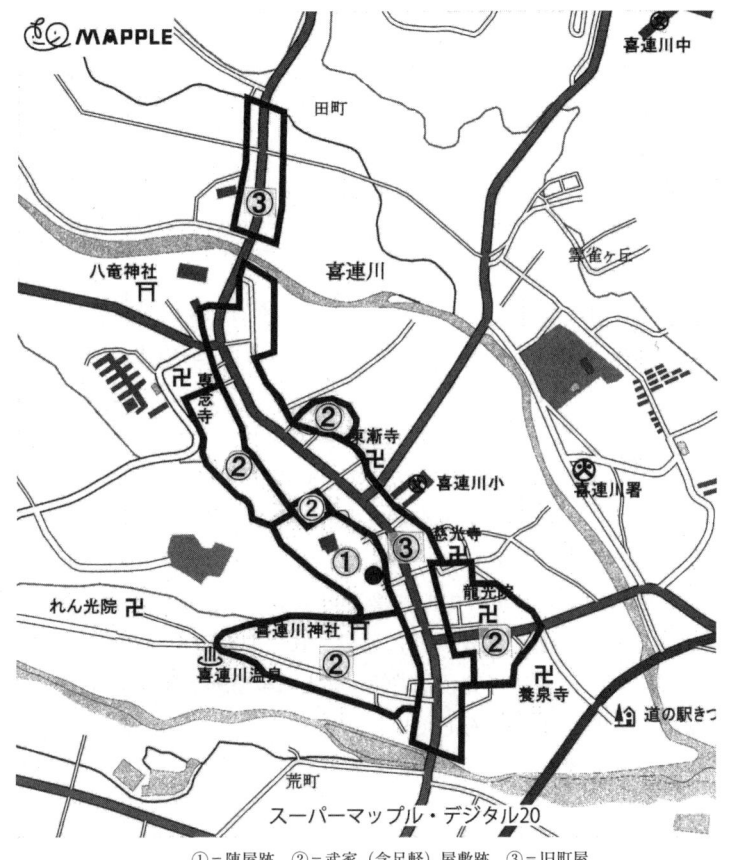

①＝陣屋跡　②＝武家（含足軽）屋敷跡　③＝旧町屋

図64　喜連川陣屋町の現況　※現況図は「スーパーマップル・デジタル20」を使用して作成。

と呼ばれる石垣も残り、西町には「寒竹囲生垣」[注40] がみられる。また横町には、無住で荒廃しているが、武家住宅の小島家が残存し、昔の面影を色濃く残している。お丸山南麓に鎮座していた天王社は喜連川神社となる。西端に第1温泉浴場と養魚場が存在する。

　辻町・東町は下町より東へ分かれた枝町であるが、辻町の通りは道路が拡幅され、主要地方道塩谷・喜連川線となる。龍光寺・養泉寺は元の位置に存在するが、宝泉寺・大善院がなく、大部分は住宅地となる。所々に畑がみられる。

③　旧街道筋（宿場）

　旧街道筋の台町から本町までは主要地方道塩谷・喜連川線となり、台町以北は県道佐久山・喜連川線となる。

　田町新田・田町をみると、田町新田側に存在した金鶏神社は元の位置に鎮座し、田町の街道西側には喜連川温泉熱園芸組合温室団地・JA しおのや喜連川地区営農生活センターが立地する。

　河原町・台町をみると、河原町では八龍神社が元の位置に鎮座し、街道西側の内川に沿ってフタバ食品が、台町の西方に NTT 喜連川電話交換センター・喜連川少年院が存在する。台町から下町までは街村状に民家が並ぶ。

　上町と中町との間にあったクランクは直線状に改修され、中町に存在した一里塚はなくなった。中町から北東へ県道蛭田・喜連川線が伸び、東漸寺は元の位置に存在する。

　街道東側の中町と本町の中間に喜連川小学校が、その南に慈光寺が位置する。本町には明治・大正初期に建設された旧喜連川興業銀行本店（現・和い話い広場）・旧喜連川郵便局（現・個人の事務所と店）・旧喜連川警察署（現・町の駅本陣）が現存している。本町は現在も喜連川の中心で、銀行の支店や郵便局が存在する。

④　周辺部

　前掲のごとく、古書に「鮎寿司」のことが記されている。現在でも河川沿岸に「養魚場」が多くみられ、土産物として「鮎の甘露煮」が販売される。

ⅰ）荒川と内川の合流点内側

国道293号線が宇都宮方面から黒羽方面へ通じ、国道沿いに道の駅「きつれがわ」が建設され、南側の荒川との間に水辺公園「喜連川ジョイフルブルーパーク」が存在する。

ⅱ）宿場町西方の丘陵上

戦国時代には塩谷氏の大蔵ヶ崎城が存在した。現在、大蔵ヶ崎城址・お丸山公園・空堀跡・喜連川スカイタワー・喜連川温泉・お丸山配水池がある。さらにその西に国民年金保養センター「簡保の宿」が存在した。しかし東日本大震災により道路が崩壊し、震災により倒壊の恐れがある喜連川スカイタワー・喜連川温泉や、お丸山公園への立入は禁止となっている。

ⅲ）内川左岸

内川左岸の低地は、江戸時代には水田地帯であったと考えられるが、現在では県立喜連川高等学校・塩谷広域行政組合喜連川消防署・テニスコート・わくわく保育園・保険センター・Ｂ＆Ｇ海洋センター・運動場・社会福祉センター・第2温泉浴場などが存在する。

注および参考文献
1）喜連川町史編さん委員会；喜連川町史、喜連川町、昭52、p 91。所領高を記していない。
2）日本地圖選集刊行委員会；文政・天保國郡全圖並大名武鑑、人文社地圖センター、平2、p 190。所領高は記していない。
3）新板改正・文久武鑑、御大名衆、巻之一、須原屋蔵版、文久二、百八十八帖、著者蔵。ここには所領高を記していない。
4）前掲1）、pp92～93。
5）木村礎・藤野保・村上直編；藩史大事典、第2巻、関東編、雄山閣、平1、p163。喜連川文化財保護審議会；喜連川塩谷氏・喜連川公方の歴史、湯の香ただよう歴史のまち喜連川・喜連川町誇れるまちづくり委員会、1991、p19。山下昌也；日本一小さな大大名、たった五千石で徳川将軍家と肩を並べた喜連川藩の江戸時代、グラフ社、平20、pp56～58。山下昌也；貧乏大名"やりくり"物語、－たった五千石！名門喜連川藩の奮闘－、講談社、2016、pp43～45。
6）前掲5）、山下昌也、日本一小さな大名、pp55～56によると、大廊下上之部屋は御三家、下之部屋は御連枝（御三家の分家）が詰めたが、例外とし

て公家から1万石大名となった鷹司松平家、それに喜連川家である。

7）前掲5）、山下昌也、日本一小さな大名、p57によると、大広間は国持大名（国主）および準国持大名（準国主）の詰間で、国主以外で四品以上の親藩や外様大名の席である。

8）前掲5）、山下昌也、日本一小さな大名、p57によると、柳間は五位および無官の外様大名・交代寄合・表高家などが詰める。

9）前掲5）、喜連川文化財保護審議会、p8。しかし、第二十五回企画展・下野と近世大名、栃木県立博物館、昭63、p107によると「父頼純の所領であった喜連川三千五百石を与えられ、喜連川氏を称した」と記載するが、もともと喜連川の地は塩谷氏の所領である。また前掲5）、藩史大事典、p156には、下総国葛飾郡・武蔵国埼玉郡・下野国塩谷郡で3,300石余と記す。

10）前掲1）、p96。秋本典夫；北関東下野における封建権力と民衆、山川出版社、1981、p90の表。上野家文書。

11）さくら市史編さん委員会；喜連川町史、第三巻、資料編3、近世、さくら市、平19、pp293〜298。大草家文書。

12）前掲11）、pp796〜797。相馬家文書。

13）徳田浩淳；「喜連川藩」家臣禄、下野歴史41、1975、pp18〜20。富川家文書。

14）前掲1）、p96に「地主、自作、小作などの形で土地からの収入（米）によって生計を立てていた」と記している。副業として、夏場は鮎の捕獲権を独占的に与えられていた。

15）最高は7人扶持金5両、最低は1人扶持金3両（8人）、四季施金1両2朱（1人）もいる。

16）笠間良彦；江戸幕府役職集成、雄山閣、昭40、pp63〜64。

17）さくら市教育委員会；歴史あそびBOOK1、小さな大大名喜連川足利氏、その城下町の歴史と文化、2010、p12に「喜連川塩谷氏最後の城主として、大貫家文書では義上、下野国誌には孝信、関家文書に惟久、相馬家文書に朝隆となっているが、関家文書の惟久をよく使われている。本書でも惟久を最後の城主として扱った」と記す。

18）第八三回企画展・喜連川御城下、－そのくらしと文化－、さくら市ミュージアム、2012、pp24〜27の「紙本着色喜連川城下絵図」およびそのトレース図。高塩家文書。

19）前掲18）、pp28〜29の「足利公館平面図」および「足利公館平面図・トレース図」。

20）さくら市史編さん委員会；喜連川町史、第六巻、通史編1、原始・古代・中世・近世、さくら市、平20、p553の表。

21）さくら市の文化財、さくら市教育委員会生涯学習課、平21、p115の「足利家旧長屋門」の説明に、「喜連川藩邸の処分が行われる時に、足利氏に仕えており、所蔵者の先祖である木村八三郎が裏門を現在地に移築したものです」とあることから、木村氏は元々在地に居住していた武家奉公人と考えてよかろう。

22）前掲5）、喜連川文化財保護審議会、p24。

23）前掲5）、喜連川文化財保護審議会、p26。

24）前掲18）。

25）前掲20）、pp442〜444。しかし江戸後期のような街並みになったのは、それ以後のことである。

26）前掲20）、p553。

27）前掲20）、p553の表4－8（御城下惣軒数帳・上野家文書）。

28）前掲20）、pp449〜451。

29）前掲11）、pp55〜71。上野家文書。ここには士分は氏名、同心以下の家中は名を、庶民は名のみを記し、各町の人数（家数）を示している。寛文年間以前の街道筋も記載されるため、家数が多い。

30）児玉幸多監修：『奥州道中分間延絵図』、解説編、第1巻、東京美術出版、平9、pp39〜40。

31）前掲20）、pp453〜456。

32）前掲30）、pp38〜41。

33）平成一七年度企画展・栃木の歴史街道、－みちの世界へ－、栃木県立博物館、平17、p63所収、松井寿鶴斎；東国旅行談（奥州街道名所記）、天明9、栃木県立博物館蔵。

34）前掲11）、p470所収、十辺舎一九；諸国道中金草鞋、文政11（1828）、栃木県立博物館蔵。この書物は何回も開板され、国会図書館など、他所にも保存されている。

35）前掲33）、p62所収、著者不明；増補行程記、寛延3年。盛岡中央公民館蔵。文中32銅とあるのは、32文の意であろう。

36）前掲11）、pp471〜472所収、天保15年（1844）の出羽鶴ヶ岡城より江戸まで道中絵図（抄）、庄司家文書。

37）初期の日本鉄道（現東北線）は現氏家駅より西方を通っていたが、東・西鬼怒川のたび重なる水害のため、10年後の明治30年に現東北本線の経路となり、氏家駅が設置された。

38）喜連川人車鉄道。レールの上を人力で客車や貨物を押す。さくら市編さん委員会：喜連川町史、第七巻、通史編2、近現代、さくら市、平20、p211に「一車両は八人乗りで、押夫二人」とある。

39）さくら市の文化財、さくら市教育委員会生涯学習課、平21、p115。さくら市葛城の木村氏宅の門。梁行2間、桁行8間であるが、左前面と後面に各々1間幅の下屋を付す。下屋は後補のものであろう。中央に幅1間の出入口、両側に0.5間の戸袋を付す。

40）さくら市教育委員会：歴史あそびBOOK2、さくら市の奥州街道、お出かけハンドブック、2012、p20によると「6代茂氏が板塀より管理費用がかからず、経済的に利用価値がある寒竹（オカメザサ、別名鼈甲垣）の生垣を奨励した」とある。

3、茂木陣屋（芳賀郡茂木町茂木）

　戦国時代、水戸佐竹氏配下の茂木氏は茂木城を本拠としていたが、文禄 4 年（1595）、佐竹氏は茂木氏を常陸小川へ移し、腹心の須田美濃守治則と茂木百騎を茂木に配置した。慶長 7 年（1602）、佐竹氏が出羽秋田へ国替となるにおよび、須田氏も出羽へ移る。

　慶長 14 年、細川藤孝の二男興元が新たに 10,053 石を与えられ、茂木に入部した。大坂の陣の軍功により、元和 2 年（1616）、興元は常陸国で 6,200 石の加増を受け、都合 16,252 石となる。同年、陣屋を常陸国筑波郡谷田部に移す。これより茂木は谷田部藩の飛地領役所となるが、谷田部藩領の 6 割が茂木周辺に存在するため、谷田部藩下野領支配の要となり、谷田部陣屋より多くの家臣を常駐させた。最後の藩主興貫は、明治 4 年 2 月に藩庁を茂木に移し、再度茂木藩となったが、わずか半年で廃藩置県となった。

　茂木は下野国の東端にあり、八溝山地の西方にあたるが、八溝山地も南端に近く、300m 前後の丘陵性山地をなす。茂木陣屋町は那珂川支流逆川に沿い、陣屋は逆川を挟んで建設され、町場は陣屋の西と北に位置する。

（1）戦国時代の茂木

　八田知家が築城した茂木城に、佐竹氏配下の茂木知基を派遣し、茂木の支配に当たらせたという (注1)。以後 400 年を経過した文禄 4 年（1595）、茂木氏が常陸小川へ移封されるまで、茂木氏の茂木支配が続いた。文明 14 年（1482）の茂木家家臣は殿原（武士）58 名、中間 44 名、職人 11 名、寺家 3 名の合計 114 名であったという (注2)。

　茂木城は町場の北方、逆川・坂井川を隔てた桔梗山（169m）に存在した。茂木城の規模については『下野一国』(注3)に「本丸 ＝ 東西 45 間・南北 17 間、二ノ丸 ＝ 東西 10 間、三ノ丸 ＝ 東西 36 間・南北 50 間、惣かまえ ＝ 東西 16 間・南北 30 間、本丸より大手口門まで 2 町、大手口門より平地まで 1 町 30 間、本丸より平地までつゝらをり也、城ノ高さ 1 町 30 間（162 m）」と記載する。

　戦国時代末期は、常陸の佐竹と相模の北条氏が対立し、北条氏の襲来に備えて、佐竹氏からみれば外様にあたる茂木氏を小川へ移し、腹心の須田美濃守と五百騎で茂木を守らしめた。天正18年（1590）の小田原の役後、茂木は須田美濃守と茂木百騎で支配したが、慶長5年（1600）の関ヶ原合戦後の慶長7年、佐竹氏は大幅な減封の上、出羽秋田へ移封となった。これに伴って、須田氏と茂木氏 (注4)、および茂木百騎は佐竹氏に従って出羽へ下った (注5)。

　須田氏と茂木百騎が茂木を去った後、細川氏が入部する慶長15年（1610）までの8年間は幕領となり、代官支配を受けた。

（2）細川氏の入部

　慶長5年（1600）、関ヶ原の役で丹波福知山城の攻略に功名をあげた細川藤孝の二男興元が、慶長15年、茂木に新知10,054石を賜った (注6)。

① 茂木藩の藩領

　最初の藩領は、下野国芳賀郡内27村10,054石である。元和2年（1616）、大坂夏の陣の軍功 (注7) により、常陸国筑波・河内両郡内で6,200石の加増を受け、都合16,252石となった。これを機に、陣屋（藩庁）を常陸国筑波郡谷田部に移し、茂木藩は6年にして廃藩となる。陣屋を谷田部に移設した理由は、谷田部が茂木より江戸に近く、参勤交代に便利なためである。谷田部藩の藩領の6割以上が茂木周辺に存在したため、陣屋移設後も、茂木陣屋は谷田部藩の飛地領役所として存続し、茂木在住の家臣団は谷田部陣屋居住の家臣団より多かった。

　谷田部藩となった後、稀には藩主も茂木へ入部したようである。嘉永2年（1849）、9代興貫公が9月14日谷田部を出立、真壁泊りで、翌15日に茂木へ到着。10月2日茂木出発、真壁泊りで、翌3日に谷田部へ帰還している (注8)。また文久3年（1863）には、藩主実母・伯母・妾腹男子の茂木帰郷が記録される (注9)。

　万治3年（1660）、領内総検地を行い、茂木領16,263石、谷田部領10,357石を打ち出し、裏高（内高）26,620石となる。しかし表高は、16,200石であった。

　元禄4年（1691）、常陸国河内郡の一部を新治郡に移され、総藩領高16,300石となる。以後、廃藩まで藩領に変化はなかった。

②　細川家の家臣

　初代茂木藩主細川興元の家臣として、『茂木町史資料』(注10) および 『茂木町史』(注11) に、知行取についての記載がみえる。これによると最高禄は1,000石、次いで800石、500石3人、300石2人、200石1人、150石2人、100石5人の計15人が掲載され、うち100石に桧山長兵衛とあるのが、「茂木百騎」の一人である (注12)。さらに「御物成取立」として、4人の氏名が掲載される。この4人については、家禄の記載がない。

　2代興昌以降の家臣団としては、天保11年（1840）の『御家中分限帳』(注13)、および弘化5年（1848）の『御家中分限帳』(注14)、嘉永元年（1848）の『御家中分限帳　并三ヶ所役名附』(注15)、廃藩直前と思われる「士族及石高」(注16) を入手することができた。

　天保11年・弘化5年・嘉永元年の分限帳は谷田部藩時代のものであるが、弘化5年の分限帳には、小頭以下は茂木在住の者のみを記し、家禄の記載はない。そこで、天保11・嘉永元年の家臣団については谷田部陣屋の項に譲るとして、弘化5年の家臣団について述べてみたい。

　弘化5年と嘉永元年は同じ年で、弘化5年は正月、嘉永元年は5月の記年があり、わずか5ヵ月の違いである。弘化5年の目通り以上は家老・用人などを除き、格を示したもので、10種に区分され、士分総計105人である。これに対し、嘉永元年は22種107人の士分で、格と職が混同して記載する。人数はよく似ており、大部分の武士名は同じである。茂木の小頭以下は、小頭として4人・足軽19人・郷足軽5人・仲間7人・蔵番など4人・側坊主2人の計41人であるのに対し、弘化5年のお通り以下は小頭4人・小頭並3人・足軽20人・郷足軽17人の計44人となっている。弘化5年では、仲間以下は記載していない。

　廃藩直前と思われる「士族及石高」には、元高・家禄（現米）・氏名が記される。ここに記されるのは士族44人、卒族12人のみで、家臣団全員ではないと思われる。恐らく茂木在住の家臣を記したものであろう。ここには参考文献を挙げておらず、確証するのは不能である。

（3）茂木陣屋町

　細川興元が茂木地方1万石余を与えられたのは慶長15年(1610)である。細川氏の入部前には茂木氏・須田氏の支配があり、町場から逆川・坂井川を隔てた桔梗山に城が存在した。したがって、慶長以前から在町を兼ねた町場が存在していたと推測できる。茂木は槻木村と藤縄村からなり、町場の大半は藤縄村に属し、砂田町のみが槻木村である (注17)。茂木に関する絵図は、天保13年の『茂木細川藩陣屋絵図』(注18) が現存するのみで、興元が入部した当時の絵図は存在していない。

① 陣屋と武家屋敷地

　『茂木細川藩陣屋絵図』は、南から北へ流れる逆川を挟んで、武家屋敷を主体に描かれる。右岸の武家地と左岸の武家地は、中央の「御殿橋」によって連絡していた。逆川東側の南北に並ぶ武家屋敷の前に水路が設けられ、そのほぼ中央に間口21間・奥行31間の「御役所」があって、この御役所が谷田部藩茂木役所であった。天

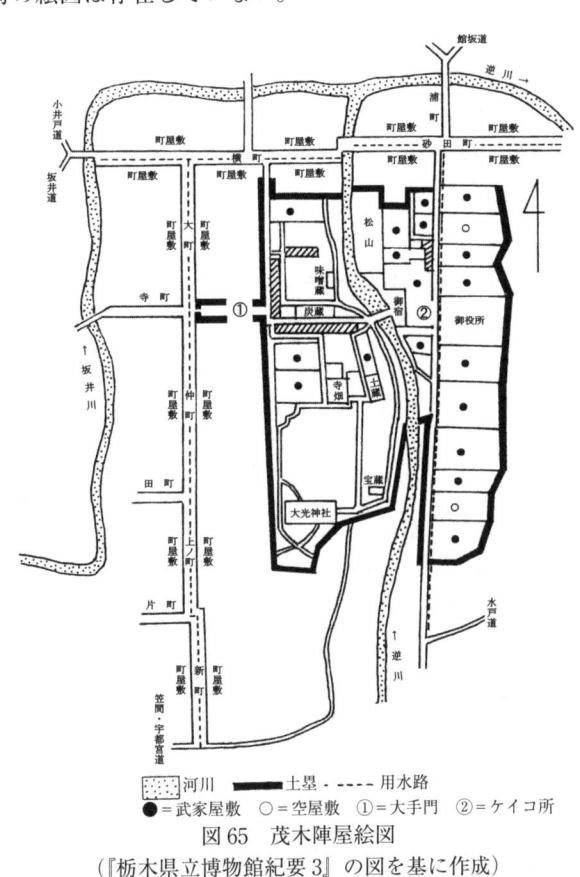

図65　茂木陣屋絵図
（『栃木県立博物館紀要3』の図を基に作成）

保 13 年の図であるため、当時は御殿が存在しなかった。「御役所」と記された屋敷は、元は武家屋敷であったと考えられ、当初の御殿は逆川西側の南端、すなわち御宝蔵・大光神社と御土蔵・寺畑・小松屋敷に挟まれた地に存在したと推測する。陣屋内には 18 戸の武家屋敷と 2 戸の空屋敷、4 棟の長屋が存在していた。図からみると、陣屋は土塁に囲まれ、町場との境に門が存在していたようである。寛政 6 年（1794）の 7 代藩主興徳の時、陣屋内の馬場通に藩校（弘道館）を設立する(注19)。図では「稽古所」となっている。

②　町屋

　茂木は陣屋町であると同時に、在町でもあり、宿場町でもあった。町場をみると、陣屋大手門の西側を南北に、北から大町・仲町・上ノ町・新町（以上縦町）と続き、新町と上ノ町との間はクランクになり、街路の中央に水路が走っている。大町北端の突き当りから東へ横町・砂田町（以上横町）と続く。ここも街路中央に水路が設けられ、横町東端はクランク状で、逆川に架かる中橋を渡ると砂田町である。このように街路中央または街路両側に水路が設けられているのは、防火・生活用水の確保であり、宿場町特有の景観である。町場の発展にしたがって枝町ができ、片町・田町・寺町・浦町の名がみえる。

　江戸初期の貞享 2 年（1685）の『茂木町中之者共書付』(注20) によれば、町場戸数 249 戸で、新町・横町・砂田町は戸数が多く、枝町を除く町場は 20 戸前後である。枝町は寺町を除き、10 戸に満たない。武家戸数が少ない割に町場戸数が多い

町　名	戸数	うち武家奉公人	うち寺	内その他
大　町	17			
中　町	21	3		長屋 1
上　町	19	1	1	
新　町	43	4	3	
田　町	9	3	1	
寺　町	20	1		
横　町	36	1		検断所 1
屋敷通	17	4		
砂田町	55	3	2	
砂田裏町	8		1	風呂屋 1
馬場町	4			
計	249	20	8	3

表77　貞享 2 年の茂木町町屋戸数（茂木町中之者共書付）
（『茂木町史・第三巻』を基に作成）

のは、陣屋町としてより在町的な要素が大きかったことを物語る (注21)。
これら町場戸数の中には武家奉公人 (注22)・寺などが含まれている。図
に宅地区分をしていないが、『のびゆく茂木町』(注23) に現在の町場の宅
地区分がなされ、江戸時代の宅地区分と大差がないように思われる。ま
た茂木には、享保年間（1716〜1736）以前から六斎市が存在していた (注
24)。

（4）陣屋町の現況

　茂木は栃木県東部の小さな山間都市であるが、明治45年に国鉄真岡
線が水戸線下館駅から真岡まで開通、大正2年に真岡〜七井間、大正
9年に七井〜茂木間が開通した。昭和63年に第三セクター「真岡鉄道」
となり、約1時間おきに運行される。所要時間は1時間余りである。
　旧陣屋跡をみれば、逆川東側の天保絵図に記された「御役所」は町民

センターで、敷地の
北西端に「茂木陣屋
跡」の碑が建ち、他
は静かな住宅地とな
る。逆川西側の大部
分は茂木小学校で、
大光神社を合祀した
八雲神社が鎮座す
る。
　町場をみれば、縦
町の新町と上ノ町の
間にあったクランク
は緩やかなカーブと
なり、新町と上ノ町
周辺に真岡鉄道茂木
駅・茂木郵便局があ
る。道路を北上する

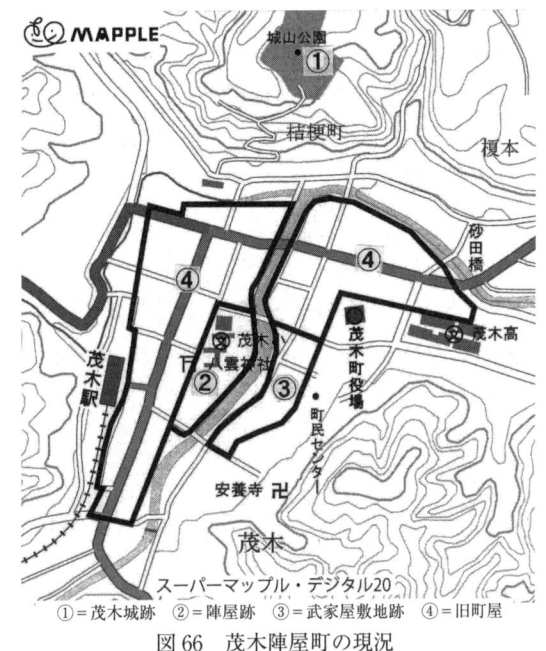

①＝茂木城跡　②＝陣屋跡　③＝武家屋敷地跡　④＝旧町屋
図66　茂木陣屋町の現況
※現況図は「スーパーマップル・デジタル20」を使用して作成。

と右手に八雲神社（上ノ町）、さらに北上し、横町手前左側（大町）に文化施設を統合した「ふみの森茂木」が存在する。砂田町と旧陣屋との間に茂木町役場、役場の東方に県立茂木高校がある。逆川を挟んで北側に学校給食センター・茂木中学校・武道館・茂木中央保育園・農協会館・真岡消防署茂木分署が、南側にスーパー（SC もぴあ）・茂木警察署が存在する。砂田橋から東が発展しているようであるが、全体的には停滞している。

注および参考文献

1）茂木町史編さん委員会：茂木町史資料、第四集、茂木町、平4、p53。

2）前掲1）、p53。

3）前掲1）、p54。『下野一国』は慶安4年（1651）の地誌である。文中本丸・二ノ丸・三ノ丸は近世城郭の呼称で、中世には郭（曲輪）と呼ばれていたという。

4）茂木氏と須田氏の出羽移封後については、大木茂：茂木の歴史、宇都宮大学教育学部史学研究室、昭55、pp100～103に記載する。

5）茂木百騎の出羽下りについては、玉生勝忠：茂木百騎の氏名と石高、下野歴史48、1982、pp20～25に詳しい。佐竹氏の減封により、出羽では減禄されている。前掲4）、p102によると、百騎が全員出羽へ行ったのではなく、茂木に土着した者や、慶長15年（1610）に茂木へ入部した細川氏に仕えた桧山助左衛門がいる。

6）第二十五回企画展図録・下野と近世大名、栃木県立博物館、昭63、p111。

7）茂木町史資料作成委員会：茂木町史資料、第一集、茂木町教育委員会、平1、p39。および茂木町史編さん委員会：茂木町史、第三巻、史料編2、近世、茂木町、平10、p74によると、「慶長19年（1614）大坂御出馬、御旗本二組、一組大将被仰付候、大坂御手柄首十四ツ……」と記す。

8）大木茂：中村勧農衛と細川長門守の茂木領入部に関する資料とその解説、栃木県立茂木高等学校研究の泉16、1982、pp59～63。

9）前掲8）、pp63～66。

10）前掲7）、茂木町史資料、pp38～39。

11）前掲7）、茂木町史、pp73～74。

12）前掲7）、茂木町史、pp96～98の「桧山家系図」。

13）秋山高志：谷田部藩領安政四年積穀騒動、植田敏雄編；茨城百姓一揆、風涛社、1974、所収、p162。

14）栃木県史編さん委員会：栃木県史、史料編、近世3、栃木県、昭50、pp10～12。

15）前掲7）、茂木町史、pp77～96。茂木町史資料作成委員会；茂木町史資料、

第二集、茂木町教育委員会、平 2、pp37 ～ 58。

16）田代善吉；栃木県史、第 5 巻、政治編、下野史談会、昭 10、pp144 ～
　　147。

17）茂木町史編さん委員会；茂木町史、第五巻、通史編 1、原始・古代・中世・
　　近世、茂木町、平 13、p512。

18）生井家文書。茂木町史編さん委員会；茂木町史別冊、図説茂木の歴史、茂木町、
　　平 6、p78 の図の他、茂木町に関する出版物には、この図が掲載されている。

19）田代善吉；栃木県史、第 6 巻、教育編、臨川書店復刻、昭 47、pp67 ～
　　68。栃木県教育史編纂会；栃木県教育史、第一巻、栃木県連合教育会、昭
　　32、pp246 ～ 250。

20）貞享二己丑年　茂木町中之者共書付、菱沼家文書。前掲 7 ）、茂木町史、
　　第三巻、pp105 ～ 108 所収。

21）1 万石大名の陣屋町の町屋戸数は、100 ～ 130 戸が一般的である。

22）ここに記された武家奉公人は、足軽小頭、山廻り・長柄を含む足軽、中間、
　　門番、お抱え大工などである。

23）茂木町社会科副読本編集委員会；のびゆく茂木町、茂木町教育委員会、平
　　10、pp22 ～ 27。

24）前掲 18）、図説茂木の歴史、p82。

4、佐野 = 植野陣屋（佐野市植下町）

　佐野は関東平野の北端に近く、下野国（栃木県）の南西端にあたり、
県都の宇都宮へ北東約 40km、西の足利へ 10km 余り、南の上野国（群馬
県）館林へ約 10km である。佐野の南には渡良瀬川が北西から南東へ流れ、
江戸時代から鉄道開通まで、内陸水運によって江戸へ通じていた。明治
25 年に両毛線が開通したが、東京とは直接に繋がっていない。しかし、
東武鉄道で東京浅草へ通じる。

　平安末期の佐野地方は、藤原秀郷の後胤足利氏の全盛時代で、足利氏
は足利を拠点に、西は桐生から東は佐野周辺までの荘園の領主であった
(注1)。鎌倉時代以来、佐野は佐野氏の所領で、佐野房綱は天正 18 年(1590)、
豊臣秀吉から本領を安堵される。養子信吉は関ヶ原の合戦で徳川方に加
勢し、39,000 石の所領を安堵された (注2)。本拠は佐野北方の唐沢山城で
あったが、慶長 7 年（1602）、徳川家康の命により、佐野の春日岡城に移

城する。慶長 19 年（1614）、実兄伊予宇和島藩主富田信高に連座して除封され、廃藩となる。

　貞享元年（1684）、古河藩主で大老の堀田正俊三男正高が都賀・安蘇 2 郡 1 万石を分与され、佐野に陣屋を構えた。しかし元禄 11 年（1698）、近江堅田へ所替えとなり、またも廃藩となった。

　文政 9 年（1826）、正高から 5 代目の正敦が、再び陣屋を構えたが、陣屋は佐野南方 2.5km の植野村であった。以後、廃藩置県まで 3 代 46 年間の支配である。

　現在の佐野市の中心である天明町・小屋町は、例幣使街道に沿う宿場町で、江戸時代の通行量は比較的多かったと推測でき、植野陣屋の町屋を兼ねていたと思われる。

（1）植野陣屋開設前

　天正 18 年（1590）、城主佐野房綱が豊臣秀吉から本領を安堵され、富田知信の次男信種（後の信吉）を養子に迎えた。房綱と信吉の折り合いが悪く、家中に譜代と新参との対立があったようである。慶長 5 年（1600）の関ヶ原の戦いには、信吉は徳川方に味方し、39,000 石の所領を安堵される。翌慶長 6 年に房綱は死去し、旧佐野家一族と家臣 10 名を召し放ち、彼らの家禄の 1 割を新参の家臣に分け与えた（注3）。

　慶長 7 年、唐沢山城を廃し、春日岡への移城を命じられた。春日岡は現佐野市街地に北接する独立丘陵で、南から三ノ丸・二ノ丸・本丸・北出丸の連郭式の城を建設した。

　慶長 19 年、佐野家は廃絶の憂き目をみる。廃絶の理由として『下野と近世大名』（注4）では、①前年の慶長 18 年、石見津和野藩主坂崎直盛と実兄の伊予宇和島藩主富田信高との争論に連座、②家中に譜代と新参の対立と正室との不仲、③江戸の火事を知り、無断で参府したことを挙げている。

　改易後の佐野氏領は、幕領、近江彦根藩主井伊家、下総古河藩主堀田家等に分割された。佐野中心部の天明町・小屋町・堀米町・犬伏町の町屋（宿場）は彦根藩の藩領となり、犬伏に彦根藩飛地領役所がおかれ、

幕末まで続いた。

　貞享元年（1684）、幕府大老である古河藩主堀田正俊の三男正高が、父の遺領のうち下野国都賀・安蘇 2 郡に 1 万石の分知を受け、再び佐野藩が開設された。しかし元禄 11 年（1698）、近江堅田へ転封となった。この間わずか 15 年足らずであるため、当時の史料は何も残っていない。

　文政 9 年（1826）、堀田正高から 5 代あとの正敦（陸奥仙台藩主伊達宗村の八男）が、再度佐野へ転封を命じられ、三度目の佐野藩が成立した。しかし、城（陣屋）は佐野の町場から 2 ～ 3km 南へ離れた植野村である。

（2）堀田氏の入部と藩領・家臣団

　堀田氏の佐野藩については不明な点が非常に多い。これは初代正高の佐野藩時代が短く、佐野へ再封された後の正敦・正衡は、大番頭・若年寄・奏者番などの幕府要職に就いていたため、在所へは殆ど戻っていないためと考えられる。

①　堀田氏の佐野再封と藩領

　堀田正敦は寛政 2 年（1790）に若年寄となり、文化 3 年（1806）に 3,000 石を加増されて 13,000 石、文政 8 年（1825）には城主格となり、翌 9 年に近江堅田から佐野へ転封となった。しかし佐野の町（天明宿・小屋町）は近江彦根藩の藩領で、堀田氏の陣屋（城）は佐野の南 2 ～ 3km の植野村であるが、佐野藩と呼ばれていた。文政 12 年に 3,000 石を加増され、都合 16,000 石となる。幕末の藩領は下野国安蘇郡、近江国滋賀郡、上野国勢多・緑野郡であった。

②　堀田氏の家臣団

　佐野藩の家臣団については、『佐野市史・通史編』(注5) に「地元・上野・近江のそれぞれの支配地や江戸にどのように家臣を配置したかは明らかでない。職制もはっきりしないうえ、家臣団の仕組や総数の変化などもわかっていない」と記され、今のところ分限帳類も確認されていないと記す。しかし、『藩制一覧』によると (注6)、廃藩当時の家臣団として士族 111 戸、卒族 119 戸、計 230 戸であったらしい。

　『藩法史料叢書 1・佐野藩』(注7) の「御家中扶持給渡定式」と「以下

御家中扶持給渡定式		以下之者給扶持定	
家　格	家　　禄	家　格	家　　禄
年　寄	27 人扶持	下目付	3 両 2 分 1 人半扶持
	25 人扶持	小　頭	3 両 2 分 1 人半扶持
〃同格	23 人扶持	門　番	3 両 600 文
番　頭	？	御用所小遣	2 両 2 分 200 文
〃同格	15 人扶持	水　汲	2 両 2 分 200 文
物頭同格	12 人扶持	夫人足軽	2 両 1 人扶持
役人席	10 人扶持	夫人小人	1 両 2 分 2 朱 1 人扶持
	9 人扶持	足　軽	1 両 2 分 1 人扶持
給　人	8 人半持		
〃同格	24 俵 3 人扶持		
役人忰	5 両 2 人扶持		
中小姓	20 俵 3 人扶持		
	5 両 3 人扶持		
新　番	4 両 2 分 3 人扶持		
小役人	4 両 2 人半扶持		
〃同格	4 両 2 人扶持		
年寄忰	10 俵 2 人扶持		

表 78　佐野藩「諸向渡定式」（『藩法史料叢書 1・佐野藩』を基に作成）

之者給扶持定」には、格・職についての家禄（扶持）が記載されている。いつ頃のものか不明であるが、「御家中扶持給渡定式」は士分格の者、「以下之者給扶持定」は士分外の家臣の家禄を示したものである。しかし、人数は不明である。「御家中扶持給渡定式」では、給人以上が扶持給で、給人同格以下は俵給または金給に扶持が付く。家老・家老同格は 23 人〜 27 人扶持で、番頭の家禄の記載がなく、番頭同格は 15 人扶持である。27 人扶持の支給高は 48.6 石となり、知行高 120 石に相当し、16,000石の最高禄としては少ない。佐野藩においては、扶持給の給人以上が上級武士として扱われていたのであろう。最も低い士分の家禄は、4 両 2人扶持であった。「以下之者」で最も多い家禄は 3 両 2 分 1 人半扶持で、最も少ない家禄は 1 両 2 分 1 人扶持である。何故か足軽が最低の身分で、門番・水汲より下位の身分となっている。足軽のうち 18 人は土地で与えられ、「右高を金 1 両ニ付、米 1 石平均相場ヲ以持田地ニ而左之通御年貢免除被成下、持田地不足之者ハ不足分御蔵米渡被成下」と記載される。ここには高・反別・被下米・作人・不足分などが記され、うち小頭

は小頭扶持として1人扶持が与えられていた。これら足軽には作人がいることから、足軽自身は百姓をせず、与えられた田畑の祖にあたる部分が足軽の家禄であったと推測できる。この被下米は、「以下之者給扶持定」にある足軽の家禄1両2分1人扶持に匹敵した「高」である。文久4年（1864）には銃卒として農兵35人を雇い、御雇組同心格として1〜3石を与えていた（注8）。

「江戸より御在所江引越御手充定（御在より江戸江引越同）」（注9）の引越料によると、御年寄は5両で、最少の小頭は1両（注10）である。士分外の者についての記載はない。

引越料	家　格	備　　　　　　　考	
5両	家　老		
4両	物頭以上		
3両	給人以上		
2両	新番以上		
1両2分	小役人		
1両	小　頭	但、妻子有之者、小役人ニ准シ御手当被下	

表79　佐野藩「江戸より御在所江引越御手充定（御在より江戸へ引越同）」（『藩法資料叢書1・佐野藩』より作成）

（3）幕末の植野陣屋（城）

植野陣屋（城）に関する絵図としては、天保4年（1833）の『植野城絵図（仮題）』（注11）が現存するのみである。堀田氏は文政8年に若年寄となり、城主格となっているので植野陣屋は「城」と呼ばれていた。

植野村の村高は4,643石余りの大村で、元禄11年（1698）の戸数430戸、人数1,980、馬122、田274町余、畑202町余の純農村であった。天保期の戸数は504である（注12）。この植野村の南端近くに城が構えられた。

① 植野城と武家長屋

植野城は城と呼ばれているものの、平城単郭の陣屋である。他の陣屋のように方形や長方形ではなく、屈曲をした形状（雁木折れ）をなす。陣屋坪数1,071坪7合5才で（注13）、周囲は濠と土塁に囲まれ、大手門は城の北東部に存在し、内桝形をなしていた。北西部に裏門があり、外桝形をなしている。南西部には天神山門があり、門を出ると土塁に囲まれ、樹木に覆われた天神があった。この地は約3反歩で、他に5反5畝21

歩あり、元慈眼院の地で竿除地であった (注14)。南に桝形門（南門）がある。

　城内をみると、大手門は長屋門をなし、門を入った正面は稲荷山、門から幅7間（約12.6m）の広い道が西へ通り、周囲に長屋などが存在していた。道を左に折れ、直行すると御殿に至る。御殿前には内大手前空地があっ

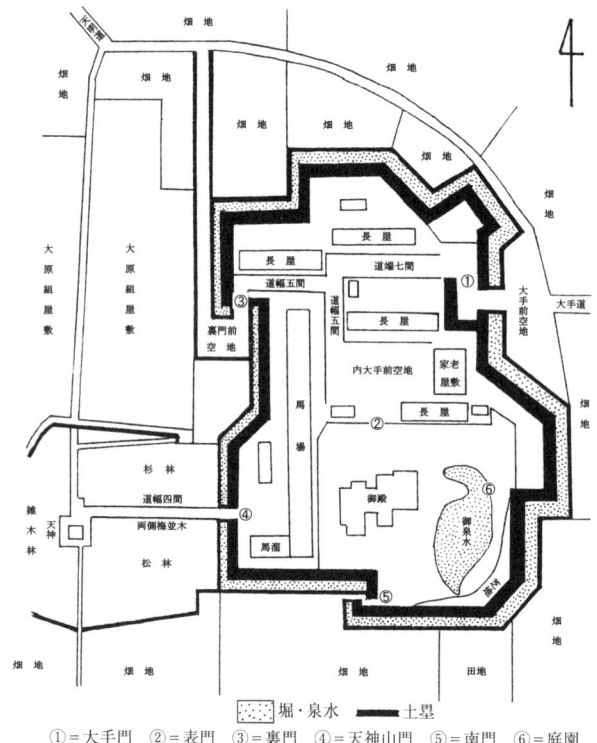

①＝大手門　②＝表門　③＝裏門　④＝天神山門　⑤＝南門　⑥＝庭園
図67　佐野＝植野陣屋
（佐野市教育委員会文化財課提供の図を基に作成）

て、内大手門を入ると御殿である。内大手前空地の東に家老屋敷と長屋があった。御殿は北面し、東に御泉水がある。御泉水は庭園内の池泉であったと推測できる。幅7間の道を左に折れ、すぐ右へとると裏門である。内大手・御殿の西側に馬場が存在した。馬場は幅7間半（約13.5m）、長さ78間（140m余り）である。

　城の周囲をみると、北は畑、東の大手前空地の外側は畑、南は田と畑、西は裏御門前空地を通り、土塁に囲まれた裏御門道となる。裏御門道の西は小原小路を挟んで大原組屋敷となり、小原小路の両端に木戸が描かれている。大原組とは足軽組であり、面積が広いことから、これらの屋敷地は大原組足軽に与えられた田畑で、この田畑の中に足軽の住居が

あったように思われる。しかし、区画されていない。

　陣屋御殿の全容は不明であるが、『佐野市史・通史編』(注15) に佐野県庁の間取図が掲載されている。一般の大名御殿は玄関・表御殿・中奥・藩庁・台所・奥御殿・長局によって構成されている場合が多いが、廃藩置県後は玄関・表御殿・中奥・藩庁の部分が県庁として利用され、奥御殿や長局は知事の私邸として使用されている。佐野県

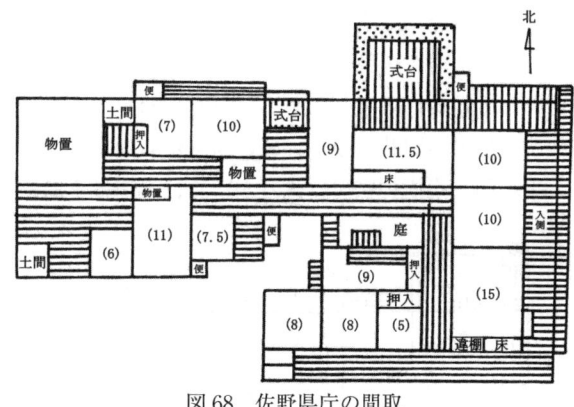

図68　佐野県庁の間取
（『佐野市史・通史編・下』の図を基に作成）

庁の場合は、式台および11畳半と左隣の9畳が玄関部分、15畳の書院と10畳2室が表御殿、書院西側の5畳・8畳2室および9畳の部分が中奥、玄関部分の西側が藩庁部分であろうと思われる。御殿規模は他藩に比べ小さかったようである。この県庁は明治4年7月14日から、同年11月12日までの4ヵ月間の県庁であった (注16)。11月13日から栃木県、明治6年6月15日に宇都宮県を併合した。

②　武家住宅の規模

　『佐野市史・通史編』(注17) に佐野藩士家屋の規模が示され、最も規模の大きな向坂家（旧家老屋敷？）と平均的な士分屋敷の間取図が掲載される。ここに記されるのは士分の家屋規模で、最も多い部屋数は11室、次いで10室となり、最も少ないのは1

部屋数	軒数		畳　数	軒数
1 間	5		5畳以下	1
2 間	4		6〜10畳	1 5
3 間	7		11〜13畳	2 7
4 間	2 2		14〜16畳	1 6
5 間	3 2		17〜20畳	2 2
6 間	8		21〜25畳	1 5
7 間	3		26〜30畳	5
8 間	2		31〜40畳	
9 間			41〜50畳	2
10 間	1		50畳以上	2
11 間	1			
計	1 0 5		計	1 0 5

表80　佐野藩士家屋の規模
（『佐野市史・通史編』の表を転載）

室である。105 軒中、3 〜 5 室が 81 軒で、全体の約 77% にあたる。また畳数では、50 畳以上が 2 軒、最少は 5 畳で、11 〜 20 畳の家が 65 軒（62%弱）であった。

　向坂家は元の家老屋敷と考えられ、北向の式台が付属した最も規模の大きな住宅で、総畳数 56.5 畳、うち 8 畳 2 室と 5 畳・3 畳 2 室が来客用、他の部分が奥向と考えられる。部屋割は判然としているが、この家には台所と風呂の記載がなく、広い物置がある。

　平均的な規模の家には式台がなく、入口は土間で、6 畳・5 畳と 2 畳 2

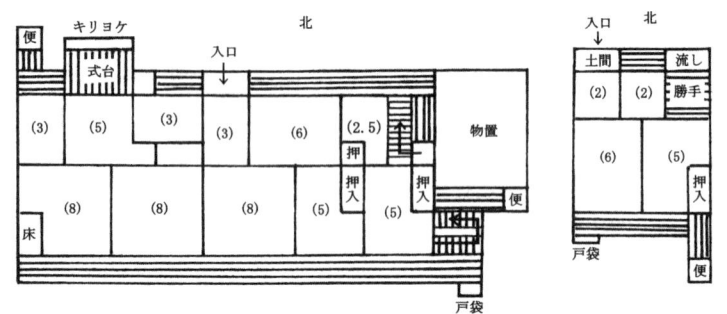

図 69　佐野（植野）藩家臣の住宅（『佐野市史・通史編・下』の図を基に作成）

室の食違い四間取となり、来客用・奥向の区別はない。絵図に描かれた屋敷は長屋となっていることから、長屋の梁行は 3.5 間であったと考えられる。裏の縁側は下屋になっていたのであろう。入り口部分が下屋であったとすると、梁行は 3 間となる。

（4）例幣使街道の宿場町「天明町・小屋町」

　植野陣屋に関する資料は極めて少ないが、天明宿についての記載は多くみられる。特に「例幣使道分間延絵図」をはじめその解説書、栃木県歴史の道調査報告書・第二集、安蘇史談会の会誌「史談」に数編が取り上げられている。

①　例幣使街道

　「例幣使道」とは、日光東照宮の例祭に際し、朝廷から礼拝のため、金幣を奉持した天皇の勅使（例幣使）が通った道である (注18)。正保 4 年

（1647)、第1回の例幣使が派遣され、慶応3年（1867）まで途絶えることなく、221年におよび継続派遣された (注19)。

『中山道例幣使道分間延絵図・巻第二』 (注20) に天明宿（加宿の小屋町を含む）が掲載される。同時に解説書も発行され、絵図に記載された宿場や地名・寺社の説明がなされている。図中に「高貳千五拾七石余　野州

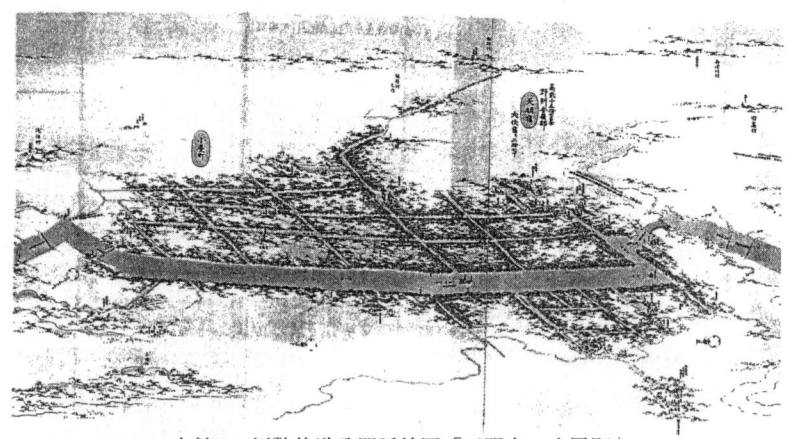

史料8　例幣使道分間延絵図「天明宿・小屋町」
（『中山道例幣使道分間延絵図・巻第二』の図を転載）

安蘇郡　天明宿　犬伏宿江二十七丁」とあり、街道の出入口に木戸が存在した。天明と小屋町の境界付近に天明の高札と番屋、近くの北側に天明の問屋、南に小屋町の問屋がある。解説書の p42 に「天明宿の市街は碁盤目状で、町並の長さ東西 16 町 48 間余、梁田宿へ2里半、犬伏宿へ27 町、宿内人別は小屋町も含め戸数 1,095、人数 4,149、本陣は小屋町に1（松村氏）、問屋は天明町 1、小屋町 1、旅籠屋 8、宿建人馬 25 人 25 疋、鋳物・織物（佐野縮）・石灰の集散地。鋳物は天明鋳物と称され、70 人が町の南部金屋町通に住み、全盛期は 17 世紀後半から 18 世紀前半にかけてであった」と記載する。P47 の小屋町については「天明宿の東に隣接する町で、春日岡に城を築くとき、普請小屋を建てたので小屋町とよんだ」と記す。また p46 の植野村に「文政9年（1826）から佐野藩領で、村高 4,643 石余、元禄 11 年の戸数 430、人数 1,980、馬 122、田 274 町余、畑 202 町余の農村である。天保期の戸数 504」と記すが、植野陣屋（城）

についての記載はない。

②　天明宿

　『栃木県歴史の道調査報告書』(注21) によると、pp28 〜 29 に天明宿の
概要に「慶長 7 年 (1602) 唐沢山城主佐野信吉が春日岡に築城を命じられ、
慶長 8 年に町割りを行ったといわれる。慶長 19 年に佐野氏は改易とな
り、その後は宿場町として発展した。寛永 10 年 (1633) に近江彦根藩主
井伊氏の支配地となる。天保 14 年 (1843) の天明宿大概帳 (小屋町を含む)
によれば 4,149 人、1,095 軒、旅籠は 8 軒で、本陣はあったが脇本陣はなく、
旅籠が少ないため、例幣使の随行人数が多い時には、民家を下宿に指定
して対応し、文化 7 年 (1810) には 178 軒が指定された。天明町は 13 町、
小屋町は 12 町で構成。例幣使道は幅 5 間 (約 9m) で、並行して中町道・
金屋町道・新町通があり、外部との境に木戸が設けられていた。宿の周
辺には比較的大きな寺院が多いのが特徴で、これらの寺院の多くはかっ
て唐沢山城周辺にあって、佐野城築城の際に移された」とあり、p32 に
は「天保 14 年の天明宿大概帳によれば、宿の鋳物師は 15 軒、本陣は建
坪凡 90 坪、門構、玄関附」と記している。しかし『天明宿の成立と松
村本陣について』(注22) では「文化 10 年 (1813) 頃の松村本陣の建坪は
167 坪で、例幣使街道の 13 宿中では随一の規模」と記載している。

　例幣使道は中山道の倉賀野宿で分れ、13 宿存在していた。天保末年
(1844) 頃の 13 宿をみると (注23)、小屋町を含む天明宿の家数が最も多く
て 1,095 軒、人口 4,149 で、栃木・犬伏を除けば、他の宿場は 400 軒以
下である。五料には本陣も脇本陣もなく、梁田・犬伏には本陣が 2 軒存
在する。脇本陣があるのは太田と合戦場で、柴・木崎・天明・栃木・金
崎では大通行の折には規模の大きい民家を利用していた。大・中・小を
合わせた旅籠数は 40 軒代 1 宿、30 軒代 3 宿、20 軒代 2 宿、10 軒代 4 宿、
10 軒未満が 3 宿である。犬伏宿が 44 軒であるのに対し、天明宿はわず
か 8 軒であった。天明と犬伏の距離はわずか 27 丁で、「天明宿は公用的な、
犬伏宿は私用的な性格の両宿が相俟って、街道中随一の要衝の地をなし
ていた」(注24) と記載する。

宿名	家　数	人　口	本陣	脇本陣	規 模 の 旅 籠
玉村	270	1,032	1		大 9・中 12・小 15
五料	161	541			小 2
柴	219 ※1	805 ※1	1	※2	中 7・小 10
木崎	147	917	1	※2	大 7・中 10・小 17
太田	406	1,496	1	1	大 3・中 3・小 4
八木	96 ※1	542 ※1	1		中 6・小 13
梁田	105	431	2		計 32
天明	1,095 ※1	4,149 ※1	1	※2	中 4・小 4
犬伏	728 ※1	2,757 ※1	2		中 13・小 31
富田	248	848	1		大 7・中 8・小 13
栃木	1,030	3,999	1	※2	中 2・小 5
合戦場	105	444	1	1	大 4・中 7・小 14
金崎	86	380	1	※2	大 5・中 2・小 5

表 81　例幣使街道の宿駅（天保末年）
（※ 1 =加宿共、※ 2 =大通行時は手広の家をあてる）
（『天明宿の成立と松村本陣について』の表を修正）

（5）植野陣屋の現存遺構

　40 年余りしか存在しなかった植野陣屋であるが、土塁の一部・御泉水、四つの門が残存している。四門については、『近世栃木の城と陣屋』(注25) にその詳細が記される。

①　土塁の一部と堀田稲荷

　残存する土塁は南端部の一部で、土塁上に堀田稲荷が鎮座する。しかし江戸時代は土塁のみで、稲荷神社は存在していなかった。元は大手門を入った北側に稲荷山が存在しており、廃藩以降に遷座されたのではなかろうか。

②　御泉水

　佐野県庁の間取図 (注26) からみれば、藩政時代の表御殿東側に庭園があり、御泉水は庭園内の池泉であったと思われる。泉水の南端部の一部は埋められているが、当時の様子を伝えている。平成 23 年から 4 年をかけて公園にする計画であったらしいが (注27)、平成 28 年現在、中へ入れないようにフェンスを張り巡らし、荒れたままである。

③　大手門（現・寺中町東光寺中門）

　瓦葺き薬医門で、一段低い右側に潜り戸が付く。一般に大手門と言わ

れているが、陣屋絵図によれば大手門は長屋門であったと見える。薬医門であるこの門は大手門外門である可能性もあるが、むしろ内大手門と呼ばれた御殿正門であろうという (注28)。

④　裏門（現・法雲寺山門）

　切妻桟瓦葺。法雲寺は東光寺塔頭の一つである。門は薬医門であるが、③の大手門より少し小さく、門全体を補修している。

⑤　城門1（現・田島の第一酒造）

　入母屋妻入、桟瓦葺で、倉庫の一部をなし、外への出入口となっている。元は高麗門のようで、主柱に臍穴が残る。移築に際し、後ろの両支柱は取り払われ、倉庫の中央に嵌め込まれる。元は天神山門か南門（桝形門）のいずれかであろうという。

⑥　城門2（赤坂町の柳川医院）

　切妻桟瓦葺き。大手門に比べれば少し小振りの門である。中へ入れず、表からの写真では判然としないが、棟木門のようである。城門1が天神山門であれば、この門は南門（桝形門）であろう (注29)。

（6）植野陣屋と天明宿の現況

　現在は旧天明町・小屋町は佐野市の中心部となり、旧植野村とは街続きとなって、植野村の南端部のみが農村景観を呈している。

① 　植野陣屋（城）

　江戸後期の文政9年（1826）、安蘇郡植野村の耕地を買い上げ、城を建設したものである。堀田氏は前年の文政8年に城主格となったため城と呼ばれているが、実際は陣屋と変わらない。形態的には陣屋より込み入った形をしているが、櫓もない。当時の城周辺は全て耕地であったが、現在では住宅も増えた。旧内大手門が存在した場所周辺に、明治25年に建てられた「佐野藩由緒」の石碑 (注30) をはじめ、「植野城址碑」や説明板が設置されている。旧御殿庭園の一部と考えられる「御泉水」が現存し、公園となる予定であったらしいが、現在は立ち入り禁止となっている。また御泉水南西30〜50m地点の小高い場所に「堀田稲荷」が鎮座するが、この場所は旧土塁の一部で、元々ここには稲荷神社は存在していな

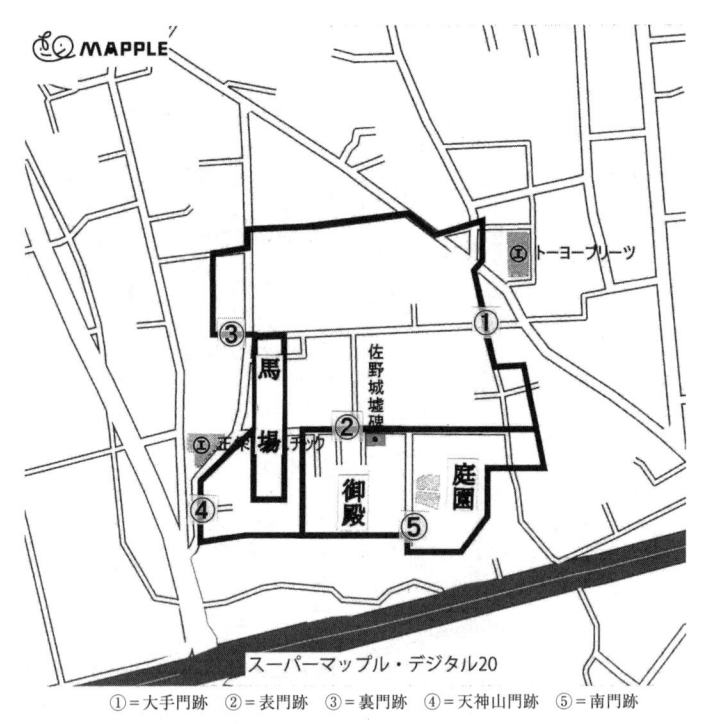

①＝大手門跡　②＝表門跡　③＝裏門跡　④＝天神山門跡　⑤＝南門跡

図70　植野城の現況　※現況図は「スーパーマップル・デジタル20」を使用して作成。

い。近くに天明宿があったためか、城が建設されて40数年で廃城となったためか、植野城下には町場が存在しなかった。現在、近くに特別養護老人ホーム（万葉植野の里）、若宮公園、若宮保育園が存在する程度である。

② 天明宿

　加宿の小屋町を加えて「天明宿」と呼ばれているが、天明宿および北東の犬伏宿（加宿の堀米を含む）は近江彦根藩の藩領で、堀米に彦根藩の役所があった。すなわち、安蘇郡の中心地域は彦根藩の藩領である。

　天明宿は植野陣屋（佐野藩）の町場を兼ねていたと考えられ、江戸期には日光例幣使道の宿場と佐野織物・天明鋳物の街として大いに発展していた。江戸時代の惣宗寺・安楽寺・大雲寺・浄泉寺など、広大な境内を有する寺院は元の場所に現存している。現在は佐野市の中心部をなし、市街地が北へ、南へと伸び、都市化がめざましい。市役所をはじめ、県・

市の主な公共建物が
集中する。

注および参考文献

1）黒田哲哉；佐野
の例幣使街道、史
談13(安蘇史談会)、
特集・日光例幣使
街道、平19、p18。

2）木村礎・藤野保・
村上直編；藩史大
事典、第2巻、関
東編、平1、p232・
234。しかし、第
二十五回企画展図
録・下野と近世大
名、栃木県立博物
館、昭63、p89に
は4万石とある。

3）佐野市史編さん
委員会；佐野市史、
通史編、上巻、佐野
市、昭53、pp555～
556。

4）前掲2)、第二十
五回企画展図録、
p89。

5）佐野市史編さん
委員会；佐野市史、
通史編、下巻、佐野
市、昭54、p113。

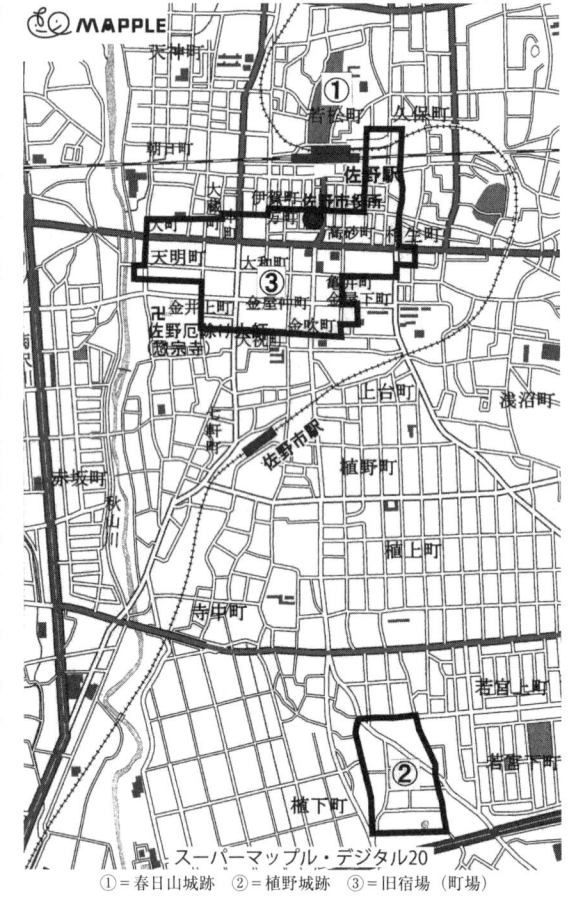

①＝春日山城跡　②＝植野城跡　③＝旧宿場（町場）

図71　天明宿・小屋町の現況

※現況図は「スーパーマップル・デジタル20」を使用して作成。

6）前掲2)、藩史大事典、p233。前掲5)、p113。

7）吉田正志；藩法史料叢書1、佐野藩、創文社、pp31～33に、[諸向渡定式]
の中の「御家中扶持給渡定式」と「以下之者給扶持定」。

8）前掲5)、pp72～73。太田家文書「御組席順名前書上帳」。

9）前掲7)、p35。

10）前掲7)、p35に「但し、（小頭の）妻子有之者者、小役人ニ准シ御手当被
下」とある。

11）佐野市教育委員会文化財課提供。天保4年作成であるが、表題不明、福

原家文書。京谷博次：佐野周辺見てある記、続・わが町さんぽ、安蘇印刷、1989、p30 によると、本図は藩主正敦が仙台から養子に入った時、随行した桜田良介の作という。

12) 児玉幸多監修：中山道・例幣使道分限延絵図、第二巻、解説編、東京美術出版、平 1、p46。

13) 田代善吉：栃木県史、第七巻、古城址編、下野史談会、昭 11、p474。しかし、杉浦昭博：改訂増補・近世栃木の城と陣屋、随想舎、2001、p808 に 67,500㎡（約 20,454 坪）と記載する。後者の方が正しい。前者は御殿部分の面積であろう。

14) 前掲 13)、田代善吉、p474。

15) 前掲 5)、p97。

16) 明治 4 年 7 月 14 日の廃藩置県は全国一斉であるが、その後の府県合併は、地域によって異なる。

17) 前掲 5)、pp113 〜 115。

18) 前掲 1)、p31。

19) 黒田哲哉：天明宿の成立と松村本陣について、史談 11（安蘇史談会）、平 7、p98。

20) 前掲 12)、同解説編。

21) 栃木県歴史の道調査報告書、第二集、日光例幣使道・奥州街道、栃木県教育委員会事務局文化財課、平 23、pp28 〜 32 を要約。

22) 前掲 19)、p105。ここには明和 8 年に類焼によって全焼してしまったとある。

23) 前掲 19)、p102 の表。

24) 前掲 19)、p106。

25) 前掲 13)、杉浦昭博、pp96 〜 97。

26) 前掲 5)、p97 の図。

27) 前掲 13)、杉浦昭博、p95。

28) 前掲 13)、杉浦昭博、p96。

29) 前掲 13)、杉浦昭博、p97 には「内門である内西門ということになろう」とも記されるが、植野城絵図には、このような門は描かれていない。

30) 前掲 13)、田代善吉、p473 に碑文の全文が掲載されている。

5、足利陣屋（足利市雪輪町）

　足利市は佐野市の西方約 10km、群馬県桐生市の南東約 10km で、群馬県との県境に近い。市街地は北の足尾山地と南の関東平野が接する地点に存在し、南側を渡良瀬川が西から東へ流れる。市街地は渡良瀬川北岸（左岸）で、河川敷より 4 〜 5m 高い自然堤防上であるという (注1)。江戸時代から明治中期にかけて、渡良瀬川は河川交通と内陸漁業が盛ん

であった。明治に入ってから足尾銅山の鉱毒で汚染され、一時は死川となり、魚も住めぬ川となった。

室町時代には足利氏配下の長尾氏が支配していたが、豊臣秀吉の小田原征伐（天正18年＝1590）以降は、幕府直轄領と大名の藩領が交互に入れ替わり、宝永2年（1705）まで支配が安定しなかった。

（1）戸田氏入部前の足利

鎌倉期に源義家を祖とする足利氏の領地となり、初代義兼は文治5年（1189）、渡良瀬川の北岸に堀ノ内館（足利氏邸跡＝鑁阿寺）を構えた。義兼より6代後が足利尊氏である。尊氏は室町幕府の初代将軍で、足利地方は幕府の直轄地であった。室町中期以降は、足利氏配下の長尾氏が足利城（古屋城）を拠点としていたが、天正18年（1590）の豊臣秀吉による小田原征伐直前に、長尾顕長は小田原の北条氏との争いに敗北し、北条氏に服属するようになった。小田原征伐で北条氏が敗北したため、長尾氏も没落し、顕長は常陸水戸の佐竹氏に預けられた。

徳川家康の関東入部により、足利地方は徳川氏の直轄領となり、以後28年間、代官支配が続いた。

寛永10年（1633）、下総国古河藩主土井利勝の所領となる。天和元年（1681）、利勝より4代後の利益が志摩国鳥羽へ転封。再び幕領となった。

元禄元年（1688）、5代将軍綱吉の生母桂昌院の弟本庄宗資が加増されて1万石となり、足利領主となる。翌2年1万石を加増されて2万石、同5年に2万石を加増され、都合4万石となって常陸国笠間へ転封となった。しかし、足利地方は本庄氏の藩領である。

元禄12年、老中となった上野国館林藩主秋元喬知の所領となる。宝永元年（1704）、喬知が武蔵国川越へ転封。またもや幕領となった。

宝永2年（1705）、江戸城西ノ丸の家宣の御側役戸田長門守忠利が、甲斐国甲府8,000石に3,000石を加増されて11,000石となり、足利に居所を定めた。

以上のように、江戸開幕後の約100年間は、幕領・大名領が入れ替わり、支配者が安定しなかった。しかし、宝永2年以後は転封もなく支配が安

定し、廃藩置県まで戸田氏の藩領となる。

（2）足利藩の藩領と家臣団

　足利藩戸田氏の祖忠利は、下総国佐倉城主戸田忠昌の子で、忠真（後に宇都宮藩主）が家督を継ぐにあたり、3,200石を分知され、旗本小姓組番となる。以後、徒頭・目付・伏見奉行・小姓組番頭を経、元禄2年（1689）に甲府宰相徳川綱豊（家宣）の家老となり、甲斐国内で8,000石を領した。家宣が6代将軍となるにおよび、江戸城西ノ丸御側役となる。そして宝永2年、3,000石を加増され、11,000石となって大名の列に加わった。

①　戸田氏の藩領

　初代忠利の甲府時代は8,000石で、所領は甲斐国であったが、3,000石の加増を受けて11,000石となるにおよび、藩領は下野国足利・河内・都賀3郡にまたがり、分散した藩領となった。

　享保10年（1725）、2代藩主忠囿が大坂定番となり、下野国河内・都賀郡に存在した藩領は、摂津国島上郡に移される。

　享保17年、3代藩主忠位が遺領を継いだ時、摂津国島上郡の藩領を、下野国梁田郡と武蔵国埼玉郡内に移された。以後、廃藩置県まで藩領に変化はない。

　明治初年の「旧高旧領取調帳」(注2)によると、下野国足利郡内9町村4,600石余、下野国梁田郡3村213石余り、都賀郡7町村3,550石弱、武蔵国埼玉郡7村3,260石弱で、都合11,623石（草高）であった。

②　戸田氏の家臣団

　足利藩の家臣団を知る史料として、寛政6年（1794）の『足利藩宛行及分限御定書』(注3)、安政5年（1858）の『足利藩藩士録』(注4)・文久3年（1863）の『御改革席順調』(注5)、明治元年（1868）の『足利藩々士録』(注6)を入手することができた。

　寛政6年の『足利藩宛行及分限御定書』は、家格・職についての家禄・役料（役金）を記載したもので、各役職についての人数は不明なため、家臣総数は判らない。最高禄は家老の100石、次いで用人の50石となり、他は扶持取・金給（扶持が付く）に区分される。扶持取は10人扶持・8

格・職	家禄	役料・役金	格・職	家禄	役料・役金	格・職	家禄	役料・役金
家老	100石	30石	刀番	7両2人扶持		広間帳付	4両1人扶持	
用人	50石	5人扶持	下屋敷頭	7両2人扶持	1両	坊主頭	4両1人扶持	
留守居	10人扶持	10人扶持	中間支配	7両2人扶持	1両	勘定人	4両1人扶持	外勤金2分
物頭	10人扶持	2人扶持	医師	10人扶持	薬種料5両	馬乗	4両1人扶持	
取次	10人扶持	2人扶持	外科医	10人扶持		徒士	4両1人扶持	200文
大目付	8人扶持	2人扶持	中小姓	6両2人扶持		料理人	4両1人扶持	
勘定奉行	8人扶持	2人扶持	賄方	6両2人扶持	1両	坊主	3両2分1人扶持	
町奉行	8人扶持	2人扶持	祐筆	6両2人扶持	1両	足軽組頭	3両1分2人扶持	1分
奥用人	8人扶持	2人扶持	馬役	6両2人扶持		長柄小頭	3両1分2人扶持	1分
大元〆	8人扶持	2人扶持	代官	6両2人扶持		中間小頭	3両1分2人扶持	
元〆	8人扶持	2人扶持	供小姓	5両2人扶持		板損下役	3両1分1人半扶持	昼扶持
使番	7人扶持	2人扶持	大蔵方	5両2人扶持	2分	負方	3両1分1人半扶持	
徒士頭	7人扶持	2両	□屋方	5両2人扶持	2分	大工	3両1分1人半扶持	道具代2分
給人	7人扶持		次席祐筆	4両2人扶持	筆墨代3分	仕立物師	3両1人扶持	
納戸	7人扶持	2両	徒目付	4両2人扶持	2分	錠口番	3両1人扶持	1分
近習	7両2人扶持		広敷番	4両2人扶持		足軽	3両1人扶持	定押200文
			道具頭	4両2人扶持		中間	2両	

表82　寛政6年の「足利藩宛行及分限御定書」（『史料調査報告』第34集より作成）

人扶持・7人扶持の3種で、金給は7両以下1両刻みとなり1〜2人の
扶持が付く。職種から見れば、石取と10人扶持は上級武士として扱われ、
8人扶持と7人扶持は中級武士、金給に扶持が付くのは下級武士であろ
う。3両1〜2人扶持は足軽と足軽に匹敵する職種と思われ、最下層の
中間は2両であった。

　安政5年の『足利藩士録』には職と家禄・年齢・役料が記載され、総
計94人を記す。最後に記載されるのは御徒士組頭格・御徒目付である
こと、および5年後の文久3年には133人であることから、徒士以下は
省略されているのであろう。石取の最高は200石1人、次いで100石1
人、50〜70石8人、および10〜13人扶持の6人が上級武士と考えられ

家　　　禄		人数	役　　　職
石取	200石	1	家老
	100石	1	取次
	50〜70石	8	家老2・用人1・用人格3・使番1・近習1
扶持	10〜13人扶持	6	取次2・大元〆1・使番1・刀番1・医師1
	6〜8人扶持	25	
金・扶持	5〜7両2〜3人扶持	43	
	5両未満2人扶持	5	
金	8両	2	
	4両	3	
計		94	

表83-1　安政5年の足利藩士録　　　　　（『史料調査報告』第19集を基に作成）

る。6～8人扶持の25人が中級武士、金給の53人が下級武士と推測でき
る。これら94名は25種の格または職に区分され、最も多いのは目見格
の13人、熨斗目格・無格の各11人、使番格の9人、中小性格の8人と
なる。家老は3人、用人1人、用人格3人、取次5人、郡奉行3人、奥
用人1人である。

　安政5年の『足利藩士録』に記載された年齢をみると、30才から40歳
未満が全体の25%余りを占め、30才から50才未満が39人で41.5%となり、
藩の中心的な年令となる。最年長者は73歳で徒目付であるが、徒目付
および普請方は重職ではない。重役である家老・用人・用人格は30才代から50才代の働き盛りで占められている。20才未満のうち、15歳未満の子供勤めは10人であった。

年　令	人数	比率	備　　考
70才以上	4	4.3	徒目付・郡奉行・奥用人・普請方
60～69才	2	2.1	
50～50才	1 0	10.6	家老1
40～49才	1 5	16.0	家老2・用人格1
30～39才	2 4	25.5	用人1・用人格2
20～29才	1 2	12.8	
10～19才	1 6	17.0	
10歳未満	1	1.1	
記載なし	1 0	10.6	
計	9 4	100.0	

表83-2　安政5年の足利藩士録に記された家臣の年齢

　文久3年は安政5年から5年を経過したのみで、藩士録に出てくる氏
名は大きく変わらない。文久の場合は家格を主体に記載され、家老・用
人の他は、独礼9人・給人15人・大小姓18人・中小姓25人・徒士24
人の5種に区分され、各家格の部屋住も記載している。子供勤以外は全
て俵取で、最高禄は100俵、次いで50俵、ここまでが家老および用人
である。100俵2人のうち、1人は藩主分家の戸田主計で、彼は安政5
年には高50石の用人であった。家老1人、家老末席1人、用人2人と
少なくなっている。独礼の家禄は60俵または40俵で、給人は40俵と
35俵、大小姓は35俵と30俵、中小姓は全員30俵、徒士は全員25俵、
大小姓・中小姓の部屋住は18俵と15俵、徒士の部屋住は全員15俵で
ある。俵はすべて「高」で記され、支給高を1俵を「4斗」として考え

文　久　3　年			明　治　元　年		
家　禄	人　数	家　　　格	家禄	人数	備　　考
100俵	2	藩主一族・家老	100俵	1	藩主一族
60俵	4	独礼	60俵		
50俵	3	家老1・用人2	50俵	4	
45俵			45俵	3	
40俵	2 8	独礼5・給人15・大小姓8	40俵	9	
35俵	3 5	大小姓10・中小姓25	35俵	1 6	
30俵	2 1	徒士	30俵	5 5	
25俵	3	一代徒士	25俵	3 4	
15俵	2 7	大小姓・中小姓・徒士の部屋住	15俵	1 5	
			12俵	6	
			10俵	2 4	
無　格	7		隠居	7	
徒士次男	3		子供	1 0	
			画匠	1	
			漢書	1	
計	1 3 3			1 8 6	

表84　文久3年と明治元年の足利藩家臣団
（文久3年は『足利市史・史料編』、明治元年は『編年体・足利戸田藩々士録』を基に作成）

ると、100俵は40石となり、最少の15俵は6石となる。高100俵は、知行100石に相当する。このように考えると、関東地方における他の1万石大名の家臣の家禄と大差がない。安政5年と比較すれば、上級家臣の家禄が大幅に減じられている。徒士・徒士部屋住・徒士次男の37人を除けば、安政5年の家臣数と大差がない。

　文久3年の『禄制法』は各家格の家禄を記したものであるが、文久3年の『藩士録』と異なる。『禄制法』では家老50俵、用人45俵、独礼40俵、給人35俵、大小姓30俵、中小姓30俵、徒士25俵である。部屋住は家老の25俵を筆頭に、徒士の15俵、家老・用人の幼年者12俵、他の幼年者は4両1人扶持または2両1人扶持、足軽は15俵となる。

　明治初年の『藩士録』には表高・氏名・年齢・住所・相続者の順に記され、家格や職種は記載されていない。最高禄の100俵は藩主一族の戸田主計、次いで50俵の4人は家老、45俵は用人と考えられる。文久3年の『禄制法』に準拠しているように思われ、家老4人、用人3人、独礼9人、給人16人、大小姓と中小姓の合計が56人、徒士34人、譜代足軽15人となる。『禄制法』に記載されない高10俵（実収4石）が24人記されるが、これ

らの者は新足軽であるのか、中間以下であるのか判然としない。年令を
みると、最高令が81歳の隠居、最年少が10歳の幼年であった。藩の中
心をなすのは20歳代の20.1％、40歳代の16.3％、30歳代の15.2％とな
り、20歳から50歳未満の割合が51.6％を占める。

（3）陣屋と足利町

　足利本町は五箇村の内で、新田町を加え足利町と呼んでいた。明和3
年（1766）まで日光例幣使街道が足利町を通過し、例幣使が通過の際は
大いに賑わったと思われる。例幣使は正保4年（1647）から慶応3年（1867）
まで、221年間途切れることなく派遣されていたという (注7)。

①　足利陣屋

　戸田氏の始祖忠利は宝永2年（1705）に加増されて11,000石の大名と
なるが、陣屋が完成したのは4代藩主忠言<ruby>忠言<rt>ただとき</rt></ruby>の宝暦8年（1758）である。
戸田藩成立後の50年余りは、旧幕領の代官役所（他大名時代の飛地領役所）
を利用していたと考えられる。寛文4年（1664）の『足利町全図』(注8) に、
戸田氏が陣屋を構えた所に「陣屋」という文字が見えることから、戸田
氏入部前から幕領役所や他大名の陣屋が存在したのであろう。この陣屋
跡に、戸田氏が陣屋を新築した。

　戸田氏の足利陣屋は新田町の新中町と新二丁目の境から北へ入るが、
入口に陣屋大門があり、約110mで陣屋表門へ至る。この間には藩士の
長屋や御蔵が存在していた。陣屋表門前は二重に土塁が築かれ、大土塁
は高さ2間（約3.6m）で上に10数本の松の木が植えられ、土塁西端に
天神社が存在した。表門両側の土塁は高さ4尺（約1.2m）で、上に高さ
1間（約1.8m）の土塀があった。土塁が存在するのは前面のみで、その
他は欅の板塀である (注9)。

　『足利旧御陣屋全図』(注10) によると、陣屋内は御殿の他、地方役所・
稽古場・武器庫・焔硝蔵・厩・土蔵・5棟の長屋などがあり、東に練兵場、
西に馬場があって、南東端に裏門、馬場の北に西門が存在した。鬼門に
は稲荷神社が鎮座する。陣屋北側の道路を隔てて、北東に囚人室と役人
長屋があり、北西に作事小屋が存在する。囚人室とは牢屋のことで、徒

罪場と記されることから、下級武士を対象とした牢であったと考えられる。図に「調練場」が記されることから、文久（1861）以降の陣屋を示していると考えられる。陣屋の西側に5棟の長屋が記載されるが、これは文久年間以後の建築であろう。

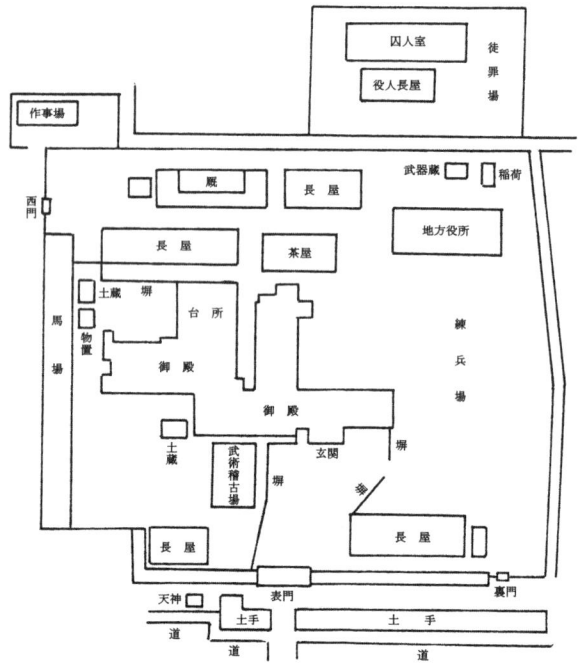

図72　旧足利陣屋（「足利旧御陣屋全図」を基に作成）

御殿の部屋名については、『足利旧御陣屋全図』（注11）に記載される。ここに記された御殿の部屋数は15室で、式台と広間及び右の部屋が玄関部分にあたり、書院・二ノ間が表御殿、書院北側の2室が中奥(?)、中奥西側は台所と奥御殿、二ノ間の北側が藩庁となっている。1万石大

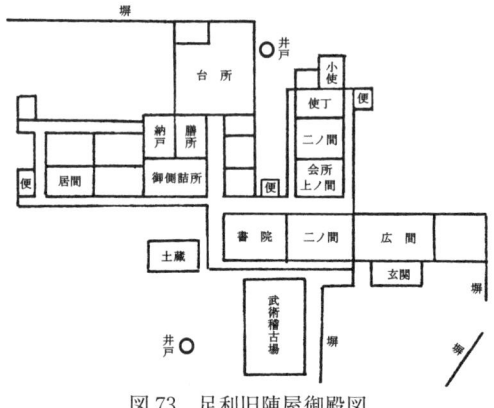

図73　足利旧陣屋御殿図
（「足利旧御陣屋全図」を基に作成）

名の御殿としては規模が小さく、女中部屋等の記載がない。

藩士屋敷については『足利戸田家足利陣屋内藩士御長屋之図』（注12）が

存在する。ここには宅地番号を付し、表として図上の氏名・藩士名・家名を記している。図をみると、北東端に稲荷社があり、中央南端に天神社が描かれる。この場所は御殿や地方役所などが存在した所で、御殿の他15棟が明治8年12月に

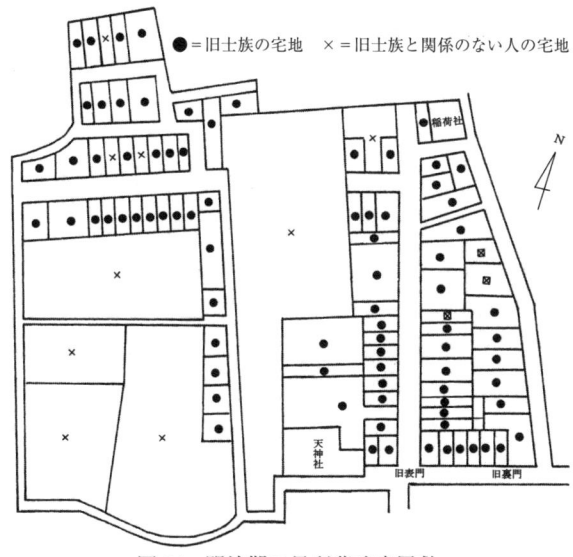

●＝旧士族の宅地　×＝旧士族と関係のない人の宅地

図74　明治期の足利藩武家屋敷
（「足利戸田家足利陣屋内藩士御長屋之図」を基に作成）

全焼し、表門のみ焼失を免れた (注13) とあることから、宅地区分（宅地番号1〜48）は明治9年以降のものと考えられる。図の中央部分から西（宅地番号49〜88）は、文久年間以降（1861〜）に建設されたものであろう。何故なら、万延以前（〜1860）の足利詰藩士は30数名であり、陣屋内の5棟の長屋、および陣屋大門から表門までの間に存在する長屋で藩士住宅が足りていたと考えられる。ここに記される家名と図上の氏名との関係 (注14) は、「足利藩士及び其の子孫60家、不明なもの6家、氏名不明なもの1家で、藩士名のない者は藩士の子及び孫と思われる」と記載する。藩士名のない屋敷は60家中31家におよび、約半数が代替わりをしていることから、この図は明治中期以降のものと考えられる。また、3屋敷に同名の者3軒、2屋敷に同名の者13軒あること、および不明なもの6家を合わせると、当時少なくとも25軒の旧士族が離散していたと推測できる。

②　足利本町と足利新田町

　足利本町は五箇村の内で、新田町を加えて足利町と呼ばれていた。町

の起源は、八日町を含む足利本町は長尾氏時代の城下町であり、新田町東部は鑁阿寺の門前町として、別々に成立した町場であった。それが江戸時代に入り、町場の発展により、町屋が連続するようになったという （注15）。

　足利町に関する絵図としては、年不詳の『足利城圖（仮題）』（注16）、室町期及び江戸期における『足利の古繪図（3枚組）』（注17）、寛文4年（1664）の『足利町全図』（注18）、宝永2年（1705）の『足利本町絵図』および『足利新田町絵図』（注19）を入手することができた。

　仮題の『足利城圖』は、室町期及び江戸期における『足利の古絵図（3枚組）』中の「古蹟足利城之繪図」と類似するが、細部に少し異なる点がある。

　『足利の古絵図』中の「古蹟足利城之繪圖」は、室町幕府足利家の配下長尾氏時代の足利城を描いたものであるが、これは江戸時代に入って室町末期の城を想像して描いたものを、明治になって関口芳之助が転写したと伝え、昭和56年に菅田喜作が復刻したものである。原図は鑁阿寺など数ヵ所で所蔵される （注20）。この城は古屋城と呼ばれ、足利町北西の丘陵に築かれるが、江戸期の建物を模写したようで、真偽のほどは不明である。

　『足利の古絵図』中の「寛文年間足利町役人ヨリ地頭ニ差出シタル足利町之圖」も、関口芳之助が転写し、昭和56年に菅田喜作が復刻した。原図の所在不明 （注21）。図の中央を東西に街道が通じ、街道に沿って町名を記し、江戸末期と大差がないようである。足利学校・鑁阿寺（足利氏館址）・陣屋が記載されるが、当時の陣屋は他藩大名の飛地領役所か幕領代官所を意味したものと思われる。

　『足利の古絵図』中の「天保絵図」は原図の所在が不明で、関口芳之助が転写し、昭和56年菅田喜作が復刻したものである （注22）。この図は天保8年（1837）における足利織物業者の居住地を示し、天保八丁酉年十一月、新田町年寄として10人の名を記す。

　宝永2年の『足利新田町絵図』と『足利本町絵図』は、ともに町名と主な施設が記載され、町割りがなされて居住者を記す。『足利新田町絵

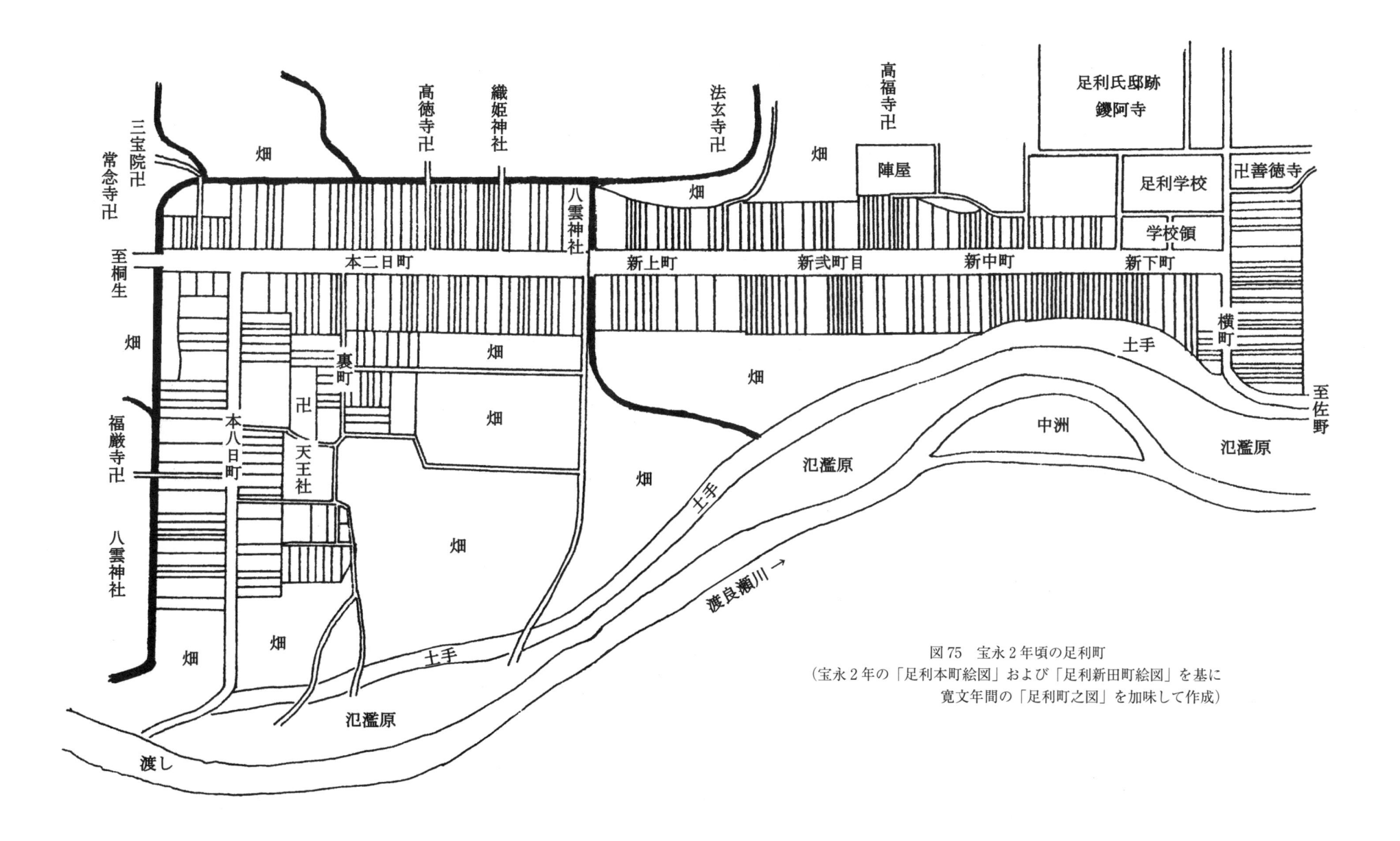

図75 宝永2年頃の足利町
（宝永2年の「足利本町絵図」および「足利新田町絵図」を基に
寛文年間の「足利町之図」を加味して作成）

- 301 -

図』をみると、町名は東から新下町・新中町・新弐丁目・新上町とあるが、街道東端から南へ折れる「横町」の名称がない。施設としては、鑁阿寺・足利学校・陣屋・善徳寺・高福寺・法玄寺などが記載される。『足利本町絵図』には本二日町・本八日町・裏町と、八雲神社（2ヵ所）・織姫神社・高徳寺・三宝院・常念寺・福厳寺・天王社などを記す。裏町を除き、いずれの町も道路に沿って街村状に家が並び、各家の裏側は畑となっている。宝永年間（1704 ～ 1711）における街並みの長さは、新田町 8 丁（約 880m）、横町 1.5 丁（約 165m）、本町 14.5 丁（約 1,595m）、八日町 19 丁（約 2,090m）、36 ヵ寺、21 社、堂宇 8 であったという (注23)。

　『近代足利市史』(注24) に享保期（1716 ～ 1736）・寛政期（1789 ～ 1801）・安政 2 年(1855)・明治 3 年(1870)の戸数を記している。享保期には五箇村・本町が220 ～ 230 戸、鑁阿寺領が 130 戸余り、他は 100 戸未満で、横町は 40 戸足らずである。他は寛政期に入ると本町のみが減少し、他は多少なりとも増加している。安政 4 年になると各町は大幅に増加し、特に上町の増加が著しい。明治 3 年は安政 2 年から 15 年を経過したのみであるが、五箇村が大きく増加したが、上町は大きく減少、横町がやや増加、本町・鑁阿寺領がやや減少している。各町の合計はやや減少したのみである。享保期から明治 3 年まで140 ～ 150 年を経過し、この間の戸数の増加率をみると、新田町（上町・下町）の増加率が高く、本町・鑁阿寺領が低い。

　江戸中期の足利は桐生織物の周辺地域として、織物生産が芽生え始め

町名	享 保 期		寛政期	安政 2 年		明治 3 年		戸数の増加率
	家数	人口	家数	家数	人口	家数	人口	
五箇村	220	942	227	387	1,386	485	1,779	2.2
本　町	234	1,140	198	349	1,225	333	1,618	1.4
上　町	83	770	90	529	1,818	252	1,075	3.0
下　町	84	585	77			265	1,163	3.2
横　町	39	207	47	74	330	86	305	2.2
学校領	54	231	62	95	285	不明	不明	不明
鑁阿寺領	133	562	140	260	831	217	826	1.6
計	847	4,438	841	1,685	5,875	1,638	6,766	

表85　足利町の戸数と人口　（『足利市史・通史編』第一巻を基に作成）
（安政 2 年の合計は下町を、明治 3 年の合計は学校領を除く）

ていた。江戸後期に入ると、足利は独自の絹綿交織物を作り出し、桐生とは異なる独立した織物産地を形成してゆく。そして慶応3年（1867）における足利本町の織屋数は197軒におよび、明治初年の足利町織物関連戸数は514戸となった (注25)。

文久元年（1861）における五箇本町の職業別戸数 (注26) をみると、総計345戸のうち91戸が織物業に従事し、職人や食料（飲食）・他の商業を上回る。ここに記載されるのは本町のみであるから、新田町などを加えると、前記足利町織物関連戸数となるのであろう。

業　種	戸数	主　な　職　種
織物業	９１	機屋39・賃機18・小倉機屋7・撚糸6
商　業	４０	古鉄買9・煙草屋6・古道具屋3
食糧・飲食	５５	菓子小売8・穀屋8・酒造5・酒小売5
職　人	６１	大工14・髪結4・傘屋4・仕立屋4
農　業	３	
その他	７９	日雇37・鉦打8・洗濯7・黒鍬5
不　明	１６	
計	３４５	

表86　足利五箇本町の職業別戸数（文久元年）
（『足利市史・通史編』第一巻を基に作成）

（4）足利学校と鑁阿寺（足利氏邸跡）

足利学校と足利氏邸跡（現・鑁阿寺）を除いて、足利町を語ることはできない。新田町東部は鑁阿寺の門前町、足利学校は室町時代から戦国時代にかけて東洋第一といわれる学校であった。

① 足利学校

足利学校と金沢文庫は、中世の武家社会における学問史上重要な存在であった。足利学校の創建については、『足利学校パンフレット』(注27) に「その創建は奈良時代の国学遺制説、平安時代の小野 篁 説、鎌倉時代の足利義兼説などがある。しかし判然としているのは、室町時代の上杉憲実が書籍を寄進し、庠 主（学長）制度を設けて学校を再建した頃から」と記載する。

足利学校が大きく発展したのは戦国時代で、学徒は全国各地から集まり、その数二千とも三千ともいわれて、中国の明や、耶蘇会（キリスト教会）を通じてヨーロッパにまでその名が知られていた (注28)。しかし江

戸時代に入ると、学生も殆ど集まらず、地方の小規模な郷学となり、経済的に困窮した。その都度、幕府から財政上の援助を受けた。記録にあるのをみても、寛文7年（1667）・享保15年（1730）・寛延2年（1749）の各100両、宝暦5年（1755）の500両、宝暦12年（1762）の銀100枚、宝暦13年の50両、安永3年（1774）の銀100枚、安永7年・寛政3年（1791）・享和元年（1801）の各200両、文化8年（1811）の300両、文政9年（1826）の200両が援助されている。援助の理由は、毎年、幕府や藩主に「年筮」を送ること、つまり1年間の吉凶を予断したものを送ったことによるものである(注29)。

　『掘りだされた足利の歴史』(注30) によれば、時代により堀幅や土塁が改変されたらしいが、寛政3年（1791）頃の「境内総坪数并諸建立物絵図」によると、堀幅4間（北堀は2間）であるが、文久2年（1862）の「足利学校絵図」では堀幅2間（北堀は9尺）となっている。土塁については、基底部幅6.0m、天頂部1.3m、高さ2.2mが標準である。

　敷地の東半分は、明治以降は学校として利用されていたが、昭和57年より「史跡足利学校跡保存整備事業」として復元し、平成2年には宝暦年間（1751〜1764）の姿となった。それ以前の建築物は入徳門（元の裏門）・学校門・杏壇門・孔子廟（聖病）・収蔵庫・旧遺蹟図書館で、新しく復元されたのは書院・方

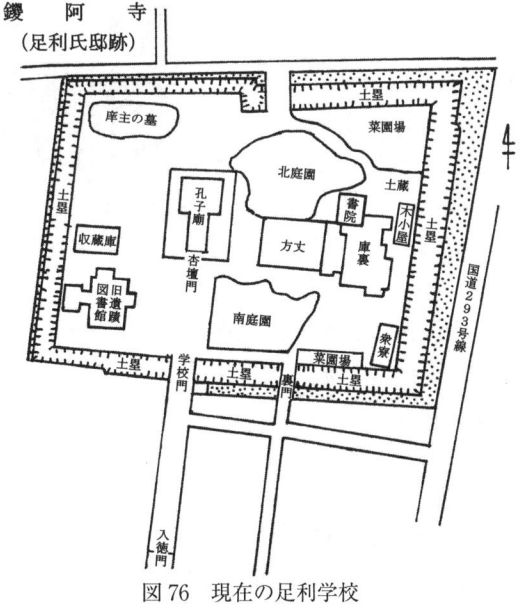

図76　現在の足利学校
（『足利市埋蔵文化財発掘調査レポート』を基に
「足利学校パンフレット」を加味して作成）

丈・庫裏・裏門・衆寮・木小屋・土蔵である。復元された建物は、すべて茅葺き屋根である (注31)。

② 鑁阿寺（足利氏邸跡）

足利氏邸跡は四周を堀と土塁で囲まれ、約2町（220m）四方の正方形に近い館である。総面積は約3,300坪で、濠幅4〜5m、土塁の下幅8〜10m・上幅2〜2.5m・高さ2〜3mとなる (注32)。

足利館は鎌倉時代に築かれた邸宅で、その規模から足利氏の政局と財力を伺うことができる。尊氏が京都で室町幕府を開いた後は、足利氏の氏寺であった鑁阿寺となり、周囲に12坊を抱えていた。

鑁阿寺は国の指定史跡で、現在も多くの建物が残り、各辺の中央に橋と門が設置される。正門は南門で、江戸時代の屋根付き太鼓橋（屋形橋）と、室町時代の楼門である。パンフレット「真言宗金剛山・鑁阿寺」(注33) によれば、本堂は国宝、国指定重要文化財として鐘楼・経堂・足利尊氏の願文・金銅鑁字懸仏・仮名法華経・青磁香炉・青

写真18　鑁阿寺屋形橋（太鼓橋）と南門

磁花瓶一対、県指定重要文化財として山門（楼門）・東門・西門・多宝塔・御霊殿・大日如来坐像、市指定文化財として宝庫・蛭子女尊・両界曼荼羅図、天然記念物として大いちょうが存在し、多くの文化財に触れることができる。

（5）現況

現在の足利市は栃木県西部の中心町で、市街地は北東方面へ伸び、その中心商店街は旧新田町・本町である。この東西に連なる町並は、東から通一丁目〜通七丁目で、通四丁目までが旧新田町、通五丁目以西が旧本町となる。旧八日町は緑町、旧裏町は栄町、旧横町は永楽町・伊勢町

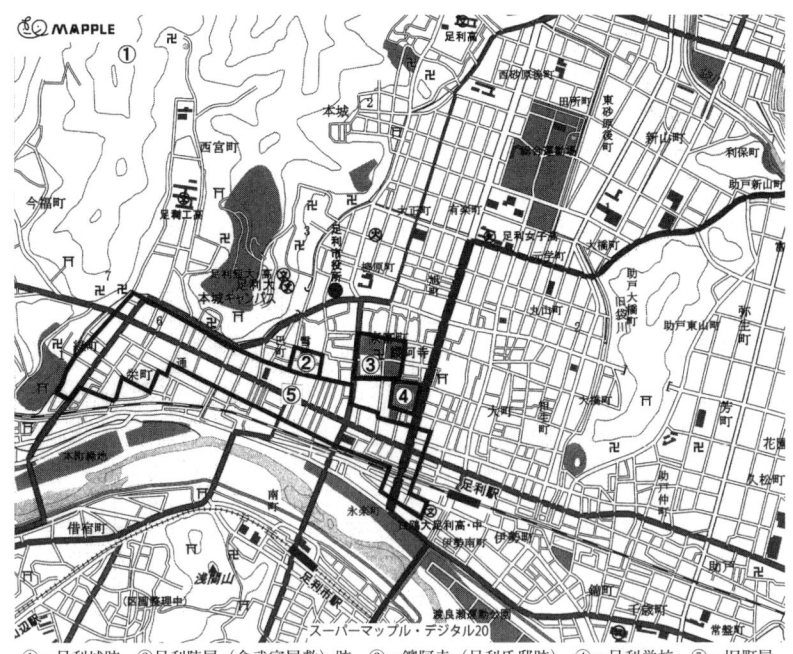

①＝足利城跡　②足利陣屋（含武家屋敷）跡　③＝鑁阿寺（足利氏邸跡）　④＝足利学校　⑤＝旧町屋

図77　足利陣屋町の現況　※現況図は「スーパーマップル・デジタル20」を使用して作成。

　と改称された。また通七丁目から東へ直線状に広い道路（旧国道50号線＝現主要地方道桐生・岩舟線）が伸び、通一丁目からさらに東へ通じる。善徳寺・高福寺・徳正寺・法玄寺・織姫神社・八雲神社（2ヵ所）・高徳寺・三宝院・常念寺・福厳寺などの寺社が元の位置に鎮座している。

　旧新田町の通りには金融機関・商工会議所（友愛会館）・織物会館があり、付近に市立美術館が存在する。また通一丁目北側の昌平町に国史跡の足利学校、さらにその北の家富町に鑁阿寺（足利氏邸跡）がある。鑁阿寺西側の道路（県道飛駒・足利線）を北へ行くと市役所・けやき小学校があり、市役所の西側に足利短期大学が存在する。市役所の南が雪輪町で、ここに戸田氏の陣屋が存在した。

　旧陣屋の表門は移築され、市内旭町阿部家の所有となる。門は入母屋桟瓦葺きで、梁行2間、桁行7間の両長屋門である。両側に6畳の番所

が付き、格子窓があったが、火災で両方の格子窓がなくなっている。真中に大門、左側に潜戸を付す。

　陣屋跡は静かな住宅地となり、陣屋の鬼門に鎮座した「屋敷稲荷」と、陣屋井戸が現存するのみである。

　JR 両毛線足利駅は旧新田町東端から約 400m 南東にあり、駅から離れている旧本町や旧八日市は、旧新田町に比して金融機関や商店が少ない。

注および参考文献

1 ）日下部高明：足利の自然、足利史研究 2 （足利市史編さん会）、昭 49、p27。

2 ）菊池恭孝：足利戸田家の歴史、三河田原での室町末期から下野足利での明治維新まで、創栄出版、2010、pp186 ～ 188。ここに町村別の村高を記している。

3 ）荒木一雄・菊池卓：足利藩宛行及分限御定、史料調査報告第三十四集（足利藩研究会）、昭 59、ページなし。

4 ）荒木一雄：安政五年・足利藩士録、史料調査報告第十九集（足利藩研究会）、昭 57、pp103 ～ 113。

5 ）足利市史編さん委員会：足利市史、第三巻、史料編、原始・古代・中世・近世、足利市、昭 54、pp981 ～ 986。荒木一雄；編年体・足利戸田藩々士録、私家本、年不詳、pp28 ～ 32。他に荒木一雄；文久三癸亥年藩政改革・禄制法、史料調査報告第五十六集（足利藩研究会）、昭 63、ページなし。

6 ）前掲 5 ）、編年体・足利戸田藩々士録、pp49 ～ 55。

7 ）奥田哲哉：天明宿の成立と松村本陣について、史談 11 （安蘇史談会）、平 7、p98 によると、朝廷から第 1 回の例幣使が派遣されたのは正保 4 年で、明和 3 年に例幣使街道が道中奉行の管理となった際、街道筋が変更になり、足利を通過しなくなった。

8 ）寛文年間足利町役人ヨリ地頭ニ差出シタル足利町之圖。足利市立図書館提供。

9 ）杉浦昭博：近世栃木の城と陣屋、随想社、2011、pp89 ～ 90。

10）明治 44 年作、足利市教育委員会事務局文化課提供。しかし、明治 8 年 12 月 13 日に御殿の他 15 棟が全焼しているので、その後に描かれた絵図である。図に「此図ハ雛形アリテ表ハシメル者ニアラス三十有余年以前ノ原形ヲ記憶ニ依テ写出セシニ附多少ノ誤リハ免カレヌト雖モ其大容ヲ彰ハスノミ」と記す。

11）前掲 10）の図。

12）足利藩研究会：足利戸田家足利陣屋内藩士御長屋之図、史料調査報告、第十五集、昭 56、pp43 ～ 52 および図 2 葉。

13）前掲 2 ）、p181。前掲 9 ）、p89。

14）前掲 12）、p47。

15）栃木県史編さん委員会：栃木県史、通史編4、近世I、栃木県、昭56、pp527 〜 530。

16）山藤家文書、年・表題不詳、足利市立図書館提供。

17）室町期及び江戸期における『足利の古絵図』には、「古蹟足利城之繪圖」、「寛文年間足利町役人ヨリ地頭ニ差出シタル足利町之圖」、天保8年の「表題不明の図」の3枚が1組になっている。足利市立図書館提供。

18）足利市史編さん委員会：近代足利市史、第一巻、原始〜近代、足利市、昭52、p675の図。

19）前掲18）、口絵。

20）・21）・22）前掲17）、解説による。

23）前沢輝政：新編足利の歴史、国書刊行会、昭58、pp250 〜 251。

24）前掲18）pp540 〜 547・841 〜 842。

25）川村晃正：幕末期の足利町、－織物業の展開を中心として－、地方史研究167（30 − 5）、1980、pp16 〜 26。

26）前掲18）、pp817 〜 818の表を基に作成。

27）足利学校パンフレット、「足利学校の歴史」。

28）根岸純夫・田中康雄・能登健；両毛と上州諸街道、吉川弘文館、2002、pp173 〜 176。

29）一倉喜好；江戸時代の足利学校、群馬文化43、pp8 〜 9。

30）掘りだされた足利の歴史、－平成23年度足利市埋蔵文化財発掘調査レポート－、足利市埋蔵文化財調査報告第63集、平25、pp10 〜 12。

31）前掲27）の鳥瞰図。

32）峰岸純夫・齋藤慎一；関東の名城を歩く、北関東編、吉川弘文館、2017（第4刷）、pp176 〜 179。

33）金剛山・鑁阿寺発行。

Ⅲ、上野国 （群馬県）

　上野国の北東部は白根山を中心とする2000mを越える山々が、北西部は2000m級の越後山脈、西部も浅間山を含む2000m級の関東山地となる。東は上野国、北は越後国、西は信濃国、南は武蔵国に接し、北部・西武は山岳地域で、平野は南東部の一部に過ぎない。

　幕末における上野国には、沼田（土岐35,000石）・前橋（松平170,000石）・館林（秋元60,000石）・伊勢崎（酒井20,000石）・高崎（松平82,000石）・安中（板倉30,000石）・吉井（松平10,000石）・七日市（前田10,014石）・小幡（松

平20,000石）の9藩が存在し
た。沼田・前橋・館林・高崎・
安中は城下町、伊勢崎・吉
井・七日市・小幡は陣屋町で、
前橋と吉井は親藩、七日市
は外様、他の6藩は譜代大
名であった。調査をしたの
は江戸定府の吉井藩を除く
3陣屋町である。

◎＝城下町　■＝陣屋町　○＝その他の町場
図78　幕末における上野国の大名配置

1、伊勢崎陣屋（伊勢崎 市曲輪町）

　伊勢崎は関東平野の北麓
に近く、上野国の南東端近くに位置する。県都前橋は北西約15km、北
東の桐生へ約16km、上野国最東端の館林へ40km足らずである。伊勢崎
市の西方を北西から南東へ廣瀬川が流れ、江戸時代から明治にかけて川
船が往来していた。陣屋は広瀬川東岸に建設された。

　戦国時代には領主の交代が激しかったが、天正18年（1590）の徳川家
康の関東一円支配によって戦乱は収まり、以後8年間は白井城主本多豊
後守が伊勢崎地方を支配していた。

　慶長6年（1601）、旗本稲垣長茂が加増されて1万石となり、伊勢崎に
居所を定める。元和2年（1616）、2代重綱が1万石の加増を受け、越後
国藤井へ転封した。以後、伊勢崎地方は前橋藩の藩領となる。

　寛永14年（1637）、前橋藩主酒井忠清が弟忠能に22,500石を分知し、
忠能は伊勢崎に入部した。寛文2年（1662）、忠能は30,000石に加増され、
信濃国小諸へ転封となる。転封後は、再び前橋領となった。

　延宝9年（1681）、前橋藩主酒井忠挙の弟忠寛が20,000石を分知され、
伊勢崎を居所とする。これが後期酒井氏である。後期酒井氏は廃藩置県
まで9代190年間続き、伊勢崎の支配も安定した。

（1）領主の変遷

戦国時代は上野国で争いが絶えず、特に戦国時代後期の大永年間（1521〜1528）・享禄年間（1528〜1532）から豊臣秀吉の小田原征伐（天正18年＝1590）まで、戦乱による領主の変遷が多かった。

①　秀吉の小田原征伐（天正18年＝1590）まで

赤石左衛門は大永年間（又は永禄年間）に赤石城（後の同聚院）を築き、2代又二郎の元亀元年（1570）までの50年足らず、伊勢崎を支配していた。赤石城は後の伊勢崎陣屋の北側に隣接し、規模の大きな城ではなかった。

元亀元年から天正18年まで、領主が目まぐるしく変わった。『群馬県史料集』[注1]に「元亀元年壬申の夏より（或は弘治年中＝1555〜1558よりともいう）天正十八年庚寅の秋に至るまで、新田郡金山の城主、由良信濃ノ守源ノ成盤之を有（たも）ち、其の臣林伊賀をして之を戍らしめき。按ずるに其際には、戦争止む時なく、勝敗時々渝（かわ）ることあり、或は那波顕宗之を復し、或は上杉輝虎之を有てることあり、由良氏のみにて全く有ちしには非るなり」と記す。

②　稲垣氏

天正18年、徳川家康が関東一円を支配するにおよび、白井城主本多豊後守に伊勢崎を支配させ、慶長2年（1597）まで続いた。

関ヶ原の戦い（慶長5年＝1600）の戦功により、3,000石の旗本稲垣長茂が佐位郡内10,000石を賜り、伊勢崎に居所を構える。慶長17年、嫡男重種（後に重綱）が父の遺領を継ぐ。大坂の陣（慶長19＝1614・元和元年＝1615）の戦功により、1万石の加増を得て、元和2年に越後国藤井[注2]へ転封した。転封後、伊勢崎は前橋（厩橋）藩の藩領となる、

③　前期酒井氏

寛永14年（1637）、前橋藩主酒井忠清の弟忠能が上野国佐位・那波郡、武蔵国榛沢郡の内、計22,500石を分知され、伊勢崎に入部した。そして寛文2年（1662）、加増されて都合30,000石となり、信濃国小諸城主となって転封した。前期酒井氏はわずか1代25年であった。忠能が転封した後は、再び前橋（厩橋）藩領となる。伊勢崎酒井氏の表高は22,500石であるが、寛文4年（1664）までに5,099石6斗7升3合の新田が開発され、

計 27,600 石弱となっていた (注3)。

（2）後期酒井氏

　延宝 9 年（1681）、前橋藩主酒井忠挙の弟忠寛が、伊勢崎地方 20,000 石を分与され、伊勢崎地方の支配が安定した。これが後期酒井氏である。

①　藩領

　藩領は上野国佐位郡・那波両郡内 20,000 石で、寛文 4 年以後、貞享元年（1684）までの新田開発は 96 石 8 斗 1 升 8 合、宝永 8 年（1711）までの開発は 295 石 8 斗 7 升 2 合で、それ以後の新田開発はない (注4)。表高 20,000 石であるが、草（裏）高は 25,500 石弱であった。

②　家臣団

　家臣団については、『延宝九酉年御分限帳也』(注5)、『元禄十六年癸未酒井下野守忠告公御代江戸表国表御家中御分限帳』(注6)、『宝暦十三年』(注7)、『酒井駿河守忠温公御代（安永年間）御国表江戸表御家中分限帳』(注8)、『寛政六年四月家中分限帳』(注9)、『伊勢崎藩主酒井下野守忠哲公御代（享和二壬戌年）御国表江戸表御家中分限帳』(注10)、『嘉永年時伊勢崎藩家臣分限帳』(注11)、『伊勢崎藩士住所人名簿について』(注12) を入手することができた。

　延宝 9 年（天和元年＝1681）の分限帳は、前橋藩から分知された直後の分限帳で、『伊勢崎市史・通史編 2』(注13) および『上州の諸藩』(注14) に表としてまとめられている。これによれば、総人数は少し異なるが 540 人余りで、江戸詰が 457 人、伊勢崎詰が 89 人である。これら家臣の大部分は宗藩の前橋藩から付されたものと考えられる。最高禄は 1,000 石、次いで 400 石・350 石の各 1 人となり、200 ～ 250 石 6 人、100 ～ 150 石 21 人、50 石 1 人、30 石 1 人が知行取である。扶持取は最高が 15 人扶持、最少は 3 人扶持となり、計 10 人に過ぎない。士分の大部分(124 人)は金給に扶持が付き、最高は 9 両 3 人扶持、最少は 1 両 1 人扶持である。俵給に扶持の付く者が 12 人あり、最高は 20 俵 4 人扶持、最少は 13 俵 2 人扶持であった。士分総数は、『伊勢崎市史』では江戸詰 173 人・伊勢崎詰 29 人の計 202 人、『上州の諸藩』では計 176 人となっている。足軽

103人（うち国元38人）、中間161人（うち国元15人）、その他101人（うち国元8人）であった。

元禄16年（1703）の分限帳は、延宝9年から20年余りしか経過していないのに、総人数が80人近く減少している。50石以上の知行取は7人の増加であるが、増加したのは50〜80石の者で、扶持取では11人扶持以上の者が増加した。極端に減少したのは、江戸詰の中間以下の者であった。

宝暦13年（1763）の分限帳では1,000石はなくなり、最高禄は400石、次いで350石となって、2万石大名としての標準的な家禄となった。1,000石を食んでいた家臣は、宗藩の前橋へ移ったらしい。国表に中間39両・扶持方23人扶持と記し、人数の記載はないが、家禄から推察すると中間は15〜20人、10人前後の扶持方がいたようである。

安永年中（1772〜1781）の分限帳では、最高禄が400石、次いで350石となる。250石以下の知行取が減り、知行取の総数が20人となった。扶持取や金給が大きく増加したが、増加したのは5人扶持未満および5両2人扶持以下の少禄者である。他に足軽以下の減少も大きく、特に中間の減少が著しい。

寛政6年（1794）は、安永年間から約20年経過したのみであるが、総人数は約40人の減少であり、伊勢崎詰家臣が江戸詰家臣を大きく上回る。知行取の総数はあまり変わらないが、100石以上が少し減少し、100石未満が増加する。5人扶持以下の扶持取が減少した分だけ5両2人扶持以下の金給が増加する。

享和2年（1802）は寛政6年から8年を経過したに過ぎないが、さらに総家臣数が減少し、総数300人余りとなる。特に減少したのは、中間以下と女中であった。

嘉永2年（1849）の分限帳は伊勢崎詰の部分しかなく、江戸詰の家臣は不明である。この分限帳には知行取6人、扶持取20人、金給91人、足軽42人の計159人を記すが、その大半は5両2人扶持以下の少禄者である。中間以下の記載はない。

明治維新頃の家臣として「伊勢崎藩士住所人名簿」(注15)の中に、藩士

の居住地とその人数を記している。城内居住143人、間ノ町5人、伊勢崎町を含む佐位郡13町村に92人、那波郡9町村に32人、総計172人の家臣がいた。他に新規御抱の者3人と記す。このように廃藩置県以前から多くの家臣を在地居住させていることは、領民の意識や行動を適格に把握し、年貢の徴収や藩体制の確保に重要な方策であったという (注16)。

『明治四未年伊勢崎藩士住所人名簿』(注17) によれば、「今般王政御一新ニ付藩士之者一統土着面扶持壱戸ニ付田畑合テ五反歩ツ、旧田畑無キ地方ハ開墾地五反歩御渡ニ相成、所有地有之者ハ差引不足之分ヲ御渡ニ被成過分之者少モ御渡シ無之旨主人ヨリ被仰出候、于時明治巳年十一月、此ノ被仰出翌年ヨリ二ケ年間ニ、藩士不残各土着場へ引移ニ相成ル」とあり、明治巳年は明治2年のことである。いわゆる、家臣一統に田畑5反歩ずつを与えて帰農させ、自活できるように考え、翌3年より2ヵ年で実施されたと記載し、272名の住所と氏名を記す。

入手できた分限帳の内、40～60年毎の家臣団比較を試みた。元禄16年の家臣の80％は江戸詰で、上級武士の85％近くは江戸住いである。宝暦13年は元禄16年より60年を経過し、総家臣数が約70人の減少であるにも拘わらず、国表居住は1.5倍に増加している。宝暦13年から享

格	家禄	元禄16 (1703)			宝暦13 (1763)			享和2 (1801)			嘉永2 (1849)	
		江戸	国表	計	江戸	国表	計	江戸	国表	計	江戸	国表
知行	1,000石	1		1								
	400石	1		1		1	1		1	1		
	350石	1		1	1		1	1		1	不	1
	200～250石	6	1	7	1	1	2	2		2		2
	150～180石	6		6	3		3		2	3		1
	100～130石	10	2	12	8	2	10	5	1	6	明	1
	50～80石	7	3	10	6	2	8	4	2	6		1
	40石2人扶持					1	1	1		1		
扶持	20人扶持以上	2		2	1		1					
	11～15人扶持	4	1	5	8		8	8	3	11	不	2
	6～10人扶持	3	1	4	15	11	26	10	8	18	明	9
	5人扶持以下	4	3	7	2	12	14		4	4		9
金給	5両3人扶持以上	45	9	54	26	16	42	19	9	28	不	16
	5両2人扶持以下	61	3	64	96	67	163	37	91	128	明	75
俵給	30俵2人扶持	1	1	2							不	
	10～13俵人扶持		7	7							明	
記載なし								1		1		
	足軽	54	34	88	40	38	78	15	62	77	不	42
	女中				17		17	11		11		
	他	160	31	191	15	4	19	12	5	17	明	70
	計	366	96	462	240	154	394	127	188	315		229

表87　伊勢崎藩の江戸・国表別家臣団の変遷　　　　　　（『伊勢崎史話』より作成）
（宝暦13年の国表に、中間39両・扶持方23人扶持と記されるが、人数の記載はない）

和2年まで40年足らずであるが、総家臣はさらに90人近く減少するが、国表の家臣は25人の増加となり、江戸詰家臣より50人余り多い。

　嘉永2年は享和2年から約50年経過するが、江戸詰家臣の分限帳は散逸し入手できなかった。

　これら分限帳を見ると、50石の上級武士は「四ツ」として、支給高は20石となる。11人扶持および40石2人扶持はともに支給高19.8石なので、これらを上級武士として扱い、6～10人扶持・5両3人扶持以上・30俵2人扶持を中級武士（支給高10～19石）、5人扶持以下・5両2人扶持以下・10～13俵2人扶持を下級武士（支給高10石未満）に区分して検討したい。

　上級武士の比率は、元禄が24.6％、宝暦・享和が14％前後となる。中級武士は元禄の約38％、宝暦・享和の23～24％である。下級武士は元

	元禄16年（1703）			宝暦13年（1763）			享和2年（1801）		
	江戸	国表	計	江戸	国表	計	江戸	国表	計
上級武士	38 (25.0)	7 (22.6)	45 (24.6)	29 (17.3)	6 (5.4)	35 (12.5)	22 (25.0)	9 (8.0)	31 (15.5)
中級武士	49 (32.2)	11 (35.5)	60 (32.8)	41 (24.4)	27 (24.1)	68 (24.3)	29 (33.0)	17 (15.2)	46 (23.0)
下級武士	65 (42.8)	13 (41.9)	78 (42.6)	98 (58.3)	79 (70.5)	177 (63.2)	37 (42.0)	86 (76.8)	123 (61.5)
計	152	31	183	168	112	280	88	112	200

表88　元禄・宝暦・享和における伊勢崎藩士の階級比較（『伊勢崎史話』の分限帳を基に作成）

禄の42.6％、宝暦・享和の61～63％となる。宝暦年間になり、ようやく伊勢崎藩に見合った士分配置となったのであろう。これら3種の分限帳に記された士分と思われる総人数は、元禄の183人、宝暦の280人、享和の200人である。うち江戸詰士分の割合をみると、元禄は約83％、宝暦は60％、享和は44％となり、後半になるにつれて、江戸詰士分の数が減少している。これは江戸での消費生活への出費がかさむため、江戸詰家臣の数を減じたのではなかろうか。

　享保14年における伊勢崎の武家奉公人は57人で、うち足軽4人、中間27人、国元藩士宅勤26人となっている。町内の奉公人18人に比べ、非常に多い (注18)。ここにいう足軽・中間は伊勢崎藩上級家臣の家来（陪臣）と思われ、藩士宅勤は下男・下女であろうと推測する。

（3）江戸期の陣屋町

　御殿に関する絵図は 1 種であるが、陣屋図や町屋図はそれぞれ数種が現存し、関東の陣屋町としては多くの絵図類を残す。

①　陣屋御殿（本丸）

　伊勢崎陣屋の御殿絵図として、年不詳の「伊勢崎陣屋御殿平面図」[注19] がある。この図で当時の御殿の様子がよくわかる。部屋名を記した部分はごく一部で、大半の室名を記載しない。この図には出典を記していないので、何処の文書か判らない。『伊勢崎市史』[注20] に「具体的には一・二を除いて部屋の名称が判らない」と記し、「明治六年の払い下げ時の御殿建坪は 338 坪余り、瓦葺で、375 畳の畳が使用されていた」とも記す。

　大手門の位置から考えると、御殿は南向きであったと思われ、御殿の平面図をみると、式台・広間とそれに付随する部分が「玄関」、大書院・一の間・二の間・三の間と付属する部分が「表御殿」、居間書院と隣の部屋が「中奥」、中奥の北に続く部分が「奥御殿」であろう。他は判然としないが、表御殿から中

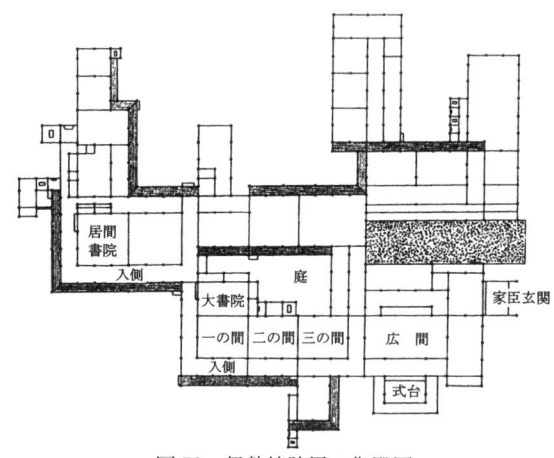

図 79　伊勢崎陣屋の御殿図
（『伊勢崎市史・通史編 2』の図に文字を貼り込み）

庭を隔てた部分が「藩庁」、藩庁の右側が「台所」、北に突出した部分が「長局」と推測する。

　『鐘楼のある街』[注21] によれば、廃藩後の旧知事住宅（旧御殿）は建坪 338 坪 2 合、375 畳半、土塀 98 間 1 尺と記載することから、本丸の土塁上に土塀が存在していたことがわかる。

②　陣屋（郭内）

　陣屋絵図として、年不詳の「伊勢崎陣屋絵図」(注22)、幕末の作といわれる「伊勢崎城図」(注23)、幕末の「郭内図」と廃藩後の「伊勢崎陣屋図」(注24)、「明治維新頃之伊勢崎御屋敷」(注25)、および明治4年の「伊勢崎陣屋平面図」(注26)が現存する。

　伊勢崎陣屋は平城複郭型で、伊勢崎町西端の廣瀬川左岸の崖上にあり、陣屋全体に堀と土塁を廻らし、さらに陣屋の北西寄りに堀と土塁に囲まれた御殿が存在した。

　大手門（旧裏門）は陣屋の南中央部にあり、東側に東門（旧大手門）が存在する。郭内部分をみると、御殿の門前に広小路があり、他に作事所・馬場・勘定所・三社（八幡大神・稲荷大明神・秋葉大神）・厩・剣術場・体術場・鉄砲場・藩校（学習堂）・朱印蔵・武具蔵・焔硝蔵が存在した。家臣は郭内に住み、上級武士は屋敷地（13戸）を、中・下級武士は長屋（11棟）に居住している。

　年不詳の「伊勢崎陣屋絵図」は部分図で、学習堂が存在した場所が「御仮屋」、鉄砲場が「畑」、三社・蔵の部分が「鉄砲場」、所々に畑が存在することから、安永4年（1775）

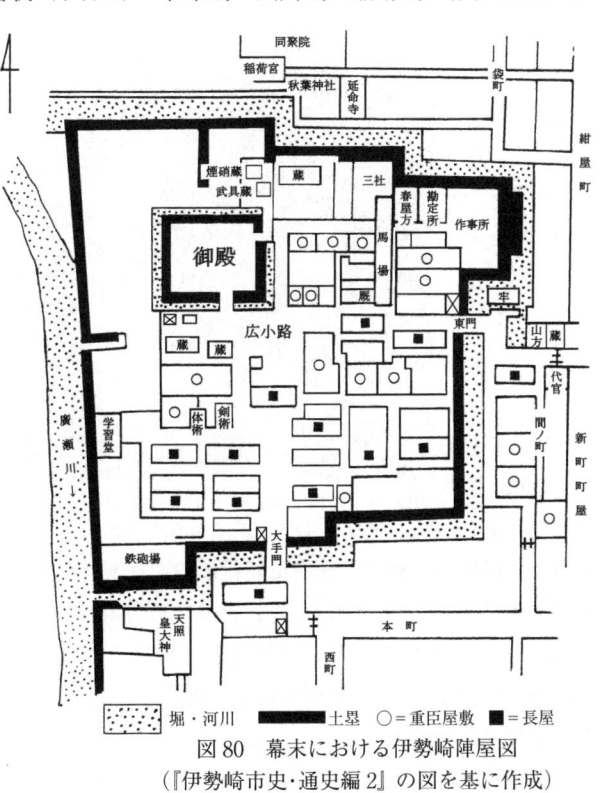

　　　□□□＝堀・河川　　■■■＝土塁　　○＝重臣屋敷　　■＝長屋

図80　幕末における伊勢崎陣屋図

（『伊勢崎市史・通史編2』の図を基に作成）

年以前の図と推測する。図には本丸 1,001 坪、御樹木（剣崎郭）3,200 坪、本丸の北側 1,800 坪と記すが、二ノ丸の坪数は記載しない。しかし、『鐘楼のある街』(注27) によれば、「陣屋溝渠幷隙地共地坪 35,200 坪」と記す。

　幕末の作といわれる「伊勢崎城図」は文字が少なく、本丸・剣崎郭・学習堂・大手・旧大手・隠郭（牢屋）が記されるのみで、廣瀬川に二つの中州がある。

　「郭内図」は「伊勢崎城図」と全く同じで、文字が少し異なり、本丸・二の丸・乾崎曲輪・学習堂が記載されるのみである。恐らく、幕末当時の図であろう。

　「明治維新頃之伊勢崎御屋舗」の本丸は御殿と記し、二つの門を描くのみである。二ノ丸すなわち郭内の記載は詳細で、勘定所・作事方・御蔵・学習堂などの他、重臣屋敷や長屋が記される。町屋については町名を記すが、袋町が記載さ

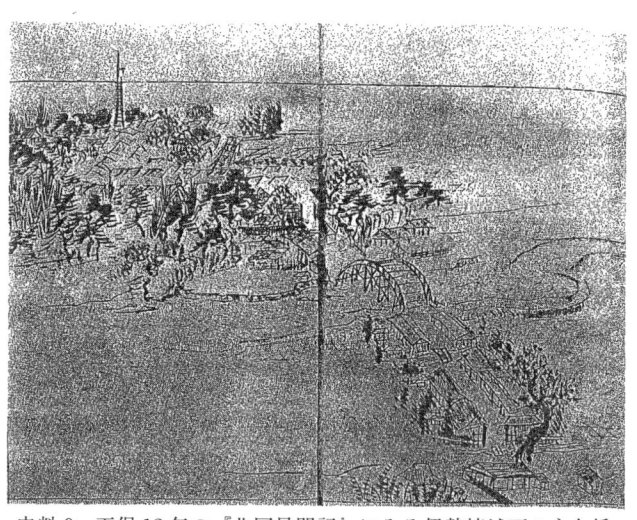

史料9　天保 12 年の『北国見聞記』にみる伊勢崎城下の永久橋
（『絵で見る近世の上州・上巻』を転載）

れず、紺屋町から袋町の北側に新紺屋町を記し、川岸町から廣瀬川を渡った所に川久保町を記載する。川久保町は川岸町との間の広瀬川に通船できるよう太鼓橋が架かっていた (注28)。他に寺社と木戸を描く。陣屋の土塁と堀は記すが、町屋を取り囲む土塁を描かず、町屋内の水路と周辺の堀（水路）を記載する。

　廃藩後の「伊勢崎陣屋図」には総坪数 28,434 坪 (注29) とあり、旧知事住

宅の他 10 数棟の建物を記載するが、武家住宅や長屋は記載しない。明治 6 年に建物等は競売されたが、図の説明に「建物ハ住荒シ雨漏等ニテ朽腐多」と記され、買い手がつかず、翌年（明治 7 年）1 月に学習堂のみを残して取り壊されたという。

　藩校「学習堂」の創建は早く安永 4 年（1775）で、藩士および子弟の教育を目標とし、文武両道を兼修した。学習堂の建坪は 44 坪 2 合 5 夕で、70 畳であった （注30）。学習堂については、黒沢哲 （注31） が詳細な報告をしているので、参照されたし。

　東門を出た北側の堀の中島に「牢屋」があり、鍵の手に曲がった所に木戸が存在し、木戸の近くに土蔵・山方役所・代官役所・長屋がある。それより南の間ノ町南端に木戸があり、間ノ町に 3 戸の武家屋敷を記す。

　大手門をでると長屋があって、長屋で門内を見えないように計画されている。さらに鍵の手に曲がると木戸があり、番所があった。鉄砲場から土塁・堀を隔てた所に「天照皇大神」が鎮座し、これが「伊勢崎」という地名の起源となる （注32）。

③　町絵図（町屋）

　町絵図としては、赤石城時代の「赤石郷集落概念図」 （注33）、寛永 19 年（1642）の「伊勢崎町概念図」（注34）、明和 8 年（1771）の「伊勢崎町絵図」（注35）、寛政 10 年（1798）の「伊勢崎町絵図」 （注36） を入手することができた。

　「赤石郷集落概念図」は、江戸後期の絵図に当時の集落を想定して作成された図で、あくまでも想定図である。『伊勢崎市史』 （注37） に「町屋らしいものは、わずかに伊勢ノ前から裏町にかけて宿のようなものがあったのみで、その他はすべて純農業集落であったと言えよう」と記載する。

　寛永 19 年の「伊勢崎町概念図」も、江戸後期の町絵図に当時の町屋を想定したものである。寛永 19 年は前期酒井氏が伊勢崎へ入部して 5 〜 6 年を経過し、当時の検地帳を基に想定されているので、「赤石郷集落概念図」より正確度が高い。検地帳によると、全屋敷筆数は 233 筆 （注38） で、紺屋町・新町・本町・西町の北半、それに片町・間ノ町・裏町で、未だ袋町・同心町・西町の南半・川岸町はなかった。

　明和8年の「伊勢崎町絵図」には、「明和八卯春御絵図出来ニ付間附
書上候下絵図頂戴仕候」とあり、「伊勢崎町絵図」という文字はみえない。
詳細に活字化された図には、宅地番号・居住者名・間口・奥行が記され、
総宅地数は351筆である。

　寛政10年は明和8年から27年が経過したのみで、明和8年の町絵図
と殆んど変わらない。寛政10年の「伊勢崎町絵図」も、図中に「伊勢
崎町絵図」の文字はない。明和8年の絵図には町名を記すが、寛政10
年の絵図には町名が入っていない。各宅地はよく符合するが、中には併
合されたり、分割された宅地も見られる。

　明和8年の活字化された図を基に、各宅地の間口と奥行から宅地面積
を算出した(注39)。1筆は何処の町内にも属さないので、これを除外し、

宅地面積	袋町	紺屋町	同心町	新町	八軒町
50坪以下		3(6.0)			
51～100坪	3(17.6)	18(36.0)	2(6.8)	5(18.5)	5(62.5)
101～150坪	11(64.7)	15(30.0)	17(58.6)	14(51.9)	2(25.0)
151～200坪		11(22.0)	10(34.5)	4(14.8)	1(12.5)
201～250坪	1(5.9)	2(4.0)		1(3.7)	
251～300坪		1(2.0)		1(3.7)	
301～350坪					
351～400坪				1(3.7)	
400坪以上				1(3.7)	
不　明	2(11.8)				
計	1 7	5 0	2 9	2 7	8

宅地面積	片町	本町	浦町	西町	河岸町	計
50坪以下	6(28.5)	3(4.9)	18(43.9)	2(3.04)	4(10.5)	36(10.3)
51～100坪	10(47.6)	25(41.0)	14(34.1)	30(51.7)	22(57.9)	134(38.3)
101～150坪	3(14.3)	11(18.0)	7(17.1)	14(24.1)	7(18.4)	101(28.9)
151～200坪	1(4.8)	7(11.5)	2(4.9)	9(15.5)	3(7.9)	48(13.7)
201～250坪		5(8.2)		1(1.7)	1(2.6)	11(3.1)
251～300坪		2(3.3)		1(1.7)		5(1.4)
301～350坪		2(3.3)				2(0.6)
351～400坪		3(4.9)				4(1.1)
400坪以上		3(4.9)		1(1.7)	1(2.6)	6(1.7)
不　明	1(4.8)					3(0.9)
計	2 1	6 1	4 1	5 8	3 8	3 5 0

表89　明和8年の伊勢崎町絵図による宅地面積（『伊勢崎の村絵図・第一集』の付図より作成）

残り350筆を50坪単位に区分した。51 ～ 100坪の宅地が最も多く134
筆で38.3 ％を占め、次いで101 ～ 150坪が101筆（28.9％）となり、51

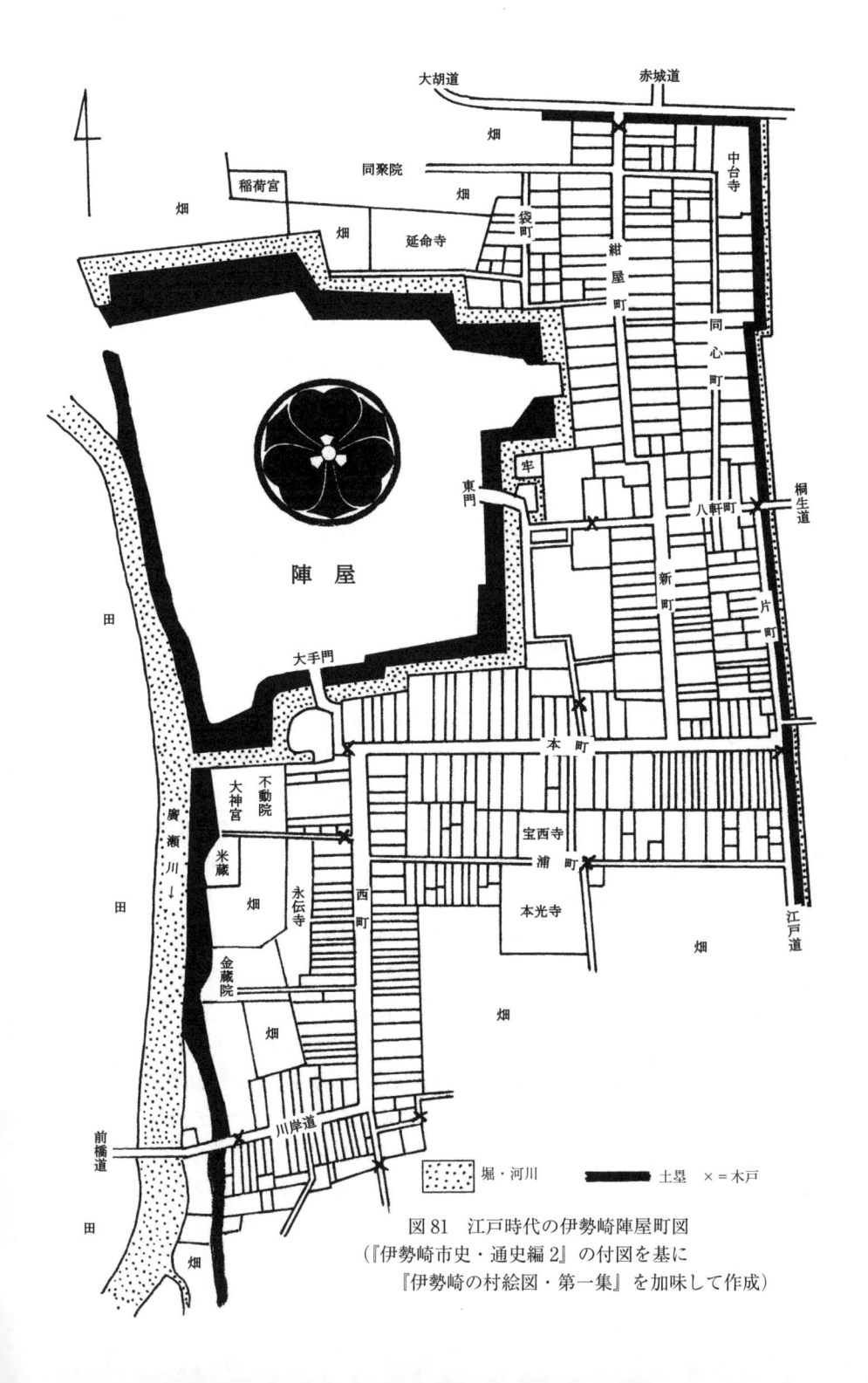

図81　江戸時代の伊勢崎陣屋町図
（『伊勢崎市史・通史編2』の付図を基に
『伊勢崎の村絵図・第一集』を加味して作成）

〜 150 坪の宅地が全体の 67.1％となる。最も大きな宅地は 690 坪、次い
で 658 坪、603 坪と続く。最小の宅地は 13 坪で、次いで 22 坪、30 坪であっ
た。これらの宅地を町内別にみれば、401 坪以上の宅地は 6 筆あり、本
町 3 筆、新町・西町・河岸町が各 1 筆で、メイン道路の町となる。また
201 坪以上の宅地をみれば、本町 15 筆（24.6％）、新町 4 筆（14.8％）となり、
当時の伊勢崎町屋の中心は本町と新町であったことが判る。50 坪以下の
宅地では浦町 18 筆（43.9％）、片町 6 筆（28.5％）となって、浦町・片町
は伊勢崎の裏町的性格が強かったと考えられる。同心町は、町名からみ
て下位家臣団の居住地と考えられ、27 筆（93.1％）が 101 〜 200 坪に集中し、
宅地規模がよく似ている。

　寛政 10 年の「伊勢崎町絵図」には町名を記入していないが、明和 8
年の絵図を基に町名を記載した。伊勢崎は惣構えの陣屋町で、町屋を
堀と土塁（土囲）によって囲まれ、T 字路・食い違い十字路の防御的な
町造りであった。堀の幅は不明であるが、土塁は幅 3 〜 4 間（6 〜 8m）、
高さ 2 間（1.8m 前後）であったらしい (注40)。図によれば陣屋は酒井氏の
家紋（丸に剣酢漿草）を記すのみで、他の宿場町にみられるような水路が、
新町・本町・西町・河岸町の道路中央に、紺屋町では道路西側にあった。
町屋の北部に同聚院・延命寺・中台寺と稲荷宮を、南部に宝西寺・本光
寺・不動院・大神宮・永伝寺・金蔵院を記載し、中央部に寺社は存在し
ない。同聚院は戦国時代に赤石城が存在した場所で、当時の門が残る (注
41)。町屋は宅地割がなされ、本通りは北から紺屋町・新町・本町・西町・
河岸町で、紺屋町の西に袋町・東に同心町、新町の東に八軒町と片町、
本町の南に浦（裏）町が存在した。伊勢崎より北は大胡・赤城、東は桐生、
南は熊谷・江戸、西へ行けば前橋で、上野国南東部の中心町でもあった。
町への出入口および要所には木戸を設け、木戸の数は 10 ヵ所におよぶ (注
42)。寛文 3 年（1663）、河岸町に孫右衛門と喜兵衛が河岸問屋を開いたが、
喜兵衛は宝暦 8 年（1758）に無宿人唯七なる夫婦者の宿をしたという理
由で、喜兵衛の河岸問屋の認可が取り消され、孫右衛門の河岸問屋が幕
末まで続いた (注43)。安政 2 年（1855）の家数は 603 軒、人口 2,358 人で、
男は農間諸商と記される (注44)。身分は農民であるが、農間余業として商

売をしていたようで、六斎市がたった。

（4）機業都市「伊勢崎」

　上野国は古来から織物が盛んであり、特に江戸中期ともなれば、伊勢崎は言うに及ばず、関東北麓の足利・桐生・前橋が絹織物や生糸・綿織物の一大産地となった。すなわち伊勢崎と足利の銘仙、桐生の御召、前橋の生糸である。また元亀年間（1570〜1573）、初めて六斎市（1と6日）が本町に開かれ、寛永20年（1643）に新町へ、万治2年（1659）に西町へ市を分け、3町に市神様である「牛頭天王」を祀る (注45)。そして文化・文政頃になると、織物産業が益々盛んとなり、さらに六斎市を追加し、十二斎市となった (注46)。

　伊勢崎の織物は享保年間（1716〜1736）から、伊勢崎縞・伊勢崎太織の名で名声をあげ、天保〜嘉永（1830〜1854）の頃には京・大坂や江戸からも、仕入れの人達が当地を訪れている (注47)。宝暦9年（1759）の産額は、3・4月は1回の市に絹織物30疋（60反）、6・7・8月には500疋（1,000反）、10・11月の市に50疋（100反）、年間計9,960疋（18,000反）の取引があった。また生糸については、6・7・8月の市に毎回150貫（約562.5kg）、9・10月には40貫（約150kg）、年間合計3,180貫（約11,925kg）を売買しているが、廃藩後は火が消えたように寂れた (注48)。

　明治13年に伊勢崎太織会社が設立され、同19年には染色講習所を設置、22年に織物組合、27年に織物商工組合、32年には織物同業組合へと発展し、織物産業は明治・大正・昭和初期を通じ、伊勢崎地方の基幹産業となった。明治19年開版の『上野国地誌略』(注49) に、伊勢崎太織の売買が盛んであったことを記す。昭和初期までの織物生産高をみると、明治11年71,080疋、明治40年523,600疋、大正元年636,747疋、大正10年1,568,581

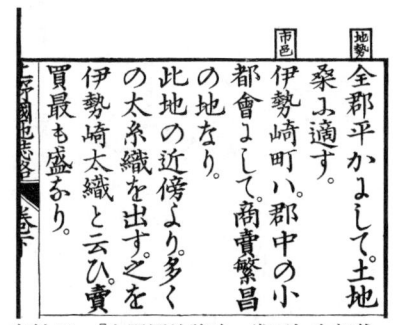

史料10　『上野国地誌略・巻下』を転載

疋、昭和5年2,275,000疋と飛躍的に増加した。その後、世界経済恐慌の影響を受け、満州事変・日華事変を経て軍需産業へと変化していった（注50)。戦後は衣服革命により、着物を着る人も少なくなり、伊勢崎の織物工業は下火となった。

（5）陣屋町の現況

　江戸時代を通じ、伊勢崎は陣屋町兼在町として栄えてきたが、江戸中期になると伊勢崎縞・伊勢崎太織で名声があがり、幕末になると京・大坂からも、伊勢崎織物が買い付けられた。しかし廃藩後は、一時的に織

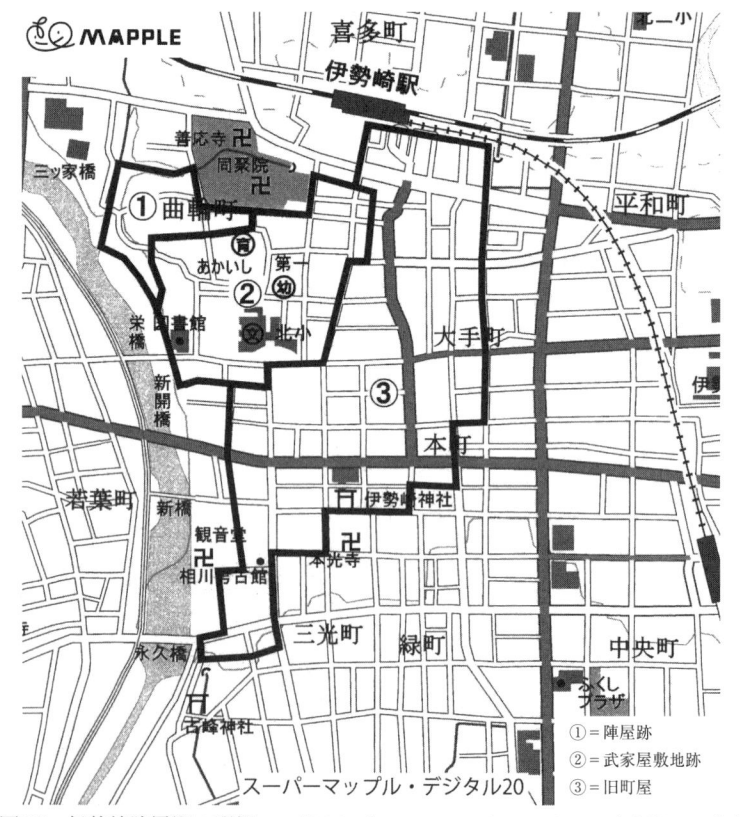

図82　伊勢崎陣屋町の現況　※現況図は「スーパーマップル・デジタル20」を使用して作成。

物産業は廃れた。明治13年に太織会社が設立されて後、織物産業は飛躍的に増大し、伊勢崎の基幹産業となった。しかし昭和初期の世界恐慌の影響を受け、以後は軍需工業へと転換してゆく。

　軍需工場（関東航空）が存在したためか、昭和20年8月14日深夜から翌15日（終戦当日）未明にかけて、米軍が最後の日本空襲を行った。この空襲で伊勢崎に焼夷弾や爆弾が投下され、死者29人、負傷者150人余り、1,943戸の家屋が焼失、被災者8,511人に及んだ。以前に広大な空地を設置していたため、類焼は食い止められ、市街地の焼失は約40％に止まった (注51)。終戦後、伊勢崎市は戦災復興都市に指定されたが、復興事業を施行することなく、以前の道路を拡幅した程度である。旧紺屋町・新町の道路のくびれは直線状となり、主要地方道伊勢崎停車場線となる。旧本町筋は東西に主要地方道前橋・館林線ができ、広瀬川に新開橋が架かる。

　旧本丸とその周辺は曲輪町、旧紺屋町・新町・同心町・片町は大手町、旧本町と浦町の北半は本町、浦町南半・西町・川岸町は三光町となった。善應寺・同聚院・延命寺・中台寺・本光寺が元の場所に存在するが、永伝寺・金蔵院は廃寺となる。

写真19　同聚院の武家門（大手町）

　伊勢崎に残る古い建物としては、同聚院入口に武家門 (注52) があり、旧西町に県重要文化財である相川家茶室 (注53)、および旧川岸町に存在する文政2年（1819）建立の常夜灯が存在する。

　その他、旧陣屋町に存在する主な建物は、北小学校の敷地内にある旧時報鐘楼 (注54)、北小学校西側の市立図書館（旧本丸西側の剣崎郭）、旧間ノ町に伊勢崎織物協同組合・市重要文化財のいせさき明治館（黒羽根内科医院旧館）が存在している。

注および参考文献

１）山田武麿・萩原進；群馬県史料集、第二巻、風土記編（Ⅱ）、群馬県文化事業振興会、昭42、p29。

２）木村礎・藤野保・村上直編；藩史大事典、第２巻、関東編、p295。長谷川瀧雄；西町村誌、細谷印刷、昭44、p12。群馬県史編さん委員会；群馬県史、通史編４、近世Ⅰ、政治、群馬県、平２、p269。山崎一；群馬県古城塁址の研究、補遺編、上巻、群馬県文化事業振興会、昭46、p296。越後国藤井は、現在の柏崎市内である。しかし、前掲１）、p29。清水要次；郷土のしおり、東上州、郷土誌刊行会、昭52、p206では、越後国三条となっている。実際は元和元年に藤井へ転封し、元和６年に三条へ移った。

３）前掲２）、群馬県史、pp275 〜 276。

４）前掲２）、群馬県史、p276。

５）伊勢崎市史編さん委員会；伊勢崎市史、資料編１、近世Ⅰ、伊勢崎藩と旗本、伊勢崎市、pp46 〜 79。

６）伊勢崎史話７－12（通巻80）、昭39、pp2 〜 13。

７）伊勢崎史話８－２（通巻92）、昭40、pp2 〜 15。

８）伊勢崎史話９－11（通巻103）、昭41、pp1 〜 17。

９）前掲５）、pp68 〜 79。群馬県史編さん委員会；群馬県史、資料編14、近世６、群馬県、昭61、pp226 〜 232。

10）伊勢崎史話９－12（通巻104）、昭41、pp2 〜 9。

11）黒澤哲；嘉永年時伊勢崎藩家臣分限帳、郷土シリーズ別巻、伊勢崎郷土文化協会、平７、pp3 〜 22。伊勢崎市史編さん委員会；伊勢崎市史、通史編２、近世、伊勢崎市、平５、pp72 〜 80。

12）黒沢哲；伊勢崎藩士住所人名簿について、伊勢崎市史研究５、昭62、pp67 〜 79。

13）前掲11）、伊勢崎市史、p48。

14）山田武麿編；上州の諸藩（下）、上毛新聞社、昭57、p214。

15）前掲12）、pp70 〜 71。

16）前掲12）、p71。

17）前掲12）、pp72 〜 79。

18）井上定幸；享保十四酉年「奉公人書上帳」について、伊勢崎史話１－３、昭33、pp10 〜 11。

19）伊勢崎市史編さん委員会；伊勢崎市史、通史編２、近世、伊勢崎市、平５、p109。八十周年記念誌編集委員会；鐘楼のある街、栄町・曲輪町、八十周年記念誌、平７、p25。

20）前掲11）、伊勢崎市史、p110。

21）前掲19）、鐘楼のある街、p25。

22）群馬県史編さん委員会；群馬県史、資料編14、近世６、群馬県、昭61、口絵、飯島家文書。

21）前掲11）、伊勢崎市史、p108。

23）山崎一；群馬古城塁址図集、第三集（中毛篇）。

24) 前掲 19)、鐘楼のある街、p24・26。

25) 伊勢崎郷土文化協会発行、昭 53、伊勢崎市立図書館蔵。

26) 前掲 11)、伊勢崎市史、p108。

27) 前掲 19)、鐘楼のある街、p25。

28) 青木裕；絵で見る近世の上州、上巻、みやま文庫、平 7、p79 に掲載された『北国見聞記』の図。図中の永久橋手前に見える町場は川久保町で、黒沢哲；伊勢崎藩学の学習堂について (4)、伊勢崎史話 12 - 6、昭 44、p16 に「文化元年 (1804) 川久保町なる」とみえ、川久保町は古い町ではない。

29) 陣屋溝渠并隙地共 35,200 坪であるが、溝渠并隙地を除いた実面積が 28,434 坪である。

30) 前掲 19)、鐘楼のある街、p25。

31) 黒沢哲；伊勢崎藩学の学習堂について、伊勢崎史話 12 - 3 〜 6 および 13 - 1・3、昭 44・45。

32) 前掲 11)、伊勢崎市史、p35。および植田友治；伊勢崎の史話、郷土シリーズ別巻、伊勢崎郷土文化協会、平 1、p238 に「元亀元年 (1570) 午年、当所大火、民家寺社共に残らず類焼する。これより外宮大神宮を御鎮座申し伊勢崎町と改め、……」と記載する。また、井上定幸；伊勢崎町の町屋形成、－伊勢崎町の歴史的構造 (1)、伊勢崎史話 2 - 1、昭 34、pp17 〜 20 に、初期の町屋形成について記載される。

33) 前掲 11)、伊勢崎市史、p34。

34) 前掲 11)、伊勢崎市史、p37。

35) 伊勢崎の村絵図、第一集、伊勢崎市、昭 57、p14・付図。

36) 前掲 11)、伊勢崎市史、伊勢崎郷土文化協会発行、昭 53、付図。伊勢崎市立図書館蔵。

37) 前掲 11)、伊勢崎市史、pp34 〜 35。

38) 前掲 11)、伊勢崎市史、pp36 〜 37。

39) 一部長方形でない宅地も存在するが、そのような宅地は少ないので、あえて検討することとした。

40) 橋田友治；伊勢崎歴史散歩、郷土シリーズ別巻、伊勢崎郷土文化協会、昭 47、pp74 〜 75。

41) 前掲 40)、pp47 〜 49 によると、この門を武家門と呼び、伊勢崎町最古の木造建築物という。

42) 前掲 32)、伊勢崎の史話、pp214 〜 216。

43) 五十嵐富夫；廣瀬川水運史の研究、－伊勢崎河岸の起立と展開－、伊勢崎市史研究 3、昭 60、pp45 〜 55。

44) 伊勢崎市史編さん委員会；伊勢崎市史、資料編 2、近世 II、町方と村方、伊勢崎市、平 1、p299。

45) 橋田友治；伊勢崎郷土讀本、第二集、伊勢崎図書館、昭 23、pp16 〜 20。

46) 前掲 32)、伊勢崎の史話、p239。

47) 長谷川龍雄；伊勢崎市制 30 年誌、伊勢崎市役所、昭 45、p28。

48) 前掲 47)、p28。

49）上野国地誌略、群馬縣小學督業編纂、巻下、東京大学駒場図書館、明 19、七丁表。六丁後半に「物産ハ。蠶種。繭。生絲。太織。綿。藍葉。茶。菜種。等なり。」と記す。

50）前掲 47）、pp28 〜 31。

51）佐藤好彦編；わたしたちが駆け抜けた青春、−伊勢崎空襲の記憶−、燃える伊勢崎高等女学校、群馬コピーセンター、平 26、p24。焼失地域は、p30 の「戦災焼失地域図」として掲載されている。これによると、被災地域は伊勢崎駅南側、旧陣屋から東へ、旧西町から東への 3 ヵ所となっている。この間に広い空地があったのであろう。

52）前掲 40）、pp47 〜 49 に、武家門と云う名称の由来として「慶長 6 年（1601）に、勢多郡新川の 3 千石の旗本から、始めて 1 万石の大名として伊勢崎に乗り込んだ稲垣平右衛門長茂が、この寺地に住んだ為」と記載する。

53）相川家茶室の側に相川考古館があり、群馬県高等学校教育研究会歴史部会；群馬県の歴史散歩、山川出版社、2005、p38 に「当主相川之賀が、明治・大正・昭和にわたり収集した考古資料・近世文書などを収蔵・展示している。」と記す。

54）説明板によると、大正 4 年に小林桂助によって建立され、中台寺の釣鐘を移し、市民に時を告げていた。戦災により頭頂部が破損したが、市制施行 50 周年を記念して復元された。

２、七日市陣屋（富岡市七日市）

　富岡（七日市）は城下町高崎の南西 10km 余りに位置し、市街地は東西に細長く、中山道の脇街道が通じていた。七日市は陣屋町として、富岡は宿場町兼在町として栄えた。富岡市中心部から東方 8km 余りに陣屋町「吉井」がある。吉井は公家の鷹司家分家で、松平（鷹司）を名乗り、江戸定府大名であった。

　富岡の北は高田川（鏑川支流）が西から東へ流れ、南は鏑川が東流し、富岡市街地東方で合流する。高田川と鏑川は七日市西方で 300m 余り、富岡市街地中央部で約 600m の距離がある。七日市や富岡は高田川と鏑川に挟まれた台地上に存在し、市街地と鏑川の比高は約 20m、高田川との比高は数メートルである。

　元和元年（1615）、水野氏が三河刈谷へ移封された後、前田利孝に甘楽の地 1 万石余りを与えられた。利孝は金沢藩の支藩であるが、金沢藩の

藩領を分割したのではなく、幕府から直接領地を拝領したものである。すなわち新知分家で、七日市に陣屋を構築した。

（1）前田氏の藩領と家臣団

　七日市藩領は、文禄2年（1593）に水野隼人正が領有していたが、元和元年（1615）、水野氏が三河刈谷へ転封することとなり、この領地の一部を前田利孝に与えられた。利孝は加賀金沢藩祖前田利家の五男で、大坂の陣（1614〜1615）に徳川勢として勲功を立てた。

①　藩領

　元和2年（1615）、上野国甘楽郡内18村10,014石を与えられ、七日市に入部する。江戸末期まで藩領に変化はないが、新田開発を奨励し、寛文4年（1664）までに2,021石7斗1升、貞享元年（1684）までに1,092石2斗8升の新田を開発し、計13,135石余りとなった。しかし、表高は10,014石である。

　藩領の大半は鏑川以北に存在し、北郷と南郷に分けて支配していた。七日市は鏑川北岸の南郷西端に位置した。

②　家臣団

　七日市藩の家臣団を知る史料として、『正徳六申年四月改・御家中分限帳』（注1）、明和頃（1764〜1772）といわれる分限帳（注2）、『文化六年己巳七月改メ・御家中分限帳』（注3）、

家　　　　禄		正徳6年	文化6年
知行	350石	1	
	230・250石	2	
	150〜170石	2	1
	100〜130石	14	6
	50〜80石	4	13
	20石	2	
扶持取	11人扶持以上	1	1
	6〜10人扶持	7	11
	5人扶持以下	3	12
金給	5〜10両3〜4人扶持	26	35
	5両2人扶持以下	55	51
俵取	80俵	1	
	20〜30俵4人扶持	6	2
	20俵未満	2	1
記　載　な　し			1
足　軽　以　下		足軽44 小者87 六尺以下36	出入人5 足軽以下記載なし
計		293	139

表90　正徳6年と文化6年の七日市藩家臣団比較
（群馬県立文書館蔵の分限帳より作成）

弘化五年の分限帳 (注4) が存在するようで、中期・後期の分限帳が現存するが、初期の家臣団については不明である。明和頃と弘化 5 年の分限帳は未見である。

　正徳 6 年（1716）の分限帳は、現存する最古の分限帳のようであるが、七日市藩の開藩からすでに 100 年を経過し、6 代藩主利理の時代である。これによると、最高禄は 350 石、次いで 250 石・230 石となり、50 ～ 150 石の知行取が 18 人となる。この中には奥様と運性院様の各 100 石が含まれる。扶持取は 11 人で、最高は 15 人扶持、次いで 10 人扶持が 6 人で、3 人扶持の 1 件は七日市観音堂である。金給は 10 両 4 人扶持を最高に、最少は 2 分 2 人扶持となる。俵給の最高は 80 俵、最少は 3 俵で、30 俵 2 件と 5 俵 1 件は寺院の御斎米であった。他に足軽 44 人、小者 87 人、六尺以下 36 人が記される。『富岡市史』および『上州の諸藩』に、総計 296 人と記載されるが、実際は 294 人と上屋敷辻番および本所辻番である。上屋敷辻番は 19 両・銀 2 匁 8 分 6 厘、本所辻番は 6 両 3 分・銀 5 匁 5 分 5 厘と記載され、ともに支給額が多いことから、いずれも複数の人がいたと考えるのが妥当であろう。

　明和（1764 ～ 1772）頃の分限帳は、『富岡史』によれば 5 代利英正室に 500 石、二人の側室に各 3 人扶持、家老以下 108 人、足軽・小者 110 人と記載する。

　文化 6 年（1809）の分限帳には足軽以下が記載されず、計 139 人の格と家禄が記される。50 石以上の知行取は 3 人の減少であるが、最高禄は 170 石で、100 石以上が 7 人に過ぎず、50 ～ 80 石が正徳 6 年の 4 倍に増加した。知行取の知行総数は正徳の 2,860 石、文化の 1,680 石で、1,180 石の減少となっている。扶持取は 2 倍に増加し、5 人扶持以下の少禄者が増加した。金給では、中級武士にあたる階層が増加し、下級武士が少し減少している。記載された 139 人全員が士分ではなく、坊主格の中に門番や大工も含まれ、出入扶持として 5 人を記す。門番・大工や出入扶持の家禄は極めて少ない。

　弘化 5 年（1848）の分限帳は、『富岡史』によれば覚書程度のもので、家老以下 81 人、足軽 20 人、小者 16 人と記載する程度である。

（2）陣屋と七日町

　前田利孝が七日市藩を創設するとともに、陣屋の東側に陣屋町「七日市」の町割りを行った。七日市町には月3回の市（三斎市）が立ち、陣屋町兼市場町として発展した。

①　陣屋と武家屋敷地

　元和2年に七日市藩が成立し、寛永17年（1640）の検地帳（注5）に、陣屋内の御殿用地と武家屋敷地を記すことから、寛永の中頃には既に陣屋が完成していたことが判明する。

　陣屋の北方を高田川が、南方を鏑川がともに西から東へ流れる。陣屋は七日市西端の平地に構えられ、中山道脇街道＝下仁田道に沿う。単郭の平城型陣屋である。

　『富岡史』（注6）によると、陣屋は「正面に桝形を設け、左右に高さ六尺の石垣を積み、その上に五尺の塀が造られ、正面は東方に向かい、南

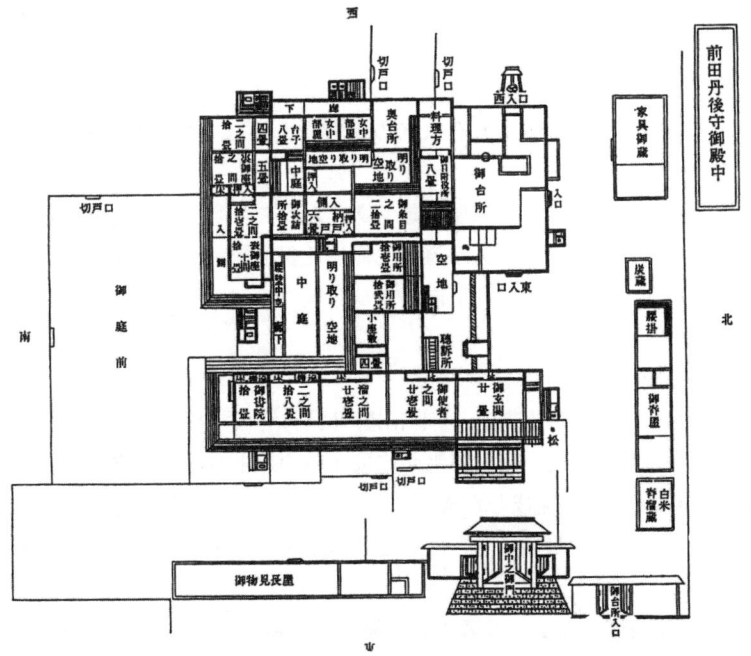

図83　七日市陣屋御殿図（『富岡高校七十五年史』の図を転載）

北の幅およそ六十間、東西に濠を巡らし、西南に空濠が造られていた。左右後の三方には杉・欅・樫の老樹が茂り、……」と記載し、陣屋北側には浅岡堰から取水した水堀（水路）を廻らし、南側は空堀となっていた。東西・南北ともに約 200 間、総面積 36,223 坪余（約 119,536㎡）で、うち 14,020 坪が屋敷地、22,203 坪余が畑地であった (注7)。寛永 17 年の検地帳 (注8) によれば、屋敷地には 27 筆の宅地があり、2 筆が御屋敷（御殿）、1 筆が生霊寺で、2 〜 3 筆を有する者 2 人いるので、居住者は 19 家である。御殿 810 坪・生霊寺 832 坪を除き、1 戸あたり平均約 480 坪となり、各々広い屋敷を構えて居た。陣屋に関する記録は、数度の火災で焼失し、不明であるという (注9)。

　御殿は天保 12 年（1841）の火災で焼失し、天保 14 年に建設された御殿が廃藩置県まで利用された。御殿は東向きで、最も東の棟の北東端に式台を設け、式台を入ると玄関之間（20 畳）、左へ使者之間（21 畳）、溜之間（21 畳）、二之間（18 畳）、書院（10 畳）へと続く。書院は藩主が使者と面会する場であり、家臣と対面する場でもある。御殿は表御殿の他、中奥（藩主の執務室）・奥御殿（藩主の生活空間）・藩庁・台所・女中部屋などが存在していた。1 万石大名の御殿としては規模が少し大きいが、書院と下段の間は小さい。

　大手門と中門の間に武家屋敷地があり、ここに数十戸の武家屋敷が存在していたようである。大手道の北側に北保坂家、南側に南保坂家の両家老の屋敷が存在した。陣屋内および陣屋外の武家屋敷地の区画を示す図は現存しない。

②　陣屋町「七日市」

　陣屋町は中山道の脇街道（下仁田道）に沿い、大手門から東へ、七日市・富岡町へ続いていた。七日市町が完成するのは七日市藩成立後のことであるから、富岡町が完成した後のことである (注10)。「おさく茶屋」を境に、七日市の市場町が形成され、広い通りの南側には水路が設けられていた (注11)。

　『上州の諸藩』(注12) によると、富岡町との境には「一の木戸」があり、七日市側に永心寺、富岡側に龍光寺を配する。それより西へ 400m 行く

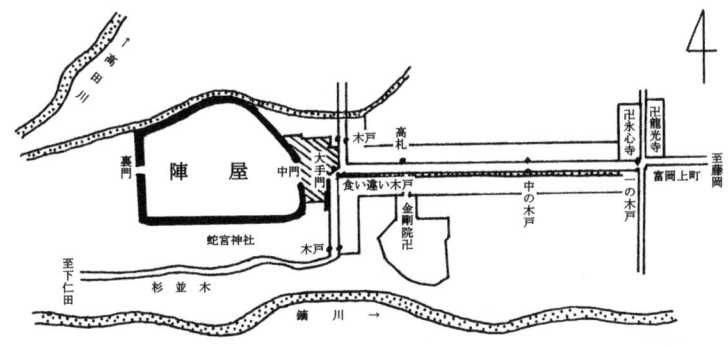

図 84　明治 2 年の七日市絵図（『富岡のまち』掲載の図を基に作成）

と「中の木戸」、中の木戸から西へ約 250m 行くと、右手に高札場、左手奥に金剛院があった。高札から西へ 150m 行くと「食い違いの木戸」があり、下仁田道はここから南へ折れ、陣屋の南側（蛇宮神社南）を通って、下仁田・信州佐久方面へと通じていた。蛇宮神社から下仁田方面へは杉並木の街道であった。大手門は「食い違い木戸」の西 100m である。

　寛永 17 年（1640）の検地帳（注13）によると、町屋敷は 82 筆で、面積 3 町 8 反 4 畝 4 歩（11,524 坪 = 38,029㎡）とあり、1 筆あたり 140 坪余となる。この中には牢屋敷・篭屋敷・藏屋敷が含まれ、さらに藩士や足軽の屋敷も存在したようである（注14）。

　明治 2 年（1869）の七日市村絵図に付帯する地割図によれば、「一の木戸」から「食い違いの木戸」、および「食い違いの木戸」を左折した地域が町屋敷であり、道路の南側に 74 筆、北側に 64 筆の宅地が記され、計 138 筆で、寛永期の約 1.7 倍となった（注15）。しかし、町場に藩士や足軽の屋敷が存在したこと、および七日市の東に接続して富岡町が存在していたため、幕末の七日市の町屋戸数は 100 戸前後であったと推測できる。

（3）武家地の現存遺構

　小藩の割に武家屋敷地の現存遺構が多く、伝大手門・中門（黒門）・伝南門・櫓台跡・御殿の一部・家老両保坂家の長屋門など、小藩の割に多くの建物遺構が残る。他に伝裏門が存在していたが、戦後に高橋氏宅か

ら七日市の松井家へ移された。門は建て替えられたが、昔の扉を使用している。

① **伝大手門（現・甘楽郡下仁田町馬山の山田氏宅）**

大手門は明治初期に移築された。切妻桟瓦葺きの薬医門で、門の幅1.5間、両側に4.5尺の潜り戸を付す。

② **中門（黒門）**

御殿に入る最後の門で、黒門とも呼ばれていた。この門は明治8年に払い下げられ、北甘楽郡役所の門となった。大正14年に郡役所の移転に際し、旧吉田村木戸氏の所有となったが、同年、木戸氏から富岡中学（現・富岡高校）へ寄贈された (注16)。門は切妻瓦葺きの薬医門で、東面し、富岡高校生徒の通用門として利用している。

③ **伝南門（現・市内妙義町下高田の横尾氏宅）**

元は陣屋と蛇宮神社の間にあったらしいが、明治初期に移築された。現在は横尾家の裏門となっているが、殆ど開閉はしないらしい。切妻桟瓦葺きの格式のある高麗門で、横に潜り戸を付す。痛みが大きく、控え屋根が短く切り落とされ、屋根はトタン葺きとなっている。

④ **御殿の一部**

写真20　七日市藩の表御殿（富岡高校敷地内）

天保12年（1841）の火災で御殿が焼失し、天保14年に再建された御殿の一部である。現存するのは玄関部分と表御殿である。

建物は梁間5間、桁行18.5間の入母屋瓦葺きである。式台を入ると1間幅の板廊下があり、床付の玄関之間（20畳）、1間幅の畳廊下を通り、床付の使者之間（21畳）、床付の溜之間（21畳）、床・違棚付の二之間（18畳）、付書院・床・違棚付の上段之間（8畳）と下段の間（2畳）が、玄関之間から左へ一列に並ぶ。

　昭和7年に富岡中学の校舎建て替えにより、東向きの御殿が北向きに変えられた。その際に大きく改造されて、式台は旧溜之間の前へ、溜之間も板間に変更された。現在では建具も新調され、すべてガラス戸となっている。

⑤　櫓台跡

　陣屋北東端に櫓台が存在していた。櫓台は付近より少し小高く、恐らく物見櫓か太鼓櫓が存在していたのであろう。元は12間四方であったらしいが、国道の拡幅工事のために、櫓台の北側が削り取られた。現在は樹木が鬱蒼と茂っている。

⑥　北保坂家の長屋門

　旧中門から国道を隔てた北側に、旧家老北保坂家の長屋門が存在する。長屋は寄棟桟瓦葺き、梁間2間、桁行11.5間の大きな長屋で、中央に1間の大門、左横に半間の潜り戸がある。建築年代は不詳であるが、天保12年（1841）の大火の際も類焼を免れた。

⑦　南保坂家の門

　当家の長屋門は天保14年（1843）の建築であるが、近年両方の長屋部分を取り壊し、新しい長屋を建設している。門は昔のままである。新しい長屋は古い長屋より軒が低く、門が一段高くなったように見える。新しい長屋の規模は小さい (注17)。

（4）製糸の町「富岡」

　富岡町は幕府代官中野七蔵が開発した新田町で、『甘楽郡富岡市之訳』(注18) に「慶長十七年（1612）子三月下旬、同郡宮崎村より引移り富岡町と申候。西ノ方江引続き町家出来仕候を上町と申し、東ノ方江出来仕候町を瀬下と申候」と記す。すなわち、富岡町は中央から西へ上町、東へ瀬下町（下町）ができ、中央の中町を加え

旗本名	支　配　地	知　行　高
恒　岡	上町・中町	301石6斗1升1合
筧	下町（瀬下町）	450石0斗0升0合
天　野	下町（瀬下町）	545石7斗7升3合
計		1,297石3斗8升4合

表91　富岡町の旗本支配地（『富岡のまち』による）
（天野領は天和元年に喜多氏、
元禄4年に竹田氏に代わる）

3町となった。そして町場が完成したのは元和3年(1617)のことである(注19)。中野七蔵は富岡陣屋の建設を計画するが、陣屋が完成するまでに遠江中泉代官となって、富岡を去った。

①　富岡町

　寛永10年（1633）、幕領であった富岡町は旗本領となり、恒岡・筧・天野3氏の知行地として分割された。恒岡氏の知行地は上町・中町で300石余り、筧氏と天野氏の知行地下町（瀬下町）は995石余りであるから、下町は村方部分が広く存在していたのであろう。天野氏の知行地は、元和元年（1681）に喜多氏、元禄4年（1691）には竹田氏に代わっている（注20）。

　天保8年（1837）の町絵図によると、富岡町は七日町の「一の木戸」

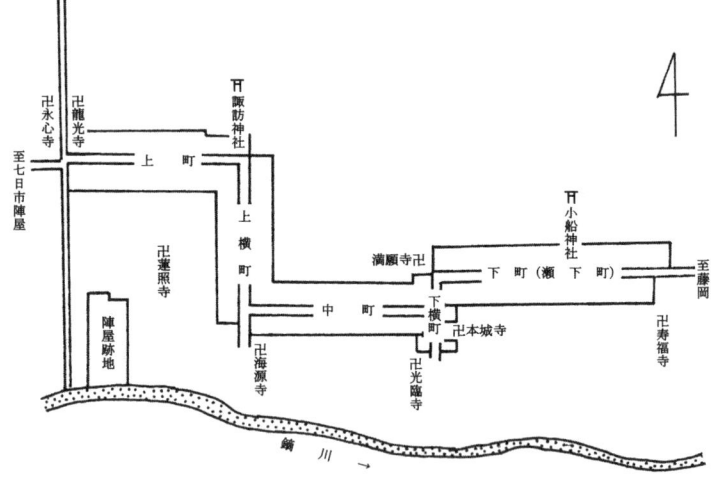

図85　明治3年の富岡町絵図（『富岡のまち』掲載の図を基に作成）

から東へ「上町」、南へ折れて「上横町」、東へ曲がり「中町」、北へ折れて「下横町」、またも東へ曲がり「下町（瀬下町）」へと続く。町の要所には寺社を建立する。

②　砥と砥問屋 (注21)

　富岡町が造成された目的の一つに、南牧村から大量に産出する砥石の在庫調整と輸送の中継ぎ地を建設することで、下仁田の砥会所から富岡へ継ぎ送りされた。砥石輸送にあたる者を砥問屋といい、町内有力者の

中から奉行所が任命している。任命されたのは1〜3名で、上町・中町・下町から選ばれ、1年の交代制であった。

富岡で集積された砥石の大部分は藤岡へ継ぎ送りされ、天明3年(1783)には箆砥4,712箆、丸砥1,362箆である。箆砥とは携帯用の小型の砥石、丸砥とは鎌とぎ用の砥石で、1箆30丁ずつの砥石が入っている。

③　定期市と生糸・絹

明暦年間（1655〜1658）には中町に三斉市が立つようになり、寛文年間(1661〜1673)には上町・下町にも、それぞれ三斉市が立ち、九斉市となった。九斉市で最も多く取り扱われたのは生糸と絹である。上町の絹市は寛文年間（1661〜1672）頃より賑わいをみせはじめたという[注22]。

宝暦9年（1759）の「絹市場の栞」[注23]によれば、「此度、絹糸口銭御運上願候ニ付、当市場御買高御尋ニ付、左之通り申上候」とあり、一市ニ付「2月絹300疋程、3・4月絹1,000疋程、6月絹500疋程、7・8・9月絹3,000疋程、10・11月絹2,000疋程、12月絹1,000疋程」で、合計すると1市で7,800疋の取引があった。これを九斉市で計算すると、70,200疋という膨大な絹取引が行われていたことになる。

天保4年（1833）の「絹市議定書」[注24]によると、各町の絹売宿名が記され、上町16軒、中町14軒、瀬下町11軒、計41軒の絹売宿が存在していた。

絹売宿の1軒の例であるが、坂本家の絹取引量と取引先[注25]をみると、元禄11年(1698)から延享2年(1745)まで記される。元禄11・13年は1,606・2,024疋で、以後5年ごとに記され、宝永7年（1710）から徐々に増加し、享保20年（1735）には5,896疋となり、その後減少して延享2年（1745）には4,363疋となった。その取引先をみると、元禄期には取引先の大部分は江戸であるが、正徳5年(1715)以降は江戸との取引が全くなくなり、名古屋と京都がほぼ半々となっている。

（5）七日市と富岡町の現況

もともと七日市は富岡町と街続きで、廃藩置県までともに中山道の脇街道（下仁田道）に沿う街村状の集落であった。明治初期には七日市は

170 余戸、富岡町は 500 戸前後であったという。しかし現在では、上信電鉄線と鏑川に挟まれた幅 500 〜 600m が町場となる。七日市領と富岡領との境は、今も七日市と富岡の街路が食い違いをなしているので、境界が判然とし、七日市側には永心寺、富岡側には龍光寺が現存する。

　中山道の脇街道は国道 254 号線となるが、上信電鉄線北側に富岡バイパスが建設され、町中の交通量は少なくなった。

①　陣屋跡と旧上級武士屋敷地

　陣屋跡は上信電鉄七日市駅南 100m で、大部分は県立富岡高校の敷地となり、高校の南には蛇宮神社が鎮座し、他は住宅地となる。富岡高校の敷地内に旧陣屋御殿の一部が、学生の通用門として中門（黒門）が保存され、御殿北の樹木が鬱蒼と茂った小高い所が櫓台である。

　富岡高校運動場の南西に「前田家御宝塔（市指定文化財）」が存在する。10 代藩主利和が、初代藩主利孝の 200 回忌を行い、翌々年の天保 10 年（1839）に元祖廟を建立した [注26]。塔は宝筐印型で、基礎の側面と裏面に利孝の事蹟を記している。この場所は「七日市 7 号古墳上で、直径 30m、高さ 4m の円墳である。

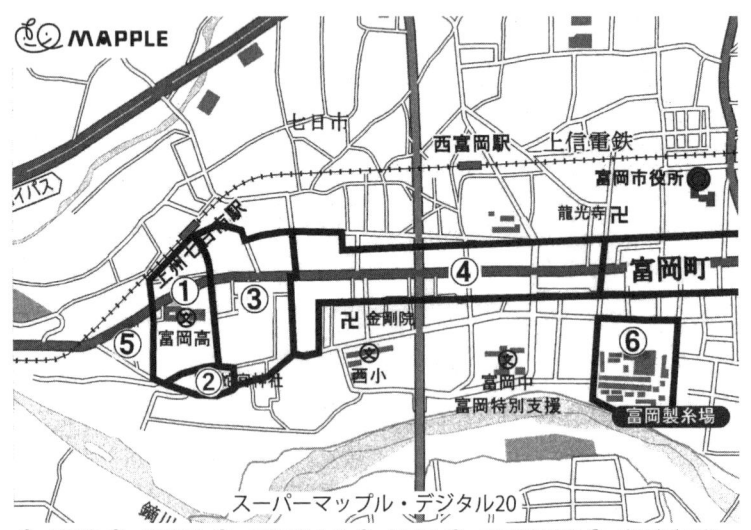

①＝陣屋跡　②＝蛇宮神社　③＝武家屋敷地跡　④＝旧町屋　⑤＝前田家御宝塔　⑥＝富岡製糸工場
図 86　七日市陣屋町の現況　※現況図は「スーパーマップル・デジタル 20」を使用して作成。

　旧大手門と中門を挟んだ地域が、元上級武士の屋敷地と考えられ、大手道（国道254号線）の北に北保坂家の長屋門が、南に南保坂家の門が現存する。この地域も静かな住宅地である。

② 　七日市

　「中の木戸」跡の西約100mに、南北に貫く広い道（県道南御箇・七日市線）が建設され、永心寺・金剛院は元の位置に現存する。

　旧町場の北に上信電鉄西富岡駅が設置され、西富岡駅と町場の間に市立七日市病院が、町場の南側には西小学校・富岡中学校が立地する。

③ 　富岡町

　七日市・富岡町の北に高田川が、南に鏑川がともに西から東へ流れ、町場の北側に上信電鉄が敷設された。七日市・上町の道路は拡幅されて国道254号線となり、国道は上町から東へ直進する。上信電鉄線の北側に国道のバイパスが建設され、町中の交通量は少し緩和されたようである。上信電鉄は東から東富岡駅・富岡駅・西富岡駅・七日市駅を設置するが、各駅間の距離は短い。

　上町に存在した龍光寺・諏訪神社・蓮照寺が元の位置に存在し、中野氏時代の陣屋跡は富岡製糸場（後述）となる。諏訪神社北方に上信電鉄

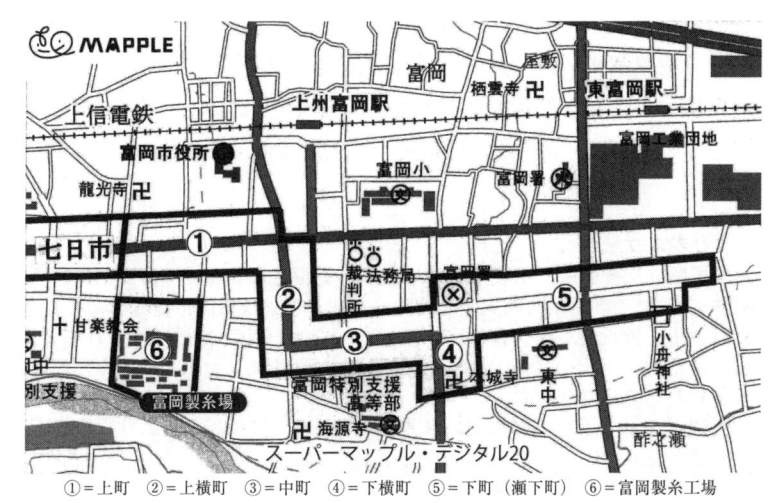

①＝上町　②＝上横町　③＝中町　④＝下横町　⑤＝下町（瀬下町）　⑥＝富岡製糸工場

図87　富岡町の現況　※現況図は「スーパーマップル・デジタル20」を使用して作成。

富岡駅があり、その周辺に富岡市役所・富岡商工会館が建設された。

　旧上横町は宮本町と改称され、世界遺産「富岡製糸場」への観光物産館・まちなみ交流館、および駐車場が存在する。

　旧下横町は町の規模が小さく、中町へ組み入れられたらしい。海源寺・本城寺・満願寺は元の位置に存在する。中町と上信電鉄との間に富岡小学校・富岡簡易裁判所・富岡法務合同庁舎が、中町の南には富岡東高校が立地する。

　下町（瀬下町）には小舟神社・寿福寺が現存し、富岡警察署・かぶら公園・東中学校が存在する。東富岡駅北側に富岡総合病院、南側に富岡工業団地が建設された。

④　富岡製糸場

　中野七蔵時代に計画された陣屋跡地に、殖産興業を推進するため、および生糸の品質向上と輸出振興を目的として、洋式の器械製糸技術を導入した工場を建設した。指導者はフランス技師ポール・ブリュナで、明治5年10月4日に操業を開始した (注27)。

　平成17年に敷地が国の指定史跡となり、創業当初の建造物は平成18年に国指定の重要文化財に指定される。平成26年6月には「富岡製糸場と絹産業遺産群」として、「世界文化遺産」に登録された。同年12月、繰糸所・東置繭所・西置繭所の3棟が国宝に指定される。その他明治5〜8年に建設された首長館・女工館・検査人館・鉄水溜・蒸気釜所・吐煙突基部・下水道・候門所が国指定の重要文化財である (注28)。

注および参考文献
1）群馬県立文書館蔵、保坂家文書。群馬県史編さん委員会；群馬県史、資料編9、近世1、群馬県、昭52、pp150〜153。および富岡市史編さん委員会；富岡市史、近世史料編、富岡市、昭62、pp100〜102に活字化されている。山田武麿編：上州の諸藩（上）、上毛新聞社、昭56、pp203〜204に、表にまとめ、その概略を記す。
2）富岡史編纂委員会：富岡史、群馬県富岡市、昭30、p578に分限帳の存在と概略を記す。
3）群馬県立文書館蔵、保坂家文書。
4）前掲2）、p579に分限帳の存在と概略を記す。

5）前掲 1)、上州の諸藩（上）、pp206 〜 208。

6）前掲 2)、p574。しかし、前掲 5)、p206。および群馬県史編さん委員会；
　　群馬県史、通史編 4、近世 1、政治、群馬県、平 2、p294 に全く同じ文章が
　　記載される。

7）前掲 6)、群馬県史、p294。しかし前掲 2)、p574 には 6,408 坪と記す。

8）前掲 1)、上州の諸藩（上）、pp206 〜 208 に各屋敷地の面積と氏名が記載
　　され、面積合計が 3 町 6 畝 12 歩（9,192 坪）とあり、宅地面積はこちらが正
　　しい。

9）前掲 2)、p574。

10）富岡まち編さん委員会：富岡まち、富岡市教育委員会、平 24、p30 によると、
　　富岡町が完成したのは元和 3 年と記す。

11）上州の史話と伝説、その二、上毛新聞社、p143。

12）前掲 1)、上州の諸藩（上）、pp208 〜 209。

13）前掲 1)、上州の諸藩（上）、p208。

14）前掲 1)、上州の諸藩（上）、p208 に「82 筆のうち、牢屋敷・藏屋敷・篭
　　屋敷および藩士や足軽屋敷が存在することから、町屋敷は 50 戸前後と推測
　　する」と記す。

15）前掲 1)、上州の諸藩（上）、p209 に「ここでも相当数の藩士や足軽屋敷
　　が存在したと考えられ、町屋は発達していなかったと考えられる」と記載す
　　る。

16）富岡高校七十五年史編纂委員会；富岡高校七十五年史、昭 46、pp30 〜
　　31。

17）服部英雄・磯村幸男・伊藤正義；関東地方の歴史の道（2）、群馬 2、歴史
　　の道調査報告書集成 12、海路書院、2008、p58 の写真。

18）前掲 2)、p283。里沢家文書。

19）前掲 10)、p30。

20）前掲 10)、p31。

21）前掲 10)、pp35 〜 38。

22）富岡市市史編さん委員会；富岡市史、近世通史編・宗教編、富岡市、平 3、
　　p86。

23）前掲 22)、p285。

24）前掲 22)、pp284 〜 285。

25）山田武麿；元禄享保期における北関東在郷商人の成長、地方史研究、
　　1954・2 月。

26）富岡市教育委員会文化財保護課；富岡市の文化財、富岡市教育委員会、平
　　21、p67。

27）前掲 26)、p1。

28）前掲 26)、pp2 〜 9。

3、小幡陣屋（甘楽郡甘楽町小幡）

　小幡は上野国南西部で、小幡以北は平坦地をなすが、南は関東山地から続く丘陵地帯である。陣屋西側を鏑川支流の雄川が南から北へ流れ、福島西方で鏑川に注ぐ。陣屋は雄川が形成した河岸段丘面上に建設された。

　小幡は城下町兼宿場町「高崎」の南西約 15km、製紙の町「富岡」の南東 4km 余りに位置する。江戸時代には信濃国佐久地方から上野国下仁田・富岡・福島を経て、江戸へ通じる中山道の脇街道が存在した。小幡は福島から南へ 4km 足らずである。

　戦国時代末期には、国峰城主小幡氏の支配地域であったが、天正 18 年（1590）に北条氏が敗北した後、徳川家康によって奥平信昌の所領となった。その後、小幡 3 万石は複数の領主に分割された。小幡藩が成立したのは、元和 2 年（1616）の織田信良の時である。

（1）織田氏の入部前

　戦国末期、小幡地方は小幡氏の領地で、国峰城を居城としていたが、小田原の北条氏に攻められて陥落し、北条氏に従う。天正 18 年（1590）、豊臣秀吉の小田原征伐後、関東一円は徳川家康の支配下に入り、上野国小幡領 3 万石は奥平信昌に与えられた。

　信昌の領有した小幡 3 万石は、小幡氏が領有していた 3 万石で、「奥平作州様宮崎に御城あり」（注1）と記されるように、その居城は国峰城の支城である宮崎城であった。慶長 5 年（1600）の関ヶ原合戦後、信昌は最初の京都所司代となり、西軍の将石田三成・小西行長の処刑を行った。翌慶長 6 年、その功績により、信昌は 10 万石を与えられ、美濃国加納へ移封となった。

　慶長 7 年、書院番頭兼奏者番の水野忠清が小幡領において 1 万石を与えられた。元和元年（1615）、織田信長の次男信雄に大和 3 万石と小幡 2 万石を与えられ、小幡領 3 万石は水野領と織田領に分割された。元和 2 年、忠清は 1 万石を加増され、2 万石となって三河国刈谷へ転封となる。

　元和 2 年、水野忠清領は相模・上総・近江 3 国で 7,000 石を知行する

永井直勝に与えられ、17,000 石となったが、翌 3 年に 32,000 石となって常陸国笠間へ移封となった。

　以上のように、奥平信昌・水野忠清・永井直勝は、所領 10,000 石・17,000 石といっても、小幡に居所はなく、小幡氏時代の小幡 3 万石中の 10,000 石であり、17,000 石であって、小幡藩を形成していたのではない。小幡藩の最初は、元和 2 年（1616）、織田信長の次男信雄が四男の信良 (注2) に、小幡 20,000 石を分知したのが始まりである。

（2）織田氏時代

　前述のごとく、元和 2 年に織田信良が小幡藩主となったのが小幡藩の始まりであるが、初代藩主については、信雄を初代とする説 (注3)、初代信雄とは記載しないが 2 代信良と記す資料 (注4) が存在する。しかし、『群馬県史』(注5) に、「五万石を統治する信雄の所領は、その過半が大和国内にあるうえ、居城も松山にあることから松山藩と呼ばれるので、そのうちの上州小幡二万石は、松山藩の分領ということになろう」と記載する。すなわち、大和松山藩の飛地領であろうという。『藩史大事典』(注6) には、「元和 2 年に四男信良に上野国小幡二万石を分知」と記している。『群馬県史』および『藩史大事典』の記載が正しい。最初は小幡の北 3.5 kmの福島（中山道脇街道の宿場）に仮陣屋を置いた。小幡陣屋が完成したのは、2 代藩主信昌の寛永 19 年（1642）である。

①　織田氏の藩領

　織田氏の藩領は甘楽郡内 36 村 17,995 石余、碓氷郡内 1 村 580 石、多胡郡内 1 村 1,425 石余り、計 20,000 石であった。藩領の大部分は甘楽郡で、小幡周辺と七日市西方の 2 ヵ所に大別できる。碓氷郡と多胡郡は碓氷川に沿い、七日市西方の地は鏑川の北方に、小幡地区は鏑川南方に位置する。水田地域は碓氷川と鏑川に沿う部分で、他の地域は畑作地域となり、畑方が 56％を占め、生産性の高い藩領ではなかった。

　小幡藩領の北が七日市・安中の藩領、東が吉井藩領と旗本領、南と西が幕府直轄領（幕領）であった。

②　織田氏の家臣団

　織田氏の家臣団としては、『天童織田藩政資料』(注7) に寛永 16 年 (1639) の「御家中御給人分限帳」(注8) と享保 3 年 (1718) の「分限帳」(注9)・万延元年 (1860) の「分限帳」(注10)・文久 2 年 (1862) の「御家中分限手控」(注11) が記載される。寛永 16 年・享保 3 年は小幡時代、万延元年・文久 2 年は出羽国天童時代のものである。ほかに「宝暦時織田家中面々」(注12) が存在する。天童時代の家臣団については、天童陣屋の項を参照されたし。

　寛永 16 年は小幡藩が成立して 20 年余り経過した時のもので、分限帳には給人のみを記している。最高禄は 800 石 1 人、次いで 500 石 2 人となり、200 石以上は 17 人で、給人の最少は 60 石で

家　　　　禄		寛永16	享保3
給人	800 石	1	
	500 石	2	
	400 石		1
	300〜380 石	1	1
	200〜250 石	13	4
	100〜180 石	12	24
	60〜80 石	2	8
扶持	20 人扶持		1
	10〜16 人扶持		11
	7〜8 人扶持		
	5 人扶持未満		3
俵給	60 俵 5 人扶持		1
	35 俵 3 人扶持		3
金給	27 両		1
	10〜12 両 4〜5 人扶持		13
	5〜8 両 3〜5 人扶持		45
	5 両未満 1〜4 人扶持		36
計		（31）	152

表92−1　寛永と享保の織田家家臣団
（『天童織田藩政資料』より作成）

家　　　　禄		隠居	足　軽	手代・職人	女中	計
石取	50 石	1				1
	30 石	1				1
扶持	10 人扶持	1				1
	5 人扶持	2				2
	5 人扶持未満	5				5
金給	8 両 5 人扶持				1	1
	5 両 3 人扶持				1	1
	3〜4 両 2〜3 人扶持			5	4	9
	3 両		9 （江戸）			9
	3 両未満 1〜2 人扶持		60	8	7	75
	3 両未満			3 （水主）		3
計		10	69	16	13	108

表92−2　享保 3 年における織田家隠居以下の家臣　　　（他に 10 人扶持の寺 1）
（『天童織田藩政資料』より作成）

ある。

　享保3年は寛永16年から約80年を経過している。分限帳は、高で記される給人、扶持取・俵取・金給に区分され、俵取の全員と1人を除く金給に扶持が付く。士分の総人数は152人で、60％以上は金給である。最高禄は400石、次いで380石、200石以上が6人と大きく減少し、180石未満が2倍以上に増加する。寛永の総知行高は6,470石であるのに対し、享保は人数が7人増加しているのに5,385石と、1,085石の減少である。扶持取の最高は20人扶持で、10人扶持以上は上級武士に匹敵する。60俵5人扶持の支給高は33石となり、27両は27石（高に直せば67.5石）に相当する。他に隠居・足軽・手代・職人・女中まで記している。50石・30石・10人扶持の隠居は、重臣の隠居であろう。足軽の家禄は少なく、国元60人に対し、江戸はわずか9人である。女中の8両5人扶持・5両3人扶持は老女またはそれに次ぐ者であろう。

　「宝暦時織田家中面々」は、甘楽郡福島村の稲荷社神輿造営の際の家臣勧化帳で、これによれば士分159名、小幡足軽61名と、足軽以上の家臣全員を記すが、家格・家禄の記載はない。享保3年から35年を経過したのみで、士分数・小幡足軽の人数に大差がない。

　江戸中期の織田家家臣は足軽を加えて230〜240人となり、陪臣を加えても幕府の軍役人数（418人）に達しなかったと思われる。

③　楽山園と陣屋の造営

　陣屋に先立ち、楽山園と呼ばれる池泉回遊式の庭園が築庭されている。楽山園は織田信雄が三男の信良に小幡2万石を分知し、信雄が小幡北方3.5kmの福島仮陣屋を訪れた際、小幡に立ちより、風光明媚をめでて造営したものである。築庭に際しては、信長恩顧の前田・池田・浅野らの諸大名から莫大な寄付を得、7年の歳月をかけ、元和7年（1621）に完成したといわれ、周囲の山々を借景とする面積1,200坪（約3,960㎡）の大名庭園である（注13）。楽山園については後述する。

　小幡陣屋の造営は、2代藩主信昌の寛永6年（1626）に着手し、同19年に福島の仮陣屋から引き移った。大手門が完成したのは、寛文6年（1666）の3代信久の時で、陣屋が完全に完成するまで40年の歳月を費

やしている。

　武家屋敷地を含む小幡陣屋は東西 333 間（約 559m）、南北 420 間（約 756m）、総廻 1,589 間（約 2,860m）、総面積 101,563 坪（約 335,158㎡）で、2 万石大名の陣屋としては広大な面積である。陣屋の西側に雄川が南から北へ流れ、東に広がる陣屋および武家屋敷地には、用水路（生活用水・防火用水）が張り巡らされていた。石垣や土塁を巡らした陣屋は、北に大手門、東に馬場口門、南に龍門寺口門と四ッ谷門、西に善慶寺口門を設けている。陣屋御殿については、松平氏の文政 10 年（1827）「上毛甘楽郡小幡御住居之図」を参照されたし。

　7 代藩主信邦の明和 3 年（1766）、山県大弐と親交のあった家老吉田玄蕃が、大弐の主張する尊王論に巻き込まれ、明和事件に連座したという。

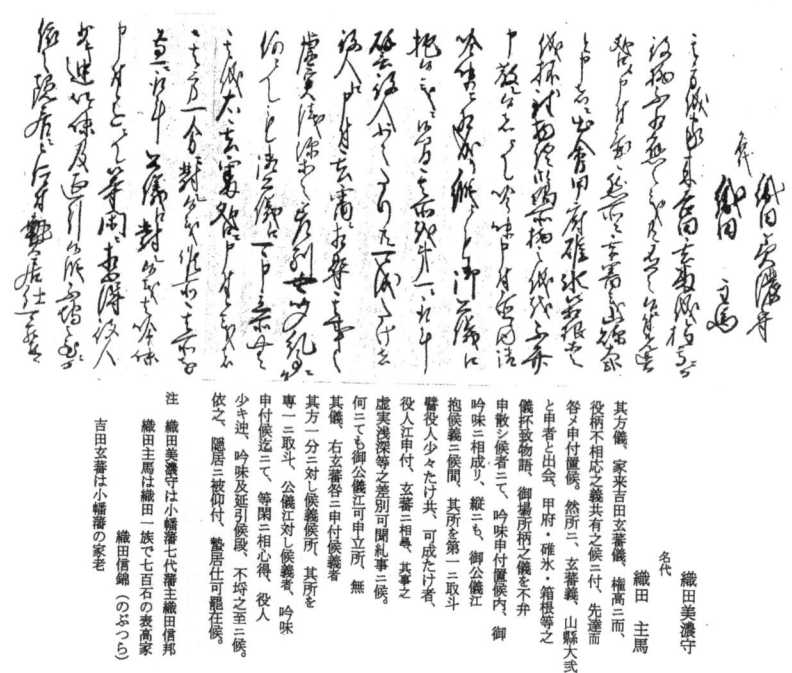

注
　織田美濃守は小幡藩七代藩主織田信邦
　織田主馬は織田一族で七百石の表高家
　　　　　　　織田信錦（のぶつら）
　吉田玄蕃は小幡藩の家老

史料 11　織田氏の左遷について（『古文書で読む上州史』の一部を転載）

この事件に関しては『古文書で読む上州史』(注14) に、当時の古文書が掲載されている。当時、藩内では玄蕃と家老の津田頼母・関野定右衛門な

どが対立し事を大きくした。幕府は藩主信邦の施政を咎め、翌明和4年に信邦を隠居・蟄居謹慎処分とし、養子の信浮が8代藩主となったが、出羽国高畠へ転封となった。これを機に、織田信長の子孫である格式（大広間詰・四位の侍従）を取り上げ、柳の間詰・諸太夫に格下げされた (注15)。

　織田氏が陸奥高畠へ移封されるにおよび、同年、上野国上里見から松平（奥平）氏が小幡に入部し、廃藩置県まで4代100年余り続いた。

（3）松平氏時代

　松平（奥平）氏の先祖は、元禄元年（1688）、陸奥白河城主松平（奥平）忠弘から新田2万石を分知され、白河新田藩を創設したのに始まる。そして元禄13年、陸奥国桑折へ移封となった。

①　初代忠恒

　延享4年(1747)、桑折藩3代忠恒は陸奥国伊達、伊豆国田方、上野国邑楽・吾妻・碓氷・緑野の3国6郡内に所領を変えられ、上野国篠塚へ移封となる。さらに寛延元年（1748）、藩領が伊豆国田方、上野国邑楽・吾妻・碓氷・緑野・群馬の2国6郡内となり、上野国上里見へ陣屋を移設した。篠塚に陣屋を置いていた期間は、わずか1年2ヵ月である。

　明和4年（1767）、藩領が入れ替わり、上野国小幡に転封となる。上里見藩時代は約20年であった。翌明和5年、忠恒は死去し、忠福が小幡2代藩主となる。

　嘉永3年（1850）、3代藩主忠恵は57年におよぶ藩主、文政5年（1822）～天保9年（1838）の奏者番、天保9年～安政元年（1854）に若年寄を勤め(注16)、その功労により嘉永元年（1848）に城主格を与えられた。以後、小幡陣屋は小幡城と呼ばれるようになった。

②　松平氏の藩領

　初代忠恒の藩領は全て上野国内となり、甘楽郡内32村、多胡郡内1村、碓氷郡内1村で、他国への飛地領はなくなった。この藩領は、前支配者織田氏の藩領と全く同じで、廃藩置県まで変わらなかった。

③　松平氏の家臣団

　小幡藩主の松平（奥平）氏は4代100年余りであるが、代々奏者番・

若年寄・寺社奉行の幕府要職に就き、国元への帰国は少なかったと思われる。すなわち、忠恒は1年、忠福は14年、忠恵は32年、忠恕が6年の計53年間、藩主期間の半分以上が幕府要職であった。

　小幡松平氏の家臣団としては、年不詳の『藩中・分限帳』(注17)、天明6年（1786）の『小頭以下・分限帳』(注18)、『扶助米扶持方』(注19) が現存している。

　天明6年の『小頭以下・分限帳』には、120人前後の人名と家禄・履歴を記載するが、天明以降に書き足した部分も多いので、各年代における人員は不明である。最も新しい年代の記入は、文久3年（1863）である。

　『藩中・分限帳』は年不詳と記されるが、最後の部分に「東京住居」と記載した部分があるので、明治の分限帳であることが判る。ここには

	家　　　　　禄	戸主	倅	東京	計
高取	500石15人扶持	1			1
	200～220石8～10人扶持	3			3
	100～130石4～8人扶持	6			6
	50～80石4人扶持	2 5	1	4	3 0
扶持取	12人扶持	1			1
	10人扶持	1 7			1 7
	1人口		1 （父）		1
俵取	20俵3人扶持	1 0			1 0
	17俵3人扶持	1 2	4		1 6
	15俵2～3人扶持	3 0	1 8		4 8
	13俵2人扶持	3 4		2	3 6
	9俵2人扶持		1 3		1 3
足軽	4両1～2人扶持	1 6	1 （士分）		1 7
	3両1分1～2人扶持	4 3	2	5	5 0
小者	4両1人口	4 1			4 1
郷中	3両1分1人扶持	4			4
	1人扶持	3			3
軽卒	記載なし	2			2
林守	3分1人半扶持	8			8
	計	2 5 6	4 0	1 1	3 0 7

表93　年不詳の小幡藩家臣団　　　　（『群馬県史・資料編9』を基に作成）

格と職は記されず、家禄と家族構成を記載する。また戸主の他に、倅にも家禄を与えているが、上級武士でも家禄を与えていない倅がいる。恐

らく幼年者であろう。最高禄は 500 石 15 人扶持で、2 万石大名として
は家禄が極めて多い。次いで 220 石 8 人扶持、200 石 10 人扶持、200 石
8 人扶持と続く。50 石 4 人扶持以上 35 人が高取で、全員に扶持が付く。
他藩では 50 石以上に扶持が付かない場合が多い。扶持給は 12 人扶持と
10 人扶持の 2 種で、彼らは上級武士の所に記載されるため、上級武士と
同格に扱われていたと思われ、上級武士は 57 戸となる。中・下級武士
は全て俵取で、20 俵 3 人扶持と 17 俵 3 人扶持が中級武士と考えられて
22 戸、15 俵 2 〜 3 人扶持および 13 俵 2 人扶持が下級武士で 66 戸である。
士分戸数は、東京住居を加えて 145 戸となる。伜をみると、50 石 4 人扶
持の伜は家老の伜
である。総じて上・
中級武士の伜は 17
俵 3 人扶持または
15 俵 2 〜 3 人扶持、
下級武士の伜は 9
俵 2 人扶持である。
軽率（元足軽）は
59 戸で伜は 2 人、
小者は名を記すの
みで、他に郷中軽
率・林守がいるが、女中・扶
持人の記載はない。この分限
帳に記載された総戸数は 307
戸である。ここに記されるの
は戸数であって、隠居・伜な
どを加えると 320 〜 330 人に
なったであろう。

　『藩中・分限帳』に戸主の他、
伜・父・母・妻・男・娘・孫
なども記され、当時の家族構

1 戸当	士　分		軽　率		計	
	人数	%	人数	%	人数	%
9 人	3	2.2			3	1.5
8 人	2	1.4			2	1.0
7 人	3	2.2			3	1.5
6 人	1 0	7.2			1 0	5.1
5 人	1 8	12.9	4	6.8	2 2	11.1
4 人	3 6	25.9	1 2	20.3	4 8	24.2
3 人	3 4	24.5	1 2	20.3	4 6	23.2
2 人	1 9	13.7	1 4	23.7	3 3	16.7
1 人	1 4	10.8	1 7	28.8	3 1	15.7
計	1 3 9	100.8	5 9	99.9	1 9 8	100.0

表 94　小幡家臣の 1 戸あたり人数
（『群馬県史・資料編 9』を基に作成）

区　分	人数	扶　助　額
士族隠居之部	2 5	1 人扶持宛
卒隠居之部	3	〃
旧来卒隠居之部	3	〃
旧来之卒扶助之部	4 0	2 人扶持
旧来之息之部	2	〃
卒夫人扶助之部	3	〃
町方扶助之部	9	1 〜 2 人扶持
小幡表小者	1 6	1 両 1 人扶持
東 京 小 者	6	〃
計	1 0 7	

表 95　小幡藩『扶助米扶持方』
（群馬県立文書館蔵の松浦家文書を基に作成）

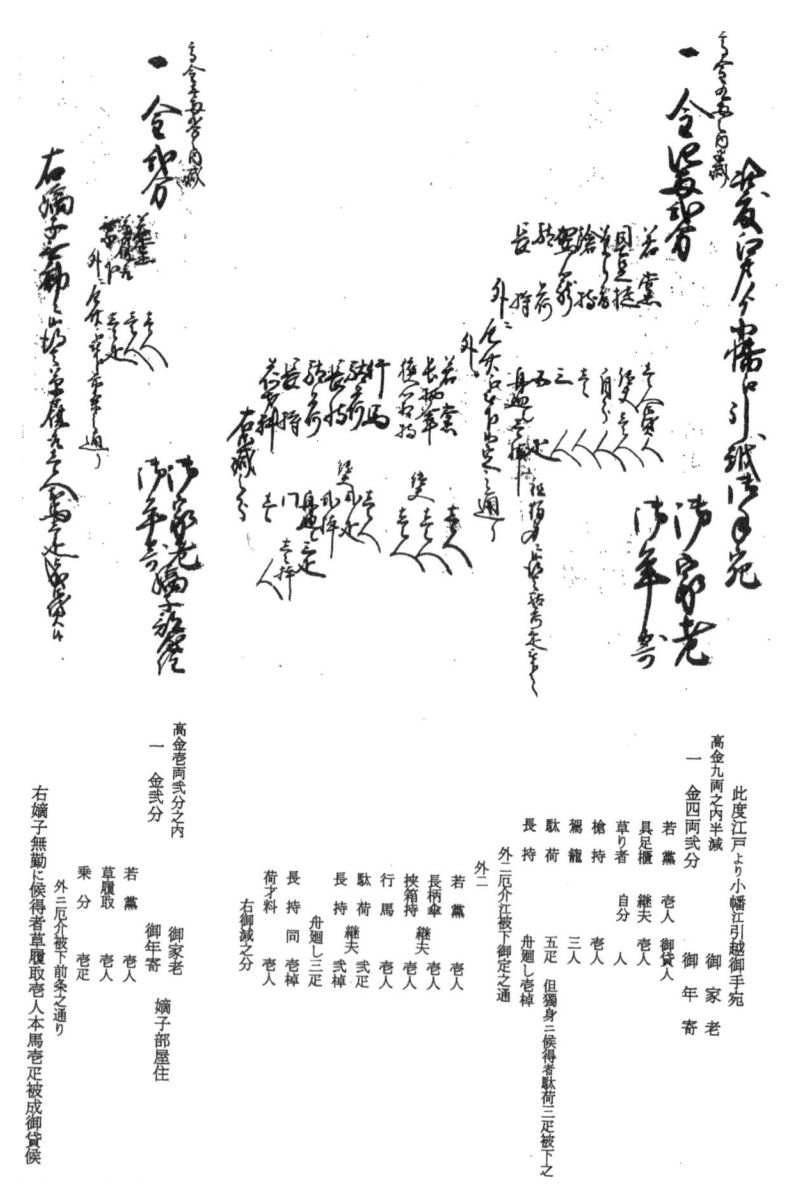

此度江戸より小幡江引越御手宛

高金九両之内半減
一　金四両弐分
　　　　御　家　老
　　　　御　年　寄
　　若党　　御貸人
　　具足櫃　　壱人
　　草り者　継夫　壱人
　　槍持　　自分　壱人
　　褥籠　　　壱人
　　駄荷　　　三人
　　長持　　五疋　但獨身三候得者駄荷三疋被下之
　　　外二疋介江被下御定之通
　　　舟廻し壱棹

高金壱両弐分之内
一　金弐分
　　　　御家老
　　　　御年寄　嫡子部屋住
　　若党　　壱人
　　草履取　壱人
　　乗分　　壱疋
　　　外二厄介被下前条之通
右嫡子無勤ニ候得者草履取壱人本馬壱疋被成御貸候

史料12　「此度江戸より小幡江引越御手宛」（松浦家文書、群馬県立文書館複製収蔵）
　　　　　　　　　（日比谷カレッジ講師　岩﨑信夫氏の釈文による）

成がわかる。しかし、年齢の記載はない。これをみると、1戸あたり最も多いのは9人家族で、6人家族以上の家の大部分は3世帯が同一住宅に居住している。士分では4人家族・3人家族が多く、全体の半数を占め、独身者も1割存在する。これに対し、軽率（足軽）では4人家族・3人家族・2人家族がよく似た数字を示し、独身者の割合が最も高く、3世帯の家族は少ない。1家族平均の人数は、士分が3.68人、軽率は2.53人である。

　『扶助米扶持方』も年不詳であるが、最後に「東京小者六人」と記載されることから、これも明治初期のものと判明する。町方扶助之部までは氏名を記すが、小幡表小者と東京小者は人数と1人当たりの家禄を示すのみである。

　年不詳の『此度江戸ゟ引越被下御手宛下調帳』(注20) が存在する。これは江戸よりの引越であるため、家財道具を運搬せねばならず、家格の上位者は多くの人数と馬（本馬・軽尻）を必要とした。この下調帳は江戸後期から末期のものと思われ、元来支給していた手宛に比べ、家老から足軽にいたるまで、相応の減額がなされている。家老・年寄は9両の半分（4両2分）となり、足軽は1分のところ3朱である。減額後の家老・年寄の従者をみると、若黨1人（藩より貸人）、具足櫃1人（継夫＝宿場の継人足であろう）、草り者（自分の家來）、槍持1人（自分の家来であろう）、駕籠3人（自分の家来であろう）、駄荷5疋には5人の馬子が付くと考えられ、総計12〜13人の伴連れであったようである。減額前は、以上の他に若黨1人、長柄傘1人、挟箱持1人、行馬1人、駄荷2疋、長持2棹（舟廻し＝江戸川〜利根川〜鏑川の福島迄の舟送り）、荷才料（宰領）1人の計7人が省略されている。したがって、減額前の家老・年寄の引越に関する人数は20人前後であった。家老・年寄の嫡子・部屋住については、1両2分のところ2分（1／3）に減額し、若黨1人、草履取1人、乗分（自分の乗る馬）1疋である。減額後の同行人数は、家老〜用人格は9〜12人、上級武士は5〜6人、医師と中級武士は2〜3人、下級武士は1人である。家格の上位者は家財道具が多く、多くの馬（本馬・軽尻）を必要とした。減額後の馬の頭数は、家老・年寄を含む上級武士は4〜5疋、中級武士は2〜3疋、下級武士は1疋となる。長持は重臣のみで4〜1棹であった。

④　陣屋と武家屋敷地

　陣屋と武家屋敷地を知る史料としては、明和4年(1767)の「上州甘楽郡小幡御陣屋御引渡絵図写」(注21)、年不詳の「小幡藩陣屋内絵図」(注22)、年・表題不詳の「小幡郭内絵図（仮題）」(注23)、年不詳の「小幡陣屋見取図」(注24)、昭和51年に描かれた「小幡城見取図」(注25)を入手することができた。

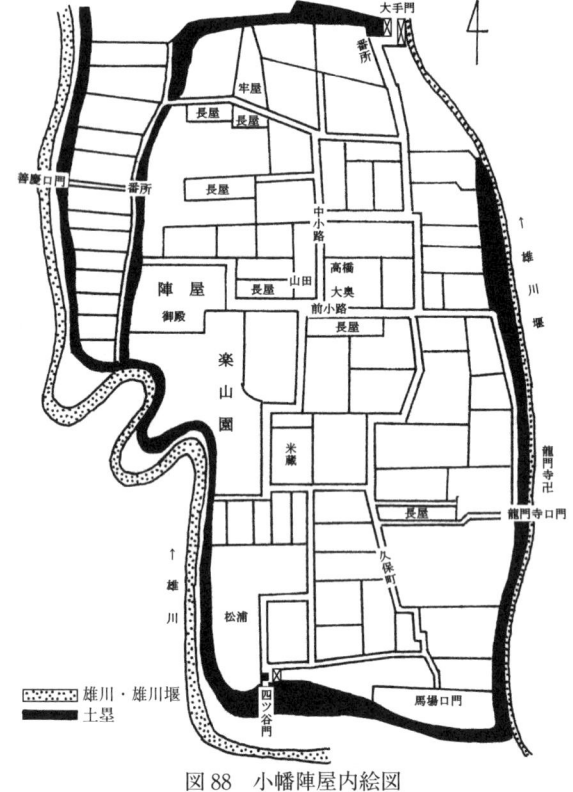

図88　小幡陣屋内絵図
（『松浦氏屋敷整備事業報告書』の図を基に作成）

　「上州甘楽郡小幡御陣屋御引渡絵図写」は、7代藩主織田信邦が、山県大弐の「明和事件」に連座し、養子信浮が出羽高畠へ転封となり、代わって入部した松平氏に引き継いだ時の絵図である。図は判然としないが、陣屋・楽山園の他、武家屋敷地が区画されている。

　「小幡藩陣屋内絵図」も判然としないが、武家屋敷地を主体に描いた図と考えられる。『名勝楽山園』(注26)のp226に、「小幡藩陣屋内絵図」の陣屋部分を拡大したと思われる図が掲載されている。図には多くの張り紙があり、陣屋に「公解」および「私邸」と記した張り紙や、武家屋敷地にも多くの張り紙があることから、年不詳の図に、明治2〜4年に

張り紙されたことがわかる。

　「郭内絵図（仮題）」は武家屋敷地区画の概略、および道路と用水路を記した図で、陣屋の周囲は樹木に覆われている。図は長屋の配置を主体に、各長屋に前長屋・三十間長屋・中長屋・大部屋長屋・裏長屋などの名がみえる。

　「小幡陣屋見取図」は鳥瞰図的な図で、町屋である上町と横町の角に四脚門のような大手門（注27）と石垣が描かれ、郭内には大手門の他にウラ門・四ツ谷門を記載し、町名としては中小路・下町・クボ町、長屋では北長屋・中長屋・前長屋・久保長屋を記すが、「郭内絵図（仮題）」の長屋名と合致しない。図の中央に「吉田屋敷」というのがあり、東側の中小路に面して「黒門」を描く。他に郭内の主な建物として、御殿・米蔵・藩学校・上ヤシキ・武者詰・牢屋などを描く。雄川を隔てた南方の山々として、国峯城・丸山・ミカブ山・連石山・クマクラ山

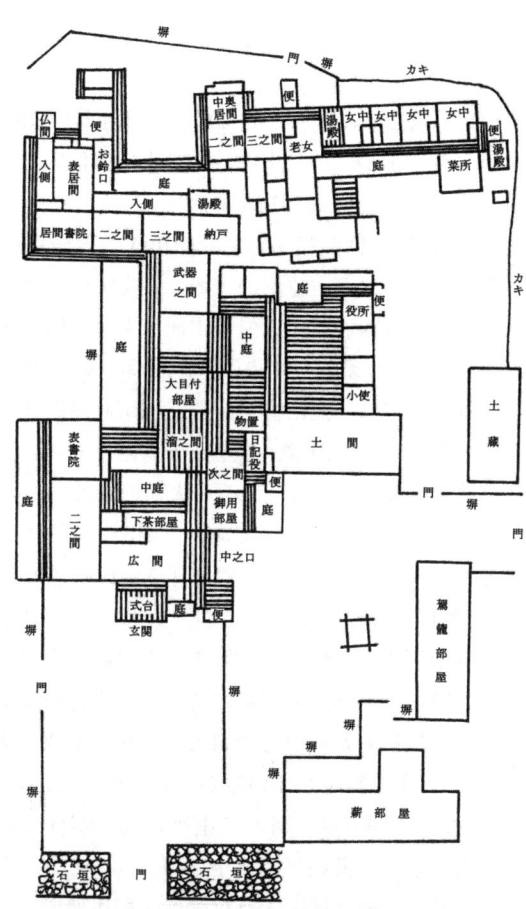

図89　文政10年の「上毛甘楽郡小幡御住居之図」
　　　（『名勝楽山園』の図を基に作成）

— 353 —

などを記載する。

　「小幡城見取図」は昭51年12月10日、元県警鑑識課渡辺氏所蔵写とあり、多少異なるが、記載事項からみると、前記「小幡陣屋見取図」を書写したものと考えられる。

⑤　陣屋御殿

　陣屋は平城複郭型で、内郭と外郭に区分される。内郭には御殿の他、九間長屋・雪隠・薪小屋・井戸・桶屋長屋・蔵があり、外郭には番屋・拾九間長屋・大納戸蔵・雪隠・厩・井戸・六間長屋・作事物置が存在した (注28)。

　御殿間取を知る史料としては、明和4年（1767）の「陳屋絵図」(注29)、文政10年（1827）の「上毛甘楽郡小幡御住居之図」(注30)、年不詳の「小幡藩藩邸図」(注31) が存在する。

　「陳屋絵図」は明和4年に、織田氏から松平氏へ陣屋を引き継いだ時の陣屋図であるが、陣屋の「陣」の文字が「陳」となっている。図の左下に「陳屋繪圖書面之通引渡申候以上」・「明和四丁亥年閏九月」・「織田八百八（信邦）家来　緒方□□□○印　佐藤理大夫○印」とあり、引き継ぎ者としては「池田喜八郎殿　稲垣藤左衛門殿」と記される。池田喜八郎・稲垣藤左衛門は、松平家の家臣である。図には御殿の他、種々の付属建物を記載するが、2万石大名の御殿としては規模が小さい。陣屋完成は寛永19年（1642）であり、明和4年まで125年の歳月を経ていることから、図に記された御殿は陣屋完成当時のものかどうか判らない。

　「上毛甘楽郡小幡御住居之図」の右下に「上毛甘楽郡小幡御住居之圖　文政十丁亥歳　但表向者織田家御普請　中奥向者追而之御普請」とあり、御殿の主要部は織田家の普請で、中奥が松平氏の普請であったことが判る。織田家が建設した御殿は「陳屋絵図」と全く変わらず、明和4年から60年を経過しているが、織田氏時代からの御殿を使用していた。文政10年の図では、新たに中奥の部分が付け加わったが、やはり2万石大名としては御殿規模が小さい。式台を入った広間・表書院・二之間が表御殿、武器之間・大目付部屋・御用部屋などが藩庁、土間から北が台所、表居間・居間書院・納戸などが奥御殿にあたる。新築されたのは

中奥と女中部屋である。中奥と台所の間にある建物については、部屋名などは記していない。

　「小幡藩藩邸図」は御殿のみを記し、御殿は「陳屋絵図」の御殿とほぼ同じである。

⑥　小幡町屋

　小幡の町屋に関する絵図は、年不詳の「藩政時代小幡屋並」(注32) を入手できたのみである。上町・中町の道路中央、下町の道路東側には雄川堰の用水が流れ、用水の東側に桜並木がある。

　図は道路に沿って宅地が区画され、各宅地に字名・屋敷の反別・居住者を記すが、文字の読めない部分もあり、下町の一部の記載がない。居住者の全員に「姓」を記すことから、明治以降の図に「藩政時代小幡屋並」というタイトルを付したものと考えられる。図には上町と中町の間の東側に八幡社、中町の西側に宝泉寺を記載するが、宝泉寺は下町の西側である。最も広い屋敷は大庄屋「横尾鉄平」の3反9畝15歩(1,185坪)で、2反屋敷(600坪以上)や1反屋敷（300坪以上）の宅地も多くみられ、他の城下町や陣屋町の町屋に比して、宅地面積が非常に広い (注33)。

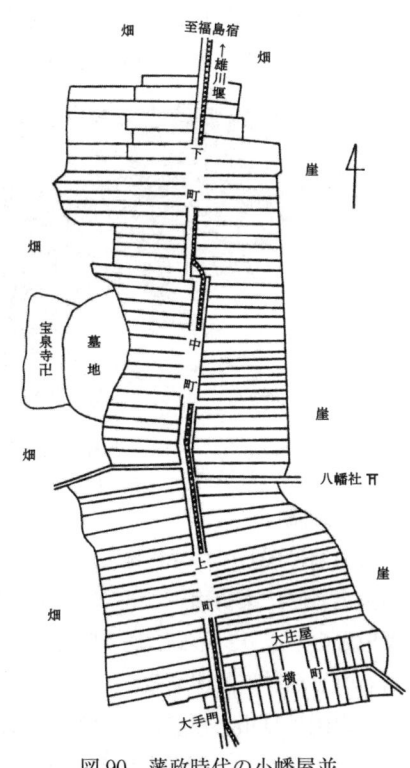

図90　藩政時代の小幡屋並
（小幡歴史民俗博物館提供の図を基に作成）

（4）武家地の現存遺構

　陣屋町全域におよぶ遺構が多く残り、教育委員会社会教育課文化財保

護係が主体となり、「織田氏と小幡城下町」として陣屋および武家屋敷地の復元を行っている。

①　陣屋跡

　陣屋は内郭と外郭に分かれ、内郭の東と北東に土塁と堀が復元され、御殿の場所に実物大の「間取図」が部屋名を付して描かれ、建設された井戸屋形の他、九間長屋・雪隠・薪小屋・桶屋長屋・蔵の配置場所を記している。土塁と堀は北西の端まで続いていたのかも知れない。

　外郭では拾九軒長屋と井戸屋形を復元し、番屋・大納戸蔵・雪隠・厩・六間長屋・作事物置の場所とその規模を記している。

図91　小幡陣屋と大名庭園「楽山園」
（パンフレット「国指定名勝・楽山園」の図を転載）

②　楽山園

　楽山園に関しては『名勝楽山園』(注34) と、『織田宗家ゆかりの大名庭園・国指定名勝・楽山園』(注35) にその詳細が記載されている。他に『甘楽町歴史ものがたり』(注36) に、楽山園内配置の「いろは四十八石」および園内名所を簡単に説明する。

　楽山園は雄川右岸の河岸段丘上に建設され、西側は段丘崖となっている。その規模は3,936㎡（3反9畝2歩＝1,172坪）で、2万石大名としては極めて広大な庭園である (注37)。　此の庭園は織田信長の次男信雄が指示し、作庭させたというが、作庭者も曖昧で、作庭年代も元和7年（1621）説と、寛永19年（1642）説があり、これも判然としていない。寛永19年説では、信雄が寛永7年に死去しているので、作庭の指示はできない。

いずれにしろ、作庭の莫大な費用を如何に工面したのであろうか。織田信長恩顧の前田・池田・浅野らの諸大名から莫大な寄付を得たとある(注38)。しかし元和7年説をとっても、信長が死去して40年近く経過し、各大名も世代が交代していると思われる

写真21　大名庭園（楽山園）

ことから、信長恩顧の大名による寄進は誤りであろうと考える。まして寛永19年は信長の死去から60年を経、前田・池田・浅野などの諸大名から寄進されたというのは論外である。

　楽山園は江戸初期に建設された池泉回遊式の借景庭園で、広大な昆明池を中心に、起伏のある地形を造りだし、雄川の三波系の景石（いろは石）を配する。池から「竹の茶屋」・「腰掛茶屋」、築山頂上の「梅の茶屋」まで、茶屋が一直線に並び、茶道に心得のある人が作庭に参画していたのであろうと思われる。

③　高橋家の庭園

　上・中級武士の屋敷は、雄川から引水した用水を使って、どの家にも庭園が存在していた（注39）。残存する庭園は、高橋家の庭園の他、大奥（藩主の側室が居住したという）、および後述の松浦家庭園がある。

　高橋家は最後の勘定奉行を勤めた家柄で、屋敷は約1,400坪（4,600㎡）あり、門を入って右へ回ると立派な庭園がある。庭園には雄川堰から引水した用水路から水が流れ、落差がわずか10cmという「蓬莱の滝」を通り心字池に注ぐ。周辺には月見灯篭・夫婦岩・浮島が存在し、春夏秋冬の風情を楽しむことができる。

④　山田家の「喰い違い郭」

　高橋家と同じ中小路に、山田家の「喰い違い郭」が存在する。これは高さ1m前後の石垣で喰い違いを造る。これは陣屋や城の門に造られた「桝形」と同じで、2万石程度の武家屋敷の「桝形」としては立派である。

石垣の上には樹木を植え、外から中が見えないように工夫されている。

⑤　松浦家住宅と庭園（群馬県指定史跡）

　松浦氏の4代元寛が中老を勤め、職を辞した慶応3年（1867）頃、この屋敷を賜ったという。建物はそれ以前のものである。松浦家の住宅と

写真22　山田家の食い違い郭（中小路）

庭園の詳細にについては『松浦氏屋敷整備事業報告書』(注40) に記載され、松浦氏屋敷の見学用「パンフレット」(注41) では簡単に説明をしている。

　住宅の建設時期は不明であるが、江戸時代後期の武家住宅であろうという。木造平屋の寄棟屋根、茅葺、桁行9間半、梁間2間半、南に2間四方の張出を持つ。東端に土間（5坪）、西へ板間（5坪）、続いてナカノマ（10畳）、オクノマ（10畳）、ナンド（板間3坪）、土間西の板間の南に座敷（8畳）が原型であるらしい。しかし、オクノマの床・押入は庇であった可能性があるという。もし床・押入が庇であったと仮定するならば、ナンド（3坪）は後補のものであろう。建築後、何回か改変された痕跡があり、史跡指定前には、板間・

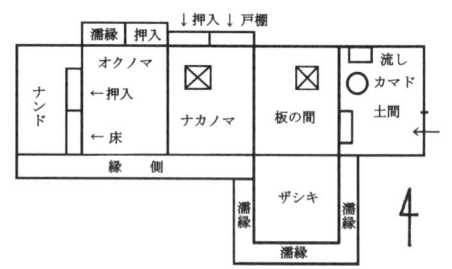

図92　武家住宅・松浦氏邸の平面図
（『松浦氏屋敷整備事業報告書』の図を基に作成）

写真23　庭園から見た松浦家（武家）住宅

ナカノマ・オクノマの北側に1間半の下屋を出し、東からダイドコロ・カッテ・ナンド2とした。後補された部分を除き、江戸末期の建物として復元されている。

　庭園は主屋南側に位置し、東から西に緩傾斜する地形を巧みに利用して築山を築き、小堰を流す。座敷正面に楕円形の、庭西端に方形の池が設けられ、庭園の南方向に見える山々を借景とする。

⑥　雄川堰と桜並木

　雄川堰は陣屋南端から約1.5km南の厳島で雄川から取水し、段丘面上を南から北へ流したものである。武家屋敷地では東側を、町屋地域の上町・中町では道路の中央を、下町では道路の東側を流れる。雄川堰は甘楽町の重要文化財に指定されるが、開削年代は不詳である。織田氏が小幡へ陣屋移転を計画した寛永6年（1629）から寛永19年の間に改修されたといわれている(注42)。

　堰自体を「大堰」といい、武家屋敷地へは3ヵ所の取水口から引水し、「小堰（幅30〜50cm）」と呼ばれ、陣屋および郭内の武家屋敷に配されていた。各武家屋敷ではこの用水を生活用水の他、庭園にも利用していた。現存する高橋家や、松浦家の庭園がその代表的なものである。

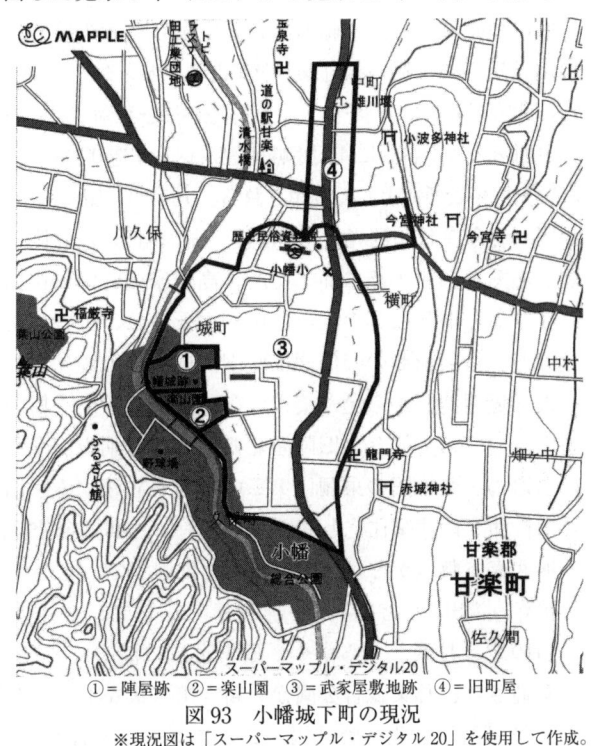

①＝陣屋跡　②＝楽山園　③＝武家屋敷地跡　④＝旧町屋
図93　小幡城下町の現況
※現況図は「スーパーマップル・デジタル20」を使用して作成。

　雄川堰の幅は 1.5 ～ 2m で、大手門を出た雄川堰は小幡の町屋を北へ流れ、さらに北流して水田を潤し、福島西方で鏑川に注ぐ。小幡町内には 50 カ所前後の洗い場がある。用水の東に沿って桜並木となり、桜の頃には多くの観光客が訪れる。

（5）現況

　小幡は鉄道の便はなく、路線バスも廃止され、公共交通に恵まれない。小幡へは高崎駅から上信電鉄で約 30 分、福島駅から南西約 3.5km に位置する。近年「織田氏と小幡城下町」として、教育委員会文化財保護課を中心に、織田氏時代の遺構の復元に努力されている。前掲の「藩政時代小幡屋並」では、雄川堰は下町で道路の東側を北流するが、現在では道路の中央となっている。

　旧町屋地域では、小幡八幡宮・宝泉寺は元の位置に存在し、中町西側の段丘崖下に「道の駅甘楽（甘楽町物産センター）」ができた。

　旧武家屋敷地は大手西・大手東・吉田屋敷・菜園・大竹藪・久保町に区分され、大手門を入った右側に「旧小幡組製糸レンガ造り倉庫」(注43) があって、甘楽町歴史民俗資料館として利用される。大手門左側にギャラリー「お休み処大手門」が存在し、観光客の休息所となる。その南側に小幡小学校と幼稚園がある。旧中小路に面した所に高橋家の庭園・山田家の食い違い郭が存在する。旧陣屋跡の土塁と堀が復元され、御殿の平面を御殿跡に表示される。御殿南側の楽山園は庭園開設当初の姿に復元し、借景を背景とした「昆明池」から見た築山上の「腰掛茶屋」・「梅の茶屋」は、実に素晴らしい眺めである。旧陣屋北側に長岡今朝吉記念ギャラリーが、西側に弓道場、楽山園の東側に第二中学校が立地する。旧武家屋敷地南端部に旧松浦家の武家住宅と庭園、その南に甘楽総合公園が存在する。

　旧武家屋敷地から雄川堰を越えた東側では、北から龍門寺・赤城神社・崇福寺（織田家の菩提寺）が並ぶ。

　道の駅「甘楽」から南へ、雄川東岸に沿って「遊歩道せせらぎの路」が整備され、甘楽総合公園から新寺町谷橋を渡ると長巌寺磨崖仏、これより雄川西岸を北へ野球場・テニスコート・甘楽ふるさと館が存在し、

道の駅へ戻ることができる。

注および参考文献

1）群馬県史編さん委員会；群馬県史、通史編4、近世1、政治、群馬県、平2、p240に「田村家系譜」とある。

2）木村礎・藤野保・村上直編；藩史大事典、第2巻、関東編、雄山閣、平1、p361。しかし前掲1）、p242では信良は三男、甘楽町史編さん委員会；甘楽町史、甘楽町役場、昭54、p288に三子兵部少輔信良となっている。

3）前掲2）、甘楽町史、p293。甘楽町教育委員会；織田宗家ゆかりの大名庭園・国指定名勝・楽山園、群馬県甘楽町、年不詳、p26。甘楽町教育委員会社会教育課文化財保護係；甘楽町歴史ものがたり、〜小幡藩編〜、群馬県甘楽町、平27、p2。

4）小安和順；名勝楽山園と小幡藩、群馬歴史散歩170、特集甘楽町、2002、p12。および山田武麿；上州の諸藩（上）、上毛新聞社、昭56、p119はともに2代藩主は信良とある。

5）前掲1）、p242。

6）木村礎・藤野保・村上直編；藩史大事典、第5巻、近畿編、雄山閣、平1、p124・126。

7）天童織田藩政資料、天童市史編集資料27、1982、pp93〜124。

8）寛永十六年、御家中御給人分限帳、天童市役所蔵、重野家文書。

9）享保三年、分限帳、佐藤家文書。

10）万延元年、分限帳、野田家文書。

11）文久二壬戌年四月改正、御家中分限手控、天童市役所蔵、重野家文書。

12）前掲1）、p246。安部安佐；天童織田藩政史餘話、豊文社、昭62、p37。

13）前掲1）、pp244〜245。しかし楽山園は、同p245に「小幡に新陣屋が完成する20年前に完成しているので、造営年代や造営者に疑問もある」と記す。

14）田畑勉；古文書で読む上州史、群馬出版センター、2003、pp32〜45。ここには「明和事件と織田家小幡藩」として釈文と用語も記されるが、原文の出典は記載されていない。

15）前掲1）、pp250〜252。

16）前掲2）、藩史大事典、p365。

17）群馬県史編さん委員会；群馬県史、資料編9、近世1、群馬県、昭52、pp66〜77。高橋家文書。

18）天明六丙午年・小頭以下・分限帳、松浦家文書（群馬県立文書館複製収蔵）。

19）扶助米扶持方、松浦家文書（群馬県立文書館複製収蔵）。

20）「此度江戸ゟ引越被下御手宛下調帳」、松浦家文書（群馬県立文書館複製収蔵）。

21）甘楽町教育委員会、名勝楽山園、平20所収「上州甘楽郡小幡御陣屋御引渡絵図写」、高橋家文書。

22）群馬県甘楽町教育委員会；群馬県指定史跡・旧小幡藩武家屋敷松浦氏屋敷

整備事業報告書、平 28 所収。年不詳の「小幡藩陣屋内絵図」、高橋家文書。

23）年・表題不詳の「小幡郭内絵図（仮題）」。ギャラリー「お休み処大手門」提供。

24）前掲 2）、甘楽町史、p291 の図。

25）昭和 51 年の「小幡城見取図」、渡辺家文書。ギャラリー「お休み処大手門」提供。

26）前掲 21）、p226 所収、年不詳の「小幡藩陣屋内絵図」、高橋家文書。

27）甘楽町教育委員会社会教育課文化財保護係；甘楽町歴史ものがたり、〜小幡藩編〜、平 27、p28 に、大手門は壮大な四脚門だったと記す。

28）天童市史編集資料 13、天童市、1979、pp148 〜 172 の図。

29）前掲 21）、p228 所収、明和 4 年の「陳屋絵図」、高橋家文書。

30）前掲 21）、p229 所収、文政 10 年の「上毛甘楽郡小幡御住居之図」。松浦家文書。

31）前掲 21）、p227 所収、年不詳の「小幡藩藩邸図」。中之嶽神社蔵。

32）年不詳の「藩政時代小幡屋並」、小幡歴史民俗博物館提供。

33）前掲 28）の図によれば、出羽天童の町屋（以前からの宿場町）の宅地面積が広く、住民の大部分は農間余業として商業を営んでいた。すなわち、身分は農民である。小幡でも農間余業として、商業を営んでいたのではなかろうか。

34）前掲 21）。

35）前掲 3）、織田宗家ゆかりの大名庭園。

36）前掲 3）、甘楽町歴史ものがたり、pp15 〜 21。

37）前掲 2）、甘楽町史、p300。

38）前掲 1）、p244。山田武麿編；上州の諸藩（上）、上毛新聞社、昭 56、pp120 〜 121。

39）NHK 編集センター：小さな旅 3、関東甲信越、学陽書房、1985、p114 によれば「庭園の広さはどの家も 100 坪に限られえていた」と記載する。

40）前掲 22）、群馬県甘楽町教育委員会、pp1 〜 21。

41）甘楽町教育委員会社会教育課文化財保護係；武士の暮らしを垣間みる・旧小幡藩武家屋敷・松浦氏屋敷。

42）甘楽町教育委員会社会教育課文化財保護係；甘楽町の文化財、甘楽町、平 25、p24。

43）前掲 42）、p4 によれば、この建物は大正 15 年に甘楽社小幡組製糸工場の繭倉庫として建設されたレンガ造り 2 階建、瓦葺き、床面積 289㎡である。戦後は農業協同組合が引き継ぎ、昭和 59 年に町が買い受け、昭和 60 年より歴史民俗資料館として利用する。

第4章
陣屋町調査を終えて（総括）

　今回の調査で、全国の大名陣屋町の調査を終了することができた。既に『小藩大名の家臣団と陣屋町』へ掲載した陣屋町は、(1) の近畿地方に 22、(2) 中国・四国・九州地方に 16、(3) 南関東・中部地方に 22 の計 60 陣屋町である。

　今回は東北の 9 陣屋町、北関東 13 陣屋町の計 22 陣屋町を紹介した。いずれも小藩であるため、史料が散逸した陣屋町もあれば、比較的多くの資料を保存する陣屋町も存在する。全陣屋町に共通するような資料が少なく、同一資料での陣屋町比較は極めて困難である。

　陣屋が設置された時期をみると、大部分は延宝年間末（1681）までの江戸初期に建設され、中期の宝永・正徳年間（1704 ～ 1716）は 2 陣屋町、後期の文化・文政年間（1804 ～ 1830）は 3 陣屋町に過ぎない。

　各陣屋へ入部した大名をみると、すでに大名となっていたが移封により入部したもの、大名となって後に陣屋を建設したものがある。元は大身旗本で旗本陣屋を建設し、加増によって大名となり、陣屋を修復または拡幅した陣屋町が 3 ヵ所存在した。うち 2 ヵ所は高直り大名である。

　東北・北関東から他地方へ移封された大名のうち、城主および城主格となって栄進した大名、減封されて他地方へ移されたもの、何らかの事件を起こし廃絶となった藩もある。

　藩領高（表高）をみると、加増されて藩領が増加した藩もあれば、咎めを受けて減封となった藩もある。分知によって宗藩から独立した藩や、分知によって高禄旗本となり、後に宗藩から廩米を受けて大名となった藩もある。

　家臣団を知る史料としての分限帳も、江戸初期・中期・後期・末期と比較できる藩も存在するが、江戸 270 年間を通じ、1 ～ 2 冊の分限帳しか現存せず、比較のできない藩もある。初期・中期・後期・末期の分限帳を比較のできる藩は、黒石・八戸・一関・亀田・小幡→高畠→天童の織田家・黒羽の 6 藩で、伊勢崎は初期の分限帳が存在しない。

　各陣屋町において、資料館（博物館）が存在する陣屋町は少なく、これらの資料館にすべての史料が保存されているとは限らない。特に絵図類・分限帳は個人の所有が多く、拝見できない場合も多い。絵図類をみ

ると、比較的多くの絵図類が現存している藩、1 種のみの藩、武家屋敷
地の区画のない絵図など、藩によって大きく異なる。

　慶応 4 年（明治元年 = 1868）の戊辰戦争で、東北・越後の大名の大半
は奥羽越列藩同盟に加盟し、新政府軍に加担した大名との間に戦争が起
き、同盟側に加盟した藩は新政府軍に、新政府側に加担した藩は同盟側
に攻撃され、灰燼に帰した城下町や陣屋町が多い。調査地域で被災した
陣屋町は、陸奥の下手渡・湯長谷・泉、出羽の亀田・矢島・天童である。
戦後処理として、奥羽越列藩同盟に加担した諸藩は、相応の処分を受け
た。最大は会津若松藩の廃絶（後に 3 万石で再興）となり、越後の長岡、
陸奥の仙台・盛岡・二本松、出羽の庄内・米沢は大幅に減封され、小藩
である調査大名は 1 割の減封に止まった。

1、陣屋町絵図

　藩領図を除き、陣屋町に関する絵図には、陣屋を主体とした図、陣屋
と武家屋敷地を記したもの、武家地と町屋を含む全体的な図、町屋のみ
の図、御殿図などが存在する。江戸初期の図は寛文 4 年（1664）の「足
利町全図」のみで、足利陣屋が開設される以前の町屋図である。江戸中
期に入ると、陣屋および町屋についての絵図は幾つかみられ、後期（廃
藩まで）に入ると何処の藩にも絵図が存在する。明治以降の図は少なく、
江戸期の絵図を基に作成されている。本書では、江戸期の図が現存しな
い陣屋町については、江戸期の図を基に作成された図を利用した。他に
年不詳の図が多くみられるが、これらの図の大部分は、その内容から江
戸後期から明治初期のものと推測できる。

　足利町においては、江戸初期・中期・後期の絵図が現存し、町場の変
遷がよくわかる。中期の図には、陣屋と記した一郭が存在するが、この
年に戸田氏が足利へ入部している。明治の 2 図の 1 枚は廃藩前後の武家
地の様子を記し、他の 1 枚は明治 9 年以降の旧武家屋敷を主体とした図
である。

国	所在地	江戸初期	江戸中期	江戸後期	明治	大正昭和	年不詳	御殿図
陸奥	黒石		1	2				
	八戸			2			2	有
	一関			2				有
	下手渡					2		
	湯長谷			1			1	有
	泉		1				3	
出羽	亀田			2			2	有
	矢島		1	1				
	天童			1				
常陸	麻生			1				有
	志筑			2				有
	牛久			1			1	
	谷田部				1	1		
	下妻		1	2			2	
下野	黒羽		1	3			1	有
	喜連川			1				有
	茂木			1				
	佐野			1				
	足利	1	2	1	2			
上野	伊勢崎		2	4	1		1	有
	七日市			1				有
	小幡		1				3	有

表96　時期別にみた各陣屋町の絵図数

　下手渡については、江戸時代の絵図が全く入手できず、大正または昭和に入ってから作成された図で、これらの図は恐らく古老の話を基に作成された図と思われる。

　泉・小幡については、中期の図の他に、年不詳の図が各々3種存在するので、中期・末期の様子が読み取れる。

　御殿図は比較的多く現存するが、中には中期の御殿図もあれば、末期の御殿図も存在する。八戸のように、城主格になる前の図と、城主格となって後に新築した御殿図がある。小幡については、織田氏時代の御殿図と、松平時代に建て増しされた御殿図が残存している。喜連川陣屋の御殿を除けば、2～3万石大名の御殿は、1万石大名の御殿に比して規模が大きい。

2、大名の入部

　各大名が入部するのに際し、新しく陣屋を建設したもの、旗本当時の陣屋を拡幅したもの、すでに存在した陣屋へ移封によって入部した大名がいる。ここでは各大名の入部および転封を主体に、城主格となった時期・宗家と分家の関係についても紹介したい。

　黒石は、明暦2年（1656）に宗藩である陸奥弘前藩から5,000石を分知され、黒石に陣屋を建設したのが始まりである。その後、2代信敏は弟に1,000石を分知し、4,000石となった。文化6年（1809）、宗藩より6,000石の廩米を受け、都合10,000石となって大名の列に加わった。

　寛文4年（1664）、陸奥盛岡3代藩主南部重直は、嫡子を定めることなく死去する。幕府は盛岡100,000石を、盛岡80,000石と八戸20,000石に分割相続させた。翌寛文5年、南部直房は八戸に陣屋を建設する。

　一関は、万治3年（1660）に仙台藩主伊達政宗の十男宗勝が30,000石を分知され、一関に陣屋を構えた。しかし寛文11年（1671）、伊達騒動の立役者となり、一関藩は断絶となる。延宝9年（1681）、仙台藩分家の田村氏が、陸奥岩沼より入部し、廃藩置県まで一関地方を支配した。戊辰戦争に際し、奥羽越列藩同盟に加盟したため3,000石を減封される。

　筑後三池藩6代藩主立花種周が幕府の若年寄となったが、幕府の内紛に巻き込まれ、文化2年（1805）に蟄居・隠居を命じられた。跡を継いだ種善は、翌文化3年に陸奥下手渡へ転封となった。戊辰戦争に際し奥羽越列藩同盟に加盟していたが、宗藩の筑後柳川藩と行動を共にしたため盟約違反に問われ、仙台藩兵に陣屋を焼き払われた。これを機に陣屋を元の三池へ戻した。

　寛文6年（1670）、陸奥平藩内藤家の分家として、10,000石の分知を受け、湯長谷に陣屋を構える。最初は遠山姓を名乗るが、3代藩主の時に元の内藤姓へ戻した。天和2年（1682）に2,000石、貞享4年（1687）に3,000石を加増され、15,000石となった。戊辰戦争に際しては奥羽越列藩同盟に加盟し、明治元年に1,000石を減封される。

	居所	藩主	藩高(石)→維新後	入部（西暦）	城主格	転　封	備　　考
陸奥	黒石	津軽	10,000	文化 6 (1809)			陸奥弘前分家
	八戸	南部	20,000	寛文 5 (1665)	天保 9 (1838)		陸奥盛岡分家
	一関	伊達	30,000	万治 3 (1660)		寛文 11 (1671) 断絶	陸奥仙台分家
		田村	30,000→27,000	延宝 9 (1681)		陸奥岩沼より、	陸奥仙台分家
	下手渡	立花	10,000	文化 3 (1806)		筑後三池より、 明治 1 (1868) 筑後三池へ	
奥	湯長谷	遠山	15,000→14,000	寛文 6 (1670)			陸奥平分家、のち内藤
	泉	内藤	20,000	寛永 11 (1634)		元禄 15 (1702) 上野安中へ	陸奥平分家
		板倉	15,000	元禄 15(1702)		延享 3 (1746) 遠江相良へ	
		本多	20,000→18,000	延享 3 (1746)	寛政 2 (1790)	遠江相良より	
出	亀田	岩城	20,000→18,000	元和 9 (1623)	嘉永 5 (1852)	信濃川中島より	
羽	矢島	生駒	15,200	明治 1 (1868)			高直り大名
	天童	織田	20,000→18,000	天保 1 (1830)		陸奥高畠より	大和松山分家
	麻生	新庄	30,300→10,000	慶長 9 (1604)			
	志筑	本堂	10,110	慶応 4 (1868)			高直り大名
常	牛久	山口	15,000→10,017	慶長 6 (1601)			
	谷田部	細川	16,300	元和 2 (1616)		下野茂木より 明治 4 (1871) 下野茂木へ	肥後熊本分家
		徳川	100,000	慶長 11 (1606)		元和 1 (1615) 常陸水戸へ	御三家の 1
陸	下妻	松平	30,000	元和 1 (1615)		上総姉崎より 元和 2 (1616) 信濃松代へ	
		松平	30,000	元和 2 (1616)		下総山川より 元和 5 (1619) 遠江掛川へ	
		井上	10,000	正徳 2 (1712)			
	黒羽	大関	20,000→18,000	慶長 7 (1602)			
下	喜連川	喜連川	4,500→5,000	慶長 6 (1601)			10 万石格、足利氏末裔
	茂木	細川	10,054	慶長 15 (1610)		元和 2 (1616) 常陸谷田部へ	肥後熊本分家
		細川	16,300	明治 4 (1871)		常陸谷田部より	
	佐野	佐野	39,000	天正 20 (1592)		慶長 19 (1614) 改易	城
野		堀田	10,000	貞享 1 (1684)		元禄 11 (1698) 近江堅田へ	下総古河分家
		堀田	13,000→16,000	文政 9 (1826)	文政 8 (1825)	近江堅田より	下総古河分家
	足利	戸田	11,000	宝永 2 (1705)			
上	伊勢崎	稲垣	10,000	慶長 6 (1601)		元和 2 (1616) 越後藤井へ	
		酒井	22,500	寛永 14 (1639)		寛文 2 (1662) 信濃小諸へ	上野前橋分家
		酒井	20,000	延宝 9 (1681)			上野前橋分家
野	七日市	前田	10,014	元和 2 (1616)			加賀金沢分家 4
	小幡	織田	20,000	元和 2 (1616)		明和 4 (1767) 出羽高畠へ	大和松山分家
		松平	20,000	明和 4 (1767)	嘉永 1 (1848)		上野上里見より

表 97　調査陣屋町の大名（『藩史大事典』第 1 ～ 2 巻を基に作成）

　寛永 11 年（1634）、陸奥平藩内藤家の支藩として、20,000 石を分知され、陸奥泉に陣屋を建設する。元禄 15 年（1702）、内藤氏は上野安中へ転封となり、入れ替わりに板倉氏が安中から 15,000 石で泉へ入部した。延享 3 年（1746）、板倉氏は遠江相良へ転封し、入れ替わりに本多氏が相良から 15,000 石で入部する。寛政 2 年（1790）に忠籌は老中となり、5,000 石の加増と城主格を与えられる。戊辰戦争に際しては奥羽越列藩同盟に加盟し、明治元年に 2,000 石の減封となる。

　亀田の岩城氏は、もと陸奥国磐城地方の戦国大名であったが、関ヶ原の合戦に出陣せず、18 万石の所領は没収となった。しかし元和 2 年(1616)、信濃川中島 10,000 石として大名の列に復帰した。元和 9 年、10,000 石を

加増され、都合 20,000 石となって、亀田へ陣屋を移す。嘉永 5 年（1852）、城主格に列せられた。戊辰戦争に際しては、最初は秋田藩とともに新政府軍に味方したが、途中から奥羽越列藩同盟の方が有利と考え、奥羽越列藩同盟に加盟する。戦後、同盟側の敗北により 2,000 石を減封された。

矢島の生駒氏は、もと讃岐一国 171,800 石の大名であったが、家臣の対立（生駒騒動）が長く続き、寛永 17 年（1640）に所領を召上げられ、堪忍料として矢島 10,000 石を与えられた。万治 2 年（1659）、2 代高清は 2,000 石を弟に分知し、矢島生駒氏は 8,000 石の旗本交代寄合表御礼衆となって、参勤交代をするようになった。戊辰戦争に際しては、終始新政府側に加担した。慶応 4 年（1868）に高直りをして、15,200 石の大名となる。

天童織田家は、織田信長の直系である大和松山藩の分家で、元和 2 年（1616）に上野小幡藩を創設したが、明和 4 年（1767）の山県大弐の事件に連座し、陸奥高畠へ転封となった。天保元年（1830）、藩領の統合により、陸奥天童へ陣屋を移す。戊辰戦争には奥羽越列藩同盟に加盟し、明治元年に 2,000 石の減封となる。

慶長 9 年（1604）、新庄直頼が 30,300 石で常陸麻生に陣屋を構える。慶長 18 年に 3,000 石を分知、さらに延宝 2 年（1674）、7,000 石を分知し 20,300 石となった。延宝 4 年、藩主直矩は嗣子なく麻生藩は断絶。同年、前藩主の直時が 10,000 石で麻生藩を再興した。

志筑本堂家は 8,500 石の旗本交代寄合表御礼衆として、出羽仙北から常陸志筑へ入部した。正保 2 年（1645）、弟に 500 石を分知し、8,000 石となる。慶応 4 年（1868）、高直りをして 10,110 石の大名となった。

慶長 6 年（1601）、山口重政が 5,000 石を加増され、10,000 石で常陸牛久に陣屋を構える。慶長 16 年、5,000 石を加増されて 15,000 石となった。寛永 12 年（1635）、弟へ 5,000 石を分知して 10,000 石となる。正保 4 年（1647）、高直しで 10,017 石となった。

慶長 5 年（1600）、細川藤孝の二男興元が 10,054 石を与えられ、下野茂木に陣屋を構えた。元和 2 年（1616）、常陸国で 6,200 石の加増を受け、16,200 石となって常陸谷田部へ陣屋を移した。元禄 4 年（1691）、検地打出しにより 16,300 石となった。明治 4 年（1871）、陣屋を元の下野茂木

に移すが、同年に廃藩となる。

　初期の下妻には、徳川家ゆかり大名の短期入部があった。慶長11年（1606）、家康の11男頼房が100,000石で入部し、慶長14年に常陸水戸へ転封。元和元年（1615）、松平（結城）忠昌が上総姉崎から30,000石で入部、翌元和2年に信濃松代へ移封となった。元和2年、下総山川より松平（久松）が30,000石で入部し、元和5年に遠江掛川へ転封となる。以後約100年間は幕領時代。正徳2年（1712）、井上正長が2,000石を加増され、10,000石となって下妻に入部し、ようやく支配が安定した。

　以前より黒羽は大関家の所領であったが、慶長7年（1602）、20,000石が認められた。正保3年（1646）、二人の弟に1,000石ずつを分知し、18,000石となった。しかし廃藩まで、役儀は20,000石である。

　喜連川藩は、天正18年（1590）に3,300石余が認められ、慶長6年（1601）には4,500石となる。寛政元年（1789）に500石を加増され、5,000石となった。喜連川氏は足利氏の末裔で、幕府も一目を置き、5,000石と藩領は少ないが、10万石格として種々の特権を与えられていた。しかし、武鑑には所領高の記載はない。

　佐野は、戦国時代から佐野氏の支配地域であり、天正20年（1592）、豊臣秀吉から39,000石が認められた。しかし慶長19年（1614）、兄の宇和島藩主富田信高の改易に連座して廃藩となる。その後、佐野地域は幕領および近江彦根藩領・下総古河藩領に分割される。貞享元年（1684）、古河藩堀田正俊（大老）の三男正高が10,000石で入部するが、元禄11年（1698）に近江堅田へ転出した。正高の4代後の正敦は寛政2年（1790）に若年寄、文政8年（1825）に城主格となり、同9年に13,000石で堅田から佐野へ再封された。文政12年に3,000石を加増され、16,000石となる。

　足利地方は天正18年（1590）より幕領、寛永11年（1633）から下総古河藩領、天和2年（1682）には再び幕領、元禄12年（1699）に上野館林領となる。江戸前期は支配が定まらなかったが、宝永2年（1705）に西ノ丸御側役戸田忠利が3,000石の加増を受け、11,000石となって足利に陣屋を置いた。

　慶長6年（1601）、稲垣氏が伊勢崎に入部するが、元和2年（1616）に

は越後藤井へ転出、伊勢崎地方は上野前橋領となる。寛永 14 年（1637）、前橋藩主酒井忠清の弟忠能が 22,500 石を分与され、伊勢崎に陣屋を構えるが、寛文 2 年（1662）に信濃小諸へ転封となった。その後は前橋領となるが、延宝 9 年（1681）、前橋藩主酒井忠挙が弟忠寛に伊勢崎 20,000 石を分知した。

　七日市藩の藩祖は、加賀金沢藩主前田利家の五男利孝で、元和 2 年（1616）に新知 10,014 石を賜り、転封することなく、廃藩置県まで存続した。

　元和 2 年（1616）、織田信雄の四男信良が 20,000 石を分知され、小幡藩が成立した。明和 4 年（1767）、7 代藩主信邦は山県大弐の事件に連座して蟄居を命じられ、跡を継いだ養子信浮は出羽高畠へ転封となる。同年、松平（奥平）忠恒が 20,000 石で上野上里見から入部した。3 代忠恵は長年幕府要職に就いたため、嘉永元年（1848）に城主格に列せられた。

3、陣屋町の形態

　陣屋には自然的形態と人為的な形態がある。自然的形態は山城型・平山城型・平城型・水城型陣屋に区分できる。調査地域の陣屋は、山城型陣屋が 1 ヵ所しかなく、他はすべて平城型陣屋で、平山城型および水城型陣屋は存在しなかった。これらの陣屋は、設置する場所の地形に左右され、小藩ゆえに最小の費用で、最大限の防備ができるように考案されている。人為的形態には単郭型・複郭型陣屋があり、さらに中核型・偏心型陣屋、町屋を堀や土塁で囲む総郭型（総構え）の陣屋もみられる。

（1）自然的形態
　主として地形に左右され、平城型は平野部に、山城型は山地に、平山城型は丘陵が存在する場所に、水城型は海岸または湖岸に立地する場合が多い。陣屋は江戸時代に入ってから建設されているので、平野部や交通至便な場所に建設され、その大部分は平城型陣屋である。特に関東は平地部分が広く、街道筋や往還沿いに陣屋を設けている場合が多い。東

北においても同じである。

① 平城型陣屋

　東北では、大部分の陣屋は往還（街道）に沿って建設され、往還から離れた場所に存在するのは出羽亀田と出羽矢島陣屋である。亀田は衣川が形成した谷底平野にあり、矢島は盆地の山麓台地で、ともに平城型に属する。

　関東の山麓周辺に存在する陣屋では山地部分を避け、わずかな平地部分に建設された場合（下野茂木）もあり、大部分が街道（往還）に沿って設置されている。したがって、関東の陣屋は下野黒羽を除き、全てが平城型陣屋である。

② 山城型陣屋

　調査地域の山城型陣屋は下野黒羽のみであるが、周辺地域との比高は50〜60m位で、標高差が平山城型陣屋より少し高い程度である。藩主の大関氏は外様大名であるが、徳川家康の会津攻め（上杉征伐）の最前

国	居所	自然的形態	人為的形態	備　　考
陸奥	黒石	平城型	単郭偏心型	
	八戸	平城型	3郭偏心型	城主格
	一関	平城型	単郭偏心型	
	下手渡	平城型	単郭中核型	町割なし、町場34戸
	湯長谷	平城型	単郭中核型	町割なし、町屋30軒
	泉	平城型	2郭偏心型	城主格
出羽	亀田	平城型	3郭中核型	城主格
	矢島	平城型	単郭偏心型	高直り大名
	天童	平城型	単郭中核型	
常陸	麻生	平城型	単郭中核型	
	志筑	平城型	単郭中核型	高直り大名、町割なし
	牛久	平城型	単郭偏心型	町屋へ1km
	谷田部	平城型	単郭偏心型	
	下妻	平城型	単郭偏心型	
下野	黒羽	山城型	3郭中核型	城郭式陣屋
	喜連川	平城型	単郭中核型	10万石格
	茂木	平城型	単郭偏心型	
	佐野	平城型	単郭偏心型	城主格、町屋なし
	足利	平城型	単郭偏心型	
上野	伊勢崎	平城型	2郭偏心型	総郭型陣屋
	七日市	平城型	単郭偏心型	
	小幡	平城型	2郭中核型	城主格

表98　調査陣屋の形態

線の基地として、徳川氏の膨大な援助で城を拡幅した。大関氏は無城大名であるため、正式には城と呼ばれず陣屋であるが、実際は城そのものである。

（2）人為的形態

人為的な形態は藩主や重臣の意向、および建設費用によって決定されたもので、主として単郭型陣屋と複郭型陣屋に区分される。さらに武家地に占める陣屋の位置によって、中核型陣屋と偏心型陣屋に分類でき、家臣団の屋敷配置によっても幾つかに区分できる。

①　単郭型陣屋と複郭型陣屋

単郭型陣屋とは、一つの平面に御殿および主な公的建物を配置した陣屋である。複郭型陣屋は二つ以上の平面をもつ陣屋で、主郭に御殿、他の郭に隠居所や種々の公的建物を配置する場合が多い。

ⅰ）単郭型陣屋

単郭型陣屋に属するのは16陣屋で、東北では黒石・一関・下手渡・湯長谷・矢島・天童となり、北関東では麻生・志筑・牛久・谷田部・下妻・喜連川・茂木・佐野・足利・七日市である。単郭陣屋の藩主は一関の3万石、天童の2万石を除けば、いずれも2万石未満の大名陣屋となる。

ⅱ）二郭型陣屋

二郭型陣屋に属するのは3陣屋あり、東北では泉、北関東では伊勢崎・小幡で、いずれも2万石大名であった。泉陣屋の本郭は御殿とその付属建物および庭園で、北郭には藩校「汲深館」の他、5棟の建物を記載する。伊勢崎陣屋の本丸には御殿が、剣崎郭は樹林をなす。小幡陣屋は内郭と外郭に分かれ、内郭には御殿の他、九間長屋・桶屋長屋などがあり、外郭には作事小屋・六間長屋・拾九間長屋等が存在した。

ⅲ）三郭型陣屋

これに属する陣屋としては、東北の八戸・亀田の2陣屋町で、北関東には存在しない。八戸は本丸の南側に無名の郭があり、ここに厩と馬場が、本丸は御殿と作事小屋・庭園、内丸には豊山寺・おかみ神社とその別当法善院および重臣屋敷が存在した。亀田では最も北の郭に土蔵や倉庫・会所・櫓、中央の郭には二層櫓・平櫓・土蔵など、最も奥の郭は御

殿と庭園である。

iv）四郭型陣屋

　四郭型陣屋としては、黒羽陣屋が存在するのみである。黒羽は無城大名であるため陣屋と呼ばれているが、実際は城である。堀に架かる廊下橋を渡ると櫓門があり、土塁に囲まれた本丸には御殿と庭園・物見櫓が、中ノ丸に4棟の土蔵、二ノ丸（北ノ丸）には数戸の武家屋敷と蔵が存在した。三ノ丸は堀や土塁で三つに区分され、北の三ノ丸には鎮国社と二階土蔵・武家屋敷、東の三ノ丸は帰一寺・会所と武家屋敷、南の三ノ丸には藩校（作新館）と武家屋敷が存在していた。表向きは四郭型陣屋であるが、実際は六郭型である。

②　中核型陣屋と偏心型陣屋

　武家地に占める陣屋の位置によって、中核型陣屋と偏心型陣屋に区分することができる。

i）中核型陣屋

　中核型陣屋は武家地の中央に陣屋が存在し、陣屋の周囲に武家屋敷を配置している。中には陣屋の三方に武家屋敷が存在し、一方のみが堀や崖または山地となっている場合も中核型陣屋として扱った。東北では下手渡・湯長谷・亀田・天童、北関東の麻生・黒羽・喜連川・小幡の8陣屋町がこれにあたる。

ii）偏心型陣屋

　偏心型陣屋は武家地の一方に陣屋が存在し、他方に武家屋敷があって、武家屋敷で陣屋を囲っていない。これに属するのは、東北の黒石・八戸・一関・泉・矢島、北関東では志筑・牛久・谷田部・下妻・茂木・佐野・足利・伊勢崎・七日市の14陣屋町である。

③　武家屋敷地

　武士の居住方法はそれぞれの藩によって異なるが、大別して以下のように、3種に区分することができる。

i）家臣の大部分が郭内に居住する場合

　比較的広い郭内をもつ陣屋で、堀や土塁に囲まれた武家屋敷地に家臣の大部分が居住している。しかし北関東の譜代大名は江戸駐留が長く、

家臣団の大半が江戸定居の場合が多い。その場合は国元に長屋住居の武士が多く、狭い陣屋でも、武士の大部分が郭内に居住することができる。下手渡・泉・矢島・天童・麻生・志筑・牛久・谷田部・下妻・黒羽・茂木・足利・七日市がこれにあたる。

ⅱ）武士の大部分が郭外に居住する場合

郭内の面積が狭いか、陣屋町居住の家臣数が多い陣屋町で、これにあたるのは黒石・八戸・一関・湯長谷・亀田・喜連川・伊勢崎である。うち湯長谷・喜連川・伊勢崎は郭内面積が狭く、八戸・一関・亀田は家臣数が表高に比して非常に多い。

ⅲ）大半の武士が町人や農民と混住する場合

これに属するのは黒石のみで、黒石藩には領内の小湊にも陣屋があり、ここに多くの家臣を配置し、さらに下級武士や足軽を在所に居住させていた。

④　町屋

陣屋が設置される前から存在した町場、陣屋が町場の近距離に設置された場合、陣屋に町屋・町場が存在しない陣屋町に区分できる。また、武家屋敷や軽輩屋敷で町屋を囲んだ陣屋町もある。

ⅰ）以前から存在する町屋に接続して陣屋が建設された場合

これに属する陣屋町が最も多く、在町として成立した町場が多い。宿場や湊町として建設された町場も存在する。

黒石は津軽平野東部で、三戸（南部氏の居城）・青森・弘前への交点として発展していた。そこへ弘前藩の分家が陣屋を構えたが、大名となったのは文化6年である。したがって、武家屋敷地の面積は狭い。

八戸は、盛岡藩の外港として建設された町場の近くに、盛岡藩の分家が陣屋を構えた。江戸末期の町場は表町9町、裏町7町、他に枝町もでき、2万石大名としては大きな町屋であった。

一関は奥州街道沿いにできた小さな町場に、仙台藩支藩の陣屋が建設された。江戸末期においても町屋規模はあまり大きくはない。

矢島は盆地中央に位置し、小さな在町が形成されていた場所に八森城が建設され、江戸時代に入ってから城跡に陣屋ができた。

　天童は羽州海道の宿場町で、山形北方では大きな宿であった。天保元年（1830）、この宿場に寄生するように陣屋が建設されたが、40年余りで廃藩となった。

　下妻は中世末期から在町として栄えていた所に、多賀谷城が建設された。江戸中期には、城の一郭に陣屋を設けた。

　喜連川は奥州街道の宿場町で、表高5,000石（武鑑では無高）であるが、幕府から種々の特権を与えられた10万石格の陣屋が存在した。

　茂木は茂木氏の城下であるとともに、下野東部の在町でもあった。江戸初期に陣屋が設けられたが、わずか数年で廃藩となり、明治4年に再度陣屋を設置するが、まもなく廃藩となる。しかし江戸時代を通じ、飛地領役所として陣屋は永続していた。

　足利は在町であるとともに、鑁阿寺の門前町として賑わっていた。江戸中期にこの町屋に寄生するように陣屋が建設された。

ii）陣屋の建設に伴ってできた町屋

　これに属する陣屋町には、町割を施した町屋と、町割をしていない町屋が存在する。町割を施した陣屋町としては、泉・亀田・麻生・谷田部・黒羽・伊勢崎・七日市・小幡の8陣屋町がある。町割をしていない町屋は、陣屋が建設されるにおよび、自然発生的に商店ができたと考えられ、これに属するのは下手渡・湯長谷・志筑で、町屋規模が極めて小さな陣屋町である。

iii）以前から存在した町屋の近くに陣屋が建設された場合

　これにあたるのは牛久陣屋のみで、町場は水戸街道の宿場を兼ね、牛久陣屋から1.5km離れた場所である。

iv）町屋が存在しない陣屋町

　町場が存在しないのは佐野のみで、陣屋が建設されたのが文政9年である。近くの町場は例幣使街道の「天明町・小屋町」で、植野陣屋から3.5kmの距離がある。この宿場町は例幣使街道の中では最も規模が大きく、商店数も多いことから、敢て陣屋周辺に町場を形成しなかったのであろう。

v）武家屋敷や軽輩屋敷で町屋を囲んだ陣屋町

　調査地域でこれにあたるのは、八戸・一関・亀田の3陣屋町に過ぎな

い。いずれも2万石以上で、幕府の軍役人数より多くの家臣を抱えていた。家臣数が少ない1万石大名では、町屋を囲むだけの武家戸数はない。

⑤　総郭型（総構え）陣屋

　総郭型陣屋は総構えの陣屋とも呼ばれ、町屋を含む陣屋町全域を土塁や堀で囲い、町全体が防御的な構成となっている。このような形式は城下町では多くみられるが、陣屋町では全国的に見ても例が少ない。調査地域では伊勢崎がこれにあたる。

4、藩領と家臣団

　各大名は幕府から与えられた藩領と、表高に見合う家臣団を抱えているのが原則である。しかし幕府の軍役人数を大幅に超える家臣を抱えた大名、軍役人数に満たない藩も存在していた。

（1）藩領

　藩領とは幕府から与えられた所領であるが、各大名は陣屋が存在する国に半分以上の藩領が存在するとは限らず、2～5国にまたがる飛地領を抱えている藩も多い。しかし調査地域では、最大2国への飛地領であった。これらの藩では飛地領陣屋（役所）を置き、数人から10数人の家臣を派遣していた。

① 飛地領のない藩

　これに属するのは13藩で、うち黒石・八戸・一関・伊勢崎・七日市は分家大名であり、亀田は秋田藩が幕府に対し、亀田藩を秋田近くへの転封を願い出たものである。天童は幕末に陸奥1国に藩領が集中し、寛政12年に藩領の大部分を天童周辺に集められた。黒羽は戦国時代からの地侍で、喜連川はわずか5,000石の領地、矢島・志筑は高直り大名である。

② 1ヵ所の飛地領を有する藩

　これに属するのは5藩あり、下手渡は三池から転封してきた大名で、嘉永元年に藩領の半分を筑後に戻された。湯長谷は平藩の分家で、貞享

国	居所	藩主	親疎別	表高（石）	藩　　領	備　　考
陸	黒石	津軽	外様	10,000	陸奥	6,000石は宗家からの廩米
	八戸	南部	外様	20,000	陸奥	城主格
	一関	田村	外様	30,000	陸奥	
奥	下手渡	立花	外様	10,000	陸奥・筑後	
	湯長谷	内藤	譜代	15,000	陸奥・丹波	
	泉	本多	譜代	20,000	陸奥・武蔵・上野	城主格
出	亀田	岩城	外様	20,000	出羽	城主格
	矢島	生駒	外様	15,200	出羽	高直り大名
羽	天童	織田	外様	20,000	出羽	
常	麻生	新庄	外様	10,000	常陸	
	志筑	本堂	外様	10,110	常陸	高直り大名
	牛久	山口	譜代	10,017	常陸・下総	
陸	谷田部	細川	外様	16,300	常陸・下野	
	下妻	井上	譜代	10,000	常陸・武蔵・下野	
下	黒羽	大関	外様	18,000	下野	
	喜連川	喜連川	譜代	5,000	下野	足利氏の末裔
野	佐野	堀田	譜代	16,000	下野・上野・近江	城主格
	足利	戸田	譜代	11,000	下野・武蔵	
上	伊勢崎	酒井	譜代	20,000	上野	
	七日市	前田	外様	10,014	上野	
野	小幡	松平	譜代	20,000	上野	城主格

表99　戊辰戦争前における調査大名の藩領（但し、高直り大名は明治元年）

４年に大坂定番となり、加増されたのが飛地領である。谷田部は熊本藩
の分家で、最初は下野（茂木）のみであったが、大坂の陣での功労により、
常陸で加増された。牛久・足利は、最初から本国と隣国に領地があった。

③　２ヵ所の飛地領を抱える藩

　泉の本多氏は陸奥国の藩領で入部したが、老中格となるにおよび武蔵・
上野で加増され、飛地領が２国となった。下妻井上氏は2,000石を加増
されて大名となり、それまで美濃・信濃・甲斐・相模４国を、常陸・武蔵・
下野に改められた。佐野の堀田正敦は寛政２年に若年寄となり、文政12
年に上野・近江で3,000石の加増を受けた。

（2）家臣団

　いずれの藩でも、江戸初期・中期・後期・末期と家禄の与え方も異な
るし、家禄の増減もあり、家臣数も変化する。一般的に、初期に比べ、
後期になるほど最高禄が少ない。しかし、江戸初期・中期・後期・末期

の分限帳が現存している藩は殆どない。そこで江戸後期～明治2年の分限帳が存在する藩を、5千石・1万石・1万5千石・2万石・3万石・高直り大名に区分し、家禄とその人数を比較した。

①　10万石格の5千石大名喜連川家

　大名とは万以上の諸家を指すが、喜連川家は足利氏の系列で、豊臣秀吉によって再興された名家である。徳川幕府においても客分扱いを受け、5千石であるが10万石格として、種々の特権を与えられていた。全国で万石未満の大名は、喜連川氏のみである。いずれの武鑑をみても、10万石大名の末尾に記されるが、所領高の記載はない。

　記載した家臣団は年不詳とあるが、その内容から江戸後期～幕末のものと推測する。最高禄は200石、次いで170石となり、50石以上が8人

家	禄	人数	備　　考
知	200石	1	家老
	100～170石	3	家老
	50～100石未満	4	若家老
行	25～50石未満	5	若家老・中老・隠居
	10～25石未満2人扶持	25	中老・給人・近習
扶	5～7人扶持1.5～5両	4	給人
持	1人扶持3両～2人扶持	11	近習・隠居
記　載　な　し		1	江戸留守居（中老）
歩	7～15石	40	江戸26人、御番18人
	3人扶持4両	1	
行	6石	9	内容の記載がない
同心	7石	86	江戸26・御番18人を含む
中間	6石	24	道具・草履取・厩
20人者	籾6俵1両	30	
50人者	籾10～12俵	28	畳屋、杣取
計		272	

表100　江戸後期における10万石格の5千石大名喜連川家（年不詳）

で、他の家臣の家禄は極めて少ない。10石以上の知行取、および扶持給は給人・近習などで、以上54人が上・中級武士にあたる。家老・若家老・中老の人数が多い。下級武士がなく、歩行の7～15石が足軽、6石が中間であろうと思われる。20人者は何者であろうか。50人者は商人

や出入人と推測する。歩行以上の 164 人が家臣と考えてよかろう。5,000石にしては最高禄が多く、家臣数も多いのは、10 万石格という家格によるものと考えられる。しかし所領は 5,000 石分しかないため、各家臣の家禄借上げ率が高く、200 石の家老の借上げ率は 81％で、知行 17 石でも 19.4％の借上げである。

②　１万石大名の家臣団

　江戸後期から明治初期にかけての家臣団については、分限帳が存在する５藩を比較することができ、足軽以下を記載しない藩が存在するので、徒士を含む士分を対象とした。総士分数は黒石が最も多くて 222 人、次いで下手渡となり、牛久が 73 名で最も少ない。家禄の与え方は藩によって異なり、足利を除けば、いずれの藩も複雑な家禄となっている。現米および俵取・金給には、扶持の付く場合が多い。

　最高禄をみると、牛久が 500 石で２～３万石大名の家老の家禄に匹敵し、

	家 禄	黒　石 （文久1）	下手渡 （文政2）	牛　久 （明治3）	足　利 （文久3）	七日市 （文化6）
知 行 取	500 石			1		
	400 石					
	300 石		1			
	200～300 石未満		2			
	100～200 石未満	2	1 1	6		7
	50～100 石未満	1 1	2 2	3		1 3
	25～50 石未満	2 1		6		
現 米 取	10～20 石未満		2 1			
	5～10 石未満		3 2	2 0		
	5 石未満			2 1		
扶 持 取	10～20 人扶持未満			1		1
	5～10 人扶持未満	3	5	3		1 1
	5 人扶持未満	5 6	1 2			1 2
俵 取	100 俵				2	
	50～100 俵未満				7	
	25～50 俵未満	6 0	7	1 1	8 7	2
	25 俵未満	4 5	1 8		2 7	1
金 給	5～10 両未満	1 5				3 5
	5 両未満	9	3 6	1		5 1
記　載　な　し			1		1 0	1
計		2 2 2	1 6 8	7 3	1 3 3	1 3 4

表 101　江戸後期～明治初期における１万石大名の家臣団

次いで下手渡の 300 石となり、黒石・七日市は 170 石、足利は 100 俵（知行 100 石と同じ）である。

　これら 1 万石大名の家臣のうち、知行 50 石以上・10 人扶持以上・50 俵以上を上級武士と仮定し、5 〜 9 人扶持と現米・俵取・金給については、付加された扶持米を勘案し、10 石以上を中級武士、10 石未満を下級武士として各藩の比較をした。但し、あくまでも表記された家禄であって、江戸後期には各藩で上米・借上げ・半知などが行われているので、実際の支給額とは大きく異なる。

　黒石の上級武士は 12 人（5.4％）、中級武士 84 人（37.8％）、下級武士 119 人（53.6 ％）となり、上級武士の比率が極めて低い。

　下手渡藩の上級武士は 36 人（21.4％）、中級武士 33 人（19.6）、下級武士 98 人（58.3％）で、上級武士が多い分だけ、中級武士が少ない。三池から下手渡へ左遷され、米の生産量が少なくなり、家臣の家禄を大幅にカットした。300 石の家老は「三ツ五分」で 105 石、105 石の「二分六厘」支給で、実際の支給額は 27 石 3 斗であった。

　牛久の上級武士は 11 人（15.1％）、中級武士 19 人（26.0％）、下級武士 42 人（57.5％）となる。家臣数は極めて少ないが、ほぼ平均的な士分配置である。

　足利の上級武士は 11 人（8.3％）、中級武士 87 人（65.4％）、下級武士 27 人（20.3％）である。上級武士と下級武士が少なく、中級武士が異常に多い。

　七日市藩の上級武士は 21 人（15.7％）、中級武士 48 人（35.8％）、下級武士 64 人（47.8％）となる。中級武士が少し多く、下級武士がやや少ない。

③　1 万 6 千石大名の家臣団

　これにあたるのは谷田部（茂木）藩のみで、家臣総数は 254 人である。幕末とはいえ、家臣総数は少ない。最高禄は 300 石で、200 石以下および金給にはすべて扶持が付く。知行取（50 石以上）と 10 人扶持以上・58 俵の 38 人（15.0％）は、家老・用人・徒士頭・給人などで、上級武士として扱われている。中級武士は 5 両 3 人扶持以上の 40 人（15.7％）である。5 人扶持未満・5 両未満 1 〜 2 人扶持・2 俵・銀は下級武士および足

	家　　　禄	人数	備　　　考
知	300 石	1	留守居
	200 石 5 人扶持	1	家老
	150 石 8 人扶持	2	家老、用人
行	100 石 3 人扶持	9	用人、徒士頭、給人
	50 石 3 人扶持	4	用人、給人
扶	15 人扶持	2	用人、給人
	10〜14 人扶持	1 8	用人、側詰、給人、嫡子
持	5 人扶持未満	1 4	
俵	58 俵	1	給人
取	2 俵	9	
金	黄金 1 枚 3 人扶持	2 0	
	5〜6 両 3 人扶持	2 0	
給	5 両未満 1〜2 人扶持	1 5 1	
銀	10 枚	1	
無　　　　給		1	
計		2 5 4	

表 102　嘉永元年における 1 万 5 千石大名（谷田部藩）の家臣団
（他に寺社 6、江戸出入 24、谷田部出入 1、茂木出入 6、
奥向 13 の計 50 人を記載する）

軽以下で、総数 176 人（69.3％）の多きにのぼる。他に寺社 6・江戸出入
人 24・谷田部出入人 1・茂木出入人 6・奥向 13 の計 50 人を記載する。
家禄の少ない家臣が多いのは、足軽以下を含むためである。

④　2 万石大名の家臣団

　江戸後期以降の分限帳が存在するのは 6 藩で、うち 4 藩は東北地方、
北関東は 2 藩である。これらの家臣団のうち、知行 50 石以上・10 人扶
持以上を上級武士、知行 25 〜 50 石未満・現米 10 〜 20 石未満・5 〜 9
人扶持および 3 人扶持 4 〜 7 両・15 〜 20 俵 2 〜 3 人扶持以上・10 〜 20
駄・5 〜 8 両 3 〜 5 人扶持以上を中級武士、現米 10 石未満・5 両 2 〜 3
人扶持を下級武士として比較した。

　先ずは徒士を含む士分総数であるが、亀田が異常に多く、次いで八戸
となり、他は 160 〜 210 人となる。特に亀田では、無禄（士分の嫡子）45 人、
家禄の記載なし 22 人は士分として扱われ、徒士の 117 人は士分として
扱われず、小頭 54 人・職人 23 人・町村役人 30 人、御流格 54 人で、以
上が御目見格である。他に足軽 160 人、中間 60 人、新足軽 70 余名となり、

	家禄	八戸 文久以降	泉 慶応3	亀田 嘉永4	天童 万延1	黒羽 文化年間	小幡 年不詳
知行取	500石					1	1
	400石	2				1	
	300～400石未満	2	1		2	3	
	200～300石未満	12	4		3	11	3
	100～200石未満	69	8		29	14	6
	50～100石未満	60	13		8	4	30
	25～50石未満	14			3		
現米	10～20石未満		25				
	10石未満		37				
扶持取	30～35人扶持			9	1		
	20～30人扶持未満			6	26		
	10～20人扶持未満		6	51	3	18	18
	5～10人扶持未満			149	20	7	
	3人扶持4～7両					12	
	5人扶持未満		3	24		89	1
俵取	25～50俵		1		1		
	15～20俵2～3人扶持						74
	25俵未満		30				
	9～13俵2人扶持						49
切米	10～20駄	7					
	10駄未満	106					
金給	10～20両未満	1					
	5～8両3～5人扶持	101	64		29		
	5両未満2～3人扶持				76		
記載なし（無禄を含む）			1	238	8		
計		374	193	477	209	160	182

表103　江戸後期～明治初期における2万石大名の家臣団

家臣総数が830余人で、職人・町村役人の53人を除いても、幕府軍役人数の2倍近い人数となる。他の藩については、足軽以下は不明である。

　八戸藩の上級武士は145人（38.8％）、中級武士123人（32.9％）、下級武士106人（28.3％）となり、その比率は上級武士・中級武士が高く、下級武士は異常に低い。

　泉藩の上級武士は32人（16.6％）、中級武士90人（46.6％）、下級武士70人（36.5％）となる。中級武士の比率が高い分、下級武士の比率が低い。

　亀田の上級武士は66人（13.8％）、中級武士149人（31.2％）、下級武士262人（54.9％）で、標準的な比率となっている。

　天童の上級武士は72人（34.4％）、中級武士53人（25.3％）、下級武士

84人（40.2％）となり、上級武士の比率が高く、中級武士・下級武士の比率がやや低い。

　黒羽の上級武士は52人（32.5％）、中級武士19人（11.9％）、下級武士89人（55.6％）となる。上級武士の比率が高い分、中級武士の比率が低い。

　小幡の上級武士は58人（31.9％）、中級武士74人（40.7％）、下級武士50人（27.5％）となり、上級武士・中級武士の比率が高い分だけ、下級武士の比率が低くなっている。

⑤　3万石大名の家臣団

　調査地域の3万石大名は、一関藩のみである。知行取には50石未満の者もあり、記載なしの者を入れると103人、扶持取231人、現米取4人、以上338人が士分と考えられる。家禄の記載はないが足軽220人、中間・小者80人、女中9人を記し、総人数647人となる。軍役人数には、士分・足軽・中間・小者などが組み入れられ、さらに上級武士の家臣（陪臣）も含まれる。天保2年に田村左京大夫（7代邦顕）が帰国の際、行列人数の中に家臣48人に対し、家中従者（陪臣）が49人いたことを記載する

家　　禄		人数	家　　禄		人数	足軽以下	人数
知行取	500石	1	扶持取	50人扶持	1	足　軽	220
	400石	1		20〜30人扶持未満	3	仲間・小者	80
	300〜350石	2		10〜20人扶持未満	11	女　　中	9
	200〜300石未満	4		5〜10人扶持未満	74		
	100〜200石未満	20		5人扶持未満	142		
	50〜100石未満	35	現　　　米		4		
	50石未満	34					
	記載なし	6					
計		103	計		235	計	309

表104　安政6年における3万石大名(一関藩)の家臣団（『藩史大事典』の表より作成）

ことから、幕末においても上級武士は家臣（陪臣）を抱えていたことが判明する。

　一関地方は冷害による飢饉が多く、何回も加役や面扶持が行われ、下級武士に至るまで大幅な家禄カットが行われた。それにも拘わらず、何故このような多くの家臣を抱えていたのであろうか。

⑥　高直り大名の家臣団

　これにあたるのは出羽矢島の生駒氏、常陸志筑の本堂氏の2家である。

ともに慶応 4 年（明治元年＝1868）に高直りをして、新政府から大名と認められた。矢島の藩領は 15,200 石、志筑は 10,110 石であるから、矢島は志筑の 1.5 倍の所領である。したがって、家臣数も 1.5 倍となっている。矢島の最高禄は 150 ～ 170 石の 4 人、これに対し志筑は 100 ～ 140 石の5 人である。50 石以上は矢島の 16 人、志筑の 14 人で、よく似た数を示す。扶持取は矢島の 114 人、志筑はわずか 19人で、志筑の扶持取はすべて5 人扶持以下となる。金給は矢島の 7 両が 1 人に対し、志筑は 56 人が全て 5 両 2 ～ 3 人扶持である。矢島の俵取は 10人で、60 ～ 70 俵の 3 人は知行 60 ～ 70 石に相当する。志筑の俵取は 30 俵 3 人扶持と 2俵の 2 人に過ぎない。

　知行 50 石以上・60 ～ 70 俵を上級武士、知行 30 石・6 ～8 人扶持・5 両 2 ～ 3 人扶持・20 ～ 40 俵を中級武士、5 人扶持以下・5 両未満・20 俵未満は下級武士といえる。矢島の上級武士は 19 人（13.3%）、中級武士 21 人（14.7%）、下級武士 103 人（72.0%）となる。志筑では上級武士 14 人（15.2%）、中級武士 14 人（15.2%）となり、下級武士 64 人（69.6%）である。上級武士・中級武士・下級武士の割合は、矢島・志筑両藩はよく似た数値を示すが、ともに下級武士の比率が極めて高い。

家		矢島	志筑
禄		明治 2	慶応 1
知行	150～170 石	4	
	100～140 石	3	5
	50～90 石	9	9
	30 石	1	
扶持	6～8 人扶持	1 4	
	5 人扶持以下	1 0 0	1 9
現米	10 石	1	1
俵	60 俵・70 俵	3	
	40 俵	1	
	30 俵 3 人扶持		1
	20～28 俵	3	
	20 俵未満	3	
	2 俵		1
金	7 両	1	
	5 両 2 ～ 3 人扶持		5 6
	5 両未満		
記　載　な　し		3	
計		1 4 6	9 2

表 105　高直り大名の家臣団（矢島＝『生駒藩史』、志筑＝本堂家文書より作成）

5、幕府の要職に就いた大名

　喜連川および高直り大名を除き、調査地域内の陣屋町には譜代大名8家、外様大名11家が存在した。転封などにより藩主が入れ替わったのは、小幡藩の前半は外様の織田家、後半は譜代の松平家である。泉藩は内藤・板倉・本多の3家が交代し、他の藩では転封がない。

　譜代大名では、8家とも幕府の要職につき、その人数は22人に及ぶ。これは8家で79人の藩主のうち27.8％にあたり、譜代大名の1／4以上は幕府の要職に就いたことになる。これに対し外様大名では、麻生藩を除けば、各藩は1名が幕府の要職に就いているのみである。11家の延べ藩主102人中、幕府の要職に就いたのはわずか9人で、8.8％に過ぎない。黒石・亀田・天童の3藩では、幕府の要職に就いた者はいない。

国	居所	藩主	親疎別	側用人	奏者番	若年寄	老中格	寺社奉行	老中	大番頭	書院番	軍奉行
陸奥	八戸	南部	外様	直政								
	一関	田村	外様		建顕							
	下手渡	立花	外様			種恭	種恭			種恭		
	湯長谷	内藤	譜代							政亮		
	泉	内藤	譜代		正親	正親						
	泉	板倉	譜代		勝清	勝清		勝清				
	泉	本多	譜代	忠籌	忠徳 忠紀	忠徳 忠紀			忠紀		忠籌	
常陸	麻生	新庄	外様	直定 直計						直規 直計	直時	
	牛久	山口	譜代		重政					重政 弘豊 弘長 弘致		
	谷田部	細川	外様							興建		
	下妻	井上	譜代		正長 正教			正長		正教		
下野	黒羽	大関	外様			増裕						増裕
	佐野	堀田	譜代		正衡	正敦 正衡				正敦		
	足利	戸田	譜代		忠言					忠行		忠行
上野	伊勢崎	酒井	譜代		忠能 忠告							
	小幡	松平	譜代		忠恒 忠福 忠恵 忠恕	忠恒 忠福 忠恵	忠恒		忠恕			

表106　幕府の要職に就いた大名（城番・城加番を除く）

　幕府の要職をみると、奏者番が最も多く 17 名、次いで若年寄・大番頭の各 12 名となり、老中および老中格は各 1 人に過ぎない。以上から、小藩大名が就く幕府の要職は奏者番・若年寄・大番頭が主体であることが判る。軍奉行とは、陸軍奉行および海軍奉行を指す。

　1 人の大名で 3 種の要職に就いたのは 5 人である。下手渡（外様）の立花種恭は幕末に大番頭となり、若年寄へと進み、慶応 4 年には老中格となった。泉の板倉勝清は奏者番、さらに寺社奉行・若年寄へと進む。泉の本多忠籌は若年寄、さらに側用人となり、寛政 2 年（1790）には老中となって、松平定信の寛政の改革に尽力した。同じく泉藩本多忠紀は奏者番兼寺社奉行となり、さらに若年寄へと栄進した。小幡藩松平忠恒は奏者番兼寺社奉行となり、さらに若年寄となる。

　小藩で老中格・老中となった者は稀で、特に外様で老中格となった下手渡藩の立花種恭は異例である。幕末の慶応 4 年（1868）のこととて、他に老中や老中格の成り手がなかったのではなかろうか。

6、陣屋町の現況と武家地の現存遺構

　この項目では、陣屋・武家屋敷地の跡地利用および現存遺構、旧町屋とその周辺部の現況についてまとめてみたい。城主格の陣屋は城として記載した。

　陣屋町の現況については、陣屋町のおかれている自然的位置・人文的環境により大きく左右される。特に、平野部か山間地域か、交通事情・労働市場の有無が、陣屋町の発展・衰頽に大きな影響を及ぼしている。東北諸藩においては、戊辰戦争（慶応 4 年～明治元年＝ 1868）により、奥羽越列藩同盟に加盟した藩、新政府軍に加担した藩がある。列藩同盟に加盟した藩は新政府軍に、新政府軍に加担した藩は列藩同盟軍に攻撃され、陣屋や武家屋敷地・町場が焼き払われた。これにあたるのは、陸奥国の下手渡・湯長谷・泉、出羽国の亀田・矢島・天童である。これらの陣屋町では、武家地の現存建物遺構が少ない。

　現存建物遺構のうち、文化財に指定された建物や、寺社等へ移築された建物は保存修理されるが、個人所有の建物は老朽化し、終には取り壊される運命にあるかも知れない。

（1）陣屋（城）跡の現況と現存遺構

　陣屋（城）跡は、学校をはじめ公的建物用地として利用される場合が多い。その他公園や神社であるが、民家や耕地の場合もある。

　遺構が全く存在しない陣屋、比較的多くの遺構が現存する陣屋もあり、建物遺構としては、大半は城門（陣屋門）であるが、その大部分は移築されている。

①　東北の陣屋跡と現存遺構

　陸奥国の陣屋跡と現存遺構をみると、黒石陣屋跡は公的建物と公園・神社で、陣屋表門は旧陣屋内の黒石神社神門として移築されている。八戸城跡は公的建物と公園・神社、現存建物遺構としては二つの城門が存

国	陣屋町	跡　地　利　用	現　存　遺　構
陸奥	黒石	公的建物、公園、神社	陣屋表門
	八戸	公的建物、公園、神社	城門（2）
	一関	公的建物、住宅地	庭園の一部、陣屋門（2）
	下手渡	民家、耕地	石垣の一部
	湯長谷	中学校	堀と土塁の一部
	泉	公的建物	城門（1）
出羽	亀田	公的建物、更地	石垣の一部
	矢島	小学校、神社	堀、桜並木
	天童	JR奥羽本線線路、住宅地	遺構なし
常陸	麻生	小学校、幼稚園	土塁の一部
	志筑	荒地	表門、土塁の一部、御殿の一部、女中部屋
	牛久	公園、民家	表門、土塁の一部
	谷田部	小学校、住宅地	表門、御殿式台の屋根
	下妻	高校、公的建物、神社、住宅地	土塁の一部、城山稲荷
下野	黒羽	公的建物、公園	城門（1）、土塁、堀（空堀・水堀）
	喜連川	公的建物	裏門
	茂木	小学校	遺構なし
	佐野	公園、民家、耕地	城門（4）、土塁の一部、庭園の一部
	足利	住宅地	陣屋稲荷、陣屋井戸
上野	伊勢崎	小学校、公的建物	遺構なし
	七日市	高校	陣屋門〈3〉、櫓台の大半、御殿の一部
	小幡	公園	庭園（楽山園）、復元された土塁

表107　陣屋跡の現況と現存遺構

在する。一関陣屋跡は公的建物と住宅地となり、庭園の一部と二つの陣屋門が現存する。下手渡陣屋跡は1戸の民家と耕地となり、低い石垣の一部が残る。湯長谷陣屋跡は中学校で、堀の一部と土塁の一部が現存する。泉城跡は公的建物で、城門一つが残存している。

　出羽国では、亀田城跡は公的建物と更地で、石垣の一部が現存している。矢島陣屋跡は小学校と神社で、堀と桜並木が残る。天童陣屋跡はJR奥羽本線の線路と住宅地であるが、現存遺構は何もない。

② 　北関東の陣屋跡と現存遺構

　常陸国では、麻生陣屋跡は小学校と幼稚園で、土塁の一部が残る。志筑陣屋跡は小学校の移転後は荒地となり、表門・土塁の一部・御殿の一部・女中部屋が現存する。牛久陣屋跡は公園と民家となり、表門・土塁の一部が残る。谷田部陣屋跡は小学校と住宅となり、表門と御殿式台の屋根が存在している。下妻陣屋跡は広く、高校・公的建物・神社・住宅地となり、土塁の一部と城山（下妻）稲荷が現存する。

　下野国では、黒羽城址は公的建物用地と公園として利用され、一つの城門と土塁・空堀・水堀が残る。喜連川陣屋跡は公的建物として利用され、裏門が現存する。茂木陣屋跡は小学校となるが、陣屋遺構はない。佐野城跡は公園・民家・耕地となり、四つの城門・土塁の一部・庭園の一部が残る。足利陣屋跡は住宅地となり、陣屋稲荷と陣屋井戸が残存する。

　上野国では、伊勢崎陣屋跡は小学校と公的建物用地となるが、遺構は存在しない。七日市陣屋跡は高校となり、三つの陣屋門・櫓台の大半・御殿の一部が現存する。小幡城跡は公園となり、大名庭園（楽山園）が整備され、復元された土塁がある。

（2）武家屋敷地跡の現況と現存遺構

　廃藩後、武家屋敷地跡は武士の所有地となったが、士族の離散により、空いた土地に公的建物が建設された町も多い。戊辰戦争で灰燼に帰した陣屋町では、現存建物遺構が少ない。各建物遺構は建設以来150年以上を経過しているので、文化財に指定されるか、寺社や市・町に寄贈されなければ、維持が困難となり、何時かは取り壊される運命にある。

①　東北の武家屋敷跡の現況と現存遺構

　陸奥国では、黒石の武家屋敷地跡は公的建物と住宅となり、旧箕輪田家住宅が現存し、国指定の文化財となっている。八戸は住宅地となって、南部家表門、船越家の門など、3〜4棟の武家門が存在する。一関では公的建物と住宅地となり、幕末に家老を務めた沼田家住宅が市に寄贈され、文化財として一般に公開されている。下手渡は数戸の民家と耕地で、大半が荒地となり、低い石垣の一部と陣屋井戸が残る。湯長谷は住宅地となり、土塁と堀の一部が現存している。泉は住宅地で、現存遺構は無い。

国	陣屋町	跡 地 利 用	現 存 遺 構
陸	黒石	公的建物、住宅地	武家住宅（1）
	八戸	住宅地	武家門（4）
	一関	公的建物、住宅地	家老住宅
	下手渡	民家、畑、荒地	石垣の一部、陣屋井戸
奥	湯長谷	住宅地	土塁と堀の一部
	泉	住宅地	遺構なし
出	亀田	住宅地、耕地、更地	武家住宅（2）、お抱え鍛冶住宅
	矢島	公的建物、住宅、更地	石垣の一部、
羽	天童	小学校、住宅地	遺構なし
	麻生	住宅地	家老の門と住宅
常	志筑	民家、耕地、荒地	郷蔵（雪入）
	牛久	民家、耕地、荒地	遺構なし
陸	谷田部	住宅地	遺構なし
	下妻	武家屋敷地なし	遺構なし
	黒羽	小学校、更地	土塁、空堀、武家住宅（1）、武家門（1）、寺院
下	喜連川	住宅地	御internal堀、寒竹囲の生垣、武家住宅（1）
	茂木	公的建物、住宅地	遺構なし
野	佐野	武家屋敷地なし	遺構なし
	足利	住宅地	遺構なし
上	伊勢崎	公的建物、住宅地	同聚院の武家門
	七日市	住宅地	武家門（2）
野	小幡	小学校、中学校、民家、耕地	山田家の桝形、武家住宅（2）、武家庭園（2）

表108　武家屋敷地跡の現況と現存遺構

　出羽国では、亀田の武家屋敷跡は住宅地となるが耕地や更地も多く、農水省農山村助成金によって建設された野外博物館に、戊辰戦争の戦火から逃れた武家住宅2戸とお抱え鍛冶屋敷が移築保存される。矢島は公的建物と住宅・更地となるが、石垣の一部が残る程度で、戊辰戦争前の建物遺構は存在しない。天童は小学校と住宅地であるが、現存遺構は無い。

②　北関東の武家屋敷地跡と現存遺構

　常陸国では、麻生の武家屋敷跡は住宅地となり、家老の門と住宅が保存され、一般に公開されている。志筑は民家と耕地おとび荒地となり、雪入集落には郷蔵が残る。牛久は数戸の民家と耕地および荒地となり、現存遺構は無い。谷田部は住宅地となり、現存遺構はない。下妻にはもともと武家屋敷地がなかった。

　下野国では、黒羽の武家屋敷地は小学校と数戸の民家および更地となり、土塁・空堀と大沼家の武家門および武家住宅1戸が現存し、国指定の文化財「大雄寺」が存在する。喜連川は住宅地であり、御用堀・寒竹囲の生垣および武家住宅1戸が現存する。茂木では公的建物と住宅地となるが、現存遺構は残存しない。佐野には元から武家屋敷地がない。足利は住宅地であるが、現存遺構はない。

　上野国では、伊勢崎の武家屋敷地跡は公的建物と住宅地となり、同聚院の武家門が存在する。七日市は住宅地となり、2軒の武家門が現存する。小幡は小学校・中学校と民家および耕地となり、山田家の桝形・2戸の武家住宅・2戸の武家庭園が残る。

（3）旧町屋の現況とその周辺

　旧町屋については、大半が停滞か、衰頽している。中には住宅地として開発された町もあれば、都市の中心部として発展している町も存在する。周辺部は工業化や都市化により大きく発展した都市がみられる一方、農村化して衰頽した町も多い。元から町屋が存在しなかった陣屋町もみられる。

①　東北の旧町屋の現況とその周辺部

　陸奥国では、黒石は津軽平野東部の中心町であったが、東北本線から離れ、JR黒石線も廃線の憂き目をみ、弘南鉄道線が存続するも、旧町屋は停滞し、周辺部が拡大したが、全体的には停滞している。黒石には元禄時代に総延長4,800mあった「こみせ」が、現在は約600mとなり、うち400mが中町で連続するため、「重要伝統的建造物群保存地区」に指定された。八戸は旧表町は発展しているようであるが、裏町はさびれ、

沿岸部に大企業が立地し、戦後は東北第一の重工業都市となり、大いに
発展した。一関は旧町屋が停滞し、周辺部が拡大して、岩手県南の中心
都市となり、全体的には発展したようである。下手渡は町割がなされず、
元々町屋は30軒余りで、現在では商店も殆どなく、農山村となって大
きく衰頽している。湯長谷も町割はされず、30軒前後の町屋であったが、
酒造工場が1軒存在するのみで、周辺部は大々的に住宅開発がなされ、
住宅地として発展している。泉の旧町屋は停滞しているが、陣屋北部で
多くの住宅が開発され、沿岸部は小名浜臨海工業地域の中心となり大き
く発展した。

　出羽国では、亀田は奥羽本線から離れ、バス交通にも恵まれず、公的

国	陣屋町	旧　　町　　屋	周　辺　部	全　体
陸 奥	黒石	重要伝統建築物保存地区（こみせ）、停滞	拡大	停滞
	八戸	表町繁栄、裏町衰頽	重工業都市化	大きく発展
	一関	停滞	拡大	発展
	下手渡	農村化、荒廃	農山村	大きく衰頽
	湯長谷	住宅地として発展	住宅地	発展
	泉	住宅、衰頽	住宅地、小名浜臨海工業地域	大きく発展
出 羽	亀田	住宅、耕地、更地、衰頽	農村	大きく衰頽
	矢島	住宅地、停滞	駅前周辺が発展	停滞
	天童	宿場町は衰頽	北東部が拡大	発展
常 陸	麻生	住宅地、停滞	公的建物、住宅	停滞
	志筑	農村化、衰頽	農村	衰頽
	牛久	宿場町は衰頽	住宅地として発展	発展
	谷田部	住宅地として発展	公的建物、住宅地	発展
	下妻	在町の地位低下、衰頽	農村	衰頽
下 野	黒羽	田町・前田は衰頽、向町は発展	農村	停滞
	喜連川	宿場町は衰頽	農村	停滞
	茂木	在町は停滞	農山村	停滞
	佐野	町屋なし	例幣使街道の宿場町は発展	大きく発展
	足利	都市の中心部として発展	周辺部拡大	大きく発展
上 野	伊勢崎	町屋停滞	周辺部拡大	大きく発展
	七日市	町屋停滞	富岡宿は拡大	発展
	小幡	町屋衰頽	農村	停滞

表109　町屋の現況とその周辺

建物も殆どなくなり、町中に更地や耕地がみられ、町は衰頽の一途を辿
る。矢島は盆地の中心であるが、旧町屋は停滞し、駅前周辺がやや開け
た程度で、山間地域の小都市として停滞している。天童の旧宿場町は衰
頽したが、駅前から北東方向へ市街地が拡大し、温泉と将棋の駒で有名

となり、全体的に発展している。

②　北関東の旧町屋の現況とその周辺部

　常陸国では、麻生の旧町屋は停滞するも、旧行方郡の中心地として、周辺部に幾つかの公的建物がみられるが、全体的には停滞している。志筑の旧町屋に町割をされず、今も純農村的な景観を示し、全体としては衰頽傾向にある。牛久の町屋は、陣屋から約1.5km離れた水戸街道に沿う牛久宿であったが、旧宿場町は寂れ、周辺部は東京近郊の住宅地として開発され、大いに発展した。谷田部の旧町屋は住宅地となり、周辺部はつくば市南部の中心地として公的建物も多く、発展している。下妻は茨城県西部の地方小都市で、旧町屋の地位が低下し、いくつかの公的建物も存在するが、全体的には衰頽傾向にある。

　下野国では、黒羽は公共交通に恵まれず、旧町屋の田町・前田は衰頽するが、那珂川を挟んだ河岸町の向町は発展するも、全体的には停滞している。喜連川の町屋は旧奥州街道に沿う宿場町であるが、東北本線から離れ、周辺は農村で、町は停滞している。茂木は真岡鉄道の終着駅で地方中心町となるが、労働市場がなく、全体的に停滞する。佐野の植野陣屋には元から町屋が存在せず、陣屋周辺は民家と耕地となるが、町場は3～4km離れた旧例幣使街道の宿場町天明町・小屋町に依存し、この宿場町が佐野市の中心として大きく発展している。足利は陣屋開設前から地方の在町として発展を続け、旧町屋地域が足利の中心街となり、旧町場の北東が大きく拡大し、今も発展を続けている。

　上野国では、伊勢崎の旧町屋は停滞しているが、周辺部には市役所をはじめ、多くの公的建物が存在し、陣屋町南部が地方都市として大いに発展した。七日市の旧町場は富岡市街地に接続して住宅地となるが、東の富岡町に世界遺産の「富岡製糸工場跡」があり、見学者も多く、富岡町が発展している。小幡には公的交通機関はなく、最寄り駅（上信電鉄福島駅）から約4km離れ、観光地として整備されるが、旧町場の商工業は衰頽し、周辺部は農村で、全体的には停滞している。

あ と が き

　『小藩大名の家臣団と陣屋町 (4)』－東北・北関東地方－を完成させ、出版の機会を与えて戴くことができました。各陣屋町は3回の調査をおこなったのですが、簡単に史料が得られず、概略的な記述に終わった陣屋町もあります。史料が整わなかった陣屋町は、図書館があっても図書室程度であったり、資料館（博物館）はなかったり、また資料館が存在しても、学芸員が常駐せず、非常勤の方が交代で勤務するような規模のものでした。

　東北の黒石・八戸・一関・亀田、北関東の伊勢崎には数枚の絵図が残存し、陣屋町の移り変わりが判然としています。下野黒羽にも数枚の絵図が残っていますが、こちらはいずれも江戸後期から末期のもので、陣屋町の変化は判りません。

　東北の黒石・八戸・一関・下手渡（筑後三池時代を含む）・亀田・天童（小幡時代を含む）、北関東の黒羽・伊勢崎には数種の分限帳が現存し、初期から末期までの家臣団の変遷を知ることができました。

　これで全国の大名陣屋町の調査は終了します。初期に調査した陣屋町と近年に調査した陣屋町では、陣屋町の捉え方や家臣団構成・家臣の家禄など、多方面にわたり異なった記述もあります。

　調査をするにあたり、各県立図書館・資料館（博物館）・文書館、および各市町の教育委員会文化財保護課・図書館・資料館（博物館）の方々から多くの史料の提供を受けました。また市町の文化財審議委員や学芸員・郷土史家の方々から、多大なご教示と多数の史料をご提供いただきました。

　最後になりましたが、本書を出版することができましたのはクレス出版社長の桅沢英二氏、編集を一手にお引き受けくださった渡邊亜希子氏、およびクレス出版社社員のお蔭です。心から感謝いたします。

　　令和元年8月

米 田 藤 博

米田 藤博

昭和9年	奈良県に生まれる
昭和35年	大阪学芸大学（現大阪教育大学）地理学専攻卒
平成7年	大阪府立大和川高等学校（現大阪府立教育センター付属 高等学校）定年退職

単行本

『小藩大名の家臣団と陣屋町（1）－近畿地方－』、クレス出版、平成21

『小藩大名の家臣団と陣屋町（2）－中国・四国・九州地方－』、クレス出版、平成23

『東海の大名陣屋町』、関西地理学研究会、平成25

『信越の大名陣屋町』、関西地理学研究会、平成26

『小藩大名の家臣団と陣屋町（3）－南関東・中部地方－』、クレス出版、平成27

『東北の大名陣屋町』、関西地理学研究会、平成28

共同執筆

『角川日本地名大辞典（奈良県）』、角川書店、平成2

『金剛山記』、葛木神社社務所史跡金剛山奉賛会、昭和63

『橿原市史（下)』、昭和62など、奈良県内の市町村史

※本書収録資料につきましてのお問い合わせは、弊社までお願いいたします。

小藩大名の家臣団と陣屋町（4）
―東北・北関東地方―

2019年12月25日　初版第1刷　発行

著　者	米田　藤博
発行者	椛沢　英二
発行所	株式会社クレス出版
	東京都中央区日本橋小伝馬町14-5-704
	TEL 03-3808-1821 FAX 03-3808-1822
組　版	松本印刷株式会社
印刷所	株式会社平河工業社

ISBN 978-4-86670-059-5　C3025　￥6000E